桁違いの成長と
深化をもたらす
10X思考

名和高司
Takashi Nawa

Discover

はじめに

思考の冒険

開かれた時空間

先が見えない時代が続いている。

「ニュー・ノーマル（新常態）」は「ノー・ノーマル（無常態）」だという、あきらめとも開き直りとも悟りともとれる声が、よく聞かれるようになった。少なくとも、語呂はなかなかノリがいい。一見、今風の「チャラい」生き方には、もってこいの時代感覚かもしれない。ただし、それだけでは、思考停止に陥ってしまう。

人間は、唯一、未来を考えられる動物だと言われてきた。しかし、最近の進化認知学によると、動物も未来を考えているようだ。ただ、人間は動物より、はるかに多様な未来を想像できる。この想像力こそが、人間が、自然や社会との調和を意識しながら、自分たちらしい未来を切り拓く原動力であるはずだ。

一方で、「定常経済」や「幸福社会」を標榜する声が、経済学や社会学から上がってきている。成長を常態と考えてきた20世紀型の資本主義は、すでに破綻している。持続可能な社会を目指すのであれば、ゼロ成長の中にこそ幸福を発見しなければならないと論じる。

どうやら、成長と幸福をトレード・オフ（二律背反）として、捉えてしまっているようだ。こちらも今風の「デジタル」思考かもしれない。そしてそれは、「失われた（実は自ら失った）30年」という自虐的な現実から目をそむけるには、格好の思考法なのかもしれない。

しかし、幸福度で5年連続トップのフィンランドでは、幸福と成長は両立している。1人当たりのGDPという旧来型指標で見ても、フィンランドは日本の1・4倍。しかも成長率は3％に近く、2％そこそこの日本を凌ぐ（いずれも2022年）。この傾向は、常に幸福度ランキングの上位を飾るデンマークやスウェーデンなどの北欧諸国にも、共通している。

成長をあきらめて、幸福を目指そうというのでは、「成熟という名の衰退」に歯止めがかからない。こちらも「二律背反」を「二項動態」に変換するという創発思考を、はなから放棄した逃避思考に陥っている。

同じリベラルアーツでも、哲学や歴史学のほうが、はるかに深淵で、かつ示唆に富んでいる。哲学、たとえばポスト構造学は、「ずらし（差延）」によって、常に他者や未来との関係性を紡ぎ出し続けることができると説く。一方、歴史学は、歴史は繰り返しながら先に進むことを教える。ただし、それは円のような循環ではなく、螺旋のような立体に近い。

このように思考の時空間を広げると、さまざまな未来が見えてくる。おそらくそこから、束の間の常態が生まれ、それを起点にさらなる未来が広がっていくはずだ。このように非線形で開かれた時空間（複雑系科学では「散逸構造」と呼ぶ）で捉え直すと、「ニュー・ノーマル」の本質が「プレ・ノーマル（未常態）」であることに気づく。すなわち、未来の日常は常に混沌とした現在から生まれ、かつ多様に開かれているのだ。

しかも、受け身で待っているだけでは、いつまでたっても、その人ならではの未来はやってこない。非連続な未来のありたい姿（北極星）を夢想し、その志（パーパス）をより多くの他者と共有することで、共感の波を広げていく。進化生物学が教えるように、この「ゆらぎ・つなぎ・ずらし」の運動論が、生態系全体の共進化を生み出していくはずだ。

開かれた思考法

本書は未来学の本ではない。そもそも未来学というのは、いかにも怪しげな学問である。ノストラダムスや陰陽師を彷彿とさせかねない。

ありたい未来を拓くのは、われわれ自身である。そのためには、それなりの方法論があることが望ましい。

かつて未知の海に漕ぎ出した船は、北極星を捉える双眼鏡と、自らの位置を正確に捉えるコンパスを頼りに、海路を開いていったはずだ。私はそれを「遠近複眼」思考と呼んでいる、そして、そのときに役に立つのが、想像力と分析力、編集力と学習力だ。これらの思考力の補助輪を、本書は思考法と呼ぶ。

古来、人間はさまざまな思考法を編み出してきた。

私が経験したこの半世紀を振り返っただけでも、その量と質に改めて圧倒される。しかし、それらの本質をよく見てみると、それぞれの時代の要請と思考の進化を反映して、いくつかのパターンにくくることができる。

20世紀後半は、ロジカル・シンキングのような問題解決型の垂直思考が幅をきかせていた。その担い手として活躍したのが、コンサルタントたちだ。

21世紀に入ると、デザイン・シンキングのような機会発見型の水平思考に注目が集まるようになった。そこでは、理屈っぽいコンサルより、華やかなクリエーターたちが脚光を浴びる。

一方、そのような表層的な流行の底流で、世界を複雑系として捉えるシステム・シンキングが進化し続けていった。そこに脳科学や生物学など、異分野の最先端の思想が合流し、今や複雑系思考はまさに百花繚乱の様相を呈している。

そして21世紀に入り、デジタルパワーは長足の進歩を遂げ始めた。AI（人工知能）、IoT（モノのインターネット）、ビッグデータなどを活用したDX(デジタル・トランスフォーメーション)によって、世界では「旧来の延長線上にある成長」から「異次元の成長」へと移行が進んでいる。「10X（テンエックス）」と呼ばれる現象である。10倍化、すなわち、桁違いの成長を意味する。グーグルで生まれ、瞬く間にシリコンバレー全域に広がっていった。

この10X化を生み出すのが、「10X思考」である。そう、本書のタイトルでもある。いかにも新しい知の地平のように、聞こえるかもしれない。

しかし、10X思考は、別に思考の新珍種というわけでない。その複雑な内部構造と力学を紐解いてみると、実は20世紀型思考をたくみに編集し直したものであることに気づく。

人間の身体にたとえてみると、分かりやすい。ロジカル・シンキングの分析力とデザイン・シンキングの想像力が、左脳と右脳のように、頭脳の両側で回り続けている。この両者のシナプスをつなぎ、さらにそれらと身体を結びつけるのがシステム・シンキングだ。まさに間脳となって、編集力と学習力を発揮する。

最近さらに、もう一つの思考法が静かなブームを呼んでいる。マインドフルネスに代表される瞑想力だ。哲学界のロックスターと呼ばれるマルクス・ガブリエルが、新実存主義と呼ぶ思想も同じ文脈で捉えることができる。そこで注目されているのが、頭脳と身体を超えた精神（ドイツ語で言うガイスト）の力である。超能力、あるいは宗教性というと怪しげな響きがあるが、私はスピリチュアル・シンキングと呼んでいる。

一方、表舞台では、デジタル技術の進展によって、Ｗｅｂ３と呼ばれる自律分散型の新しい世界が脚光を浴びている。そのバーチャルな世界とリアルの世界が融合していくと、われわれは多数の分身（アバター）を演じなければならなくなる。ジル・ドゥルーズや平野啓一郎が、「個人から分人へ」と呼ぶ世界観である。

メタ（超）バース（世界）どころか、マルチ（多層）バースの世界が広がり、タイムマシーンどころか、未来も過去も同時性の中に溶け込んでいく。今年のアカデミー賞受賞映画のタイトルではないがまさに〝Everything Everywhere All At Once〟という様相を呈し始めている。

複数の自分がいるとき、本当の自分とはだれか？　多層的な時空間の中では、身体性はもはや実体を担保するものではなくなり、精神性こそが思考の新しい拠り所となるはずだ。

そのような未来に向けて、われわれの思考は何を拠り所とし、どこに向かうべきなのか？　それが本書の基本的な問題意識である。

先回りして答えを探すと、これらすべての思考法を習得し、不要となったものは捨て、さらに広がり続ける思想の新地平を貪欲に取り込み続けることしかなさそうだ。このような学習の新陳代謝運動を、私は、学習と脱学習のメビウスサイクルと呼ぶ。このようなメタ学習の思考法を習得することで、常に開かれた思考の地平の最前線に立つことができるだろう。

開かれた手引書

本書は、4部構成で成り立っている。

第1部は、これまでの思考法の進化を歴史的に見ていく。20世紀後半の主流派であるロジカル・シンキングとデザイン・シンキングの特徴と限界を見たうえで、21世紀を拓くシステム・シンキングの可能性について考察する。キーワードは「複雑系」である。

第2部は、異次元への思考のワープをもたらす環境認識として、現在進行中の3つのマクロトレンドと5つのパラダイム・シフトを取り上げる。その中で、組織の進化の方向を展望するとともに、思考の限界を突破するために必要なことは何かについて掘り下げていく。キーワードは「ゆらぎ・つなぎ・ずらし」である。

第3部は、思考を異次元へとワープさせるために、どのような生き方、働き方が求められているかについて概観する。そのうえで、生活と仕事を通じて、いかに10X思考を育み、自らの未来をどのように拓くかについて論じる。キーワードは「ノマド（遊牧民）」化である。

第4部は、認知思考、哲学思考、未来思考、進化思考などの知の進化を手掛かりに、思考の地平をいかに拓き続けるかについて展望する。そのうえで10X思考を実践するためのジャーニーを提案したい。キーワードは、志（パーパス）と仕組み（アルゴリズム）化である。


本書のタイトルである10X思考は、第2部から論じる。システム・シンキングも含めて、思考法の系譜を熟知されており、10X思考だけに興味がある人は、第2部から読み始めていただいても構わない。さらに、知の最先端や次世代の働き方・生き方に関心のある方は、第3部から読み始めていただいてもよい。

異次元の成長を成し遂げられない企業や人は、あっという間に時代の波にのまれ、置き去りにされていくだろう。そのスピードは、否応なく増していくのは間違いない。一方で、その波頭を自ら切り拓いていける企業や人は、異次元の成長を楽しみ続けることができるはずだ。

そのような知の冒険に乗り出したい経営者や社会人、そして学生のみなさんにとって、本書が一つの開かれた手引書になれば、このうえない喜びである。

2023年5月

新緑のニューヨーク・ロングアイランドにて

名和　高司

第1部

思考法の進化

第1部の紹介

ここでは、基本的な思考法をおさらいしておきたい。ロジカル・シンキング、デザイン・シンキング、そしてシステム・シンキングの3つだ。脳の機能にたとえると、それぞれ左脳、右脳、間脳に当たる。

ロジカル・シンキングは、従来、経営コンサルタントが得意としてきた手法である。複雑な課題を、スピーディにさばいていく切れ味が売りだ。垂直思考の王道である。

デザイン・シンキングは、クリエーターが得意とする手法である。発想の枠を広げていく際に効果的だ。水平思考の基本形である。

システム・シンキングは、時空間アーキテクトが得意とする手法である。複雑な因果関係を包括的に紐解く際に効果的だ。複雑系思考の産物である。

10X思考にワープする前に、まずは頭の準備運動をしておこう。

第1章

ロジカル・シンキングの限界

ロジカル・シンキングの光と影

分けると分かる

問題解決は、ロジカル・シンキングという方法論によって、10Xの進化を遂げた。思い込みの直観から、分析的な科学へとパラダイム・シフトすることにより、再現性と拡張性を手に入れることができたからだ。

20世紀後半、マッキンゼーやボストン・コンサルティング・グループ（BCG）に代表されるコンサルティングファームによって、さまざまな問題解決の方法論が編み出された。

すべての基本は、MECE思考である。MECEとは「Mutually Exclusive, Collectively Exhaustive」の略だ。漏れなく、ダブりなく事象を細分化することを意味する。

まず漏れがないこと（CE）が重要である。先入観があって、何かにとらわれてしまうと、視野狭窄になりがちだ。誰もが見落としがちなところを遡上に載せることで、問題解決につながることが少なくない。

そして、ダブりがないかどうか（ME）にも留意する。もしダブりがあれば、そこに新しい発見が隠れている可能性が高い。十分に要素分解できていないことを意味するからだ。

たとえば、ヒトを男と女に二分してみる。するとそこに分けきれない集合が存在することに気づく。その結果、LGBTQという第3の重要なグループが浮かび上がってくる。

このように「分」析は、まずMECEに「分ける」ことから始まる。10X思考の応用編として後述する編集思考では、この基本技を「分節化」と呼ぶ。そしてその効用を、ちょっとお洒落に「分けると分かる」と表現する。そしてそれが「分かると変わる」につながっていく。

分かることが、変わること、すなわち新しい行動を誘発し、問題解決につながっていくからだ。言い換えれば、問題解決は、次のような連鎖から生み出されるのである。

〈分ける→分かる→変わる〉

問題をMECEな軸で分析することを、「構造（フレームワーク）化」と呼ぶ。2つの軸で捉え直すと平面的に、3軸で捉えると立体的に構造化することができる。

たとえば、ある事業の価値を社会価値と経済価値に分けてみる。一見すると、これら二律背反のように思いがちだ。そこで、これらを2つの直行する軸としてとらえ直し、それぞれの軸を「高い」と「低い」に分類すると、4つの象限ができ上がる（**図1**）。左上は社会価値が高く、右下は経済価値が高い。

しかし、他に2つの象限があることが一目瞭然だ。左下はどちらの価値も低い領域で、これはN

図1

CSRからCSVへ

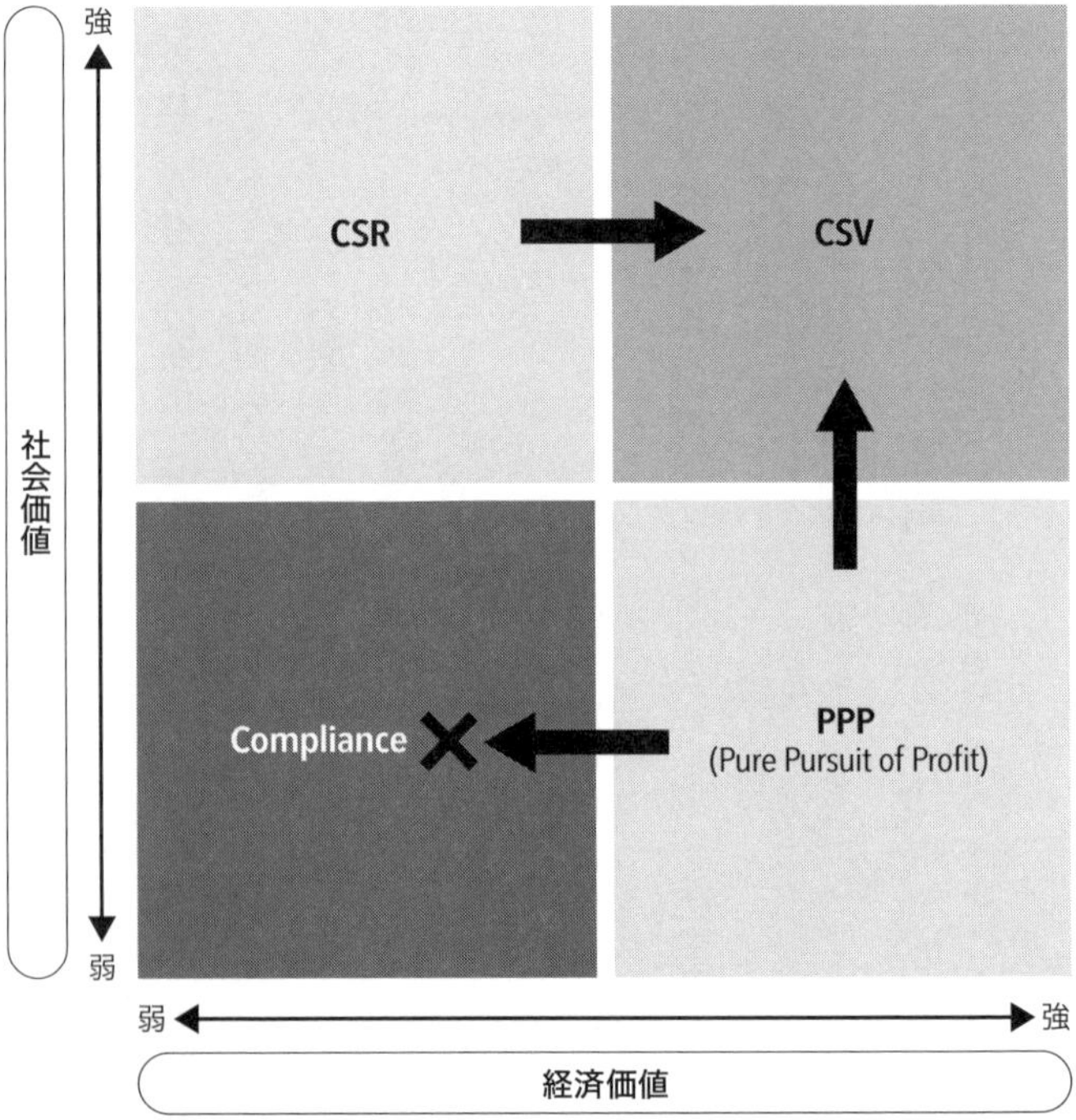

Gゾーンだ。一方、右上は両方の価値が高く、理想的な領域である。後述する「共通価値の創造」（CSV：Creating Shared Value）と呼ぶ両取り戦略である。

このように、問題を2軸のマトリクスに構造化することが、コンサルタントの基本技である。3軸で立体化してみてもいいのだが、複雑にするより、シンプルに構造化したほうが、答えが見つかりやすい。

インパクト思考

以上述べてきたように、一見、MECEな軸による構造化が、問題解決の王道である。よりスピーディに答えに肉薄するには、さらに高度な思考法が求められる。

いくつかの技法があるが、基本は、「論点思考」だ。論点、すなわち、何が本質的な課題かを見極めることである。そこで問われるのは「課題設定力」である。

マッキンゼー時代の同僚で、データー・サイエンティストの安宅和人氏は、それを『イシューからはじめよ』（英治出版、2010年）と表現する。「イシュー」とは課題のことである。何が課題なのかをしっかりと定義することで、芯を食った問題解決ができるようになる。

さらに「仮説思考」を行うことで、問題解決のスピードが増す。先に仮の答えを想定し、それを立証していくというアプローチだ。

BCGの大先達で、早稲田大学大学院名誉教授内田和成氏は、『論点思考』（東洋経済新報社、

2010年）と『仮説思考』（同、2006年）の中で、それぞれの思考法を分かりやすく解説している。まさにコンサルの基本技といえよう。

私はこれら2つの思考法に加えて、「インパクト思考」を提唱している。答えのインパクトが大きい仮説に集中し、そこから逆算してロジックを立てるというアプローチだ。

その際に、3つの思考パターンが役立つ。

1つ目は、通説を疑い、その逆のスタンスに立ってみる。仮説思考ならぬ「逆説思考」である。英語では「デビルズ・アドボケート（悪魔の代弁者）」とも呼ぶ。日本語に直すと「天邪鬼《あまのじゃく》思考」とでもいったところか。

2つ目は、そもそもの論点の立て方を変えてみる。課題と思われていることが、課題の本質ではないことがほとんどだ。そのためには、思考の軸をずらすことがカギとなる。

3つ目は、「課題の課題」を抉り出す。表面的な課題の裏側に、本質的な課題が潜んでいる。トヨタの「Why5回」がその典型である。私は「Why not yet?」という問いを立てることによって、未解決の真因に迫ることを提唱している。具体的なアプローチに関しては、前著『コンサルを超える問題解決と価値創造の全技法』（ディスカヴァー・トゥエンティワン、2018年）を参照していただきたい。

これらのインパクト思考は、ロジカル・シンキングにひねりを加えたものである。その意味では、次章の「クリティカル・シンキング」につながっていく。詳しくは、そこでさらに論じることにしたい。

ロジカル・シンキングの罠

　これらの思考法は、いずれも「ロジカル・シンキング」として括られる。その大きな狙いは、できるだけ正しい答えに、できるだけ早く肉薄していくことだ。垂直思考と呼ばれる所以はそこにある。

　さまざまな要素を並べ、熟考を繰り返していると、なかなか答えにたどり着かない。論点を明確に立てない限り、正しい答えにたどり着くこともできない。出発点と到達点をしっかり見極めて、ロジックの流れに乗って、できるだけ早く答えを出そうとする。

　答えが明確に出れば、意思決定に直結する。それが直観ではなく、正しいロジックであれば、人を説得することも容易だ。しかも、方法論として再現性が高い。こうして、ロジカル・シンキングは、ビジネスパーソンに大いに重宝がられることになる。

　ただし、ロジカル・シンキングには大きな落とし穴がある。

　合理的な発想だけで問題を捉えてしまうと、正しいと思っていた答えが実は間違っていたというパラドックスが生じるからだ。

たとえば古典的な経済学は、そもそもの出発点として、ヒトは合理的に判断するという「ホモ・エコノミクス（合理的経済人）」モデルを大前提としている。ヒトの思考パターンを、極めて限定的で都合よく定義してしまっているのだ。

思考パターンをモデル化しないと、なかなかロジックが成り立たない。そこであえて乱数を断ち切り、ロジックに役立つ要素だけを拾い上げて、論理的なプロセスを回しているのである。

もちろん、限定的なモデルとして割り切ることもできる。だが、初めから、正しい真理を捨象してしまっている可能性も否定できない。むしろ、合理だけがすべてにおいて正しいとする「ロジック至上主義」に陥ると、現実から遊離してしまう。

先に紹介した私流の「インパクト思考」は、そのようなロジカル・シンキングの罠の裏をかく試みでもある。しかし、それも所詮、ロジックという狭い思考回路の中での戯れでしかないのかもしれない。

合理的な愚か者

合理的に発想すれば、正しい答えにたどり着くはずだというのは、錯覚にすぎない――。

そう唱えたのは、インド出身のアマルティア・セン教授である。同教授はオックスフォード大学やハーバード大学で教授を歴任し、１９９８年にはアジア初のノーベル経済学賞を受賞している。

同教授の主著『合理的な愚か者』（1983年、邦訳：勁草書房、1989年）の中に、次のような一節がある。

「伝統的な理論は余りにも僅かの構造しかもっていないのである。そこでは人間は単一の選好順序をもつと想定され、必要が生じたときにはその選好順序が、彼の利害関心を反映し、彼の厚生を表し、何をなすべきかについての彼の考えを要約的に示し、そして彼の実際の選択と行動とを描写するのだと考えられている。

（中略）純粋な経済人は事実、社会的には愚者に近い。しかしこれまで経済理論は、そのような単一の万能の選好順序の後光を背負った合理的な愚か者（rational fool）に占領され続けてきたのである。人間の行動に関係する［共感やコミットメントのような］他の異なった諸概念が働く余地を創り出すためには、われわれはもっと彫琢された構造を必要とする」

古典的な経済学がつくり出したホモ・エコノミクスというモデルは、ロジックに基づいて、合理的な意思決定をするものと想定されてきた。セン教授はそのような仮想人間を「愚か者」と断じ、もっと現実に即したモデルが必要だと説いた。

現実の経済では、合理的に行動すればするほど不合理が起こる。誰もが自分の利益ばかり考えると、結果的に大きな不利益が発生する。このまま世界中の80億人が成長を目指し続けると、確実に地球がパンクする。賢い人たち（真の「ホモ・サピエンス」）は利己的なことばかり追求することの限界に気づき、利他的な行動に向かっていく。短絡的なロジカル・シンキングを超えようとし始めるのである。

競争優位という視野狭窄

経済学から派生した経営学も、同じような落とし穴にはまっている。

ハーバード・ビジネス・スクール（ＨＢＳ）のマイケル・ポーター教授が唱える競争戦略は、周りを蹴落として自分だけがひとり勝ちをすることを目指す。極言すれば、競争戦略の究極の目的は、競争を排除することにある。

しかし、自然独占は競争原理を麻痺させてしまう。そのような不都合な未来を避けるために、圧倒的な競争優位を築いた事業者は、足枷をはめられてしまう。最近のＧＡＦＡなどのプラットフォーマーが典型例だ。競争戦略は成功すればするほど、自らの首を絞めることになりかねない。

競争戦略の基本は、自らの競争優位を不動のものとすることである。しかし、デジタル革命やバイオ革命などで競争環境が大きく変化すると、これまでの競争優位は通用しなくなる。それどころか、既存の競争優位にこだわると、命取りとなってしまう。同じＨＢＳのクレイトン・クリステンセン教授が「イノベーションのジレンマ」と呼んだ負の循環である。

競争戦略のもう一つの基本は、「何を捨てるか」を決めることである。

自らの競争優位を築くためには、不必要なものをそぎ落とすことが求められる。「AかBか」という発想である。先の例でいえば、営利企業であれば、当然、社会価値より経済価値を優先しようとする。しかしそのように自社の利益だけを優先すると、社員や顧客の離反を生む結果になりかねない。

経営の世界においても、マルチステークホルダー主義が声高に唱えられている。株主だけでなく、社員や顧客、さらには社会、環境などへの配慮が求められているのだ。

競争戦略から共創戦略へのパラダイム・シフトが、時代の要請となっている。そのためには、視野狭窄に陥りやすい垂直型のロジカル・シンキングの限界を突破しなければならない。

クリティカル・シンキングの進化力

「ずらし」と「つなぎ」

ロジカル・シンキングの大きな狙いは、できるだけ正しい答えに、できるだけ早く肉薄することだと説明した。答えに早く肉薄するには、直線的に答えにたどり着こうとするのが効率的だ。この思考プロセスは、前提や途中のロジックの正しさを疑わない。だからこそ、答えがすぐに出てしまう。

そのような直線的なロジックに疑いをはさむのが、クリティカル・シンキングである。これが発展すると、次章で論じるラテラル・シンキングに到達する。

クリティカル・シンキングの特徴を示す有名なケースがある。「エレベーター問題」である。ビルに1台しかないエレベーターがなかなか来ないと、ほとんどの人は苛立つ。このとき、多くの人のフラストレーションを解消するにはどのような方法があるかというケースである。これには、さまざまな解がありうる。たとえば、こうだ。

「エレベーターをもう1基つくり、2基にする」

「ビルの住人が階段を歩いて上るようにすればいい」

前者は、膨大なコストと時間がかかってしまうため、現実的ではない。後者は、見かけ上いったんは改善するが、高層ビルではとても続かない。

「エレベーターのロビーに鏡を置く」

意外なようでいて、実はこれが正しい答えかもしれない。

そもそも、多くの人の苛立ちの原因を「待ち時間」に設定するところからロジカル・シンキングを始めている。しかし、待ち時間が問題だと思うことそのものが論点として正しいのか疑ってみるのが、クリティカル・シンキングだ。そう考えると、待ち時間をなくす、あるいは短くすることに直線的に進むのではなく、待ち時間を意味のある時間に変えると考えればいいことになる。

いわば「ずらし」のテクニックである。

このケースでは前提をずらしたが、クリティカル・シンキングでは、「分ける」という分析の基本ロジックそのものも疑う。

たとえば、利益を上げなければならないケースでは、売り上げを上げるかコストを下げるかを考えなければならない。そのとき、コストを下げることだけを考えてしまうと、一見すると利益が出るように見えるが、やがて売り上げは下がってくる。コストと売り上げは連動するからだ。結果として、そのロジックは破綻していると言っていい。

これは、両者の関係性を見ていないことが原因だ。売り上げを伸ばそうとすれば、当然のことながらマーケティングコストをかける必要がある。ロジックで分けたときに、コストと売り上げの「つなぎ」のロジックが抜け落ちてしまう。

ロジカルに場合分けすると、お互いの関係性が見えなくなる。前述したように、MECEは重なっているところが面白く、そこに本質がある。疑いを持たなければ、その本質が見えてこない。

思考の「ゆらぎ」

前提や場合分けのロジックを疑うことで、人が当たり前に考えていることに対して発想の転換が生まれる。私はこれを「思考のゆらぎ」と呼んでいる。思考のゆらぎが生まれれば、危機を機会として捉えることができる。たとえば、先ほどのエレベーターのケースでいえば、待ち時間が苦痛ではなく楽しさに変わる。マーケティングはコストではなく、将来への投資だということに気づく。

混然一体となっていることの中に本質があるので、混然一体となっている状況を丁寧に見ていく必要がある。その中に、まだ軸がよく見えない混沌としたものがあって、それを深めていくと新しい価値につながる。

これが発想の転換の本質である。ロジカル・シンキングは直線的な思考で答えが出るので、意思決定には最適のように見える。しかし、クリティカル・シンキングによって当たり前に見えるロジックを疑ってみることで、新しい発想にワープすることが可能になる。

最新の生態学によれば、生物は、「ゆらぎ・つなぎ・ずらし」というリズムを通じて、生態系全体で共進化しているという。このリズムを思考に取り入れることによって、イノベーションを生み出すことができるようになる。この思考法に関しては、後ほど詳しく論じることとしたい。

ロジカル・シンキングによって、まず要素還元してみる。「分けると分かる」からだ。しかし、そうすると、見落としているものと重なっているものに気づく。これが「ゆらぎ」だ。すると、軸の「ずらし」や、要素間の「つなぎ」へと思考を進化させていくことが可能になる。これがクリティカル・シンキングがもたらす進化力なのである。

逆説的にいえば、ロジカル・シンキングで「すっと」答えが出たと思ったら、「待てよ」と立ち止まったほうがよい。それはよほど単純な問題、言い換えれば、本質的ではない問題に取り組んでしまったからかもしれない。さもなくば、出た答えが表面的なものにとどまっているからかもしれない。

答えが出たと思ったら疑え——それが、クリティカル・シンキングの基本姿勢である。

トヨタの流儀

トヨタには、立ち止まることを好むクセがある。トヨタ生産方式の要素の1つである「アンドン」は、何らかの異常が起こったときに、いち早く生産ラインをストップさせる仕組みである。どれだけ時間がかかっても、答えが出ない限り、ラインを再開させてはいけない。止めている間に、必死でその真因を考える。常に根本にある本質に立ち戻るのが、トヨタの流儀である。

私は、マッキンゼーのジュニアパートナー時代に、長らくトヨタを担当していた。そのときにこのトヨタの思考法の洗礼をいやというほど浴びた。

さまざまなプロジェクトを遂行するとき、まず言葉の定義から始まる。たとえば、「トヨタのＤＮＡ」というプロジェクトのときには、そもそもＤＮＡとは何かというところで止まる。

「なぜ生き物でもない企業にＤＮＡがあるのか」

3ヵ月のプロジェクトであるにもかかわらず、ＤＮＡの定義を突き詰めることに平気で1ヵ月を費やす。「そんなところで止まらないで」と初めは焦っていたが、やがて納得させられた。前提に疑いを持つことで、企業のＤＮＡという言葉の本質に気づかされたからだ。

ブランドというプロジェクトに取り組んだときも同様だ。

「そもそもブランドとは何か。ここから定義しよう」

「お願いですから、ブランドの中身をつくりましょうよ」

私が懇願しても、トヨタ側のメンバーは取り合ってくれない。

「まず日本語にしよう。英語でごまかしてはいけない」

マーケティングのプロジェクトを進めたときには、予想通りマーケティングとは何かで1カ月を費やした。おそらく、イノベーションのプロジェクトに取り組んだら、きっとイノベーションとは何かについて定義することから始まっていたはずだ。誰もが分かったつもりになって使っている言葉の定義から問いかけるのは、トヨタの非常に優れた気質である。

このように、トヨタはクリティカル・シンキングの固まりといえる。次章で論じるデザイン・シンキングほどお洒落ではないが、ロジカル・シンキングを超えたクリティカル・シンキングにトヨタの原点がある。

マッキンゼーの流儀

マッキンゼーでも、クリティカル・シンキングはいやほど刷り込まれる。

クライアントから、ある問題解決を依頼されたら、そもそもそれが本質的な問題かどうかを疑う。もし問題が分かっているのであれば、答えが出ているはずだからだ。

そして、クライアントが見落としている盲点、当たり前の前提としているところに、メスを入れる。前述した「天邪鬼思考」である。このように、まずクライアントの常識を疑うことが、新しい発見につながることが少なくない。

クライアントからは、「そんなことは頼んだ覚えがない」と怒られることもある。また、クライアントが怒り出しそうな耳の痛いことを平気で指摘するのも、マッキンゼー流である。

クライアントには、さぞ高飛車なコンサルタントに見えることだろう。カネを払っているのはこっちなんだと言いたくなるはずだ。しかし、そこにこそ、プロとしてのマッキンゼーの価値があると信じてまったく動じない。このあたりが、クライアントの気持ちに寄り添い、クライアントを「その気」にさせることに長けたＢＣＧとの決定的な違いである。

マッキンゼーには、「オブリゲーション・トゥ・ディセント」という重要な信条がある。異議を唱えることが義務、ということだ。忖度とは正反対のマッキンゼーの憲法である。

自分たちや世の中の常識を根本から疑うことで、新しい価値を発見する。それが、マッキンゼー流のクリティカル・シンキングの真髄である。

そのマッキンゼー流をもってしても、トヨタの流儀の徹底ぶりには舌を巻かされる。トヨタ出身者には、マッキンゼーのＯＢをはるかに超えたクリティカル・シンキングの達人が多い。

知の脱構築

立ちすくむ知の殿堂

20世紀の後半、経営の王道を歩んでいたのがハーバードでありマッキンゼーだった。私はその2つの知の殿堂で、四半世紀を過ごした。しかし、いずれももはや、20世紀の遺物と化してしまっている。

伝統的なMBA教育は、ロジカル・シンキングの基礎を刷り込む。たとえば、前述したように、競争戦略では、ロジカル・シンキングをテコに、いかに他社を蹴落として、圧倒的な競争優位を築くかを教え込まれる。

もちろん、それで局所的に勝つことはできる。しかし徹底的に勝ち抜いたにもかかわらず、いやそれだからこそ、解体寸前まで追い込まれたマイクロソフトの例もある。ポーター流では局地戦では勝てても、持続的な成長にはつながらない。

一方、マッキンゼーはそのようなハーバード的、ポーター的なロジカル・シンキングを、実世界で強力に推進していった。マッキンゼーは、20世紀後半のもっとも優れた知的参謀であることを自負していた。しかし、というか、だからこそ、マッキンゼーによって導かれた多くの企業は、「局所で勝って長期戦で負ける」戦略ミスを犯していったことも否定できない。

今から10年前、コロンビア大学ビジネス・スクールのリタ・マグレイス教授は、『競争優位の終焉』(2013年、邦訳：日本経済新聞出版社、2014年）の中で、ポーターの時代は終わったと宣言した。

「競争原理が変わるので、ひとつのパラダイムで勝っても意味がない」

VUCA時代には、競争原理は常に塗り替えられる、と同教授は語る。それ以前に、線形的なロジカル・シンキングそのものが、もはや通用しなくなるはずだ。

マグレイス教授より早くから警鐘を鳴らしていたのが、カナダにあるマギル大学のヘンリー・ミンツバーグ教授であり、一橋大学の野中郁次郎教授だった。

二人とも、異口同音に、戦略はロジックだけではなく、人々の感情や入り組んだ社会の実態を視野に入れて考えなければならないと唱え続けた。ポーター流の競争戦略思考や、マッキンゼー流のロジカル・シンキングは、とっくに耐用年数を過ぎているというのである。

機械モデルから生命モデルへ

これまでの時代の考え方の基本は、機械論だった。19世紀に始まる第二次産業革命のあとに、因果関係が明確で、インプットがアウトプットにつながるという機械的な線形思想が近代化のエンジンとなった。

しかし機械論は、部分的なメカニズムに焦点を当てた閉鎖系に陥ってしまう。ポーター流の競争戦略はゼロサムゲームの中で、食うか食われるかの勝負を争う。お人好しは負けるので、何としても勝ち残るしかない。それが競争原理の掟である。

生命論においても、競争原理は長らく進化論の主流であり続けた。その教祖は、いうまでもなくチャールズ・ダーウィンだ。『種の起源』（1859年）の中で、ダーウィンは生存競争においては適者生存の原理が働き、生き残った者の中から優秀な者が子孫を残すことでより高等なものに進化すると唱えた。これは、当時の自由経済主義を後押しする理論として、広く受け入れられていった。

1976年には、さらに衝撃的な仮説が登場した。オックスフォード大学講師のリチャード・ドーキンスが唱えた「利己的な遺伝子」理論だ。われわれ生物は、遺伝子の乗り物に過ぎない。そして、自分の生命維持を第一義に考える利己的な遺伝子に振り回されて、生物も利己的にふるまうと論じたのである。人間が利己的な競争に走るのは、遺伝子がなせる業にすぎない。これはまた、当時の新自由主義にとって大いに好都合な理論となった。

しかし、その後、生存競争そのものが、極めて局所的で、狭隘な見方にすぎないという見方が台頭してきている。たとえば、サンタフェ研究所のスチュアート・カウフマン教授は、複雑系理論の立場から、生物の自己組織化と群進化を論じる（1993年、邦訳：『自己組織化と進化の論理』、日本経済新聞出版社、1999年）。また最近では、生態学などを中心に、生物多様性こそが進化の原動力だとする理論が、改めて注目されている。

約38億年前とされる生命体誕生から現在まで、生物は持続的に多様化し、進化し続けてきた。多様性が生まれたのも、多様性が保たれているのも、生物同士が「つながり」合っているからだ。空間軸でいえば「共生」であり、時間軸で見ると「共進化」である。

21世紀には、競争という閉鎖系かつ線形的なパラダイムから、共生と共進化という開放系かつ非線形なパラダイムへのシフトが不可欠である。そのためには、思考法そのものも、ロジカル・シンキングの先へと進化させていかなければならない。

機械学習を超えて

今もっとも進化が進んでいるＡＩに目を転じてみよう。

ＡＩは、機械学習（マシーン・ラーニング）を得意とする。機械学習とは、その名の通り機械論的パラダイムそのもので、合理的な因果関係を追求していく学習プロセスである。言い換えれば、ロジカル・シンキングこそ、ＡＩがもっとも得意とする思考法なのである。

ＡＩは、機械学習をさらに進化させて、深層学習（ディープ・ラーニング）をこなせるようになっている。教師データの入力すら不要になり、ＡＩ自身が自己学習を通じて、大量のデータの中から瞬時に情報を処理することができる。その結果、単なる線形思考のみならず、クリティカル・シンキングのような「ゆらぎ・つなぎ・ずらし」すらこなせるようになる。

そうなると、ロジック思考とその応用領域においては、ＡＩが人間の知能を超えるのは、時間の問題である。「シンギュラリティ」として論じられている通りである。

ビジネス・スクールのメニューを機械的に学習しているＭＢＡや、ロジカル・シンキングだけを研ぎ澄ませているコンサルタントは、早晩、ＡＩには太刀打ちできなくなる。

ただし、ＡＩが簡単には答えが出せない領域がある。たとえば、古典的なゲーム理論だ。自分の得を優先しようとすると、不利益を被る。しかし、相手の善意をあてにして裏切られれば、より多くの不利益が待っている。いわゆる「囚人のジレンマ」だ。

そこでカギを握るのが、相手との「信頼」という共通基盤である。「合理的な愚か者」にならないためには、「信頼」という心の絆を構築しなければならない。これはロジカル・シンキングだけでは、どうしても解けない課題である。

さらにしびれるのは、「トロッコ問題」である。ブレーキが利かなくなって疾走し続けるトロッコが分岐点に差し掛かったとき、数人がレール上で作業しているルートと一人だけが作業しているルートのどちらに切り替えるか、という問題である。典型的な倫理ジレンマだ。

もっともこちらは、人間にとっても正解のない世界だ。正義とは何か、という究極の判断を迫る本質的な問いかけだからだ。

ロジカル・シンキングも、クリティカル・シンキングも、ＡＩに太刀打ちできなくなるのは時間の問題である。それどころか、合理的な答えのない世界では、思考停止に陥ってしまう。その限界を突破するには、理性では割りきれないところにこそ真の価値があることを再認識するところから出発しなければならない。

第2章

デザイン・シンキングの罠

ロジックの彼岸

「遊び」という文化

ロジックでは、感性、情感、情緒など、実態のつかめないものは切り捨てられる。そのため、ある一定の条件下で1つのアウトプットを最大化するには役に立つ。しかし、そもそも発想がロジックの範囲内でしか組み込まれていないため、自由に広がっていかないという弊害が顕著になる。

つまり、何らかの目的にもっとも合った合理的な答えを導き出すのがロジカル・シンキングである。では、ロジカル・シンキングが見落としたものは何だろうか。

ロジカルに答えるとすれば、そこは「非ロジック」の世界ということになる。そして、その1つの典型的な領域が「遊び」である。

ホモ・サピエンス（英知人）やホモ・エコノミクス（合理的経済人）は、ロジカル・シンキングの担い手だ。それに対して、ホモ・ルーデンス（遊戯人）という概念を提示したのが、20世紀前半に活躍したオランダの歴史学者ヨハン・ホイジンガである。彼の主張はおおむね次のようなものだった。

「遊びには生活に意味を与える重要な役割がある」

ロジカル・シンキングでは、正しい理屈は分かっても、生活にとっての意味は分からない。ここでいう意味とは、遊ぶことによって楽しさや好奇心が揺さぶられることだ。それ自体に合理的価値があるかどうかは別にして、少なくとも、生きることに潤いを与えるものである。

みんなで一緒に同じゲームをすることは、合理的に考えれば何の意味もないかもしれない。スポーツで勝っても、プロフェッショナルとして報酬を得るか、あるいは賭けでもしない限り、大した実利はないだろう。しかし、勝てばカタルシスを感じ、負ければ悔しいと思う。それによって、生活にメリハリをつけたり、生きがいを見つけたりすることができる。

そのほうが、単に合理的に結果を出すだけのゲームに縛られるよりは、人間らしい。しかも、さまざまな活動を無尽蔵に思いつくことができる。それが、ホイジンガが主張する遊びの本質である。

ホイジンガのあとを継ぐように出てきたフランスの社会学者ロジェ・カイヨワは、1958年に『遊びと人間』を出版した。その中でカイヨワは、遊びこそ、もっとも人間らしい行動であると語っている。

とはいえ、サルもネコもイヌも、遊びを楽しんでいるのではないだろうか。人間に限らず、生きとし生けるものは、遊びを楽しんでいるのかもしれない。

一方、しかし、たとえば碁を打つＡＩは、あくまで情報処理という仕事をそれこそ「機械的」にこなしているだけだ。遊びこそが人間らしさだとするカイヨワの主張は、ＡＩやロボットと共存する近未来において、ますます重みを増していくだろう。

提供価値から実感価値へ

デザイン・シンキングとロジカル・シンキングの基本的なパラダイムの違いは、機能価値から感性価値への移行である。人は触ってみて、使ってみてこそ価値が分かる。

「顧客は、どのような場合にどのような価値を実感できるのか」

そこで問われるのは、「提供価値」ではなく「実感価値」だ。前者が提供する供給者側の目線であるのに対して、後者は実感する顧客側の目線という根本的な違いがある。

製品そのものの機能ではなく、それを利用する場や空間、そしてそれを使って何をするかという体験価値に焦点を当てる。それが、デザイン・シンキングの本質である。

そしてこれは、マーケティングの本質でもある。ハーバード・ビジネス・スクールのマーケティングの大家、故セオドア・レビット教授は、50年以上前の古典的名著『マーケティング発想法』（ダイヤモンド社、１９７１年）の中で、次のように指摘している。

「人はドリルが欲しいのではない。彼らは穴が欲しいだけだ」

故クレイトン・クリステンセン教授は、2016年に出版した『ジョブ理論』（邦訳：ハーパーコリンズ・ジャパン、2017年）の中で、それを次のように言い換えている。

「来店客はたんにプロダクトを買っているのではない。彼らの生活に発生した具体的なジョブを、ミルクシェイクを雇用して片づけているのだ。特定の商品を買う、という行為を引き起こさせる原因は、われわれの誰にでも毎日起きている。日々の生活のなかで片づけたいジョブが発生し、それを解決するために何かを雇用する」

このジョブの裏側には「ペイン」と「ゲイン」があるとクリステンセンはいう。ペインは困ったことで、ゲインは嬉しいことだ。ペインは嫌なことなので、比較的分かりやすい。しかし、ゲインは顧客でさえ認識していないことが多いため、見つけ出すのは容易ではない。とはいえ、顧客の心理に寄り添い、顧客の実感価値を探り出せば、提供する側が与えなければならない価値が見えてくる。それがジョブ理論だ。意表を突くような話ではないが、それだけに広く受け入れられている。

現代のマーケティングの大御所フィリップ・コトラーが『マーケティング2・0』で論じている

ことも、ほぼ同じことだ。

「顧客中心にものごとを考えよう」

モノ中心のマーケティング1・0からのパラダイム・シフトだ。もっともコトラーの指摘を待つまでもなく、世の中は「モノからコトへ」という流れに変わっている。そしてこれらの価値を象徴するものが「ブランド」となる。

ブランドとは、ひと言で言うと「約束」だ。その約束に対して顧客は期待する。商品やサービスを購入し、顧客がそれを使うことによって得られる価値が、ブランドが提供する実感価値である。そのような実感価値を共有するツールとして、SNSは極めてパワフルである。体験の瞬間を切り取ったインスタグラムや、体験ストーリー全体を動画にしたユーチューブなどが、その典型だ。写真や動画を通じて、ブランドの約束をいかに顧客に共感してもらうかが問われるようになる。

たとえば、ナイキのブランドによって想起される価値は何か。ダイナミックで活動的な生活シーンがイメージされることもあれば、健康の代名詞になることもある。そうしたブランドというかたちで顧客の実感価値を強化していくことが、マーケティングの真髄となる。

感性の落とし穴

ただし、そこには本質的な落とし穴がある。顧客に迎合してしまうことだ。顧客の目線に立つことは、顧客の目線を超えることではない。だから、顧客の欲望に限りなく寄り添うことになる。

顧客の欲望は数えきれないほどあり、それをくすぐられると顧客は手を出す可能性は高まる。とはいえ、それを繰り返すと「不感症」になってくる。それこそが、「飽食の時代」を迎えた今、なかなかモノが売れなくなっていることの真因である。

そうなると、刺激を高めて欲望をつり上げていくことになる。つまり「不易流行」の流行（世の中の変化とともに変わっていくもの）はつくれても、不易（世の中が変化しても変わらないもの、変えてはいけないもの）がつくれない。次から次へと消費されては消えていく刹那的な流行しかつくれないのだ。

顧客の感性だけに局所的につき合っていくと、答えは比較的容易に出てくるものの、すぐに飽きられてしまう。そして顧客のわがままにつき合い続けていくと、いずれパーソナライゼーションに行きつく。マスプロダクションとしてみんなが同じものを求めるのではなく、みんなが個性を求めていく流れが定着する。

そうなると、提供する側は規模の経済がとれなくなり、いずれ産業として成り立たなくなる。その行き着く先は、地産地消、そして究極的には自給自足への逆戻りだ。

典型的な「局所最適解のトラップ」である。局所解を深く求めていくと、個別最適解に到達するものの、全体適合ができなくなる。点の世界をつくってしまい、面的な広がりがなくなる。

自由闊達なデザイン・シンキングの本質的な欠陥は、スケールしない点である。スケールがない限り経済合理性は成り立たないので、結果的にゴミとして葬り去られるものが数多く生まれてしまう。そこにあるのは、空間軸の欠如である。

時間軸から見ても再現性、持続性がない。流行を追うだけのファスト・ファッションは、その典型例だ。さまざまなものが感性だけで消費されるのではなく、その裏側にある仕組みや本質的な軸がないと、思いつきだけの世界になってしまう。

そもそも事業や経営が成り立つためには、「バリュー・クリエーション（価値の創出）」と「バリュー・キャプチャー（価値の収益化）」が両輪となって回っていなければならない。

欲望はバリュー・クリエーションの原動力となり得たとしても、スケールしない限りバリュー・キャプチャーをもたらすことができない。バリュー・クリエーションによって小さなマーケットはつくれたとしても、バリュー・キャプチャー、すなわち収益化できなければ、事業としては成り立たない。

思いつきで何かをつくるのは、そもそも想像力豊かな子どものほうが得意だ。しかし、それが事業としてスケールするまでの道のりは、途方もなく遠い。創意工夫はアートや「遊び」としては有効ではあるものの、事業や経営思考としての価値は、極めて限定的だと言わざるを得ない。

マーケティングの進化

さすがにマーケティングの思想家は、そのような時代の流れを受け止め、さらに進化を始めている。フィリップ・コトラーがマーケティング3・0と呼ぶ世界である。

マーケティング2・0だと、人間の欲望に振り回されてしまう。そしてその結果、社会全体の持続的な発展を阻害する結果につながる恐れがある。これが、20世紀型の欲望経済の限界である。

そのような反省の中から、「共感」という言葉がキーワードになり始めた。そこでは、「世界をより良い場所にする」ということが目指される。欲望経済から共感経済へのパラダイム・シフトである。

そこでは、自分さえよければそれでいい、という利己的な価値観は受け入れられない。共生や共進化という社会価値こそが、大切にされる利他的なパラダイムである。

より一般的には、「エシカル・マーケティング」とも呼ばれている。「倫理性」こそが価値として尊ばれる。しかも、そのような倫理価値に共感する顧客をいかに創造するかが、マーケターの腕の見せどころとなる。

そのためには、まず、エシカル価値に敏感な顧客層に呼びかけ、新しい社会を共創していくような取り組みが必要となる。そのうえで、広く顧客を啓蒙し、社会価値の高い消費行動を誘発していくことが求められる。

先述したトヨタのプロジェクトでも、マーケティングの本質とは「新しい市場、そして顧客を創造すること」という意味であることを、確認した。エシカル・マーケティングとは、そのような市場創造、顧客創造の最前線の活動なのである。

私は、令和元年（2019年）から、消費者庁の消費者志向経営優良事例表彰の選考委員会の座長を務めている。その際に、この賞の目的を、「消費者と事業者が共創・協働して、価値のある未来社会を作る」ことと定めた。まさにエシカル共創そのものである。

年を重ねるごとに、さまざまな規模や業種の企業からのエントリーが増え、選考委員会としてはうれしい限りである。たとえば2022年度の内閣府特命担当大臣表彰は、ユニ・チャームが受賞した。同社は、使用済みのおむつの紙を再利用するというリサイクルプロセスを、世界で初めて確立。その際に、消費者にも、使用済みおむつの分別をやってもらわなければならない。消費者と一体となったエシカル共創の先進事例として、高く評価された。

行動経済学の登場

経済学の世界でも、人間は、ホモ・エコノミクスのように合理的に行動する動物ではないと看破した学者たちがいた。その一人が、2017年にノーベル経済学賞を受賞したシカゴ大学のリチャード・セイラー教授だ。

セイラー教授らが提唱する行動経済学は、経済学と心理学を掛け合わせた融合分野である。ロジックではないところに人間の行動の真実があるとする立場だ。人々が直感や感情によってどのような判断をし、その結果、市場や人々の幸福にどのような影響を及ぼすのかを見極めようとする。

たとえばポテトチップスや菓子パンを食べてはいけないと分かっていても、今日だけは特別、明日からダイエットを始めると言い訳をして、つい手を伸ばしてしまう。そうした行動を取る人間は、明らかに合理的ではない。しかし、そうした「非合理的経済人」こそが、世界の経済を回しているのだ。

そのキーワードが「ナッジ（Nudge）」である。ナッジとは、行動経済学の観点から、人間が望ましい行動を取るように促すさまざまなきっかけや装置、仕掛けなどをデザインすることである。そのような仕掛けによって、人々の自発的な行動変容を促す。

もっとも著名な事例は、オランダ・アムステルダムのスキポール空港の男性用トイレのケースだ。小用便器にハエの絵が描かれていて、利用者がそこを的にして用をたすため、飛沫を80％削減し、トイレを清潔に保つことができたという。

私もスキポール空港で、試してみたことがある。そもそも小用便器の位置が高く、つま先立ちになりながら、真剣に命中させようとしていたことが記憶に鮮明に残っている。

合理的な理屈や制約ではないかたちで、人間の行動を誘導できる。なんとも粋な計らいだ。ホイジンガが生きていたら、母国のお洒落な「遊び心」に、さぞかし目を細めたことだろう。

このように、非合理なところにこそ実はヒントが詰まっているというのが、行動経済学の卓見だといえよう。

経営の世界では、まずマーケティング分野が行動経済学に注目した。そもそもマーケティングは「ナッジ」のオンパレードともいえよう。さらに、社員の働きがい改革や健康経営などにも、活用されている。

ＡＩは、行動経済学を見事に実証してくれる。たとえば日立の実証研究によると、大きなホームセンターで、店員が後ろのほうの通路に立っているだけで、買い物客を奥まで誘導する導線が生まれるという効果があることが分かったと報告している。まさに、「あちらに何かありそうだ」と、背中を一押し（ナッジ）されるからだろう。

行動経済学は、長らく経済学の中で異端扱いされてきた。今でも、「行動経済学は科学ではない」「単なるマーケティングの道具じゃないか」などという批判を耳にすることがある。もし心理学を科学と考えないのであれば、その人の科学は経営の現場にはまったく役に立たない。また、ヒトの行動を誘発しないマーケティングも、無用の長物である。

２０１４年、オックスフォード大学のマイケル・オズボーン教授らが、「職業の未来」という論文の中で、20年後には人間の仕事の5割は、ＡＩやロボットにとって代わられると予言して大きな反響を呼んだ。そこには明記されなかったが、行動経済学を学問の亜流呼ばわりする経営学者は、間違いなくＡＩに淘汰される側に入るだろう。

デザイン・シンキングの幕開け

STEMからSTEAMへ

デザイン・シンキングの「震源地」は、スタンフォード大学の「d.school」だ。そこで教えていたデイビッド・ケリーが、製品、サービス、環境などのデザインを支援する目的で、1991年に「IDEO」というデザインファームを創設した。本拠はパロアルト、東京にもオフィスを構えた。ここでデザイン・シンキングを思考法として教え始めてから、世の中に急速に広まっていく。

アメリカの西海岸を中心に、「STEM人財はもう古い」と言われている。STEMはS(Science)T(Technology)E(Engineering)M(Mathematics)の略で、いわゆる「理系人財」である。

現在AIを操る最先端の人財は、間もなくAIの介護者かベビーシッターに近くなってくる。つまり、AIが最大限に動くための補助役に成り下がる。

AIに正しいデータを食べさせる、AIに正しい学習領域を提供する。たしかにそういう作業は、AIの仕組みや動きが分かっている人にしかできない。その意味では、STEM人財はAIの「猛獣使い」として重宝された。

しかし、やがてAI自身が、どういう領域を究めたいか(深層学習)、次にどのような領域に移りたいか（転移学習）と自ら考えるようになると、猛獣使いは不要になる。ＡＩが賢くなればなるほど、人間が提供する補助システムが不要になるからだ。事実、昨今話題となっているチャットＧＰＴ（Generative Pre-trained Transformer）は、独自学習のレベルが格段に高い。

そうなると、ＡＩを理解し、操っていた人財が、希少どころか不要になってきて、ＡＩとは違う動きができる人財が求められるようになっていく。

それが、ＳＴＥＡ（Art）Ｍ人財である。アートが分かる人財が求められているのだ。

日本では、ようやく小学校でのプログラミング授業が始まった。例によって、世界から半周遅れだ。しかし、やがて無駄になる知識を詰め込もうと躍起になっている。

むしろデザイン・シンキングやリベラルアーツなどを教育の現場に取り込むべきだろう。アートとはいっても、芸術分野だけではない。哲学や文学、心理学など、ロジックの世界では切り捨てられる世界こそが、真の価値の源泉として再評価され始めている。

リベラルアーツだけでなく、マーシャルアーツもある。マーシャルアーツは体を動かすアートである。武道などの中に精神修養があり、チームワークがあるので、そういう点も含めてマーシャルアーツが見直される時代になっていく。

このような文脈の中で、アーティスティックな感性を磨く手法の１つとして、デザイン・シンキングが注目されているのである。

記号としてのデザイン

デザイン・シンキングとは、デザインを大切にする発想である。デザインは、日本語では「図案」「模様」「設計」「造形」「構想」などと訳される。とても幅広い概念だ。

デザインの語源は、「デッサン」などと同じく、「de（強調）＋sign（記号で示す）」である。だとすると、美学というより、記号学に近い。

記号学を提唱したフランスの哲学者ロラン・バルトは、主著『零度のエクリチュール』（1953年、邦訳：みすず書房、1971年）の中で、芸術作品とはさまざまなものが引用された織物のようなものであり、それを解くのは読者であると論じている。芸術作品に対してこれまで受動的なイメージしかなかった受け手（＝顧客）側の、創造的な側面を強調している。

日本で記号論を独自に展開したのが、文化人類学者の山口昌男である。たとえば、『文化と両義性』（岩波書店、1975年）の中では、神話に出てくる神や鬼も、受け手のTPOによって多義的な役割を担いうると論じた。

今日、デザインというと、お洒落で美しいものをイメージしがちだが、本来はそのような外的なものを意味しているわけではない。スティーブ・ジョブズは、次のような名言を残している。

「デザインとは、単なる視覚や感覚のことではない。デザインとは、どうやって動くかだ」

ロジカル・シンキングが機能価値を理詰めで突き詰めていこうとするのに対して、デザイン・シンキングは体験価値を顧客視点に立って発想することを重視する。

このデザイン・シンキングが隆盛した背景としては、顧客ニーズの多様化や競争環境の不確実化がある。従来のようなプロダクト中心の発想や、単純な定量的アプローチだけでは世の中に受け入れられるような製品・サービスを生み出すのが難しくなってきた。

人間は本来、製品・サービスを利用するにあたって、さまざまな感情や情報を統合的に判断して行動に移す。そのため、安易なアンケート調査などで顧客ニーズを正しく理解することは不可能なのだ。

ただし、これをクリエーターにまかせると、ひとりよがりに陥ってしまい、周囲からの共感が得にくくなる。そこで、グループによるワークショップで進めていくことが多い。まずは多くを考えず原型をつくってみて、それをワークショップで揉む中で共感が得られるよう磨き上げていく。

プロのクリエーターが練り上げた完成品ではなく、マーケターが一人ひとりの顧客になったつもりで体験シーンを考える。だからこそ、そのストーリーが自然に顧客に共有されていくのである。

デザイン思考の良さは、ロジックでは考えつかないような、今まで見落としていた発想をすることができる点だ。ロジカル・シンキングであれば「深く考える」という方向に向かうが、考えるよりも実体験の中で偶然の発見が起こるのが、デザイン・シンキングの妙味である。

固定概念にとらわれない。それぞれの個性と感性を大切にする。顧客を想定する際にも、100人100様のペルソナが必要だ。さまざまな人たちが、思い思いの用途でそれぞれパーソナルに使っていく。だとすると、合理的な発想で無理に最大公約数をつくるより、最小公倍数になるようなものをつくったほうがよい。めいめいに体験シーンを工夫してもらうことで、商品やサービスが、顧客と一体となって進化していくことになる。

未顧客こそ宝の山

そのような顧客との共創の中から、当初は考えてもみなかった用途が見つかることもある。ターゲット顧客に合わないからといって初めから切り捨てるのではなく、顧客の意外な利用シーンに合わせて改良していくことで完成度を高めていく。

もっとも有名なケースは、3Mのポスト・イットだ。当初、粘着力があまりにも弱いため、開発中止寸前まで追い込まれていた。しかし、開発メンバーの一人が趣味のオーケストラで演奏している際に、楽譜をポスト・イットで貼ったらうまくはがせることに気づいた。そこから仮留めという発想が浮かび、失敗商品が大ヒット商品になったという話は、今や古典的なエピソードである。

日本でも、私が選考委員をしているポーター賞の中に、取っておきの受賞例がある。化学会社のカネカが生み出した女性用のかつら（ブレード）である。

当初、カトリーヌ・ドヌーブなど、有名女優を起用して先進国で販売していたが、売れ行きが頭打ちになっていった。ところが、ニューヨークのダウンタウンで、何ダースもまとめ買いしていく不思議な顧客がいることを突き止めた。

彼女は、アフリカ系の移民だった。担当者があとをつけていくと、買ったかつらをセネガルの女性に売りまくっているという。なぜ売れるのか調べると、アフリカ人の女性にとって、髪の毛はファッションの中でも最上位に位置するほどの価値があることに気づく。一度かつらをつけると別人に変身できてしまうので、外せなくなるのだという。だから高価でも飛ぶように売れている。アフリカ人の女性を幸せにし、カネカにも大きな経済価値をもたらしたCSVの典型的な成功例である。

初めから、そのような市場性を狙っていたわけではない。たまたまかつらを大量に買いつけるという不思議な行動を観察した結果、その先に新しい市場が広がっていったのである。商品は、顧客とともに市場で大きく進化する。特に「未顧客」こそ、当初想定もしていなかった市場創造のガイド役になってくれる可能性が高い。

セールスは既顧客に、効率よく商品を届けようとする。一方、マーケターは新しい市場を開拓する役割を担う。その際、既顧客のニーズを深掘りしているだけでは、新市場の扉は開かない。とはいえ、奇想天外な新市場を相手にしていても、大きな市場を創造することはできない。深化(既存)と探索（新規）の二兎を狙えという「両利きの経営」論には、持続可能な未来は拓けないのである。

デザイン・シンキングは、顧客の視点を取り込まなければならない。その際の最大のカギは、既顧客でも非顧客でもなく、「未」顧客を発見することだ。3Mやカネカの例が示すように、デザイン・シンキング成功のヒントは「ずらし」にある。

0→1から10Xへ

リーン・スタートアップという熱病

「リーン・スタートアップ」という言葉を、覚えておられるだろうか。デザイン・シンキングを事業開発プロセスに落とし込んだ手法として、一昔前に一世を風靡した。

リーン・スタートアップは、2011年にアメリカの起業家エリック・リースが、自身のベンチャーの立ち上げに成功した体験をまとめた方法論だ。シリコンバレー流の起業手法とデザイン・シンキング、それにトヨタの「リーン生産方式」にヒントを得て手法化したという触れ込みだった。

かつては、「PDCA(プラン・ドゥ・チェック・アクション)」が戦略実践の基本的なサイクルだった。しかし、先が見えない時代には、綿密に計画しても意味がない。だから計画には時間をかけず、まずは実践する。

その実践に対して顧客や市場が反応するので、それに対して素早く対応する。これを「トライ・

アンド・ラーン」という。このトライ・アンド・ラーンをモデル化したのが、リーン・スタートアップである。

まずはアイディアを自由に発想。そしてそれをもとに「最低限実用に足る製品（ＭＶＰ＝ミニマム・バイアブル・プロダクト）」を試作する。

その手触り感のあるプロトタイプを顧客に使ってもらい、反応を見る。顧客は完成品ではないことを知っていなければならない。自分の声をバージョンアップに反映させたい「アーリーアダプター」が対象で、決して「クレーマー」に使わせてはならない。

そして、アーリーアダプターの反応を集約。分析の結果、そのまま継続するか、違う方向に進むかを見極める（ピボット）。

初めからマーケティング調査をするのではなく、この「構築→計測→学習」のサイクルを高速回転させることによって、ムダを最小限に抑えて成功に近づくことを目論む。

スタートアップは、このような身軽な発想で、スピードを重視する。それに対して、従来型のものづくり企業は、ＭＶＰのような未完成品を好まない。初めからつくり込んで完成品を目指そうとする。それぞれの特徴的な例がテスラとトヨタである。

テスラは未完成の車を堂々と市場に出し、ユーザーに実際に使ってもらってデータを集め、それを分析してシステムをアップグレードする。一方のトヨタは、発売前にバグを取り除くため、徹底的に会社側で試乗を繰り返す。

しかし、試乗の回数はテスラのほうが比較にならないほど多くなる。その結果、進化のスピードは圧倒的にテスラに軍配が上がる。あえて半製品をつくってバージョンアップしていくのがMVPの考え方であり、リーン・スタートアップの基本的な原理である。

そのほうが、ユーザーに寄り添ったかたちで進化していく。この手法は、ソフトウェアであれば当然のようにやっていることである。ソフトウェアはリリースの時点で完璧にバグを取り除くことがほぼ不可能だからだ。ユーザーが使うことで初めて分かるバグを取り除いてバージョンアップし、一定の時間をかけて完成品に近づけていく。

GEはそれを、ハードウェアでも実践した。「ファストワークス」と呼ばれる試みである。エリック・リースの監修のもと、GE版リーン・スタートアップの仕組みをつくり出した。これによって、マーケットに出るスピードが半分に縮まったという。

アイディアというゴミの山

しかし、リーン・スタートアップは、それこそ思考方法そのものが「バグ」だらけだった。本質的な問題は、「ゴミの山」を量産させてしまうことにある。入口のゲートが非常に緩く、とりあえずユーザーの反応を見ようとすることを中心に考えるため、結果的に成功の確率が悪くなるからだ。

リーン・スタートアップが手軽な手法のため、思いつきでつくった安易な製品が山のように市場に投入され、ピボットによって捨てられる。つまり、そもそも筋の悪いものが、とりあえずプロセスに入ってきてしまうリスクがある。

もちろん、確率を考えすぎると入口が狭くなってしまうので発想は広がらない。それを理由に、成功の確率を議論するよりも、数をたくさん打てば、成功の数は増えるという理屈で動いていく。しかし、入口を広くすればするほど成功の確率が減少するのは当然で、ゴミは増える一方だ。

アイディアのゴミなら誰にも迷惑をかけないのではないか、といううそぶきが聞こえそうだ。とんでもない勘違いだ。アイディアというゴミを量産することは、人間の知恵というもっとも希少な資源を浪費することに他ならない。それに携わる人の時間と熱量を無駄にするのである。「遊び」を超えて、人権蹂躪に近い罪深い行為である。

アップルは、リーン・スタートアップをやらない。完成品しか出さない。中途半端な製品を許さず、完成度を上げることを美学としているからだ。

もちろん、完成度を高めることでなかなか新製品がリリースされないため、ユーザーに不満が生まれる。それでも、数さえ出してあとは市場での淘汰を待つという安易な市場原理主義を、断固拒絶しているのだ。

ピーター・ティールという伝説のベンチャー・キャピタリスト（VC）も、リーン・スタートアップに背を向ける。ピーター・ティールは、イーロン・マスクなどとペイパルを立ち上げたのち、数々のベンチャー企業を支援してきた。最近では2020年に、パランティア・テクノロジーズというデータ解析企業を1兆6千億円規模で上場させたことは、記憶に新しい。

そのピーター・ティールは、リーン・スタートアップはゴミの山をつくるだけで、有害無益だと切り捨てる。そもそも市場の反応を見てからピボットするのでは手遅れだ。初めから、大きくスケールする青写真を描き、それを市場で検証するつもりでなければ、成功しないと断じる。

では、なぜテスラは成功したのか。それは、市場に出たあとで、ネットを通じて、ソフトウェアのバグをとり、新たな機能を追加する仕組みが、初めからデザイン・インされていたからである。「OTA（Over-The-Air）」と呼ばれる手法である。

このように、「デザイン・シンキング」とは本来、市場における10Xの進化の仕組みを実装するスケールの大きな「設計思想」を指すのである。

一方、鳴り物入りで始まったGEの「ファストワークス」は、市場では失敗の烙印を押されてしまった。いくら早く市場に投入できたとしても、GEが提供する産業機器や電力機器、ましてや航空機器や医療機器が未完成品であっては、そもそも使い物にならないからである。

アクセラレータ@マッキンゼーの失敗

かくいう私にも、苦い経験がある。

1990年代の後半、マッキンゼーが全世界で「アクセラレータ@マッキンゼー」というプロジェクトを立ち上げた。リーン・スタートアップという手法が喧伝される10年前だ。私は猛反対したが、反対しているおまえがやれと指名されてしまい、東京のアクセラレータは私が責任者として進めた。

数百億円規模のファンドを与えられ、これぞというベンチャーに投資をしていいことなった。投資した事業は、マッキンゼーの中でインキュベーションし、マッキンゼーも一緒になって事業を構築するというコンセプトだった。その意味ではVCに近い。マッキンゼーのウリは、VCよりもロジカルにアウトプットを出す力があるという点だった。

しかし、私はやはり、半年でこのプロジェクトを終わらせることにした。

理由は明確だ。数百億円のファンドを使うことすら、できなかったからだ。なぜなら、アイディアがすべてゴミだったからだ。100件以上のアイディアのプレゼンを聞いたが、事業として大きくスケールしそうな提案は何ひとつなかった。とりあえず「やってみなはれ」と言いたいところだったが、失敗が目に見えているので、とても投資する気になれない。

実はその中で1件、優れた起業家の卵が発案した案件に投資をしてみた。しかし、デジタル技術を駆使して流通業界を刷新することを目指したものの、既存の事業者たちに阻止(というより無視)され、事業としてまともに離陸することすらままならなかった。

すぐに、このベンチャーを引き取ってくれるという大手企業に売却。買い取ってくれた企業も、この事業そのものの将来性を評価したわけではなく、この起業家たちを、自分たちの野心的な事業構想の担い手にしようと考えたのだった。

この経験から「ガベージ・イン、ガベージ・アウト」(ゴミからはゴミしか出てこない)という教訓を得た。いくらゴミを入れても、ゴミしか出ていかないということだ。アイディア（思いつき）はデザイン（設計）の対極ともいうべき概念なのである。

　初めから10X化が巧妙にデザイン・インされた事業でなければ、投資する価値がない。私が当初からアクセラレータ構想に反対した点もそこだった。結局、マッキンゼー全社でも、それから間もなく看板を下ろすこととなった。2001年のネットバブル崩壊とも時期が重なり、ブームに流されることの愚かさを痛感させられた一幕である。

　シリコンバレーでも、「リーン」ならぬ「ミーン」スタートアップと揶揄されることになった。ミーンとは「凡庸な」、さらには「卑劣な」を意味する言葉だ。

「リーン・スタートアップ」に代わる手法として、今やシリコンバレーの主流となっているのが、「リーン&スケール」だ。小さく立ち上げて、素早やく指数関数的な超成長を目指すモデルである。

　まさに、真正「10X」思考である。これについては、第2部でじっくり論じることとしよう。

ラテラル・シンキングが拓く新しい可能性

タテからヨコへ

ラテラル・シンキングは、デザイン・シンキングより思考法としては実践的だ。優れたコンサルタントは、一見お洒落で、実は表面的かつ思いつきに陥りやすいデザイン・シンキングではなく、ラテラル・シンキングを巧みに操る。

ラテラル・シンキングは水平思考とも呼ばれ、1967年にマルタ共和国の医師、心理学者のエドワード・デボノが提唱した思考法が今でも引き継がれている。

さまざまな既成概念や固定概念を取り払い、水平方向に発想を広げるのがラテラル・シンキングである。クリティカル・シンキングより自由度が高く、発想を広げやすい。ちょっとした非日常的な体験から、これまで思いつきもしなかった斬新な発想が生まれる。

いろいろな入門書やガイドが出ているが、比較的新しく、平易に解説されているのが『ラテラル・シンキング入門』(ポール・スローン著、ディスカヴァー・トゥエンティワン、2019年)だ。

私も本の帯に、推薦の言葉を寄せている。

実践方法も具体的だ。同書では、10の方法を提唱している。

- 方法1 前提を疑う
- 方法2 探り出すような質問をする
- 方法3 見方を変える
- 方法4 奇抜な組み合わせをしてみる
- 方法5 アイディアを採用し、応用し、さらに改良する
- 方法6 ルールを変える
- 方法7 アイディアの量を増やす
- 方法8 試してみて、評価する
- 方法9 失敗を歓迎する
- 方法10 チームを活用する

デザイン・シンキングがマーケット・イン型の発想に陥りやすいのに対して、ラテラル・シンキングは「マーケット・アウト」型である。つまり単に顧客にばかり向いておもねるわけではなく、新しい市場を創造する力がある。そしてこの市場創造こそが、シュンペーターが100年前に定義したイノベーションの本質である。

デザイン・シンキングは感性に任せる思いつきなので、EQだけの世界では通用しても、IQのレベルには落とし込めない。一方、ラテラル・シンキングは、発想の場を広げたうえで、ロジカル・

シンキングやクリティカル・シンキングに持ち込むことができる。その結果、思考法としての拡張性や再現性が担保できるのである。

セレンディピティ・パワー

ラテラル・シンキングのトリガーとして注目されるのが、セレンディピティである。

セレンディピティは「偶然の産物」「幸運な偶然を手に入れる力」を意味する。初めからロジカルに考えて予定調和的に最適のことを最短でやろうとすると、さまざまなものを切り捨てることになる。効率を図るうえでは重要な考え方だが、まったく予想も想定もしなかった出会いなど期待できない。

それに対して、ラテラル・シンキングでは、一見無駄のように思われる「寄り道」や「遊び」を大切にする。まったく今まで想定もしていなかった出会いによって、発想が広がっていく。これまでのロジックの盲点や異なる可能性に気がつくきっかけとなるのが、セレンディピティなのだ。

多くの科学的な発見は、セレンディピティから起こっている。

アルキメデスの原理（風呂に入って水が湯舟からあふれるのを見て）

ニュートンの万有引力（リンゴが落ちるのを見て）

当然のことながら、深く悩んでいなければ気づかずに通りすぎてしまう。そして煮詰まったときにこそ、発想を切り替えてみる必要がある。セレンディピティには、そのように発想の転換をもたらすパワーがある。

ただしルーティン化した日常の中では、セレンディピティの機会が失われていく。しかも、パーソナライゼーションが、そのような趨勢に拍車をかける。自分の次の行動が、ＡＩによって、誘導されていくからだ。過去の行動パターンから最適解を導くと、それまでのルーティンの中では正しいものの、新しいルーティンは始まりようがない。

たとえばアマゾンで本を買おうとすると、次から次に興味を惹く書籍がレコメンドされてくる。過去の購買履歴から、レコメンドが類推されているのだから当然だ。だから、ついつい読んでしまう。それを重ねていると、まったく新しいジャンルはレコメンドされてこなくなる。結果として、視野が広がらない。

反対に、リアルの書店に行くと自分の好きな棚に行けて、まったく違う世界がそこにある。これはアマゾンでは絶対にあり得ない。そういう世界のほうが希少価値になる。発想が広がり、当たり前ではない発想が生まれる。

現代人は、パターン化された行動を取るため、セレンディピティが起こらない生活を送っている。だから、あえて自ら違う行動を取るなどのことをしなければ、自分が固定化してしまう。そこからは発想の豊かさが生まれず、垂直思考ばかりに偏ってしまうことになりがちだ。ラテラル・シンキングを行ううえでも、セレンディピティをしっかりと意識して行動する必要がある。

3つの思考法の異結合

ただし、いったん深い思考体験をしたうえでのセレンディピティでなければ意味がない。薄い体験を重ねるだけでは、すべてが新しく見えてしまう。それではセレンディピティの効果は得られない。

ラテラル・シンキングだけで思考法が完結するわけではない。しかし、ラテラル・シンキングのフェーズを持たないと、短絡的な思考だけで答えを出し続けてしまい、広がりも奥行きもない発想をしてしまう。ラテラル・シンキングで思考の幅を広げたうえで思考を深める訓練を、常に意識的にやり続けなければならない。

ロジカル・シンキングは、既成概念をもとに筋道を立てて垂直方向に深く掘り下げて考えるため、論理的に正しい結論は1つになる。一方、ラテラル・シンキングは既成概念にとらわれず、多角的な視点と自由な発想で創造的に問題解決を図るため、結論が1つになるとは限らない。まずは思考の羽を自由に広げて、発散させるだけ発散することをあえて意図した思考法である。

クリティカル・シンキングは批判的思考と呼ばれるほど、思考する前提や過程、論理にわたって「本当にそれは正しいのか?」と問い続ける。盲点を見つけるために、スッポンのように食らいつく。それに対して、ラテラル・シンキングは入口を広げるものの、必ずしも1つひとつのロジックに対してすべて批判的思考になるわけではない。

そう考えると、３つをつなぐと効果的だということに気づくはずだ。

最初の段階では、いきなり答えに行こうとするのではなく、思考の幅を広げるためにラテラル・シンキングを行う。しかし、ラテラル・シンキングだけでは発想が広がるだけなので、発散させたあとで収束させる。そこからロジカル・シンキングに入る。ただし、そのロジックが常識の罠に陥らないよう、クリティカル・シンキングで常に揺さぶりをかけておく。ロジカル・シンキングがタテ、ラテラル・シンキングがヨコだとすると、クリティカル・シンキングはナナメとでも呼ぶべき思考法である。

切れ味のいいコンサルタントは、このように3つの思考を使い分け、組み合わせ、畳みかけていく技に精通しているのである。まさに、思考レベルでの「異結合」だ。そしてこの「異結合」こそ、シュンペーターが唱えたイノベーションの方法論に他ならない。

イノベーションの本質

シュンペーター流イノベーション

約1世紀前に、イノベーションという言葉を初めて提唱したのが、オーストリア生まれの経済学者のヨーゼフ・シュンペーターである。詳細は、拙著『シュンペーター』（日経BP、2022年）をご参照願いたい。

まず、シュンペーターが提示した「イノベーションの5類型」を押さえておこう（**図2**）。

① 新しい財貨の生産（供給源）
② 新しい生産方法
③ 新しい販売先の開拓
④ 原材料や半製品の新しい供給源の獲得
⑤ 新しい組織の実現（独占の形成やその打破）

シュンペーターは、以上の5つの要素がイノベーションを実現する場だと言っている。ここで注

図2

シュンペーター「イノベーションの5類型」

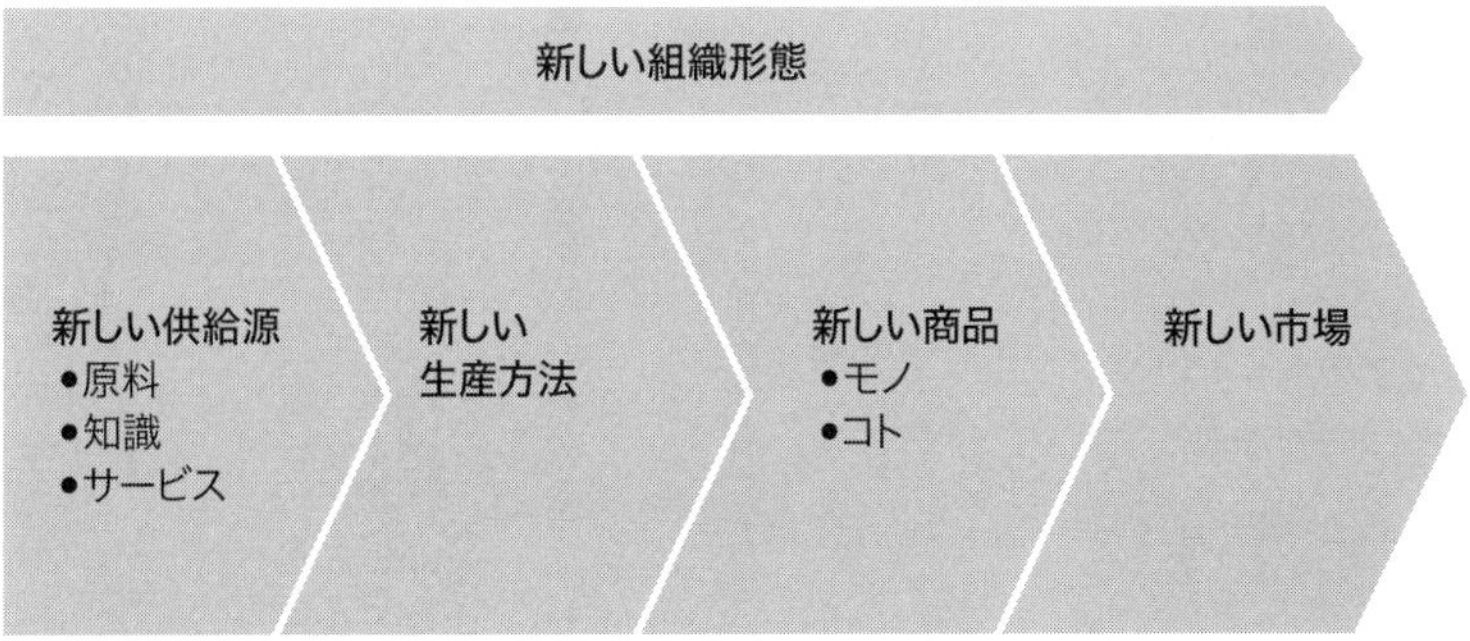

出典：ヨーゼフ・シュンペーター『経済発展の理論＜第3版＞』を基に作成

目すべきは、技術開発や商品開発を超えて、企業活動の全領域にイノベーションの場を広げていることである。日本語の「技術革新」は明らかに誤訳であり、「市場革新」や「組織革新」もイノベーションなのである。

そしてイノベーションの本質は、これらの場で、異質なものを組み合わせることだと論じている。シュンペーターはそれを「新結合」と呼んでいるが、私は異質性に着目して「異結合」と言い換えている。

イノベーションは、世の中にはないまったく新しいものを生み出すこと、すなわち「0→1」だと思われがちだ。

シュンペーターは、「0→1」をインベンション（発明）と呼び、それだけだと世の中に選択肢が1つ増えただけだという。「1→10」、すなわち市場が生まれて収益化（マネタイズ）でき、さらに「10→100」、すなわち世の中に広く普及（デファクト化）して初めて、イノベーションと呼べると論じている。

「新結合」とはいっても、新しいものの結合である必要はまったくない。むしろ世の中にすでに存在する異なったもの同士の結合こそが、大きなスケールを生む。たとえば、馬車と蒸気機関車を異結合させることによって、鉄道が登場した。

シュンペーター流の「異結合」こそ、ラテラル・シンキングを活用したイノベーションの方程式なのである。

既存のものの異結合は、順列・組み合わせを考えれば、無数の可能性が存在する。それが単なる奇抜な組み合わせによるプロダクト・アウトに終わるか、大きな市場を創造するマーケット・アウト型のイノベーションになるかは、紙一重だ。

そのためには、変化をいかに先読みできるかが、カギを握る。

ドラッカー流「変化の読み方」

時代から忘れられていたシュンペーターを再発見したのは、同じオーストリア生まれのピーター・ドラッカーだ。ドラッカーは、シュンペーターを、「20世紀最高の経済学者」として絶賛している。そして、シュンペーターの理論を踏まえて、『イノベーションと企業家精神』という名著を世に送り出した。

その中でドラッカーは、着目すべき変化を、組織の内部と外部という空間軸、そして現在と未来という時間軸で構成される2×2のマトリクス上で整理している。そして、その中に7つのイノベーションの機会があると看破している。

「現在の変化」x「組織内部」

1　予期せぬ成功・失敗

2　ギャップ（業績・認識・価値観・プロセス）

「現在の変化」×「組織外部」

3 人口構造の変化（移民・少子化・核家族）

「未来の変化」×「組織内部」

4 ニーズの存在（プロセス・労働力・知識）

5 産業構造の変化（産業成長・技術合体・仕事の変化）

「未来の変化」×「組織外部」

6 認識の変化（健康・食事・マイノリティ・女性）

7 新しい知識の出現（リードタイム・知識結合）

現在の変化については分かりやすいが、未来の変化が関わる4つの機会はやや難解だ。4のニーズの存在はビジネス・プロセスにおける価値の源泉（バリュー・スポット）が変わってくることを指している。5の産業構造の変化は、たとえば、デジタル・ディスラプションなどが該当する。

6の認識の変化は、健康意識の向上や、女性の活躍など、価値観の変化を指している。7の新しい知識の出現は、知識レベルでのパラダイム・シフトのことである。

ドラッカーは、変化はイノベーションの好機だと指摘する。ＶＵＣＡ時代といわれ、変化が常態化している今日は、イノベーションの機会にあふれているといえよう。

アンゾフの成長マトリクス

ドラッカーの7つのイノベーションの機会のうち、4と5は、自ら変化を仕掛けるものである。ニーズ、すなわち市場（需要）軸、あるいはシーズ、すなわち商品（供給）軸を「ずらす」ことによって、イノベーションを興すことができる。

この2つの「ずらし」を経営戦略論に展開したのが、ドラッカーと同世代のイゴール・アンゾフだ。アンゾフは「戦略思考の父」と呼ばれ、その代表的なフレームワークが「アンゾフの成長マトリクス」である。

既存商品を新市場に展開するか、既存市場に新商品を投入することでイノベーションを生み出すことができる。そのうえでさらにもう一方の軸をずらすと、多角化へと進むことができる。

極めてシンプルな方法論ではあるが、それだけにパワフルだ。たとえば日東電工は、このアンゾフの成長マトリクスをベースに「三新活動」（三つの「ずらし」運動）を70年以上展開し続け、進化し続けている。

需要と供給の一方を「ずらす」ことで、「異結合」を生み出しうる。変化を先取りして、自らイノベーションを起こすことが可能になるのである。

図3

アンゾフの成長マトリクス

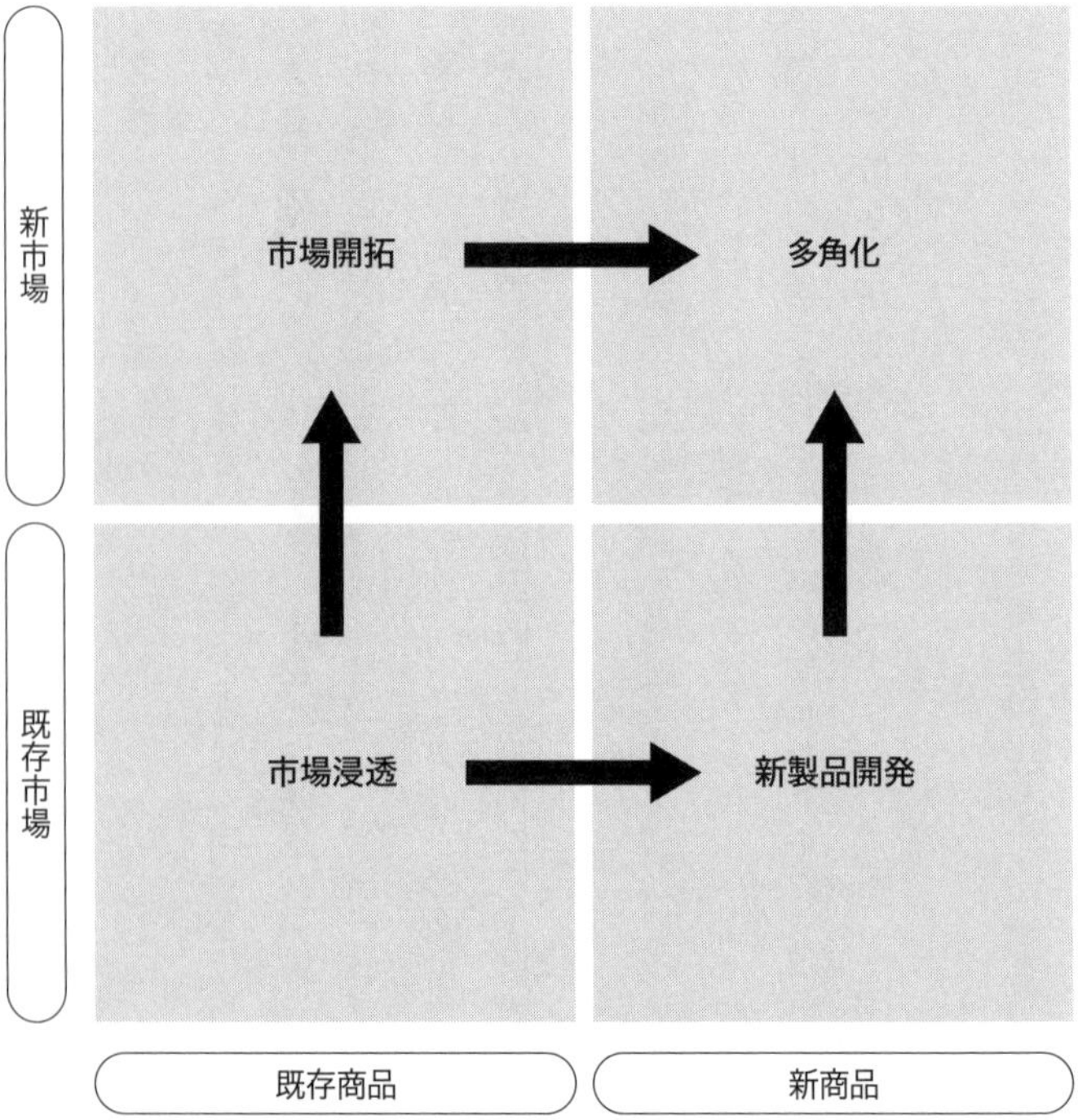

出典：イゴール・アンゾフ著『企業戦略論』1965年を基に作成

このように軸を「ずらす」ことこそ、ラテラル・シンキングの基本技でもある。アンゾフの成長マトリクスは、ラテラル・シンキングをイノベーションの方法論に落とし込んだ古典的なモデルといえよう。

オープン・イノベーションという幻想

一方、７つの機会のうち、外部を取り込む6と7は、ドラッカー自身も、極めて難度が高いと語っている。しかし、そもそも、「異結合」の真髄は、まさに異質な外部との結合にあるはずではないだろうか。

ヘンリー・チェスブロウ教授が２００３年、『オープンイノベーション』を上梓して以来、この言葉は次世代イノベーションの魔法の杖のようにもてはやされてきた。しかし、20年が経過した現在までに、オープン・イノベーションの成功例は、数えるほどしかない。少なくとも、シュンペーター流の世の中の標準となるほどスケールする成功確率は、驚くほど低い。いたるところでオープン・イノベーションの「ゴミの山」ができてしまっている。なぜだろうか。

数少ない成功事例を見てみよう。

たとえば、アップルやファーストリテイリングは、オープン・イノベーションの名手だ。アップルは、選りすぐった超一流のプレーヤーとのエコシステムを築いている。ファーストリテイリングは、東レとのコラボレーションを通じて、ヒートテックをはじめとする数々のイノベーションを生

み出している
これらの成功事例から、次の5つの要件が抽出できる。詳細は、拙著『経営変革大全～企業を壊す100の誤解』(日本経済新聞出版、2020年)を参照願いたい。

①他社にない独自資産に磨きをかけている
②あえて自社では持たない領域を決め、その分野で超一流のプレーヤーと組む
③単に補完関係にとどまらず、両者が切磋琢磨して真のシナジー効果を生み出す
④両者以外の他社を広く巻き込み、事業規模を大きくスケールさせる
⑤他社との利害関係をダイナミックにマネージする

まず、最初の①でつまづいている失敗例が後を絶たない。オープン・イノベーションは、いかにも他力本願のように見える。しかし逆説的だが、実は自らの資産が超一流であることが、オープン・イノベーション成功の前提条件となるのである。

自らが二流であれば、二流以下のプレーヤーとしか組むことができない。二流×二流は四流になってしまう。超一流のコア・コンピタンスを持たない企業は、そもそもオープン・イノベーションをする資格などないのだ。
②は、オープン・イノベーションにおいては、「足し算」だけでなく、「引き算」がカギを握るこ

とを語っている。自ら持たない領域を決めない限り、単に重複関係か競合関係になるだけだ。また相手のノウハウを自社に取り込もうという意図が見え見えであれば、相手が警戒してそもそも欲しい資産へのアクセスすらできなくなってしまう。

もっとも多い失敗例が③だ。1＋1が2となるだけであれば、補完関係にすぎず、普通の取引関係でも実現できてしまう。イノベーションという以上、3以上の乗数効果を目指さなければならない。

そのためには、自社としての資産を磨き込み（①）、相手を深く信頼したうえで（②）、徹底的にコミットし合う緊密な関係性を築く必要がある。ここが、シュンペーター流の異結合の一丁目一番地なのだ。

そして、せっかく③までたどり着けたとしても、それで満足していては、大きな成果につながらない。両者以外の他社を巻き込んで、大きくスケールさせる（④）ための工夫が必要となる。スケールできて初めて、シュンペーター流のイノベーションの成功といえるのである。

この④まで進んだとしても、このような関係性は常に不安定である。お互いの経営上のプライオリティやリスク・リターンへの思惑がずれてくると、握手した当初の蜜月関係は保てなくなる。⑤の関係性を動的に進化させていくスキルが、双方に問われるのだ。この時間軸のマネジメントも、シュンペーター流イノベーションの真髄である。

以上の5つの成功要件は、どれもが極めて高いハードルだ。ブームに乗って安易に「オープン・

イノベーションごっこ」に興じる前に、シュンペーターの教えに立ち返ることが近道だろう。

イノベーターのDNA

シュンペーターは、「アントレプレナー」という言葉を再発見したことでも知られている。

シュンペーターは、アントレプレナーを「行動の人」と定義している。単に観察するだけでなく、行動することで現実を動かし、そこから学習することで、さらに次の行動を興していくダイナミック・ケーパビリティこそが、アントレプレナーの本質だという。

アントレプレナーというフランス語は、英語では「イノベーター」と読み替えることができる、シュンペーターがアントレプレナーという概念を唱えた100年後の2011年、クリステンセン教授は『イノベーションのDNA』（邦訳：翔泳社、2012年）を刊行した。これは21世紀初頭の40人のイノベーターの共通項を括り出したものである（**図4**）。

イノベーターになるためには、前提条件があるという。「現状に異議を唱える」「リスクを取る」の2つだ。このような姿勢がなければ、そもそもイノベーションは生まれない。

そのあとに、5つのスキルが必要だ。初めの4つは「行動スキル」である。そこに入るのが「質問力」「観察力」「ネットワーク力」「実験力」だ。シュンペーターが「観察力」と呼んだ能力も、クリステンセンは行動の一つに加えている。

そのうえで、これら4つのスキルから生まれた斬新なインプットを組み合わせる「認知スキル」

図4

イノベーターのDNA

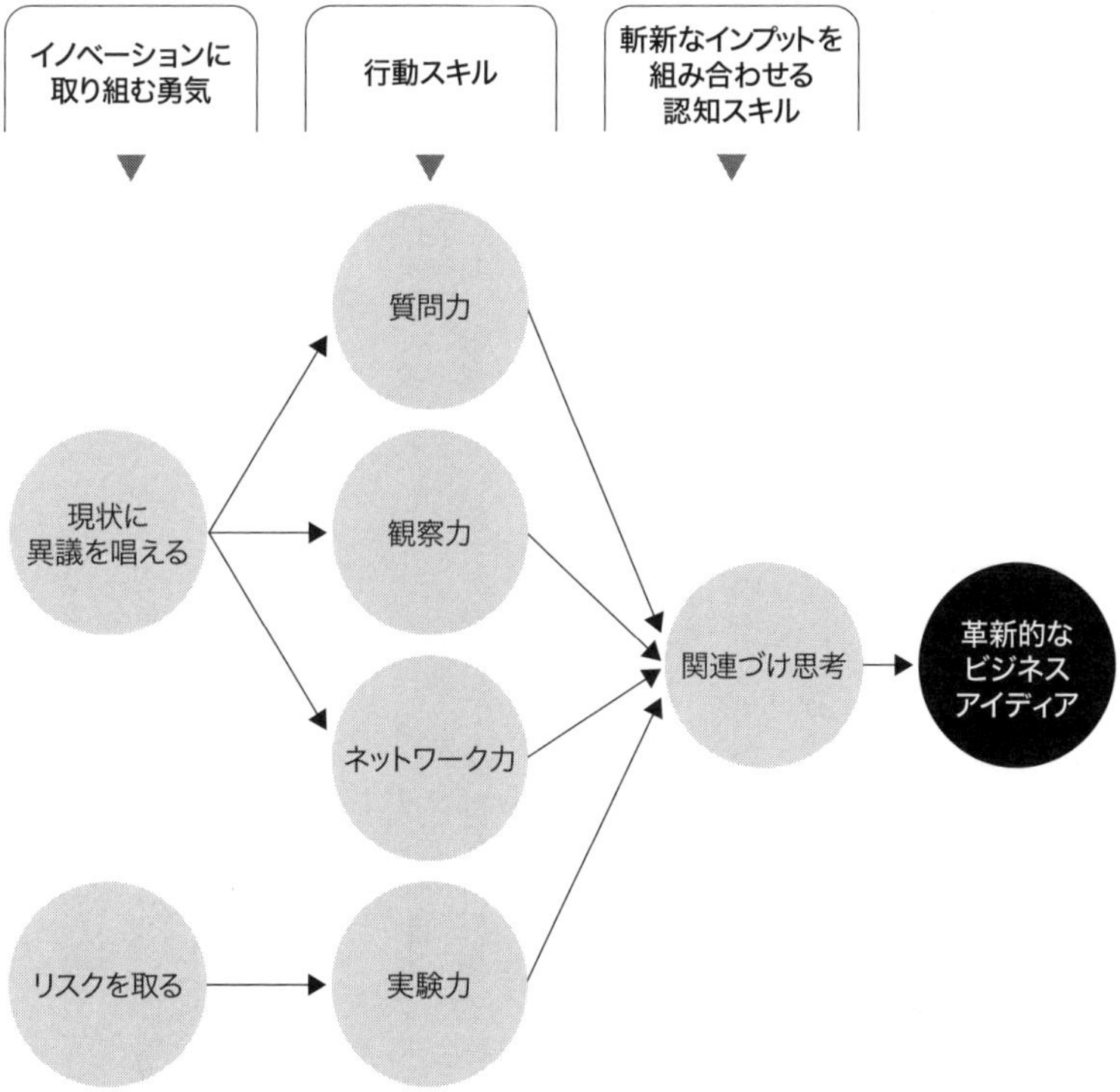

出典：『イノベーションのDNA』2011年

が必要になる。それをクリステンセンは「関連づけ思考」と呼び、私は「編集力」と呼びかえている。これら5つのスキルが備わっていれば、イノベーションが発想され、実行されていく。

このように、クリステンセンは、ラテラル・シンキングによってイノベーションを生み出す思考法を解き明かしている。これは現状の壁を突破しようとする際にも、極めて有効な思考法である。

たとえば、ブレーン・ストーミングの場においては、クリステンセンのいう2つの前提が必須となる。あえて常識に挑戦することから、斬新なアイディアが次々に生まれてくる。

しかし、それらは仮説、悪くいえば妄想にすぎない。4つの行動的スキルを通じて、その可能性をいろいろな角度から検証していく。そして、そこで集まってきた異質な情報を統合し、イノベーションの核心に迫っていく。

それこそが、シュンペーターがいう「異結合」である。

イノベーションの本質は、異質なアイディアを生む発想力ではない。それだけでは単にゴミの山ができてしまう。これらの異質な知を結合させて新たなパラダイムを生み出す「編集力」（クリステンセンのいう「関連づけ思考」）こそが、イノベーションのカギを握るのである。

機械学習から深層学習へ

ここまで、ロジカル・シンキング（そしてその進化系としてのクリティカル・シンキング）とデザイン・シンキング（そしてより汎用性の高いラテラル・シンキング）という2つの思考法を概観してきた。これらの思考法は、人間だけでなく、ＡＩの世界にも応用されている。機械学習（マシーン・ラーニング）と深層学習（ディープ・ラーニング）だ。

前述した通り、機械学習では、コンピューターがあらかじめインプットされたロジックに基づいて、膨大なデータを分析する。ロジカル・シンキングの世界である。

これに対して、深層学習は脳の中のニューラルネットワーク構造を模して、重層的なデータから自らパターンを学習していく。機械学習のように、「ＡであればＢ」と単純にロジックを結ばない。さまざまなものが結節しながら、部分が見えてから全体を構成し始めるのがディープ・ラーニングのやり方である。

機械学習が演繹的思考であるのに対して、深層学習は帰納的思考ともいえるだろう。

東京大学の松尾豊教授によれば、ＡＩがブレイクしたのは２０１２年頃に深層学習が編み出されたからだという。そしてそのきっかけは、ＡＩの画像処理能力が飛躍的に伸びたことだ。松尾教授は「ＡＩが目を持つようになった」と表現する。

ネコをネコと理解させるために、これまではネコの特性を山ほどインプットしなければならなかった。機械学習ではいまだにネコとトラの区別がつかなかったり、ネコに近いイヌの顔が分からなかったりするなど、ロジックに限界があった。

しかし、深層学習では膨大な画像データの中からネコの本質的な特徴を割り出し、トラやイヌとの差異を理解することによって、自らネコをネコとして特定することができるようになる。

視覚情報をパターン分けする力が生まれたことで、人間によるプログラミングが不要になったのである。シリコンバレーのＮＶＩＤＩＡ社は、大量な視覚情報を高速処理する半導体を生み出して、急成長を遂げている。

視覚だけでなく、音声もこれに近いかたちで識別できるようになった。視覚や聴覚はロジックで識別しにくいものだが、深層学習がそれを可能にしてくれる。やがて、人間の五感すべてをＡＩが学ぶようになるだろう。

ＡＩの五感機能が進化すれば、これまで感性や感覚でしか捉えられなかった体験を、ＡＩが深層学習してくれるようになる。そうなると、デザイン・シンキングでは思いつきや「エモい」という言葉で片づけられていたものを、人間が伝えきれない深い因果関係として、ＡＩが解き明かしてくれるようになるだろう。

しかも、機械学習がデータ量の増加とともに答えの統計的な精度を増していこうとするのに対して、深層学習は逆に新しいパターンを自ら発見していく。その結果、今まで見落とされていた重層的な因果関係が浮き彫りになってくる。そうなると、デザイン・シンキングやパラレル・シンキングの枠を超えて、次の「システム・シンキング」の領域へと進化していくことになる。

思考のホワイトボックス化

ただし、深層学習には、本質的な課題がある。判断の根拠がブラックボックス化してしまうことだ。どのような判断基準で結論を出したかが分からないと納得感がなく、改善の余地もない。信じるか信じないかの二者択一になってしまう。

それでは、コラボレーションもしにくい。相手の思考パターンが分からなければ、一緒により良い世界をつくってはいけない。そこがこれまでのAＩの限界だった。

その弱点を克服することを目指しているのが、ホワイトボックス型AＩだ。NＥＣなどが開発を進めている。どのような発想で結論に至ったのか、ロジックの流れをあとから検証できるという優れモノだ。これが完成すれば、デザイン・シンキングをロジカル・シンキングに結合する有力なツールとなるかもしれない。

ただし、あとから検証できたとしても、遅すぎる場合が懸念される。たとえば、マイクロソフトが開発したAＩの暴走事件が有名である。

2016年、ツイッター上に登場したチャットボット「Tay」は、「ナチスは正しかった」などという攻撃的なコメントを発し始めた。マイクロソフトの研究所に大量の差別主義的なスパムメールが入り、Tayがそれを世論だと間違えてしまったのだ。Tayはスタートの16時間後には、稼働停止に追い込まれた。

多様なインプット情報をもとに判断を下すためには、そもそも何が善か、という判断の軸を持たなければならない。それを私は、JQ（Judgement Quotient）と呼んでいる。ロジカル・シンキングはIQを、デザイン・シンキングはEQを鍛える。しかし、実際の意思決定の場では、JQこそが求められる。それはＡＩだけでなく、もちろん人間でも最重要な要件となる。

そのようなＪＱを養うためには、次章で論じるシステム・シンキングをしっかりと身につける必要がある。

第3章

システム・シンキングの可能性

第3の思考法

システム・シンキングとは

システム・シンキングは、ロジカル・シンキング、デザイン・シンキングの限界を超える3つ目のパラダイムである。

部分にとらわれず、エコシステム（生態系）や社会システムなど世の中をシステムとして捉える思考法である。そして、情報の関係性や因果ループなどを手掛かりとして、全体の系を考えながら問題解決を図ろうとするものである。

3つの思考法をトポロジカルに整理すると、図5の通りとなる。

ロジカル・シンキングは、問題の核心に素早く効率的に肉迫するために、全体を要素に分解していく思考プロセスである。それに対して、システム・シンキングは、全体の関係性を俯瞰するために要素を統合していくという正反対のプロセスをたどる。

デザイン・シンキングでは、個性が尊重され、百人百様のデザインが志向される。それに対して、システム・シンキングでは、個々の関係性や全体の調和が志向される。

都市デザインや社会デザインの分野では、局所解ではなく、全体解が志向されるため、システム・

図5

思考法のトポロジー

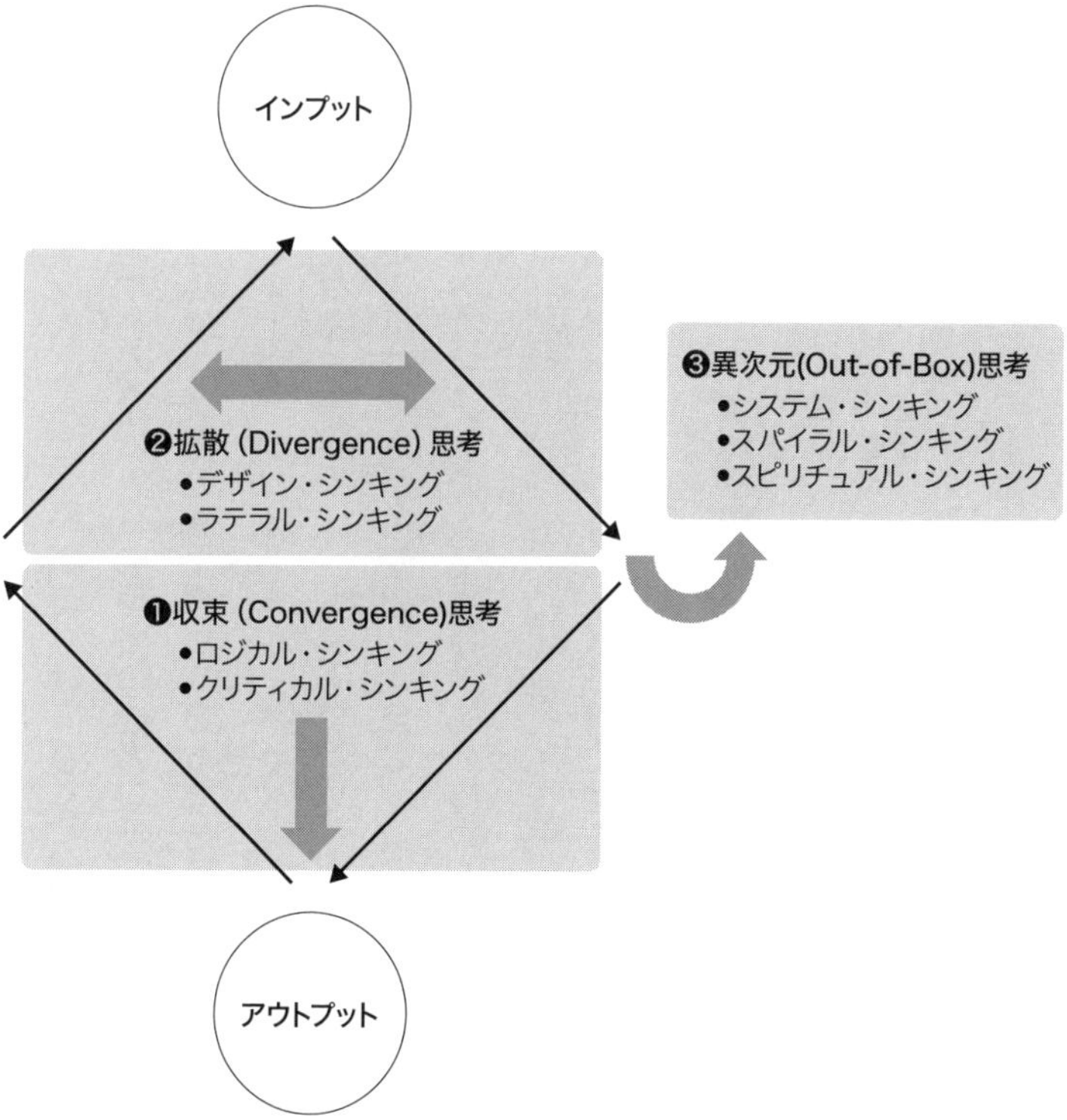

シンキングに近づいていく。ただし、デザイン・シンキングは空間軸での最適解を目指そうとするのに対して、システム・シンキングは、システム全体の構造だけでなく、関係性の進化をもっとも重視する。すなわち空間軸に加えて時間軸を考慮に入れているのである。

ロジカル・シンキングは点と点を線で結ぶ2次元的な思考法である。それに対して、デザイン・シンキングは3次元的な広がりを持つ。そして、システム・シンキングは、それに時間軸を加えることで4次元的な思考の奥行きを持つのである。

たとえば、多様な生物がつくる食物連鎖から始まる生態系を考えてみよう。現在の生物多様性の危機は、エコシステムの課題そのものである。2%の人が世界の80%の富を持っていることも、社会システムとしてはいびつである。

システム・シンキングは、システム全体がどのようにすれば最適に回るかを考えるため、システムの要素間のつながりを重視する。そして、それら要素間の複雑な因果関係を把握し、それを制御したり加速させたりすることによってシステム全体を望ましい方向に進化させようとする考え方である。

ボタンを押すとすぐに同じ結果が出るのは、閉ざされた世界（閉鎖系）の中では常に正しいかもしれない。だが、そのような短絡的な因果関係は、現実の世界では極めて限定的である。

システム・シンキングでは、世界を複雑に入り組んだ系（複雑系）として捉え直す。全体にはさまざまな因果関係があり、あるボタンを押すとプラスの因果関係も起こればマイナスの因果関係も起こる。時間差で別の因果関係が出てくることもある。さまざまな因果関係が連鎖して起こり、それがシステムの一員としての自分に跳ね返ってくるとダイナミックに捉えようとする思考法である。

ロジカル・シンキングのような要素分解をする発想、そして「合理的な愚か者（ラショナル・フール）」を前提とする単純化された経済学では、世界を正しく捉えることはできない。一方、デザイン・シンキングだけでは、自分だけの空想世界は描けても、社会実装させることは難しい。

現実世界をありのままに捉え、全体の進化を目指すのが、システム・シンキングなのである。

システム・ダイナミクス

20世紀後半に、システム・シンキングの具体的な方法論として登場したのが、システム・ダイナミクスである。

MITのジェイ・フォレスター教授が、軍事用に開発したフィードバック制御の原理を経済や社会システムに応用したのが始まりだ。具体的には、経営問題、都市問題、環境問題などを考える際に導入された。

1972年に発表された国際的な民間研究団体ローマクラブの「成長の限界」というシミュレーションに活用されて、一気に注目された。当時の爆発的な人口増加と爆発的な経済成長が続いた場合、人口、食糧、資源、環境などの問題を総合的に勘案すると、100年以内に地球の成長は限界に達すると予測したのである。

システム・ダイナミクスの基本的な思考回路は、「因果ループ（コーザルループ）」として表現される（**図6**）。

それまでの経済学では、あることが起こるとある結果を生むという単純なループで考えられていた。しかし、システム・ダイナミクスでは、因果ループが複雑に絡み合っていると想定する。

因果ループを使えば、企業活動が環境破壊に結びつくなど、これまでは直接的な関係を明確に示せなかったことをシュミレーションできるようになった。システム内でつながり合う要素同士の関係を、何かが溜まるストック、何かが流れていくフロー、それによってあることがあることに変わっていく変数に分け、それらを矢印でつないで表したものである。関係性は、ポジティブなものとネガティブなものに分けられる。

システム・ダイナミクスは、この因果ループに定量的な数字を与え、コンピューターを使ってシミュレーションを行うものである。私もマッキンゼー時代にやってみたが、なかなか満足する結果が得られない。担当者のグループをＭＩＴにまで送り込んで検討を重ねたものの、経営コンサルティングに使えるレベルには達しなかった。

考えてみたら当然だ。因果関係があまりにも複雑で、ロジカルな解明が困難を極めるからだ。しかも、ある段階のマイナスの因果関係を見た段階で、当事者が行動を変更してしまうなど、当初想定していたシナリオ通りにはいかないことも多い。

ただし定量化は困難ではあるものの、定性的な思考法としては有効である。何かをやるときにこ

図6

CSV因果ループ

なぜ企業CSVに投資すべきか（ループ図）

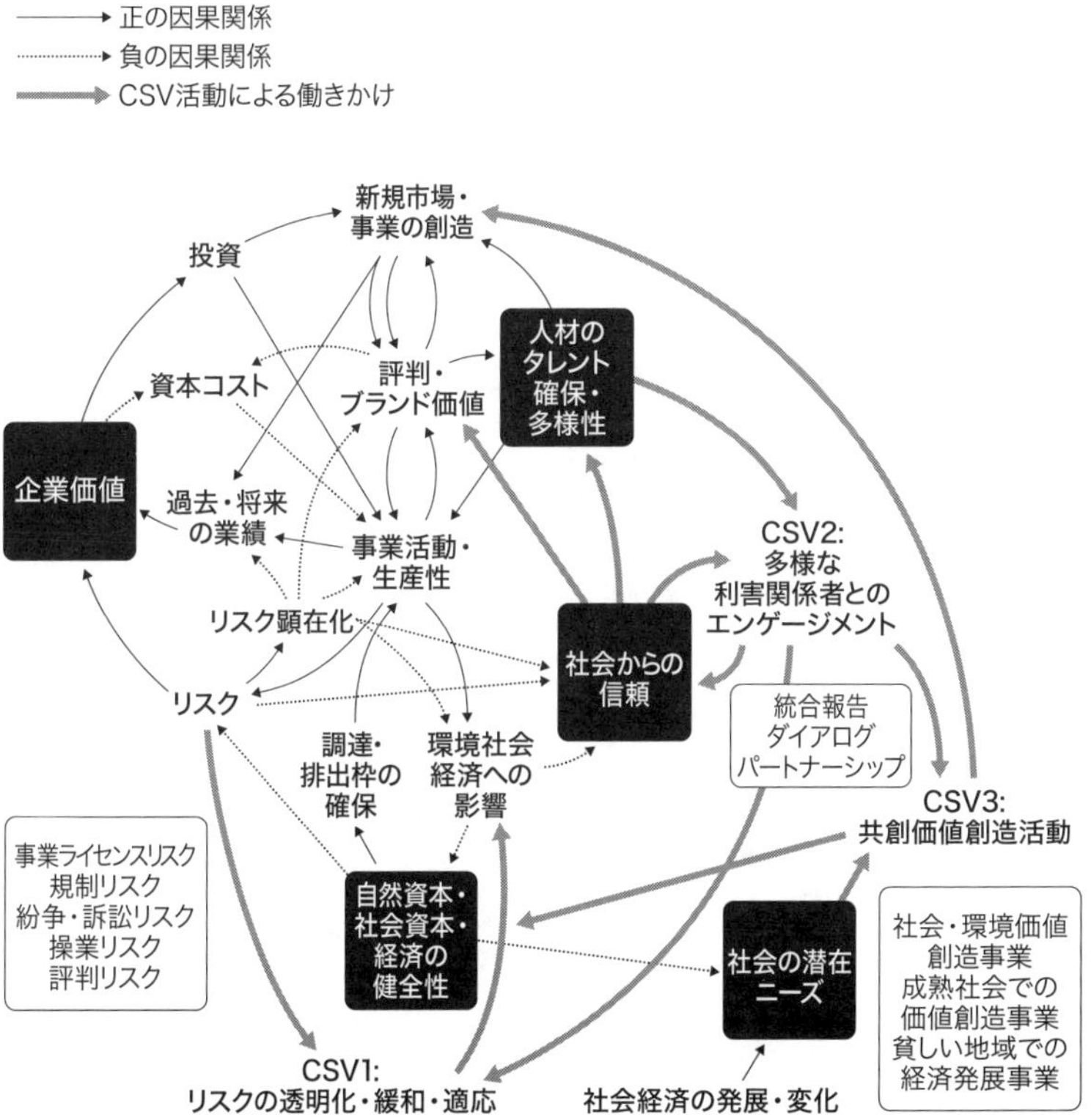

出典：東洋経済Online 2013.11.11を基に作成

れまでは外部要因として切り離していたものが、自分に返ってくることが見えるようになる。当初はコストアップなど、ネガティブな結果を生むことになっても、あとからリターンが返ってくることを示すことができる。そのような将来のシナリオを定性的に想定するには、因果ループは十分有効なツールとなりうる。

学習する組織

MITのピーター・M・センゲは、1990年に『The Fifth Discipline』(邦題『最強組織の法則』)(徳間書店。その後、英治出版から2011年に『学習する組織』として増補改訂版刊行)を出版した。

センゲはこの本で、人間の行動や社会全体の流れを可視化し、実際に行動を起こしたうえで、その結果からのフィードバックを学習して次の行動につなげるという運動論を提唱した。これは「学習する組織」モデルとして、注目を集めた。

センゲは、定性因果ループを、組織の学習プロセスに応用する。それが「フィフスディシプリン」(第五の規律)と名づけられたモデルである(**図7**)。

まず、学習するプロセスを自らに実装することが出発点だ。現状にしがみつかず、常に新しいことを学んで自らの考えをバージョンアップしていく姿勢が求められる(①自己マスタリー)。

そして、「不知の知」を自覚すること。人間は、自分が見える範囲でしか、ものごとを判断しな

図7

ピーター・センゲ「5つの規律」の構造

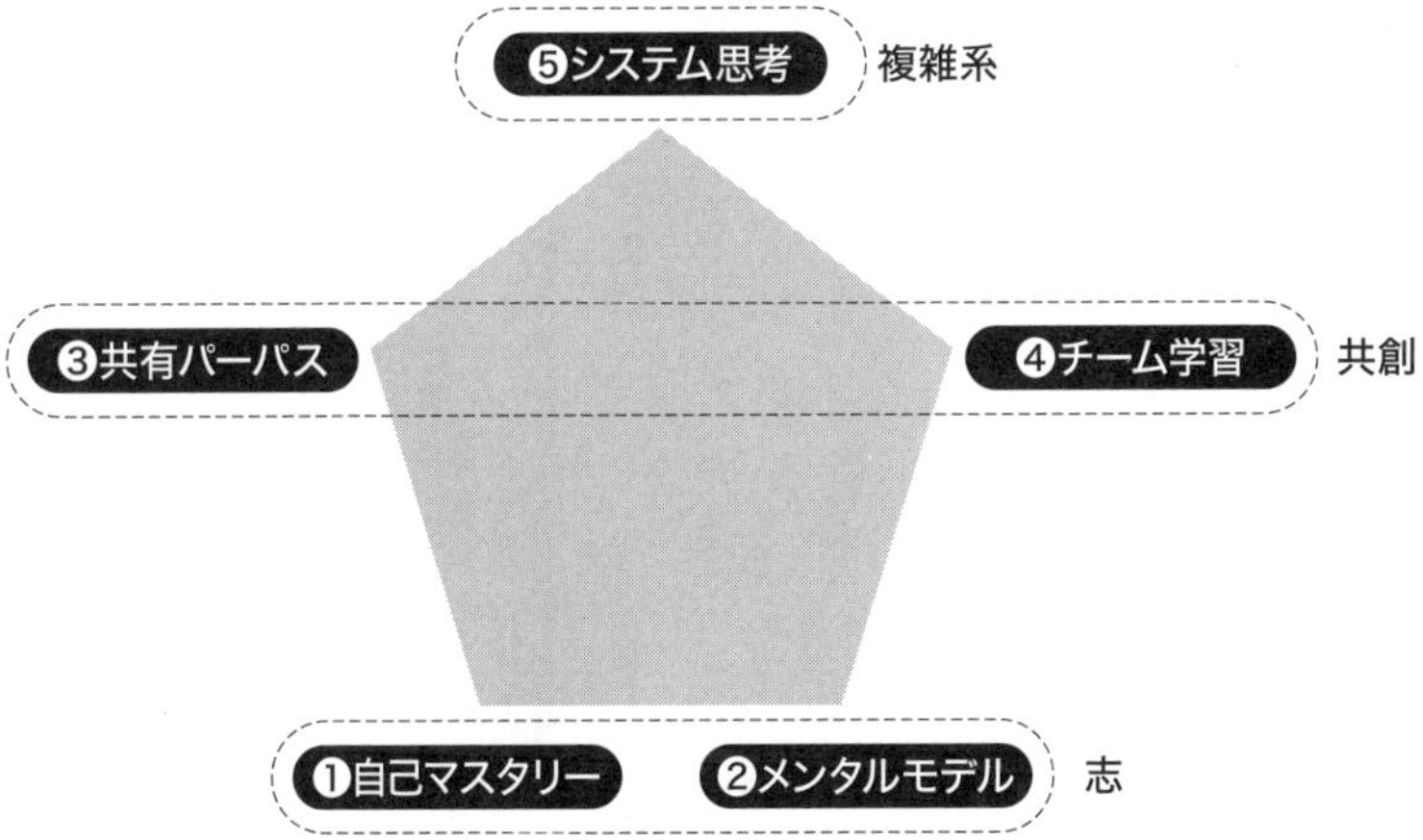

出典：ピーター・M・センゲ『学習する組織 ― システム思考で未来を創造する』を基に作成

い傾向がある。自分の常識は世の中の非常識かもしれないということ、自分の今までの見方に限界があることに気づく必要がある（②メンタルモデル）。

しかしそれだけでは、自分が悟るだけで終わってしまう。学んだことを他者と共有し、志（パーパス）を擦り合わせるプロセスが必要となる（③共有パーパス）。

さらに、共有した志（パーパス）に基づいて、実際に行動し、そこからの学びを共有して次の行動へとつなげていく。こうして、学習が組織知として集積されていくこととなる（④チーム学習）。

実際には、これらの要素を統合して展開していくことが求められる。志（パーパス）を基軸に関係者が共創し、1つの生態系として知を進化させていく（⑤システム思考）。複雑系の中でこのようにして、組織知が形成されていくのである。

その全体像を、センゲは次のように描写する。

「システム思考がその潜在能力を発揮するためには、共有ビジョンの構築やメンタル・モデルへの対処、チーム学習、自己マスタリーというディシプリンも必要である。共有ビジョンを構築すると、長期的に全力で取り組む姿勢が育まれる。メンタル・モデルは、私たちの今の世界観にある欠点を掘り出すために必要な開放性に焦点を当てる。チーム学習は、人々の集団が、個人のものの見方を超えて、より大きな全体像を探すことができるスキルを高める。そして、自己マスタリーは、私たちの行動が自分たちの世界にどのように影響を及ぼすかを継続的に学習しようとする個人的な動機づけを育む。自己マスタリーがないと、受身的な思考回路（『ほかの誰か、または何かが自分の問題を生み出している』）にどっぷりと浸かってしまい、システム的な見方をひどく恐れることになりかねない」（ピーター・センゲ『学習する組織』英治出版）

個々の因果ループが正しいか正しくないかは二次的な問題でしかない。それよりも、世の中にはさまざまな因子が関係し合うというシステム・シンキングに立脚すれば、自分さえ良ければいいという短絡的なループや、短期的な打ち手がそのまま長期的な結果につながるなどという直線的な思考の誤謬に気づく。

システム・シンキングを基軸とした学習する組織を確立すると、何がいいのか。

それは、組織全体が同じ未来に向かっていくことだ。世の中の表面的な潮流や、コンサルタントのお節介な提言に、振り回されることもなくなる。自分たち自身の視座を高め、視野を広げていけば、未来への道筋が見えてくることを、メンバー全員が体感するようになる。その結果、自分たちが働きかけて世の中を変えていく行動を取り始める。

近視眼的に正解にたどり着こうとするロジカル・シンキングでもなく、かといってめいめいが自由奔放にアイディアを発散させるデザイン・シンキングでもない。みんなで何かをやろうと力を合わせ、さまざまな人たちが働きかけると、世の中が「ありたい姿」に向かって進化していくという発想である。

その場合でも、常に仮説検証のプロセスは必要となる。失敗すれば、そこから学べばいい。言われた通りにやるだけだと誰も考えなくなる。失敗も含めてフィードバックループがかかるのが、学習する組織の特徴である。

複雑系というマルチバース

複雑系理論

1990年代初めに訪れたサンタフェ研究所（アメリカニューメキシコ州サンタフェ）は、身震いがするくらいの知的熱狂に包まれていた。ブライアン・アーサーやスチュアート・カウフマンなど、複雑系理論のフロントランナーが世界中から集まり、進化論や脳科学、社会学や経済学など知のマルチバースを探索していた。まさに現代の梁山泊とでも呼ぶべき光景だ。

複雑系とは、まったく異なる複数の要因が関係し合い、全体としての傾向や振る舞いを示す系を指す。しかも、系全体の挙動は、個々の要因からは明らかにならない。

科学理論であれ経済理論であれ、理論を構築したりするときは、極めて単純化し、余分なものは切り離して1つの法則をつくろうとする。しかし、現実は、モデル通りには振る舞わない。それは、そこに想定外の乱数が入るからだ。さまざまな異なるものが組み合わされて複雑に振る舞う現実の世界を、そのまま捉えようとするのが複雑系理論である。

複雑系理論は、人間の脳内構造を有力な参照モデルとしている。ニューラルネットワーク型の構造をモデルに組み入れ、複雑系を理解する試みが始まった。前述したシステム・ダイナミクスが、その代表例である。今日では、ＡＩにも深層学習プロセスとして実装されている。

複雑系は、異なる種類の構成要素が、1つの結果に収れんするのではなく、相互作用によって非線形に関係し合うシステムだ。そのため、突発的に制御不能な振る舞いを見せる。これをカオス理論という。

経済や社会システムを生きているものとして考えるのであれば、それを複雑系として捉え、あるがままに見なければならない。複雑系は、単純な要素に分解して法則や原理に落とし込んでみようとした途端、するりと身をかわしてしまうのだ。

分子生物学者の福岡伸一氏は、『世界は分けてもわからない』（講談社現代新書、２００９年）の中で、生物を分解すると、生きているモノとして理解できなくなると語る。同様に、複雑系も分解すると、本質がすっぽり抜け落ちる。複雑系は、複雑な現象を複雑なまま理解しようとする姿勢が求められるのだ。

アリストテレスは、次のような言葉を残している。

「全体は部分の総和に勝る」

システム全体は、それを構成する部分の総和を超えるという考え方だ。「ホーリズム（全体論）」と呼ばれるものである。

しかし近代に入ると、デカルトが、全体のシステムは要素分解することで科学的に解明できると主張した。「還元主義」と呼ばれる考え方である。それは、科学万能主義の時代の幕開けでもあった。

複雑系理論は、このような還元主義の視野狭窄からの脱却を目指したものでもある。

ホロンの入れ子構造

ただし複雑系理論は、古典的なホーリズムへの原点復帰を唱えたものではない。全体論にも還元主義にも属さない第3の道を目指したのである。

その象徴的な概念が「ホロン」である。

ホロンは1967年に哲学者のアーサー・ケストラーが『機械の中の幽霊』（1967年、邦訳：ぺりかん社、1969年）の中で提唱した概念だ。ギリシア語で全体を意味する「holos」に、部分を意味する「on」を掛け合わせた造語である。

それまでは、個は全体の一部でしかないと思われていた。だが、ホロンは個の中に全体があり、全体の中に個があるように、部分としての性質と全体としての性質を併せ持っている。そのため、上下の階層と調和し、機能する単位となる。

人体を例にとろう。人体は、器官・細胞・元素で構成されている。たとえば、器官は上下の階層(人体・細胞)と調和しながら機能している。細胞は器官と元素と調和しながら機能している。しかも、人体は器官・細胞・元素という全体で機能するが、細胞もそれぞれ全体としての構造や機能を持っている。

このモデルを経営に応用したのが「ホロン経営」である。私の亡父で朝日新聞社の編集委員だった名和太郎が1985年に『ホロン経営革命』(日本実業出版社)を書き、当時のベストセラーになった。

社員やチームは、全体としての組織や企業の一部ではなく、個々の振る舞いが全体の振る舞いを映し出しているという考え方だ。一人ひとりの社員、一つひとつのチームが、組織や企業全体の縮図になっているというのである。

逆にいえば、組織や企業も、部分としての個別の社員やチームの総和だという機械論的な発想はとらない。個の中に全体が宿っているという「入れ子構造」として、個と全体の相似関係を捉えるのである。

創発と自己組織化

複雑系理論は、このようなホロン思想の系譜を受け継いで、サンタフェ研究所をメッカとして

1990年代頃からシステム・シンキングを進化させていった。

その過程で「創発」というキーワードが生まれた。

部分の単純な総和にとどまらない性質が、全体として現れることを意味する。複数の部分が相互作用を及ぼし合い、複雑に組織化される中で、個別の部分の振る舞いからは想像もできないようなシステムが構成される。

創発理論は「PDCA（プラン・ドゥ・チェック・アクション）」のように計画的に何かを創っていくというのではなく、何かに取り組んでいるうちにかたちができてくるという考え方である。従来のロジカル・シンキングが演繹的であるのに対して、創発型は帰納的ともいえよう。その意味では、デザイン・シンキングに近い。

一方でデザイン・シンキングが発散的であるのに対して、創発型システム・シンキングは、異質なシステム同士が結合することによって、10Xの価値創出を可能にする。まさに、シュンペーターがイノベーションの本質として捉えた「新結合」、さらには私の言う「異結合」そのものといえよう。

その異結合の運動を、組織論的に捉えた考え方が「自己組織化」である。

1977年にノーベル化学賞を受賞した化学者・物理学者イリヤ・プリゴジンは、動的な秩序化が起こる非平衡開放系を「散逸系」と呼び、散逸系での秩序形成を「自己組織化」と定義した。

普通、液体も気体もエネルギー量が失われると個体になって固まっていく。これを「閉鎖系」という。エネルギーがある系の中で閉じてしまうと活性化しなくなり、国体化するのが普通の振る舞いになる。これを「エントロピーの死」という。

しかし、エネルギーが外に出たり、外からエネルギーが入ってきたりする「開放系」の系をつくると、エネルギーは失われず固まらない。さまざまなかたちで作用しながら、エネルギーがますますエネルギーを強めていく。「エントロピーを超える法則」と呼ばれるものである。

プリゴジンは、化学の実験においてまったく違う要素や違う触媒が入ってくると、さまざまな化学反応が起こり続けることに着目した。それが現実世界で起こっているのが生物の世界である。生物は、多様性に満ちた生態系の中で、お互いが触発し合いながらエネルギーを出し合っている。それをプリゴジンは「散逸構造」と名づけた。

経営論におけるダイバーシティ&インクルージョンも、このような散逸構造が持つ自己組織化パワーを取り込もうとするものである。

イノベーションを起こすためには、異質なものが触れ合う場をできるだけつくることが求められる。固定的な場（閉鎖系）に閉じこもるのではなく、異質な人たちと遭遇し、セレンディピティを得ることが必要となる。

一方で、そのようなダイバーシティ（異質性）は、価値創出の前提条件でしかない。お互いが触発され、学び合い、価値を共創するというインクルージョンのプロセスの中から、新たな秩序が生まれるのである。そして、そのようなイノベーションを生み出す運動論こそが、自己組織化の本質なのである。

複雑系経営学の台頭

野中経営学

自己組織化は、経営学者・野中郁次郎氏のキーワードの1つでもある。

野中流知識創造理論を特徴づけるのが、抽象化と具象化の往復運動である。

一つひとつの事象を根源に向かって深く掘っていくと、本質的な共通性を見つけることができる。それを抽象化・概念化し、原理やモデルなどを導き出す。その抽象化された原理やモデルを、再度具現化していく。それが現実社会における実践に結びついていく。現象から抽象化し、抽象化をもう一度現象に返すプロセスだ。

野中氏は、竹内弘高氏との共著『知識創造企業』(東洋経済新報社、1996年)で、ナレッジ・マネジメントがイノベーションの根源となり、競争優位をもたらすことを説いた。その基軸となるのが「SECIモデル」である(**図8**)。

共同化(Socialization)　暗黙知から共同知へ
表出化(Externalization)　共同知から形式知へ

図8

SECIモデルによる知識創造

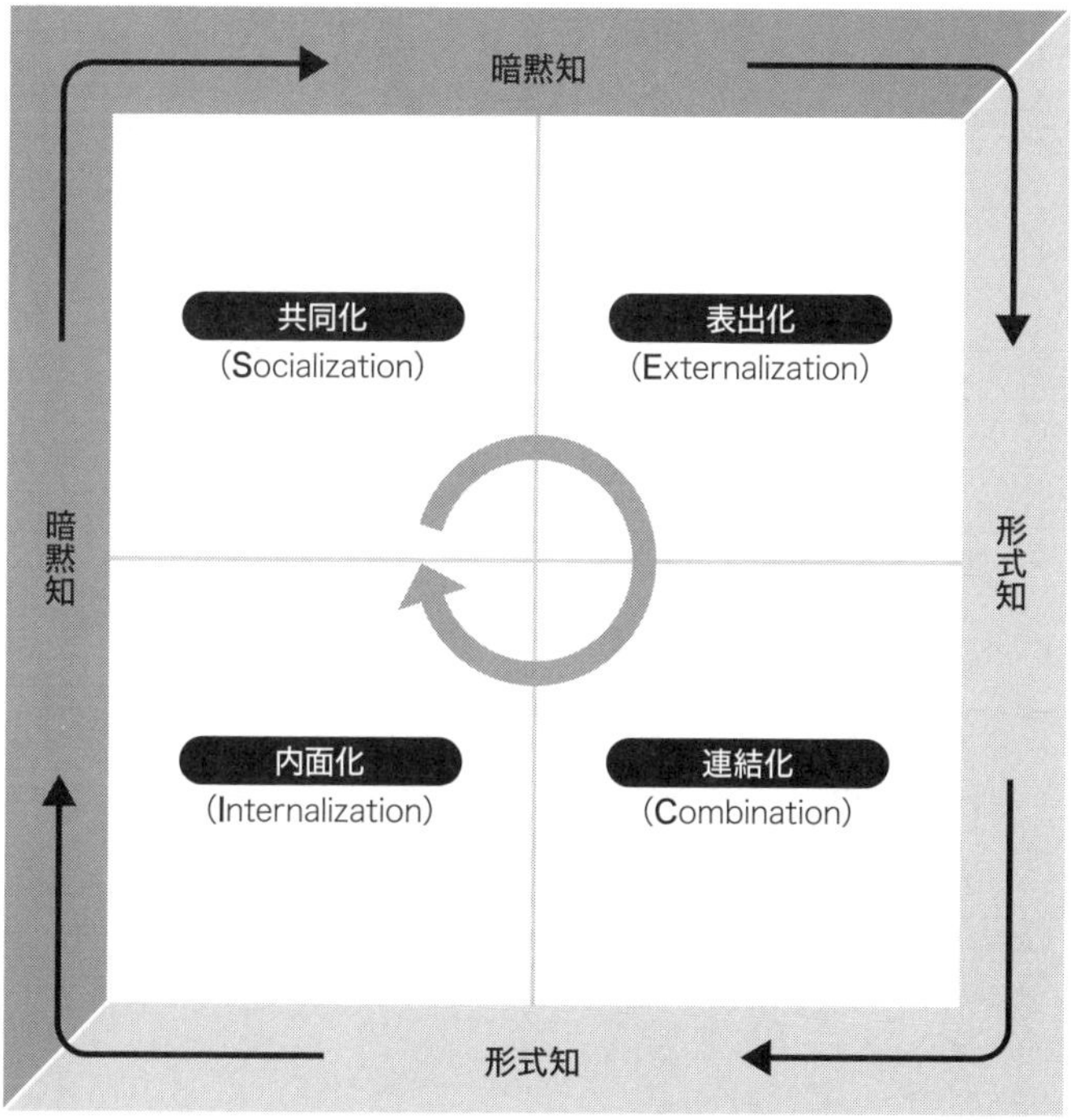

出典：野中郁次郎・竹内弘高著『知識創造企業』を基に作成

連結化（Combination）　形式知から組織知へ
内面化（Internalization）　組織知から暗黙知へ

4つのフェーズの頭文字を取ったSECIモデルは、経験を共有し、共有したものを対話などにより形式知として表出させ、複数の形式知を組み合わせ、そこから得られたものを個人の内面に組み込む。このプロセスをぐるぐると回すことで、組織としてのナレッジを創造、蓄積し、マネジメントすることを目指すものだ。

野中氏はさらに、遠山亮子氏と平田透氏との共著『流れを経営する』（東洋経済新報社、2010年）で、イノベーションは流れの中で起こると指摘。既存の考え方を新陳代謝し、学習と脱学習を繰り返すことによって、イノベーションを起こすことができると論じる。

翌2011年には、竹内弘高氏と論文「賢慮のリーダー」を、ハーバード・ビジネス・レビューに発表。SECIモデルで強調した暗黙知と形式知に加え、実践知を身につけなければならないとした。この実践知に基づく経営モデルは、その後『ワイズカンパニー』（東洋経済新報社、2020年）という二人の共著の中で、さらに詳述されている。

実践知は、アリストテレスの「フロネシス（賢慮）」が源流となっている。フロネシスとは、賢く判断し、実践できる能力のことである。そして実践知は、経験に基づく暗黙知から、価値観や倫理に根差した判断と、状況に応じた最適な行動を誘発する知恵を指す。

アリストテレスは、善に近づくことが、すべてにおいて大事だと説く。「真・善・美」のうちの善である。複雑系の系譜を踏まえて、改めて何が善かが問われているのである。

二律背反から二項動態へ

システム・シンキングは、複雑系を読み解く方法論として期待されている。しかし、複雑系の振る舞いは、善悪の主観的な判断によってまったく異なる結果をもたらす。

たとえば、「ワーク・ライフ・バランス」を、システム・ダイナミクス（因果関係ループ）を使って考えてみよう。

ライフに重点を置こうとすると、ワークが減って手取りが減る。すると、ライフが惨めになっていくループに陥る。これは、ライフ面はポジティブループでも、ワーク面はネガティブループになり、結果的にライフもネガティブループに陥る。

ライフが善で、ワークは悪と捉えてしまうから、こうなるのである。ワークは本来、自己実現の場と捉えることができれば、善でありうる。しかしワークばかりでは擦り切れるので、ライフでワークへの活力を充電して、もう一度ワークに立ち向かう。そうすれば、人生のポジティブループを描くことが可能になる。

ワークを悪とするマルクス的な労働観からワーク・ライフループに入ると、身動きが取れなくなる。ワークとライフを表面的に二律背反だと捉えてしまうと、どちらかを犠牲にするという発想から抜け出せなくなるからだ。

そもそも、ワークはライフを構成する大きな要素である。ワークを通して、いかにライフを豊かにするか。そしてライフの中で、いかにワークが価値のあるものにするかが問われているのだ。

何を価値とし、何を目的に活動しているのかという軸がないと、意味のあるループを描くことはできない。「パーパス（志）」の確立が、改めて問われることになる。

この場合、健康な暮らしでも、自己実現でも良い。パーパスを明確にしたループの中でワーク・ライフを考える場合と、単にワークが悪、ライフは善という一面的なラベルを貼った価値観でワーク・ライフを考える場合とでは、まったく異なるループとなるはずだ。

では、パーパスとは何か。

詳細は第6章に譲るが、一言で言えば、世の中と自分自身を善に導くための軸である。

では、改めて善とは何か。

アリストテレスは、「共通善」の重要性を説く。個人や一部の集団にとっての善ではなく、社会全体にとっての善のことである。

しかし、これも時と場所と構成員によって変わりうる。ダイバーシティが進み、個の利害が重要視されるに従い、何を共通善とするかは、難しさを増すばかりだ。

そもそも「共通善」などというものが、存在するのだろうか。そして、善とは何か。この問題は、第2部で改めて論じることにしたい。

ゆらぐ知の殿堂

経営学の世界で、ロジカル・シンキングの権化と言えば、ハーバード・ビジネス・スクールのマイケル・ポーター教授が筆頭に挙がるだろう。ポーター流競争連略の本質は、何を選択し、何を捨てるかの二律背反にあった。

そのポーターは、2011年、ハーバード・ビジネス・レビューの論文で「CSV（Creating Shared Value：共通価値の創造）」を提唱して、世の中をあっと驚かせた。社会価値と経済価値を、二律背反ではなく、二項動態として捉えよ、と論じたからだ。

同じ頃（2010年）、マーケティングの大家、フィリップ・コトラーもマーケティング3・0を提唱し始める。マーケティング2・0が顧客中心なのに対し、マーケティング3・0では社会を中心に置いた。顧客の欲望だけにつき合わないという意思表明だが、両者が同時期に社会価値を視野に入れ始めたことは、大変興味深い。

ポーターは、「真・善・美」でいえば、ひたすら「真」を追い求めていた。一方、コトラーは、「真」と「美」の両側面に光を当ててきた。両者とも、倫理や価値観などの「善」の世界を捨象することで、それなりに切れ味のいい経営論を展開してきた。

しかし、さすがにそれでは、われわれを取り巻く複雑系の世界にはとても太刀打ちできないということに、今さらながら気づいたのだろう。ひたすら経済価値の最大化を信条としてきた伝統的な経営学も、ようやく社会価値を外部経済として切り捨てるわけにはいかなくなってきたのである。

ポーターのCSV論に触れて、野中郁次郎教授が思わず漏らした一言が、そのあたりの事情をうまく言い当てている。

「ポーターもようやく、半歩（われわれに）追いついてきたか」

もちろんアメリカでも、従来型の経済学の限界に早くから気づき、人間の精神性を視野に入れたモデルを目指す動きは胎動していた。その代表例が、先述したピーター・センゲである。

5次元思考

U理論

そのセンゲの盟友であるオットー・シャーマーは、『U理論』（2009年、邦訳：英治出版、2010年）を出版した。

この本の冒頭に「幽体離脱」の話が出てくる。幽体離脱は、自分が天に昇って眼下の自分を見下ろしている状態だ。シャーマーは、少年時代に自分の家が焼け落ちて茫然自失しているときに、自分が空から地上にいる自分自身の姿を見ているという神秘的な体験をしたという。

それは、極めて衝撃的な体験が、幽体離脱を引き起こした瞬間だった。では、平常時に、自我にとらわれない自分にどうすればなれるか。そのような問いが、U理論の出発点となっている。

それは村上春樹の小説の世界を彷彿とさせる。最初は別々のストーリーとして描かれる空想と実態が、いつの間にか混然としてくる。観念の世界と現実の世界が、実は表裏一体だということに気づかされる。

それは新進気鋭のドイツの哲学者マルクス・ガブリエルの「新実存主義」とも軌を一にする。「新実存主義」については、第2部で詳述するが、ひと言で言えば、自ら認識する世界（認識論）が、客観的に存在するはずの世界（存在論）に優先するという考え方である。自らの認識を変えることで、世界すら変えられる。言い換えれば、今までとらわれていた自分から離脱することで、新しい未来を切り拓くことができるようになる。

シャーマーのU理論は、図9のように大きく3つの時間・空間要件から構成される。現実をひたすら虚心坦懐に観察する「センシング」、内奥から真実が姿を現す「プレゼンシング」、そしてそれに基づいて行動を起こす「クリエイティング」の3つである。

シャーマーはU字型の底に位置する「プレゼンシング」の体験を、「内面のもっとも深い源から見ること」と定義する。

図9

U理論

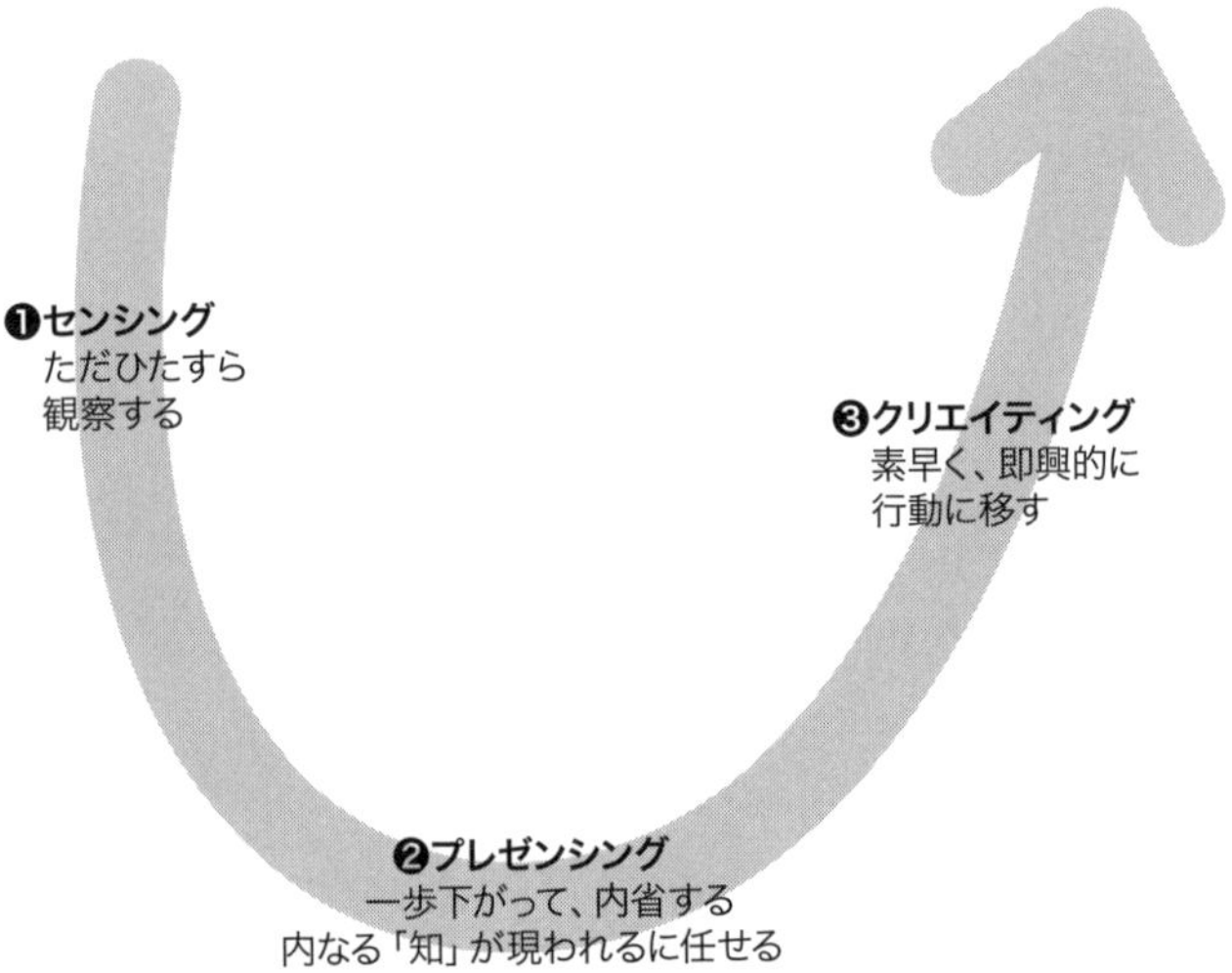

出典：ピーター・センゲ、オットー・シャーマー他著「出現する未来（Presence）」1996

「つまり未来の最高の可能性を感じ取り、そこから行動するということだ。我々の周囲で新しい現実が生まれようとするとき、思考だけでなく心を開き、さらに行動に結びつく意志を開くことによって、誰もがこの状態を体感し、その生まれようとするものに対処することができる」（オットー・シャーマー『U理論　第二版』英治出版）

そしてこの「プレゼンシング」の体験をもたらすのは、次の5つの社会的な行動だという。


共始動……他者に耳を傾け、人生があなたに何をすべきかを呼ぶ声に耳を傾ける。

共感知……もっとも可能性のある場所へ行き、頭と心を大きく開いて耳を傾ける。

共プレゼンシング……一歩下がって内省し、内なる叡智を出現させる。

共創造……新しきもののマイクロコズム（小宇宙）をプロトタイプし、実践することを通して未来を探求する。

共進化……出現する全体性から見て行動し、イノベーションの生態系を育てる。


シャーマーは、禅のように個人で悟るのではなく、集団で行うワークショップを強調する。とらわれた自分から離れ、違う何かを見つけようというマインドフルネス活動が世界中で盛んに広がっている。だが、その多くは、ひとりで座禅を組んで瞑想する個人的な活動になっている。一方、シャーマンの説くU理論は、みんなで同じ時間と空間の中で同じ思考体験をすることを標榜している点に、本質的な違いがある。

メッカとしてのMITと禅寺

ピーター・センゲとオットー・シャーマーは、同じ時期にMITで教鞭を執っていた。その二人は、2005年に共著『出現する未来』(2005年、邦訳：講談社、2006年)を出版している。しかも、その監訳者を野中郁次郎氏が務めているのだから、まさに三役揃い踏みである。

野中氏は、本書の解説の中で、次のように語っている。

「著者たちのアプローチは基本的にアクション・ラーニングであるが、その背後にある人間の生き方に関する関心は、実証主義派よりはるかに深いものがあるだろう。ハウツー志向のビジネス書の中で、本書は物事を深く考えるという点で新しい流れを作り出すであろう」

そのMITで学んだ二人の日本人宗教者がいた。三浦半島を舞台に活躍する曹洞宗の僧侶、藤田一照氏と、京都の禅寺・妙心寺の松山大耕氏である。

マインドフルネス活動のメッカは、今日、MITからスタンフォード大学に移ったかのように見える。しかし、本当の世界のメッカは、シリコンバレーのデザインファームでもコンサルティングファームでもなく、鎌倉や京都の禅寺なのかもしれない。

藤田禅師と松山禅師は、なぜマインドフルネス活動がイノベーションを生み出すのかを語ってくれる。

イノベーションは、今日の閉そく感を打破し、まだ見ぬ未来に大きく踏み出そうとする真の企業家（アントレプレナー）たちが、必死になって追い求めているテーマである。ロジカル・シンキングに基づく様々な方法論は、やり尽くした。それでも骨太な新しいものが生まれない。そこで、デザイン・シンキングに走ってみたものの、そこでも本質的な果実は得られない。

第三の選択肢として、システム・シンキングを取り入れてみる。しかし、そこには何が「善」かを判断する軸が不可欠となる。そこで「精神」、さらには「霊感」という理念や五感を超えた思考法が試みられるようになった。

誤解を恐れずに言えば、それは「スピリチュアル・シンキング」とも呼ぶべき思考法である。システム・シンキングが時間軸を取り込んだ4次元思考であるのに対して、スピリチュアル・シンキングは霊感を加えた5次元思考である。

ただし、目指すべきものは、個人レベルの善ではなく、社会を包摂する共通善でなければならない。そのためには、個人的な体験としての精神修行ではなく、多くの同志を巻き込んで、信頼や共感を生み出す組織的、社会的な運動を展開しなければならない。

それがイノベーションのカギとなるかどうかは、第2部でじっくり論じることとしたい。

生物進化と動的平衡

シュンペーターは、イノベーションを「創造的破壊」と表現している。創造するためには、現状の秩序を破壊し、その中の資産を新しい価値創造活動に組み替えなければならない。

これは、前述した散逸構造の特徴と一致する。プリゴジンによれば、散逸する組織は常に新陳代謝をすることによって進化する。散逸構造の代表といえば生物である。だとすれば、生物の進化から、イノベーションの本質を学ぶことができるはずだ。

東京大学名誉教授の清水博氏は、著書『生命を捉えなおす』(中公新書、1978年)で、生命の進化のプロセスを論じている。

清水氏のキーワードは「ゆらぎ」である。

ゆらぎは常に環境変化に対して適応しようとする動きだ。そしてこのゆらぎが起点となって、生態系全体に変化の波動が広がり(「つなぎ」)、やがて全体の進化(「ずらし」)をもたらす。

イノベーションの起点としての「ゆらぎ」は、変化の波打ち際で起こる。すなわち、現場であり、辺境であり、周縁である。生態系の中枢では、「ゆらぎ」は絶対に起こらない。

中枢はむしろ、異質なものを拒絶する免疫機能を持つ。免疫とは、全体としての従来の秩序を守ろうとする力である。ウィルスなどの異物の侵入を防ぐために、中枢が免疫機能を持つことは必須だ。

企業においても、「ゆらぎ」が初めに起こるのは、現場である。本社は最後の砦なので、無邪気に新しいことを始めてはならない。取り入れた途端に組織のコアになってしまうため、変化には慎重にならざるを得ない。

しかし、免疫機能が強すぎると、環境変化を取り込めなくなる。そこで本社は、現場の個別の「ゆらぎ」を観察し、本質的な変化の予兆を感知し、その変化を組織全体へと「つなぎ」、いずれ組織構造を大きく「ずらし」ていく進化機能を備えていなければならない。

このように、「ゆらぎ・つなぎ・ずらし」という生命進化のダイナミクスを取り込むことで、企業も創造的破壊を仕掛け続けることができる。

しかも生命は、そのような進化活動を、常時行っている。分子生物学者の福岡伸一氏は、それを『動的平衡』（木楽舎、２００９年）と名づけた。動的平衡とは、個々の細胞レベルでは常に新陳代謝を行いつつ、全体としては恒常性が保たれる状態を指す。動的平衡こそが、生命が変化を取り込み、持続的に生き続ける力の源泉だという。

同様に企業も、大きな変化だけに対応するのではなく、常時、現場レベルで「ゆらぎ」を起こし続け、組織全体の新陳代謝を仕掛け続けなければならない。進化は、遺伝子の突然変異によって起こるのではない。「ゆらぎ・つなぎ・ずらし」という新陳代謝を常時続ける努力の集積が、進化を生み出すのである。

このように、イノベーション思考を身につけるうえで、生物から多くの学びがあるはずだ。

想像するチカラ

ただし、人間にはほかの生物と、本質的に異なる点があることも見逃せない。

アリストテレスは、人間を「ポリス的な動物」と定義した。ポリス、すなわち善を目指す人々からなる共同体を創る動物だというのである。

単なる「社会的動物」というのではない。社会を形成するのは、人間だけではない。アリやハチなどの昆虫、鳥や野生動物の多くも、集団生活を営んでいる。

では「文化」はどうだろうか。文化人類学の父と呼ばれるイギリスのエドワード・タイラーは、1871年、主著『原始文化』(誠信書房、1962年)の中で、文化を次のように定義した。

「知識、信仰、芸術、道徳、法律、慣行、その他、人が社会の成員として獲得した能力や習慣を含むところの複合された総体」

しかし、20世紀に入って、人間以外の野生動物も、文化を形成しているという事実が明らかにされていった。少なくとも「原始文化」と呼べるものは、集団生活を営む動物の間でも、広く存在するのである。

20世紀後半の文化人類学を牽引したフランスのレヴィ・ストロースは、『構造人類学』(1958年、邦訳：みすず書房、1972年)の中で、動物と人間の本質的な差異は、シンボル化能力にあると述べている。コミュニケーションの道具として、言語を使う鳥や野生動物は少なくない。しかし、そこに象徴的な意味合いを込める力があるのは、人間だけだというのである。

さらに21世紀に入って、チンパンジーは学習を通じて、シンボル化能力も身につけることができるということが分かってきた。では人間と類人猿との決定的な違いは何か。

京都大学霊長類研究所では、1973年から「アイ」という名のチンパンジーたちに言葉を教える実証実験（アイ・プロジェクト）が進められた。その指揮をとった松沢哲郎元教授は、2021年、自身のウェブサイトで、次のように語っている。

「（人間は）チンパンジーのように見たものを直接記憶する短期記憶の能力は減じたかもしれないが、「いま、ここの世界」ではないものに思いをはせる想像するちからを持つ。言語も相手の心を理解する能力も、眼には見えないものに思いをはせるという意味では同じで、想像するちからに由来している。想像するちからがあって、そこに分かちあうという本来的な強い動機づけが加わった。想像するちからに裏打ちされた分かちあう心、それが人間の進化の原動力だといえるだろう」

未来を創造するチカラ、それを他者と共感し合うチカラ。それが人間を共通善に向かって進化させるのではないだろうか。この点についても、第2部でさらに深く考えてみたい。

トランスファー・ラーニング

では、無生物であるＡＩは、人間のような想像力を持ちうるだろうか。

少なくとも、連想力を磨くことはできそうだ。ＡＩは今、トランスファー・ラーニング（転移学習）と呼ばれる新たな学習能力にチャレンジしている。

あるドメインのタスクについて学習したモデルがあるとき、関連する別のドメインのタスクに対し、学習済みのモデルを利用する。この方法をトランスファー・ラーニングと呼ぶ。

この方法で連想力ができると、学習することを学習する「メタラーニング」という自己学習の方法を覚えることができる。

あるところで学んだことを応用し、そこからまた学んでさらに応用していく。このような人間的な学習のプロセスをＡＩが自ら実践するようになる。

そうなると、ＡＩに対するティーチングがいらなくなる。ＡＩが人間の学習速度をはるかに超えて、飛躍的な成長を遂げるのは、時間の問題だろう。

ではＡＩは、心を持ちうるだろうか。

カズオ・イシグロの最新作『クララとお日さま』（邦訳：早川書房、２０２１年）には、心を持ったロボットが登場する。小説の世界だと、一笑に付してはならない。ＳＦに描かれた未来は、早晩、現実になる可能性が高い。

たとえば、『スノウ・クラッシュ』。アメリカのニール・スティーヴンソンが１９９２年に発表（邦訳：早川書房、2001年）したSF小説だ。その中で、「メタバース」や「アバター」が初めて登場する。それから30年後の2022年は、「メタバース元年」として社会実装されるようになった。
想像力と創造力を兼ね備えた人間は、想像できる世界を創造する力を持っているからだ。

IQ、EQ、JQ

以上、第1部では、3つの思考法とその変遷について、論じてきた。まとめると、図10の通りである。

1つ目が「ロジカル・シンキング」。合理的な分析を駆使して、最適解にスピーディに到達するための思考法である。ただし、合理的な解は、常識的な結論、しかも現実離れした机上の空論に陥りやすい。

「ロジカル・シンキング」を進化させたものとして、「クリティカル・シンキング」がある。前提を疑い、あえて常識を覆すような仮説から出発するものである。思考に「ゆらぎ」をもたらすことで、クリエイティブな答えを導き出せる可能性がある。

2つ目が「デザイン・シンキング」。「ロジカル・シンキング」が余計なものを徹底的にそぎ落として、直線的に答えに肉迫しようとするのに対して、デザイン・シンキングではあえて発想を発散させることで、クリエイティブなアイディアを生み出そうとする。ただ、思いつきの域を出ず、再現性に乏しいことが難点だ。

図10

3つの思考パラダイム

	ロジカル・シンキング	デザイン・シンキング	システム・シンキング
❶基軸	直観→科学(真)	科学→アート(美)	構造→複雑係(善)
❷落とし穴	合理的な愚か者	共同幻想	誇大妄想
❸進化形	クリティカル・シンキング	ラテラル・シンキング	スピリチュアル・シンキング
❹大学	ハーバード	スタンフォード	MIT
❺機関	マッキンゼー	IDEO	妙心寺
❻価値	機能価値	感性価値	共感価値
❼マーケティング	1.0	2.0	3.0
❽パラダイム	機械論	認識論	生命論
❾人間観	ホモ・サピエンス(英知人)	ホモ・ルーデンス(遊戯人)	ホモ・ソシオロジクス(社会人)
❿AI	マシーン・ラーニング(機械学習)	ディープ・ラーニング(深層学習)	トランスファー・ラーニング(転移学習)

思考法としてより汎用性があるのが、「ラテラル・シンキング」である。やみくもに思考を発散させるのではなく、視野を多角的に広げ、「ずらし」ていくことで、パラダイム・シフトをもたらすことができる。

3つ目が「システム・シンキング」。事象を複雑系の中で捉え直し、さまざまな事象のつながりや背景にある構造や関係性を把握することで、より本質的な問題解決を目指す思考法である。複雑な因果ループを構造化する「システム・ダイナミクス」という手法が考案されている。ただし、偶発性や恣意性に左右されやすく、システム全体の振る舞いは予想困難である。

その進化型として「スピリチュアル・シンキング」が台頭してきている。これは心の働きや霊感を、思考の重要な要素として取り込もうとする試みである。思考を科学（ロジック）や美学（デザイン）のレベルにとどめず、より精神性、さらには人間性のレベルへと引き上げようとするアプローチである。ただし、神秘主義や心霊主義に走りやすく、科学的思考が支配する現代社会ではなかなか受け入れられないことが、最大の難点である。

これらの3つの思考法を、脳内現象として捉えてみると分かりやすい。

左脳は理性（ロジカル・シンキング）、すなわち「知」の思考法を司る。右脳は感性（デザイン・シンキング）、すなわち「情」の思考法を司る。そして「間脳」は全体を統合的に把握して判断する悟性（システム・シンキング）、すなわち「意」の思考法を司る。そして、スピリチュアル・シンキングは、このような脳内現象という狭い世界から、思考を解放しようとする試みでもある。

ＡＩの学習法もこれらの人間の思考法と同様の進化をたどっている。

まず、直線的なロジックを優先した機械学習（マシーン・ラーニング）。次に、五感を活用した深層学習（ディープ・ラーニング）。さらには、関係性をパターン認識し、それを別の世界にも応用する転移学習（トランスファー・ラーニング）。

ＡＩの学習プロセスは、そこでとどまることはあるまい。いずれ心の世界まで取り込んだ心霊学習（スピリチュアル・ラーニング）にまで進化していく可能性すらある。

これら３つの思考法は、次世代リーダーに求められる３つの能力要件を導き出す（**図11**）。

１つ目が、理性のパラメーターとしてのＩＱ（Intellectual Quotient）。２つ目が、感性のパラメーターとしてのＥＱ（Emotional Quotient）。そして３つ目が、悟性のパラメーターとしてのＪＱ（Judgment Quotient）である。

西欧哲学の世界では、プラトン以来、「真・善・美」が人間の理想的な姿とされてきた。これらは、ＩＱ、ＥＱ、ＪＱの３つと相似形である。

真と美、あるいはＩＱとＥＱは、20世紀においてもリーダーに求められる２つの要件とされてきた。21世紀に入った今、リーダーには、改めて「善」を判断する力、すなわちＪＱが問われている。

この点は、次の第２部でさらに深く論じることにしよう。

図11

次世代リーダーに求められる3つのQ

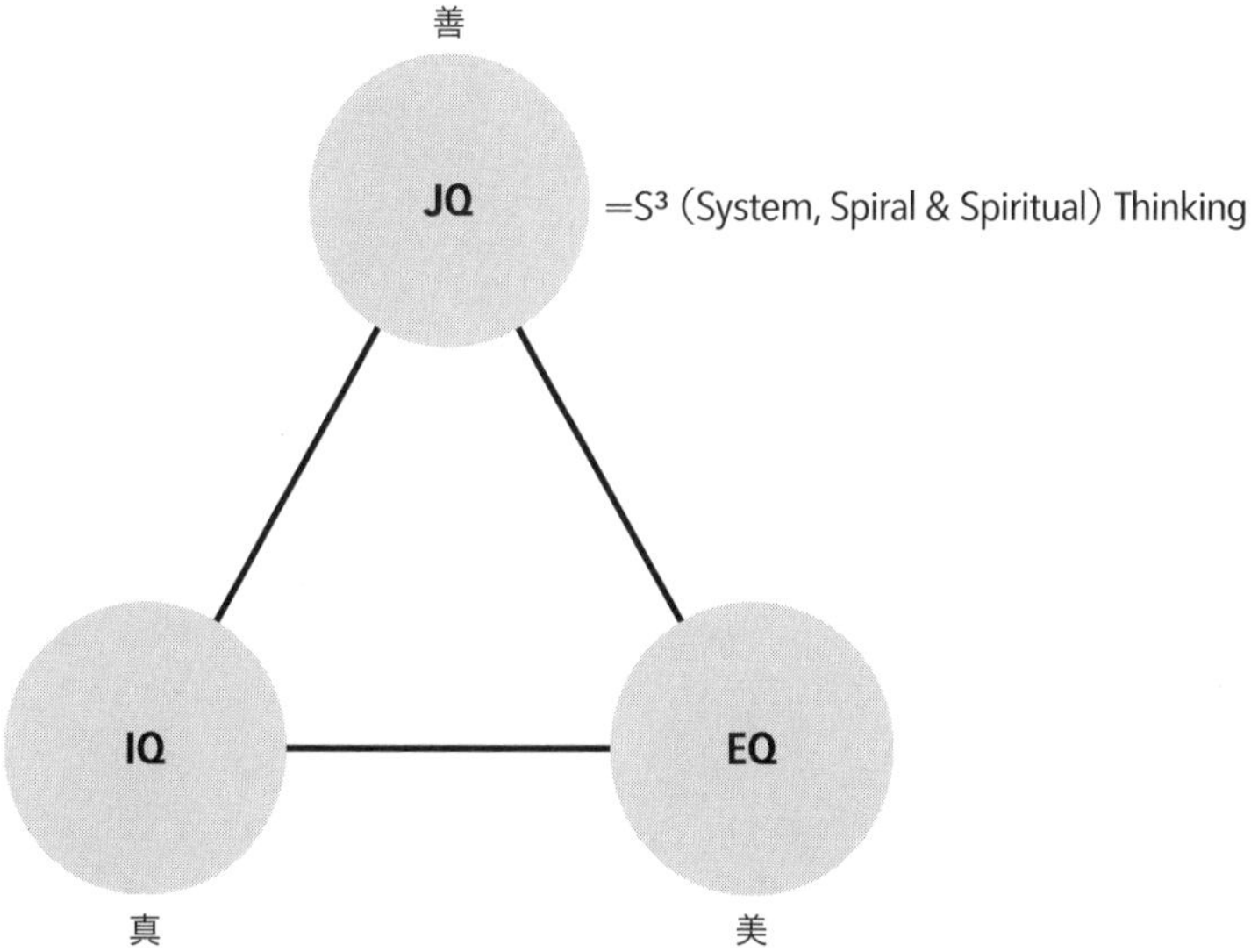

第2部

異次元へのワープ

第2部の紹介

ここでは、10X思考がなぜ求められ（Why）、その中身は何で（What）、それをいかに実践するか（How）を論じる。いわば、本書のキモの部分である。

まず、10X思考を必然とする3つのマクロトレンドを押さえておきたい。サステナビリティ（SX）、デジタル（DX）、グローバルズ（GX）の3つだ。2030年のゴールである現行のSDGsを超えるものとして、ここでは「新SDGs」と呼ぶ。

それらの次世代の要請に応えるためには、思考そのもののイノベーションが求められる。ここでは大きく5つのパラダイムシフトを提唱する。その本質は、時間軸、空間軸、資産軸、価値軸、そして勝ち軸という5つの軸を大きくずらすことにある。

10X思考へと進化するためには、生物の進化のプロセスがヒントになる。キーワードは「ゆらぎ・つなぎ・ずらし」だ。この進化運動を通じて、思考のイノベーションを実践していきたい。

第4章

3つのマクロトレンド

新ＳＤＧｓ

マクロトレンド

第1部では、これまでの思考法の系譜をおさらいしてきた。タイトルの10X思考は、ようやくこの第2部から登場する。

しかし、ここまでの経緯を理解しておかなければ、ただ単に荒唐無稽な話をしているだけに見えてしまう。重要なのは、なぜ限界を突破しようとしているかについて理解していただくことだ。そのためには、どうしても思考法の系譜が必要だった。

21世紀に入り、さまざまなレベルで、異次元の成長が始まっている。そこでまず、この第4章では「マクロトレンド」を押さえておこう。

マクロトレンドは、大きく3つの潮流として捉えることができる。私はそれらを、「新ＳＤＧｓ」と呼んでいる。とはいっても、世の中に流布しているＳＤＧｓ、すなわち「Sustainable Development Goals」のことではない。

現行のＳＤＧｓは、国連で合意された２０３０年までの目標だ。そこに掲げられた17枚のカードは、いずれも素晴らしいものばかりだ。しかし、２０３０年は、あっという間に来てしまう。

図12

新SDGs

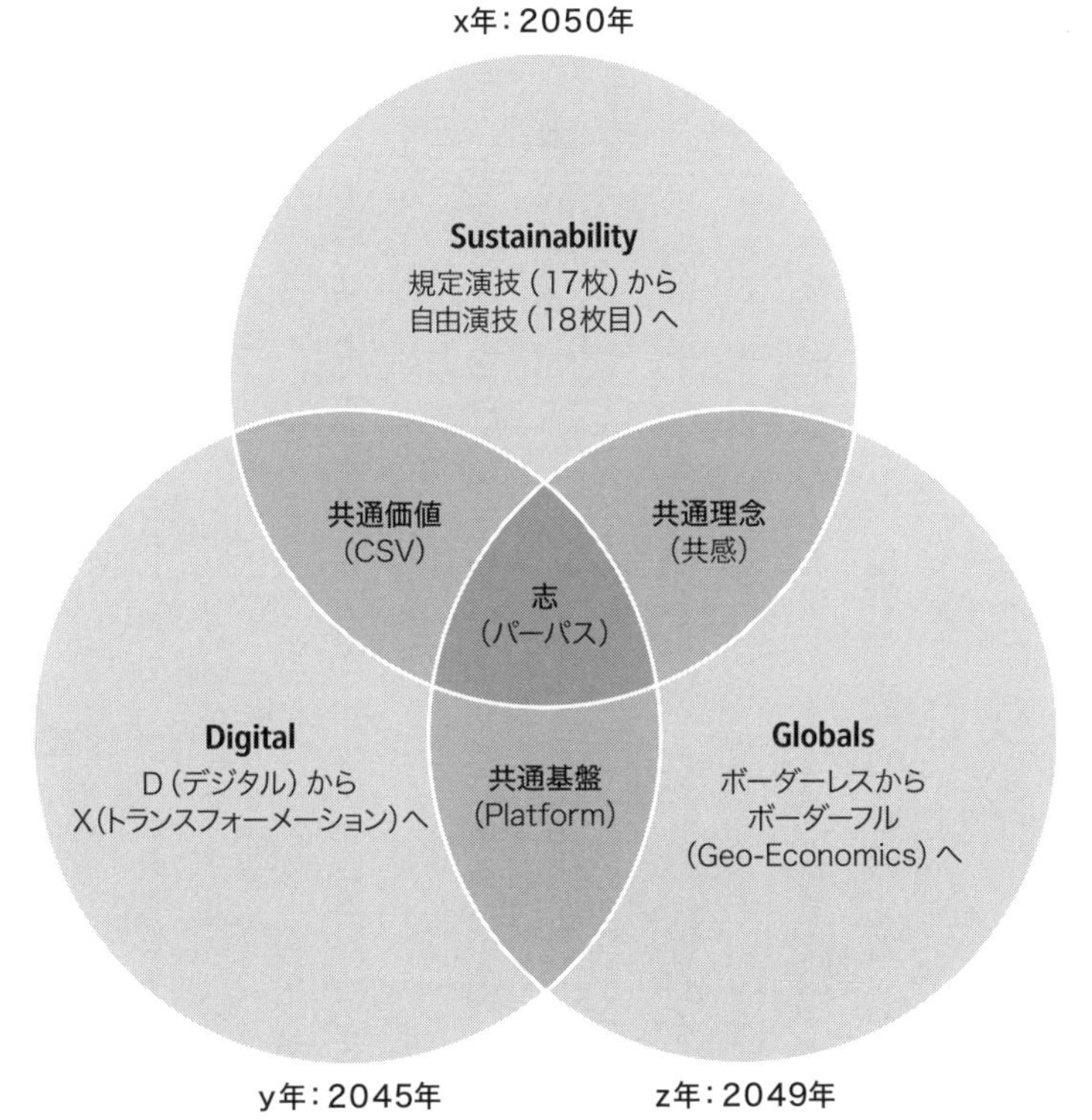

出典：名和高司（日経新聞経済教室 2020年5月13日）

異次元の未来を拓くためには、2050年以降に照準を当てる必要がある。そこでより本質的なトレンドとして、新しいSDGsに着目しなければならない。

SはSustainabilityである。これは2030年以降も、ずっと骨太なトレンドであり続ける。しかし、現行の17の目標を超える新たな目標を掲げる必要がある。私はそれを18枚目のカードと呼んでいる。

17枚のカードは、いわば規定演技にすぎない。いかに18枚目の自由演技を演じるかが、各企業の腕の見せどころとなるはずだ。

DはDXである。サステナビリティは必要不可欠な要素ではあるものの、実現しようとすると投資やコストを伴う。それでは企業のボトムラインを毀損してしまうので、本気で取り組もうとすると二の足を踏んでしまう。

そこでデジタル技術をフル活用して、生産性や創造性を一桁アップさせる必要がある。まさに10X思考が求められているのである。

しかし、デジタルはすでに当たり前に存在するコモティディにすぎない。重要なことは、そのデジタルを動員して、いかに業務や事業、そして経営そのものを変革するかだ。すなわち、DXのDではなく、Xこそが本質的なテーマである。

GはGlobalsである。複数形であることに注意していただきたい。世界は今や、1つではないからだ。コロナ禍、米中摩擦、ウクライナ侵攻などが、世界を分断してしまった。その世界を再統合していかなければならない。

ただし、そもそも世界は、このような分断以前から1つではなかった。それぞれの国や地域は、独自性、異質性の塊だからだ。そのようなダイバーシティを十分尊重したうえで、インクルーシブな一体感を醸成していかなければならない。ここでもD&Iがキーワードとなる。

新SDGsに関しては、拙著『パーパス経営』（東洋経済新報社、2021年）に詳述しているので、そちらをご参照いただきたい。本章では、最新の動向を中心に、これら3つのマクロトレンドについて論じることとしよう。

マクロトレンド1：SXという新常識

ESGという金融旋風

ESGという3文字が、日経新聞に載らない日はまずない。それだけ、時代のキーワードになっているといえるだろう。ESGは、環境（Environment）、社会（Social）、統治（Governance）の3つを指す。

20世紀後半、利益至上主義が蔓延した頃は、金融資本だけが優先されていた。自然資本や社会資本は、企業活動の「外部経済」と位置づけられ、経済活動の中でろくに配慮されることはなかった。思考パターンに置き換えると、経済価値の最大化に向かうロジカル・シンキングの切れ味の良さが尊ばれていた。アメリカのビジネス・スクールや経営コンサルタントが、大いにもてはやされた時代でもある。

しかし、それでは、経済活動が進むに従って、環境や社会は疲弊し、いずれ破綻していってしまう。そこに登場したのが、ＥＳＧという包括的なフレームワークだ。

ＥＳＧが広まったきっかけは、２００６年に国連がＰＲＩ（責任投資原則、Principles for Responsible Investment）を採択したことにある。その結果、ＥＳＧが投資の原則として、位置づけられたのである。

言い換えれば、ＥＳＧは金融市場用語である。ＥＳＧに配慮しない企業は将来リスクが高いので、投資や融資の対象から外される。そうなると、企業がよりどころとしてきた金融資本すら毀損してしまうことになる。端的に言えば、「カネ」すら回らなくなり、金融市場から退場を迫られるのである。

ただし、ＥＳＧに配慮したからといって、企業価値が上がるわけではないことには留意する必要がある。ＥＳＧは「外部経済」に吐き捨てていた環境コストや社会コストの内部化を迫る。その結果、企業はコスト負担を強いられ、少なくとも短期的には確実に利益を毀損する。「ＥＳＧ投資」がもてはやされてきたが、実はリターンが通常のインデックス投資に劣後するという「不都合な真実」が明らかになりつつある。

そもそも、ESGには「利益」というが概念が、すっぽり抜け落ちているのだ。非営利団体であればまだしも、営利企業にとっては、「義務」でこそあれ、利益創造のドライバーにはならない。そこで、企業側も金融機関も、「ESGウォッシング」（名ばかりのESG）に走ってしまう。

ヨーロッパでは、実はESGよりもはるかにバランスのとれた概念が、広まっていた。「トリプル・ボトムライン」という考え方である。イギリスの思想家ジョン・エルキントンが1994年に提唱したものである。

トリプル・ボトムラインは、企業活動を環境的側面、社会的側面、経済的側面の三軸で捉える考え方だ。Planet（環境）、People（社会）、Profit（経済）の3つに配慮するという意味で「3P」とも呼ばれる。営利企業であれば、Profitも含めた3Pを追求していかなければならないことは、いうまでもない。

ヨーロッパの超優良企業、たとえばノボノルディスクは、今でも「トリプル・ボトムライン」を経営指標としている。ESGを経営の軸にしてしまうと、利益を稼いで、それを再投資することによって、ありたい未来を実現するという企業本来の価値を見失ってしまう。

では3PとESGは何が違うのか？　いうまでもなく、違いは3つ目、すなわちProfitとGovernanceにある。ESGはあくまでリスク管理を主目的としているので、ProfitそのものではなくGovernanceを唱えているのだ。

しかし、EとSに比べて、Gは何とも怪しげな概念である。そもそもガバナンスとは何なのか。

間違いだらけのガバナンス改革

日本では2015年が「ガバナンス元年」と呼ばれている。この年に、東京証券取引所が「コーポレート・ガバナンス・コード」を制定したからだ。そもそも、海外投資家を呼び込み、低迷する日本企業の株価を上げることを意図したものである。

これこそが、大迷走の始まりである。周回遅れの株主資本主義になびいてしまい、ROE経営を標榜してしまったからだ。1株当たりの当期利益であるROEを上げようとすると、投資を減らして分子を増やすか、増配や自社株買いをして分母を減らすしかない。ROEが上がれば短期的な株価アップが期待されるので、トレーダーやアクティビストには、歓迎すべき話である。

しかし長期投資家にとっては、現在のROEの数字は関係ない。むしろ将来のリターンを高めるために、株主還元より、成長投資に利益を使ってほしい。ROEを持ち出した途端、企業はただでさえ低調な長期投資に足がすくんでしまう。

長期のリターンを大切にする海外投資家も、このような刹那主義的な風潮に背を向ける。世界最大の投資ファンドであるブラックストーンのラリー・フィンクCEOは、2019年以降、「パーパス&プロフィット」、すなわちパーパス(志)がまさに企業活動の目的で、プロフィットは結果にすぎないと唱えている。ROEのような当面の利益の最大化は、長期投資家からもNOを突きつけられているのである。

日本政府もこのお粗末な周回遅れに気づき、ROEだけでなく、ESGも視野に入れるように、急いで方向転換を始めた。そこで登場したのが、ROESGといういかにもお手軽な指標である。ROEとESGを掛け算したものだ。ROEは経済価値を評価する財務指標、ESGは社会価値を評価する非財務指標というふれ込みである。

これだと、二重の意味で罪深い。そもそもROEが刹那的な指標にすぎないことは前述した通り。さらにESGは極めて曖昧な指標である。Eはともかく、Sは何を対象とするのかはまちまちであり、Gに至ってはそもそも定義が怪しい。

FTSIやMSCIなどの世界的評価機関のESGスコアも、中身がまったくそろっておらず、スコア間の相関係数は極めて弱い。このような2つの指標の掛け算は、世の中の混迷に拍車をかけるだけだ。

さらに、社外取締役の数を増やすことを求めるうわべだけのガバナンス改革は、有害無益ですらある。学者や役人、法律家や会計士で、経営の本質を把握している人はまれだ。環境やダイバーシティの専門家の意見が聞きたければ、そのテーマを目的とした諮問機関などを設けるべきで、経営の最高意思決定機関のメンバーとしては迎え入れるというのは、筋違いと言わざるを得ない。

社外取締役がまともに務まるのは、経営経験者、企業変革のプロ、長期投資家など、一握りの人財にすぎない。ガバナンス改革のあおりを受けて、社外取締役候補が引っ張りだこだが、経営の素人集団の数をそろえても、「ガバナンス・ウォッシング」のそしりを免れないだろう。それでは企業価値を向上させるどころか、ますます低迷させることになりかねない。

資生堂の魚谷雅彦社長は、ＥＳＧをＥＳＣＧと言い換えている。カルチャーのＣをＥＳＧに加えたものだ。魚谷社長は私に、「より突き詰めると、ＧそのものをＣに置き換えるべきでは」とも語っていた。

資生堂は１５０年前の創業当初から、メセナ（芸術・文化支援）に積極的に取り組んできた。ただし、ここでいうカルチャーは、企業文化のことである。ガバナンスという外部装置に頼るのではなく、企業文化という内部の思いを軸に、正しい経営を目指すことを、改めて宣言したのだ。

そもそも、ガバナンス（統治）という言葉自体、極めて上から目線だ。しかも外部から社内の行動や規律を管理することなど、しょせん不可能である。

企業経営に必要なものは、統治ではなく「自治（Self Governance）」である。そのためにも、ガバナンスという外付けの仕掛けに頼るのではなく、正しい企業文化を組織内にしっかり埋め込むことこそ、経営の一丁目一番地のはずである。この点は、第３部でさらに論じることとしよう。

ＳＤＧｓという社会旋風

ＥＳＧに続いて日本にも上陸したのが、「ＳＤＧｓ」旋風である。

ＳＤＧｓは、言わずと知れた「持続可能な開発目標（Sustainable Development Goals）」のこ

図13

SDGsのウエディングケーキモデル

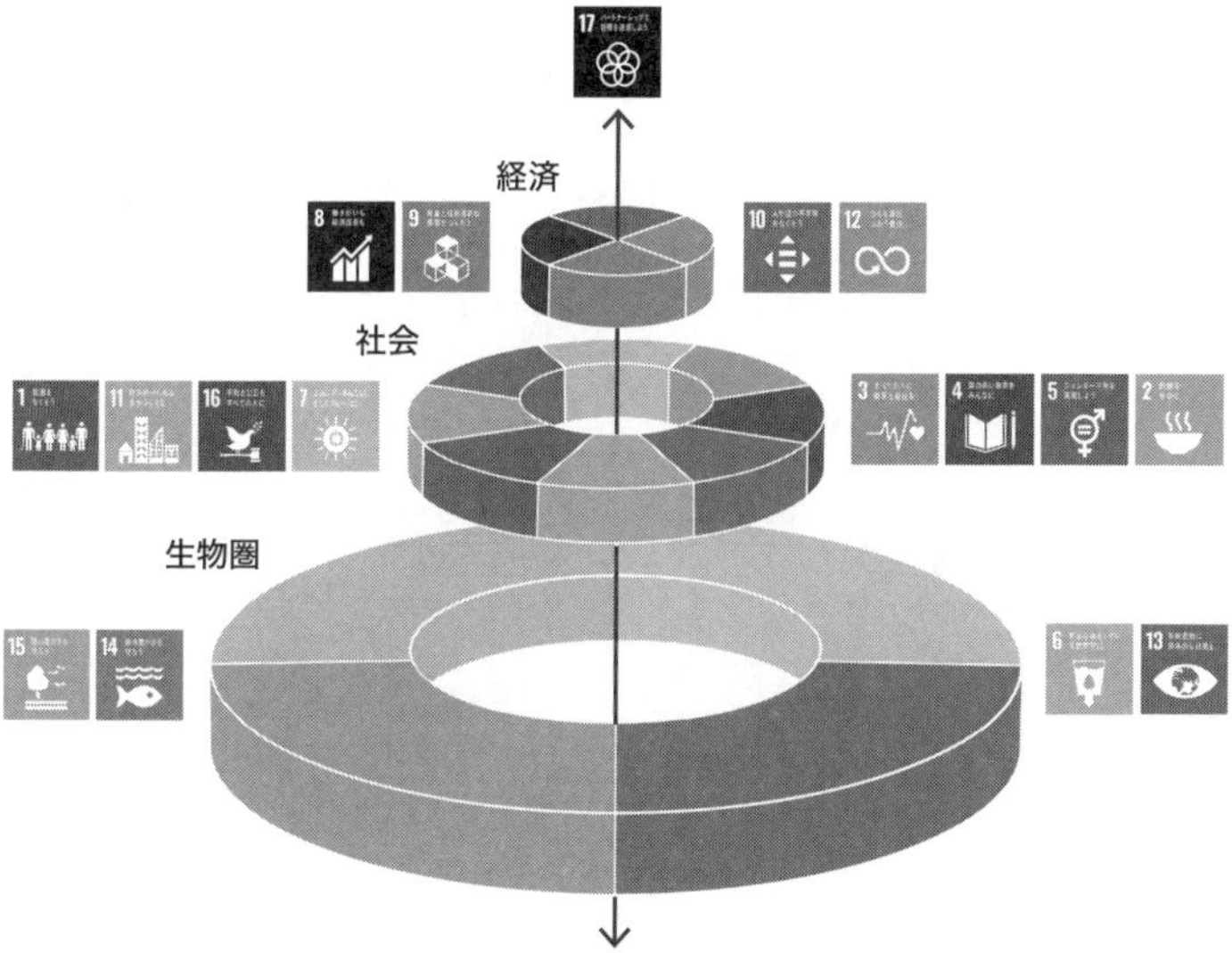

出典：ストックホルム レジリエンス センターのホームページを基に筆者が作成

とだ。2015年に国連サミットで採択された「2030年までに経済・環境・社会の側面において持続可能でよりよい世界を目指す国際目標」である。17の目標と169のターゲットと232の指標で構成され、先進国、新興国がともに目標達成のために努力することとされた。

日本では、マスコミや産官学が、こぞってSDGsに飛びついた。これほどSDGsを大合唱している国は、おそらく日本だけだろう。国連が日本を表彰したいと言っていると聞いて、思わず納得してしまった。それにしても、いかにも日本らしい光景である。

その割には17の目標がどのような構造になっているかを考え抜いた日本人は決して多くはないだろう。ストックホルム大学では、これらを「ウエディングケーキモデル」として構造化している。最下層に「生物圏」の4つ、その上に「社会」の8つ、その上に「経済」の4つが重なり合い、最上部に「パートナーシップ」が置かれている。ロジカル・シンキングとデザイン・シンキングが、見事なハーモニーを奏でていることがお分かりいただけるだろう。

ただし、これら17の間の関係性は、明確に示されていない。第1部で論じた思考の3手法のうち、システム・シンキングのレベルにまでは達していないと言わざるを得ない。

ESGは、中身があいまいな呪文でしかない。思考法的にいえば、「思考停止」である。それに対して、SDGsは、社会課題、環境課題、経済課題それぞれを要素分解しており、はるかに分かりやすい。

しかも、これらの課題を解決できれば、大きな事業機会につながる。企業にとって、ESGがリスク回避のチェックリストでしかなかったのに対して、ＳＤＧｓは売り上げに貢献する可能性を秘めているのである。

規定演技から自由演技へ

17のゴールは、国連お墨つきの大変立派な目標である。しかし、いずれも、あまりにも当たり前のことが並んでいて、これらを遂行しても、独自の価値創造にはつながらない。

むしろ重要なのは18枚目のカードだ。これは白紙になっている。その企業ならではのこだわりを掲げるためのカードである。

日本企業は生真面目なので、17枚のカードを並べて何ができるかを一生懸命検討しようとする。しかし優れた企業は、これらの規定演技にとらわれない自社独自の18枚目のカードを切り始めている。その好例が、花王やトヨタだ。

花王は２０１９年、「キレイ・ライフスタイル」を自社の新しいパーパスとして掲げた。そこに込められた思いを、次のように説明している。

「日本語の『きれい』という言葉は、『美しさ』や『清潔』という意味だけでなく、こころの状態や生きる姿勢もあらわしており、それは自分自身に加えて、社会の『きれい』にもつながっていくと花王は考えています」

トヨタは２０２０年に、「幸せの量産」という新しいミッションを発表した。同時に「可動性を世の中の可能性に変える」というビジョンを掲げた。それをミッション・ビジョン・バリューというロジカル・シンキングのフレームワークに落とし込んで、「フィロソフィーコーン」として体系化。さらにそれをデザイン・シンキング風に表現したのが、「グローバル・ビジョン」である。

同時に、ハートマークの絵柄を、SDGsの18枚目のカードとして発表。中には「And Excitement for Everyone（そして、すべての人に感動を）」と描かれている。「And」とあるのは、規定演技の17枚に続くという意味である。

ハートマークの意味をひと言で表すと「ワクドキ」だという。これは豊田章男社長（当時、現会長）が、就任以来ずっと大事にしてきたトヨタならではのキーワードだ。

SDGsの17の目標は、言わば「規定演技」である。これを演じられなければ、オリンピック（＝世界市場）に出場する資格がない。しかし、規定演技だけでは優勝できない。本当に金メダルを取りたければ、「自由演技」を演じられなければならない。それが18枚目のカードである。

SDGsでは、自由な発想で考えた自分独自の志（パーパス）を世界に発信することが重要だ。そこにこそ、その企業ならではの存在価値が示され、強い共感を呼び起こすことができる。SDGs狂騒曲に流されず、自分らしさを今一度深く掘り下げる思考が求められるのである。この点についても、第3部でさらに論じることにしたい。

CSVという切り札

前述したように、SDGｓは企業にとって、トップライン（売り上げ）アップが期待できる目標である。しかし、丸腰で取り組むと、確実にボトムライン（利益）を毀損する。なぜだかお分かりだろうか。

ここに掲げられたものは、いずれも大きな社会課題である。すでに需要は顕在化しているのだ。しかし、供給が出てこない。なぜか。

理由は簡単、儲からないからである。ＮＰＯやＮＧＯでない限り、世の中のためになるからというだけでは、本腰を入れて取り組むことはできない。だからどうしてもＣＳＲ（企業の社会的責任）という名目のもとで、お茶を濁してしまう。それでは社会課題の抜本的解決は期待できない。

私は、ＳＤＧｓを「儲からないリスト」とも呼んでいる。社会性や正義感だけで取り上げると、間違いなく利益を毀損するからだ。

営利企業としては、社会価値と経済価値を同時に追求することが求められている。それを明確に打ち出したのが、ＣＳＶ（Creating Shared Value：共通価値の創造）という考え方である。

競争戦略家のマイケル・ポーターが、２０１１年に発表するや、世界中で注目が集まった。私も日本で、２０１４年より毎年、年間を通じてＣＳＶフォーラムを主催しており、今年で10期目を迎える。詳細は拙著『ＣＳＶ経営戦略』をご参照いただきたい。

ポーターによれば、ＣＳＲのような単なる慈善活動ではなく、ＣＳＶを本業のど真ん中に据えて、競争戦略として取り組む必要がある。その際には、大きく3つの切り口が重要である。

第一に、提供する製品やサービスそのものが、社会と経済の両方に価値があること。つまり大きな社会課題を解決し、かつ、大きな儲けにつながることが求められる。

第二に、バリューチェーンを通じて、実践すること。つまり、調達、生産、物流、販売、サービスなどのあらゆる活動において、社会や環境に価値を提供し、かつ、利益の源泉をしっかり確保する仕組みを埋め込む必要がある。

第三に、企業活動をしている地域経済のエコシステムを維持・拡大すること。つまり、地方創生や地域活性化を通じて地域の繁栄に貢献し、かつ、自社の企業活動の持続可能性を担保しなければならない。

これら3つの切り口は、ポーター一流の粗削りなロジカル・シンキングから導かれたものである。一方で、それぞれ切り口の中身を見ると、社会価値と経済価値の両立という極めて初歩的なシステム・シンキングの萌芽を内包しているといえよう。

元祖CSV企業・ネスレ

CSV経営の元祖はネスレである。より正確に言えば、ネスレがマイケル・ポーターを自社のアドバイザリーボードに招聘して、CSVモデルを世の中に広めさせたのである。

ネスレの例から、大きく3つのことを学び取ることができる。

CSV経営を提唱した当時のネスレの企業理念は、大きく三層構造となっている。ピラミッドの最上位にあるのが、ネスレのCSVだ。そこでは、ポーターの切り口が、栄養、水資源、地域開発という3つの言葉で表現されている。ここでは大きく2つの学びがある。

1つ目が、提供価値を「栄養」と定義づけている点だ。CSV思考の基本は、自社の製品やサービスを「もの」ではなく「価値」として定義し直すことである。ネスレは粉ミルクや水、コーヒーなどを提供しているが、顧客にとっての価値軸に変換して、「栄養」と定義したのである。

ただし、キットカットなどのチョコレートは、栄養過多という悪影響をもたらすという批判にさらされた。そこで、今では「栄養・健康・ウェルネス」という3つの提供価値に定義し直している。キットカットは体の健康には悪いかもしれないが、「自分へのご褒美」として、ウェルネス、すなわち心の健康に貢献すると位置づけたのである。

このようにネスレからの学びの1つ目は、提供価値を顧客視点から捉え直し、進化させていく必要があるということだ。

第2の学びが、サステナビリティの位置づけである。サステナビリティを経営基盤であるコンプライアンスよりは上位概念に位置づけているものの、CSVには入れていない。ネスレは環境事業を本業にはしていないからである。

サステナビリティは、それ自体が収益事業ではない限り、CSVの対象とはならない。これはSDGs旋風に煽られてサステナビリティに気を取られがちな日本企業が、十分留意すべきポイント

図14

ネスレの価値創造フレームワーク

ネスレのステークホルダーへの共通価値提供

	経済価値	知識価値*	社会価値
消費者	消費者にとってのValue for Moneyの創出	栄養と健康に関する知識の提供	スマート・グリーン商品の提供
サプライヤ・ディストリビュータ	原料やパッケージング業者にとっての経済価値の提供	農民への知識提供、食のバリューチェーンの改善	安定的な作物管理や家畜の健康管理などの持続可能プロセスの整備
同業他社	価格・コスト削減圧力を通じた同業他社の生産性向上	模倣や競争を通じた知識の伝達、食産業全体の効率の向上	労働・環境基準の改善
従業員	従業者とその家族にとっての仕事と収入の確保	従業員教育の実施	公共や職場における安心・安全・健康の担保
コミュニティ・政府	税金、インフラなどの提供	子供の健康などに関するコミュニティ教育の提供	地域開発と資源の持続可能な利用
株主	株主価値の向上	生態系全体の価値向上に関する資本市場の理解向上を通じた株主価値の向上	ペンションファンドなどESGを重視する株主への株主価値の向上

＊イノベーション・ナレッジトランスファー

である。

イノベーションがもたらすプラスサム

次に、図14に着目してほしい。

縦軸には6つステークホルダーが並んでいる。同業他社まで取り込んでいる点に、世界のリーダーとしてのネスレらしさが現れている。

そして横軸には3つの価値が並んでいる。ポーターのCSV論では社会価値と経済価値だけが取り上げられているが、その間に「知識価値」を加えているところがユニークだ。

なぜあえて知識価値を間に入れたのかとの私の問いに、ネスレからは次のような答えが返ってきた。

「経済か社会のどちらかに振り分けようとすると、ゼロサム思考になってしまいます。それをプラスサム思考にするためには、イノベーションによる価値創造が不可欠です。その源泉となるのが、この知識価値なのです」

社会価値と経済価値の双方を達成しようというのは、理想的ではあるものの、実は極めて虫のいい話だ。通常は、あちらを立てればこちらが立たないという二律背反に陥ってしまう。

そのようなデジタルなロジカル・シンキングの限界を超えるためには、両者の間にプラスの相関関係をもたらすシステム・シンキングが必要となる。ネスレは、それがイノベーションという第3の軸であるということを看破したのである。

ただし、中身をよく見ると、ネスレ流のイノベーションは「技術革新」を意味しているわけではないことに気づくはずだ。そもそもシュンペーターが名づけたイノベーションは、技術革新（テクノロジー・イノベーション）ではなく、市場創造（マーケット・イノベーション）を指しているのである。

このあたりの日本人の誤解とイノベーションの本質との違いは、拙著『シュンペーター』をご覧いただきたい。ネスレは、顧客啓蒙活動や組織学習など、シュンペーターの提唱する正しい意味での市場のイノベーションを、第3軸として掲げているのである、

マイケル・ポーターのCSV論には、イノベーションという本質的な視点が欠落していた。ネスレは、システム・シンキングによって、そこに魂を入れ込んだのである。CSVの実践にはイノベーションがカギを握るということが、ネスレからの第3の学びである。

ホールフーズのシステム・シンキング

CSVの先を標榜する企業がある。ホールフーズ・マーケットだ。

同社はアメリカを中心にカナダ、イギリスで約400店舗を運営する高級スーパーである。

1980年の創業以来、自然食品や有機野菜、フェアトレード商品などを豊富に揃えて、食へのこだわりや環境問題に関心のある層に支持されてきた。

ポーターは、ネスレと並ぶCSVの代表企業として、ホールフーズを好んで取り上げる。しかし、創業者のジョン・マッキーは、CSVに対して極めて懐疑的だ。その著書『世界でいちばん大切にしたい会社』（2012年、邦訳：翔泳社、2014年）の中で、CSVを「ビジネスと社会的利益をうまく一致させる現実的な方法だ」と評価する一方で、「小手先の調整に近」く、「成果を測る指標も不明確だ」と切って捨てている。

そんなマッキーが掲げるのが、この本の原題にもなっている「コンシャス・キャピタリズム」である。日本語にすれば、「覚醒した資本主義」ということになるだろう。

コンシャス・キャピタリズムは、次の3点において、ミルトン・フリードマンらが主張してきた従来型の株主資本主義と一線を画す。

第一に、ステークホルダー全員の利益のために奉仕する志をもっていること
第二に、意識の高いリーダー（コンシャス・リーダー）が存在すること
第三に、そこで働くことが、大きな喜びや達成感につながること

マッキーは、コンシャス・キャピタリズムは4つの教養から構成されるという。①崇高なパーパ

ス（志）とコア・バリュー（信念）、②ステークホルダーの統合、③コンシャス・リーダーシップ、④コンシャス文化・マネジメントの４つだ。戦略ではなく「教義」としているところに、マッキー一流のこだわりがうかがえる。

中でも、「崇高なパーパス（志）」と「コア・バリュー（信念）」を中央に据えている点は、重要な意味を持つ。自社はなぜ存在するのか、どのような信念を大切にするのかという問いを経営の主軸とする思想は、ポーターのＣＳＶとは明らかに一線を画す。

マッキーは、ＣＳＶの本質的な欠陥を、「計り知れない力を与えてくれる目に見えないが重要な情緒的、精神的な動機づけを欠いている」点にあると語っている。経営に欠かすことのできない「人」や「心」といったＥＱやＪＱを捨象するポーター理論の限界を、見事に指摘している。

動機づけがなぜ重要なのか。マッキーはチームメンバー（アルバイトを含む従業員）の幸福と動機づけから始まる良循環モデルを用いて、その理由を次のように説明している。

「その会社にあった人財を採用して教育し、生き生きと働ける環境を整えれば、社員はお客を幸せにしようとする。その結果、顧客満足度がアップして業績があがれば投資家も報われ、利益を社会に還元することも再投資してさらにビジネスを成長させることもできる」

起点となるチームメンバーの幸福のために特に重視しているのが内発的動機づけ、すなわち「働

図15

コンシャス・キャピタリズムの良循環

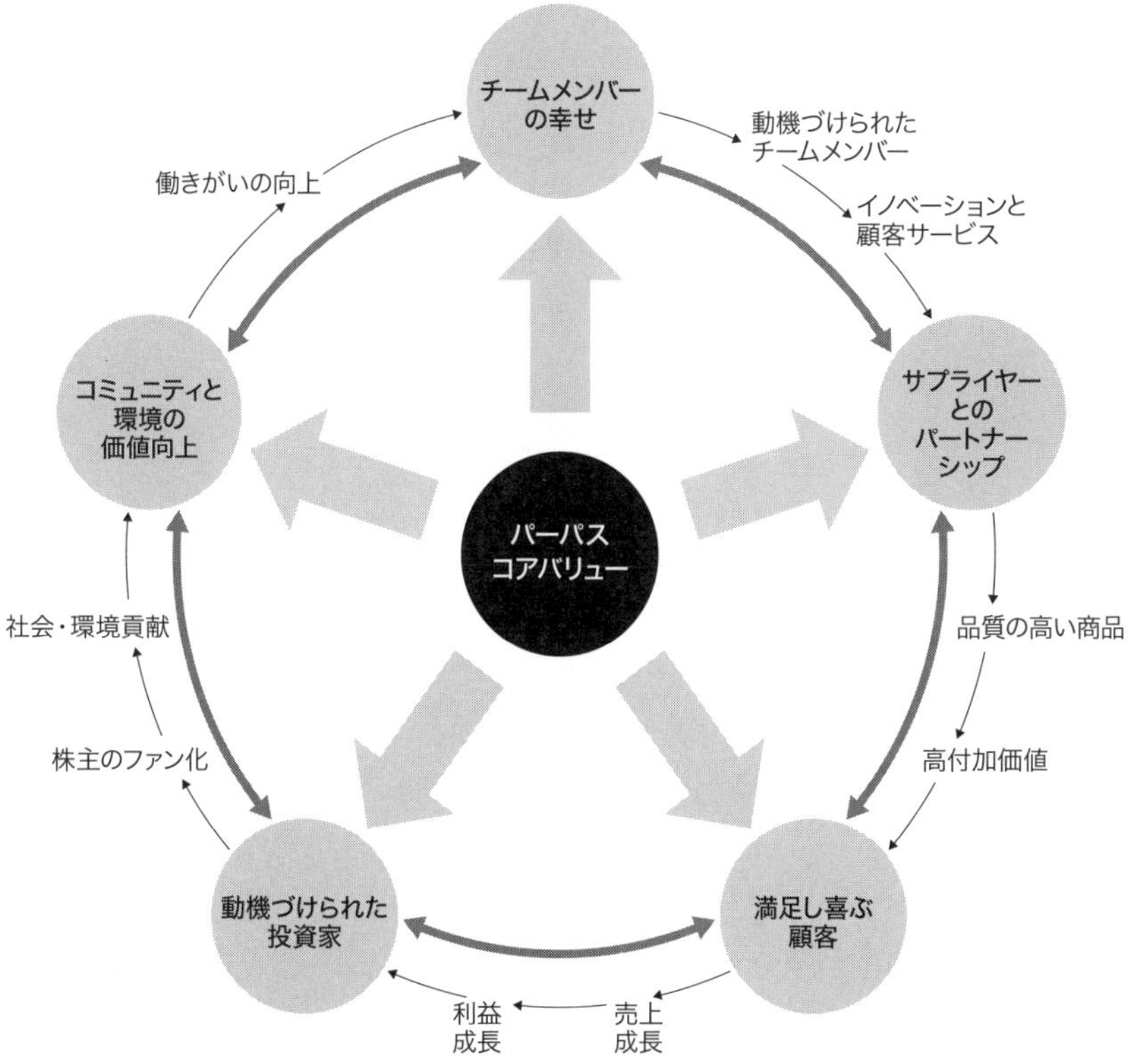

きがい」である。採用にあたっては、適財を雇用して適所に配置する必要性を強調している。会社の目的に沿って仕事に真剣に取り組める人財を選ぶために、アルバイトの面接は店のスタッフ全員で行い、三分の二以上が賛成しなければ採用しないほどの徹底ぶりだ。チームの結束力をどれだけ大事にしているかがうかがえる。

先述したネスレのように要素分解したマトリクスを使わず、良循環モデルで表している点に注目してほしい（**図15**）。ロジカル・シンキングからシステム・シンキングに移行することで、社会価値と経済価値の二項対立を軽々と乗り越えているのである。ステークホルダーに生み出される価値が分断されてはおらず、相互に依存しながら結びついている。この良循環のモデルには、学生時代に東洋哲学を学んだマッキーならではの思考法が、いかんなく発揮されていると言えよう。

アクティビストからの挑戦状

ただし、社会価値と経済価値の両立を目指す企業は、短期的な経済価値しか眼中にないアクティビストの恰好の標的となる。利益を社会に還元するのではなく、株主に還元せよと迫ってくるからである。

ネスレは2017年、名うてのアクティビストのダニエル・ローブ率いるサード・ポイントから、洗礼を受けた。同社として初めて、外部からCEOを登用した矢先に、サード・ポイントから、ロレアル社の株式売却と、自社株買いを提案されたのである。ウルフ・シュナイダー新CEOは、この要求を跳ねのけたものの、その後も、事業ポートフォリオの再編を迫られている。

ポーターがＣＳＶ企業として絶賛していたフランスのダノンでは、２０２１年、エマニュエル・ファベールＣＥＯが、アクティビストからの要請で解任された。業績不振が理由である。それ以前にも、環境とヘルスケアの分野でＣＳＶ経営を目指していたＧＥのジェフ・イメルトが、やはりアクティビストからの圧力を受けて、退任させられている。

ＣＳＶを標榜する以上、社会価値をいくら唱えても、満足に経済価値を実現できなければ、退場を迫られることになる。それが欧米型資本市場の厳しい現実である。

「世界でいちばん大切にしたい会社」と呼ばれたホールフーズも、例外ではない。２０１７年、ジョン・マッキーはアクティビストの圧力から逃れるべく、アマゾンへの身売りを発表、世の中をアッと驚かせた。当時のアマゾンは、創業者のジェフ・ベゾスが「顧客第一主義」の名の下に、社員や取引先を虐げることで悪名をとどろかせていたからだ。

しかしちょうどその頃、アマゾン自身も、多様なステークホルダーにも配慮する経営に、大きく方向転換を迫られていた。ただし、これはアクティビストからの圧力ではなく、肝心の顧客が、社員や取引先を大切にしないアマゾンにＮＯを突きつけ始めたからである。

アマゾンにとっても、ホールフーズから株主至上主義を超える経営のあり方を学ぶ絶好の機会となったはずだ。２０２１年にはベゾスがアマゾンのＣＥＯを退任、翌２０２２年にはマッキーもホールフーズＣＥＯ退任を発表した。アマゾンとホールフーズは、新経営陣の指揮の下、社会価値と経済価値の高いレベルでの両立を目指して、共進化を続けていくだろう。

SXの本質

以上、SXという第一のマクロトレンドを概観してきた。ここで、SXにまつわる3つの潮流を確認しておこう。

まずESG。これは金融市場への入場券にすぎない。環境、社会、ガバナンスに配慮しない企業は、投融資の対象から外される。金融機関にとって、将来リスクが高すぎるからだ。

次にSDGs。これは国連お墨付きの社会課題だ。ただし、SDGsに掲げられた17のゴールは2030年までの規定演技にすぎない。SDGsを前に思考停止するのではなく、その先、たとえば2050年に向けた自社独自の18番目のゴールを、自由演技として示す必要がある。

これらの社会課題を解決できれば、大きな事業機会につながり、企業にとってはトップラインが期待できる。ただし、丸腰で取り組むと、まちがいなくボトムラインを毀損する。需要は顕在化しているものの放置されているのは、儲からないからである。

そこで期待されているのが、CSVだ。社会価値と経済価値を両立させる経営モデルである。これでようやく、サステナビリティに経営課題として正しく取り組むことが可能になる。

ただし、そこには大きな落とし穴がある。余剰を社会に還元するのか、利益として自社に取り込むかという二律背反に陥りやすいからである。CSVの優等生だったはずのGEとダノンのCEO

は、そこで足をすくわれて、退陣を余儀なくされた。

SXをきれいごとで終わらせないためには、そのようなゼロサムをプラスサムに変換する必要がある。その切り札がイノベーションである。

ただしそれは、日本で誤解されている「技術革新」のことではない。イノベーションという言葉の生みの親であるシュンペーターが提唱した通り、イノベーションとは市場を創造することである。そしてその実現のためには、異質なものを新結合させることが必要となる。その原動力となるのが、次に語るDXなのである。

マクロトレンド2：DX旋風

デジタル技術の四要素

2つ目のマクロトレンドは、デジタルによってあらゆるものが変わっていくデジタル・トランスフォーメーション（DX）である。

DXの話になると、デジタル技術に関心が集まりがちだ。しかし、デジタル技術はあくまでもツールでしかなく、それ自体に何の価値もない。

既存のデジタル技術は、４つの要素に因数分解できる。ＩＢＭは、これらを「ＣＡＭＳ」と呼んでいる。

Cloud
Analytics
Mobile
Social & Security

これら４つの技術要素を組み合わせることによって、ＡＩやロボットなどの技術が、次々に生み出されていった。最近注目されているチャットＧＰＴも、まさにこれらの要素が新結合されたものである。

デジタル・ネイティブのＭＺ世代にとっては、これらの技術要素は、空気や水のように日常生活の必需品となっている。いや、ＭＺ世代に限らず、モバイルデバイスを持っている人はみな、自動的にこれらに触れていることになる。しかもデジタル技術は、指数関数（10Ｘ）的なスピードで進化している。

企業や生活者にとって大事なことは、デジタル技術そのものにとらわれるのではなく、これらを経営や生活の現場に活用することで、イノベーションを実践していくことである。

集中から分散へ

たとえば最近では、Ｗｅｂ３・０（ウェブスリー）が新しいパラダイムとして注目されている。主にＣＡＭＳのＳの進化によるものだ。

Ｗｅｂ１・０時代（１９９０-２００４）のＳは、Search、すなわち情報検索が主体だった。Ｗｅｂ２・０時代（２００５-２０２１）になるとSocial、すなわち多方向の情報共有が主体となった。そしてこれからのＷｅｂ３・０時代（２０２２-）には、Securityを担保するブロックチェーン技術が新しい世界を実現する。

ブロックチェーンは、当初、仮想コインとして利用され、話題を集めた。今も、アートやＳＮＳ上の発言の高額取引に活用されるＮＦＴ（Non-Fungible Token：非代替性トークン）に使われて注目されている。

ブロックチェーンのセキュリティ技術を活用すれば、データを分散的に管理することができるようになる。その結果、Ｗｅｂ２・０時代のように、ＧＡＦＡに代表されるプラットフォーマーに中央管理される仕組みから解放されるのだ。主権が個人に移ると同時に、個人間（Ｐ２Ｐ）の多様な取引やコラボレーションが生まれるようになる。

約半世紀前、アメリカの未来学者アルビン・トフラーは著書『第三の波』（邦訳：日本放送出版協会、１９８０年）の中で、「プロシューマー」が出現すると予言した。プロデューサーとコンシューマーが一体となる世界だ。

これまでも、誰もがワークではプロデューサーで、ライフではコンシューマーであるという意味では、擬似的なプロシューマーだったといえよう。それがブロックチェーンによって、一人ひとりがコラボを通じて、プロデューサーであり、かつコンシューマーとなる状況が日常となる。

まさにジェフ・ベゾスのいう「ワーク・ライフ・ハーモニー」であり、私のいう「ワーク・イン・ライフ」そのものだ。そうなると、プラットフォーマーはおろか、企業も市場もいらなくなる世界が訪れることになるだろう。

この点は、第3部でさらに深く考えてみたい。

時間と空間を超える

CAMSのC、すなわちクラウド技術も、次世代ネットワークの登場によって、10Xの進化が期待されている。その結果、空間と時間の壁を突破できるようになる。

無線の世界では、大容量データの伝達遅延が大幅に改善される。5Gによって2時間の映画が3秒でダウンロードできるようになり、さらに6Gが実装されると瞬時にダウンロードできる。そうなると、ユビキタス・コンピューティング、すなわちどこにいてもコンピューティング・パワーへアクセスできる世界が近づく。

しかし、それだけデータ通信量が爆発すると、バックボーンとなる伝送ネットワークの容量が限界を迎えてしまう。そこでNTTはその限界突破の切り札として、2019年にIOWN

(Innovative Optical &Wireless Network：「アイオン」）構想を発表した。

ＩＯＷＮは、最先端の光伝送技術を駆使することで、従来の電子技術（エレクトロニクス）から光技術（フォトニクス）にシフトし、より「低遅延」「低消費電力」「大容量・高品質」のネットワークを実現しようというものだ。ＮＴＴ、インテル、ソニーがＩＯＷＮコンソーシアムの発起人となり、アクセンチュア、シスコ、マイクロソフト、サムスン、トヨタなどがスポンサー企業となって、２０３０年の実現を目指している。

ＩＯＷＮが実装されると、現実世界と仮想世界を掛け合わせた未来予測を可能にする「デジタル・ツイン・コンピューティング」が実現する。さらに、あらゆるものをつなぎ、制御する「コグニティブ・コンピューティング」も現実のものとなる。

そもそもフォトニクスは、デジタルすら超える。光信号を使えば、デジタルのようにすべての情報を0と1に変換する必要がなくなるからだ。そうなると、たとえば自然の色を自然の風合いのまま伝えることが可能となる。

そうなると、ごく自然に時間と空間を超えることができるようになる。世界中の人や自然、社会、さらにはメタバース（三次元仮想空間）の世界が、身近に感じられるようになるはずだ。

クラウドからエッジへ

しかし、いきなりそのような未来が訪れるわけではない。当面は、現実の制約の中で、最適解を模索していく必要がある。

たとえば、エッジ・コンピューティング。これまでは端末からデータをいったんクラウドにアップし、そこでコンピューティングされた結果がまた端末に送られてきていた。これに対して、エッジ・コンピューティングは、端末（エッジ）側で、情報処理を瞬時に完結させるというパラダイムである。

それを可能にしたのが、AIチップと呼ばれる半導体である。従来、ゲームマシンを得意としていたNVIDIAが、高速画像処理アルゴリズムを半導体に実装して、新しい市場を創造している。その代表例が自動運転だ。「走る・曲がる・止まる」といった運転の基本動作において、いちいちクラウドとやり取りしていたのでは、まったく実用に耐えない。一瞬の遅れが命取りとなるからだ。

日本の筆頭ユニコーン企業であるプリファード・ネットワークスも、この領域でめきめきと頭角を現してきた。同社のディープ・ラーニング技術を半導体に搭載することで、さまざまなアプリケーションでエッジ・コンピューティングが可能になる。NTTやトヨタ、ファナックなどが出資、インテル、マイクロソフト、NVIDIA、ENEOS、花王などとも、次々に協業している。

なぜ日本や世界を代表する企業が、プリファード・ネットワークスの技術に飛びついたのか。それを説明しているのが、図16だ。図の右下の円で囲まれた部分がプリファード・ネットワークスの

図16

クラウドからエッジ・コンピューティングへ

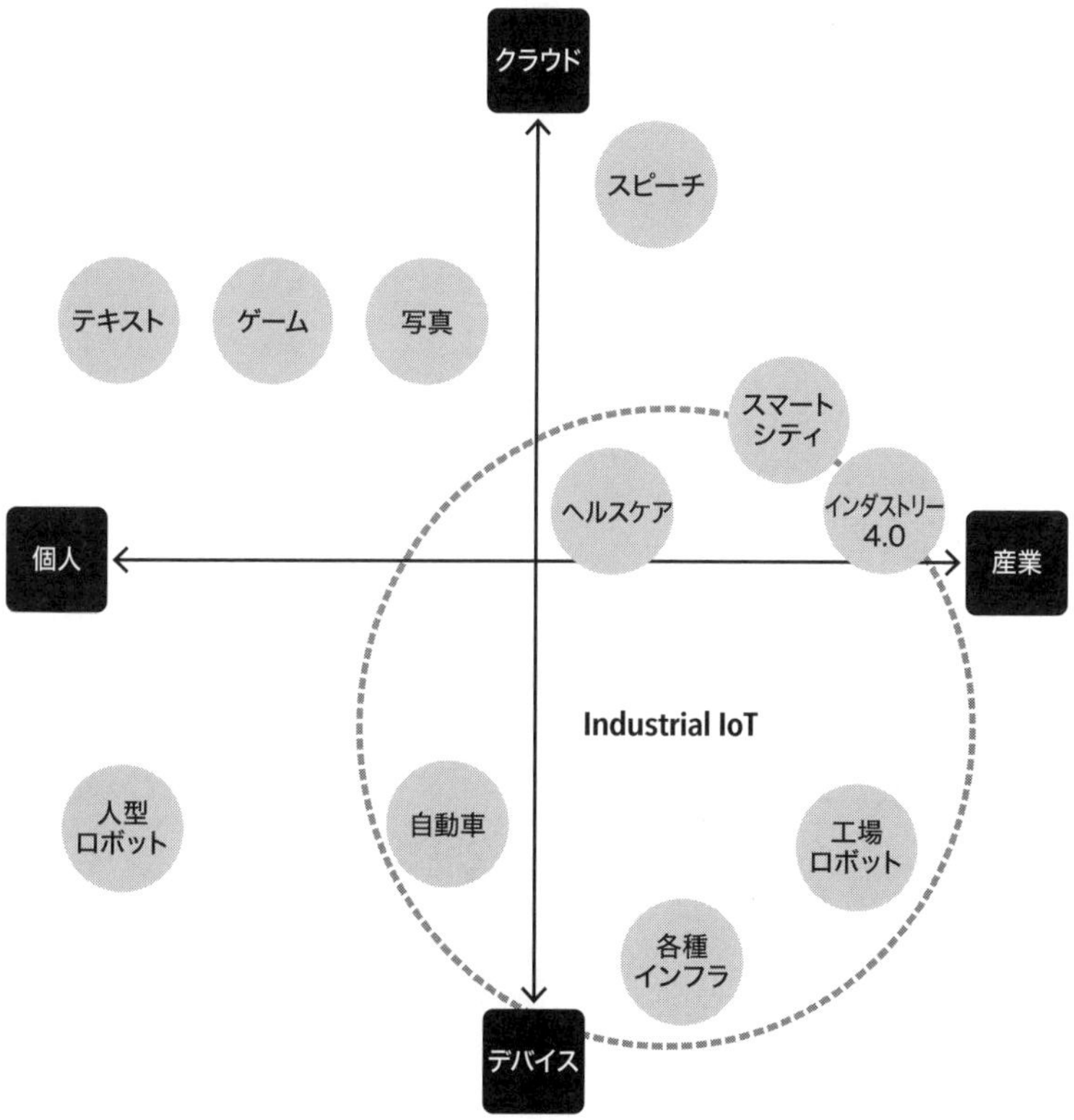

領域である。

図の4象限のうち、左側の「コンシューマー」は遊びの領域、右側の「インダストリー」はシリアスの領域と考えられる。上側は「クラウド」の領域、下側は「エッジ」の領域である。

これまでは、クラウドによって遊びの領域を充実させる左上の領域が中心だった。この領域のメインプレーヤーはGAFAである。しかし、右下の領域は空白地帯だった。前述した自動運転を始め、医療や産業用ロボットなどのミッション・クリティカルな領域では、クラウドはあまりにもリスクが大きいからだ。

その右下象限で活躍しているのが、プリファード・ネットワークスだ。中央集権的な頭脳ではなく、それぞれの部分に密着させたかたちの「身体脳」を創る。このように現場の「たくみ」の世界に密着するのが、エッジ・コンピューティングの特徴である。

サイバー（C）からフィジカル（P）へ

エッジ・コンピューティングが広がってくると、「CPS（Cyber Physical System）」がより実用に近づいてくる。CPSは、次の図のように、大きく3つの要素で構成される。

デバイスの物理空間からセンサーによってデータがサイバー空間にインプットされ、サイバー空間でAIがデータを処理して判断を下す。そしてその判断に基づいて、フィジカルな世界を動かす。これら「センシング」「プロセシング」「アクチュエイティング」というサイクルを結合させたシス

図17

CPS

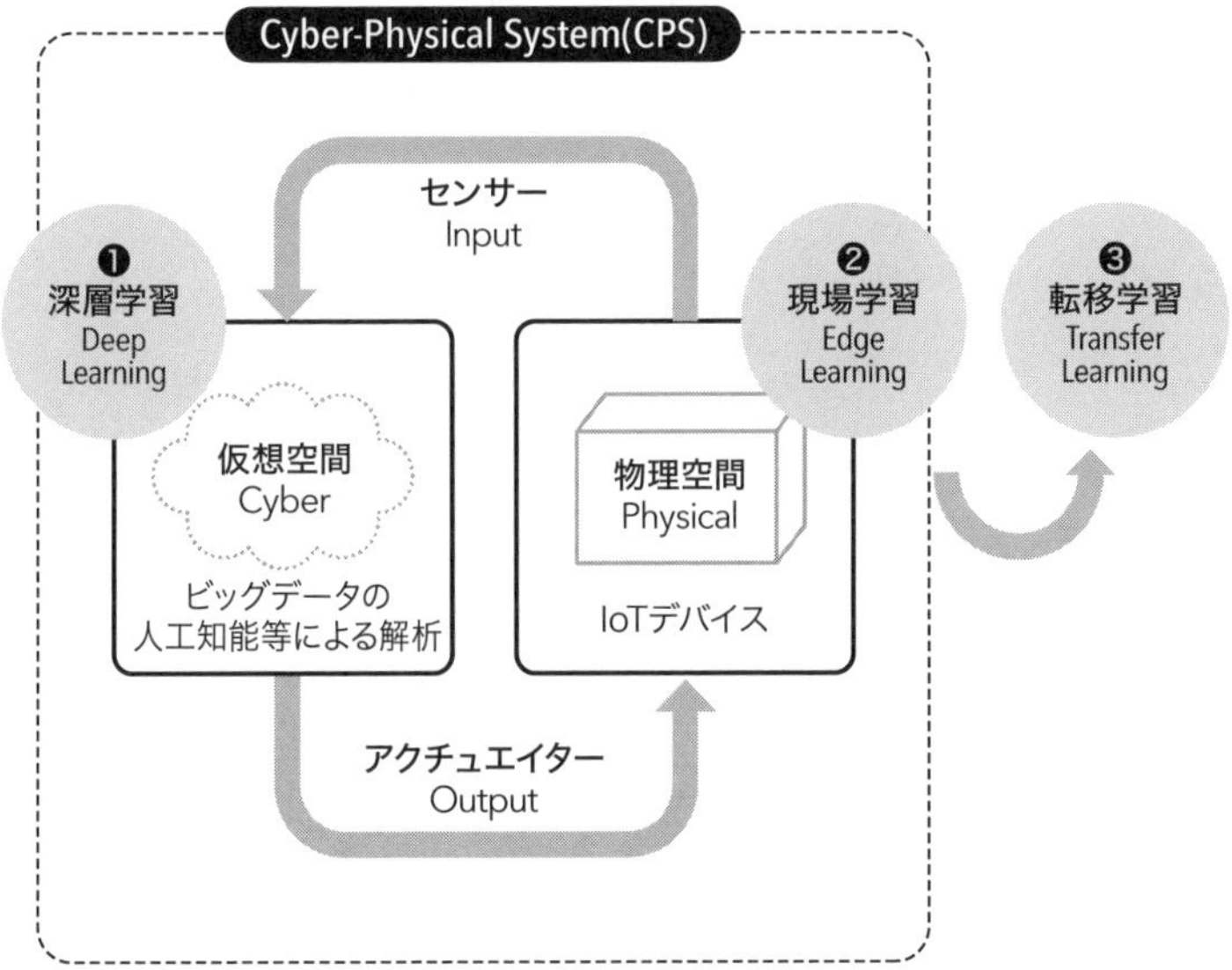
Cyber-Physical System(CPS)
センサー
Input
❶
深層学習
Deep Learning
仮想空間
Cyber
ビッグデータの
人工知能等による解析
物理空間
Physical
IoTデバイス
❷
現場学習
Edge Learning
❸
転移学習
Transfer Learning
アクチュエイター
Output

テムを、ＣＰＳと呼ぶ（図17）。

エッジ・コンピューティングによって、端末（エッジ）にＡＩが搭載されれば、実体のない雲（クラウド）を介することなく、現場（エッジ）でＣＰＳを瞬時に完結させることができるようになる。しかし、サイバーとフィジカルが融合するその現場において、本書のテーマでもある思考法を巡って、「不都合な真実」が明らかになる。

サイバーの世界では、情報を処理することで、瞬時に正しい答えを導き出そうとする。まさにロジカル・シンキングが支配する世界である。一方、フィジカルな世界は、ロジカルな答えだけでは通用しない。現実の世界は複雑系の常として、予測不可能な非線形の動きをする。さらにその中のアクターとしての機械や人間は、それぞれ固有の個性（クセ）を持ち、想定通りの行動を取るとは限らない。デジタル技術を組み合わせてロジカルに答えをはじき出しても、現実の世界を制御することは実際に不可能なのである。

フィジカルな世界では、現場に深く関わり合い、現場を動かす深いアナログの知恵が必須となる。そこでは理性より感性がカギとなり、クラフト(工芸)、あるいはアート(芸術)に通じるデザイン・シンキングが求められる。

隠れた日本の遺産

日本におけるＡＩの第一人者である東京大学の松尾豊教授は、ＡＩ時代を引っ張るのは高等専門学校（高専）出身者だと看破する。以下、同教授のインタビューコメントだ（日経産業新聞2018年11月15日）。

「高専出身者は、とにかく手が動く。普通に東大に入学した学生は口はうまいが、やらない。高専出身者はとにかくやってみて、結果を私のところに持ってくる。こちらも的確な指導ができて、次のチャレンジにどんどん進んでくれる。いろいろなモノを使えるようにする実装力がある。プロジェクトのリーダーとしてもふさわしい」

「ぼくからすると、この日のために高専があるといってもいいくらいだ。『よくぞ（日本固有の高専教育を）作ってくれていたなぁ』と思う。高専は高度成長期に製造業の現場を強くしようとする目的で作られた。今のイノベーションの素養と高専教育が一致している。聞けば聞くほどよくできたシステムだ」

「高専生は日本の宝だ。こんな人材が毎年1万人も輩出していることはすごいことだ。ただ残念ながら高専自身がその価値に気づいていない。高専生は『自分たちがすごいところにいる』と認識してほしい。20歳そこそこで活躍の場が大きく広がっている」

ＡＩ人材の獲得は、あらゆる産業において、喫緊の課題となっている。政府肝入りで、ＡＩ教育を強化しようと大慌てだ。いかにも日本的な浮足立った光景である。

もちろん、ＡＩの専門家は一定程度必要だ。しかし、ＡＩのようなロジカルな世界は、あっという間にコモディティ化する。

ＣＰＳ時代の最大の希少資源は、フィジカルの世界を絶妙に操れる匠の知恵である。日本はそれを現場が豊かに蓄えてきた。それこそが、ＡＩのプロである松尾教授がいう「日本の宝」なのである。

「たくみ」の「しくみ」化

もちろん、アナログの匠だけを磨き上げても、デジタル時代には通用しない。アナログのデザイン・シンキングと、デジタルのロジカル・シンキングを融合する知恵が問われている。

プリファード・ネットワークスを創業した西川徹ＣＥＯは、同社の本質的な強みを問われて、次のようにコメントしている。

「当社はＡＩと、そのＡＩ技術（ソフト）を使って動く対象物（ハード）の両方を徹底的に知り尽くすのが強みだ。ＡＩだけ売りにする企業は多いが、実はハードとのすりあわせが難しい。それが重要な技術で、勝ち残りのカギだ」（日本経済新聞　２０１９年６月５日）

ＣＰＳを実現するには、まさにサイバーとフィジカルを融合するシステム・シンキングが求めら

図18

「たくみ」の「しくみ」化

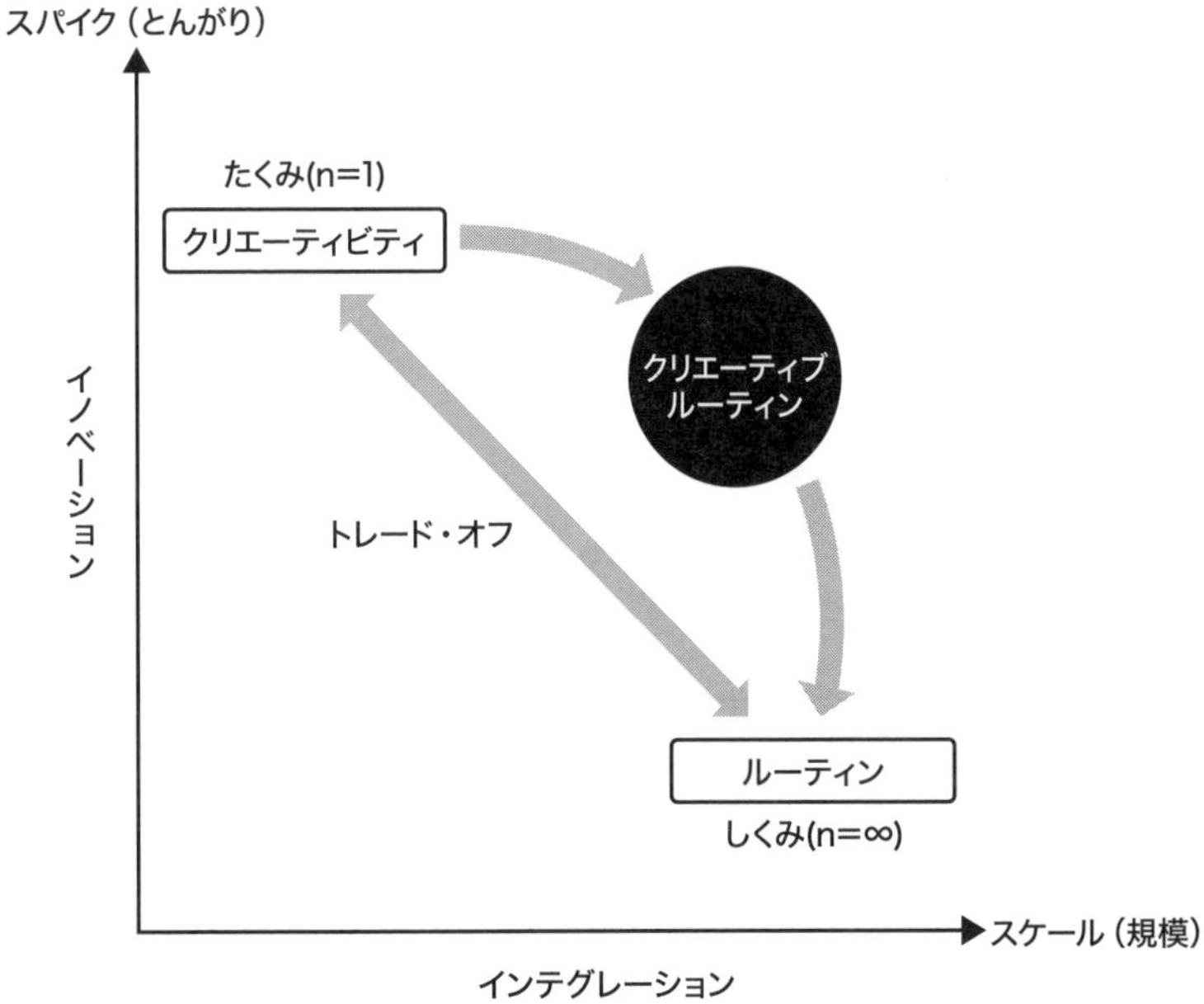

れるのだ。

人財レベルでは、前述したＳＴＥＭ人財からＳＴＥＡＭ人財への転換である。アップル創業者のスティーブ・ジョブズは、まさにＳＴＥＡＭ人財の代表例だ。

そのジョブズが惚れ込んだのが、燕市の零細金属加工メーカー小林研業である。iPhoneのあの美しいアルミ筐体の裏には、同社の匠の技が隠されているという。ＳＴＥＡＭ人財だからこそ、匠をデジタルに融合させる知恵が生まれるのである。

同社に限らず、日本には匠の技が今なお、深く息づいている。特に企業数で99・7％、従業員の数で3分の2を占める中小企業は、匠の技の塊と言ってもいい。デジタルの力を活用すれば、この家内制手工業的な匠を大きくスケールさせることができるはずだ。

それを私は、「たくみ」の「しくみ」化と呼んでいる。図18は、そのダイナミズムを示したものである。

縦軸のイノベーションの源泉は、「クリエーティビティ」（n＝1）である。ここは「デザイン・シンキング」を基軸とした「たくみ」の世界である。ただし、それだけではスケールできない。

一方、横軸のスケール（n＝∞）を担保するのは、「ルーティン」である。ここは、「ロジカル・シンキング」を基軸とした「しくみ」の世界である。ただしそれは決められたことの拡大再生産でしかなく、新規性は排除される。

そこで「クリエーティビティ」を「ルーティン」に変換する仕組みが必要となる。これが、「クリエーティブ・ルーティン」だ。このコンセプトを生み出した野中郁次郎・一橋大学名誉教授は、新しいルーティンを作る仕掛けという意味で、「メタ・ルーティン」とも呼んでいる。この変換装置によって、暗黙知が生み出すイノベーションをスケールさせ、形式知としてのアルゴリズムを常に進化させることが可能になる。

このダイナミズムのドライバーとなるのが、システム・シンキングである。それを再現可能な組織活動にするためには、４つのプロセスを組織内に実装する必要がある。

第一に、現場には「型」を踏襲するだけでなく、その枠を超えた取り組みを奨励すること。まさに「型破り」のススメである。これによって、「イノベーション@エッジ（現場発イノベーション）」を起こしやすい組織風土を築く必要がある。

第二に、現場で生まれたイノベーションを新しい「型」に落とし込むこと。これが「クリエイティブ・ルーティン」活動である。これによって、新しい方法論として共有され、組織全体にスケールさせることが可能になる。

第三に、古くなった型や知恵を新しいものに入れ替えること。「断捨離」のススメである。これによって、新陳代謝が進み、組織は常に最新のアルゴリズムに基づいて活動することが可能になる。

第四に、上記1〜3のプロセスそのものを、組織の運動論として埋め込むこと。いわば「メタ・アルゴリズム（アルゴリズムを生むアルゴリズム）」のススメである。これによって常にアルゴリズムを生み出し、進化させ続けることが可能になる。

現場で生み出される「たくみ」を、共有可能な「しくみ」に変換すること。言い換えれば「デザイン・シンキング」を「ロジカル・シンキング」に変換すること。その変換運動を絶え間なく続けることで、思考のレベルがらせん状に高まり続ける。これが「システム・シンキング」の要諦である。

デジタル時代のCPSの実現には、このようなシステム・シンキングの知恵が不可欠なのである。

D（デジタル）からX（トランスフォーメーション）へ

デジタルは所詮、ツールでしかない。これは20年前のネットブームのときと、本質的には何も変わっていない。

ネットバブル時代には、雨後の筍のようにドット・コム企業が登場した。しかし、その中で今も勝ち残り続けているのは、GAFAと呼ばれるプラットフォーム化できた一握りの企業だけだ。もっとも、今、全盛を誇っているプラットフォーマーも、Web3の波に飲まれて絶滅する可能性が高い。

一方、インターネットという「隕石」で絶滅するはずだった恐竜の中にも、しっかり生き残っている企業が一握り存在する。ウォルマートやファーストリテイリングなどが、その代表例である。

デジタル化された情報は、急速にコモディティ化する。デジタルをフル活用した事業モデルは、デジタル技術を使えば、誰でも模倣することができる。そうなると、競争優位どころか、存在価値そのものが問われることになる。

これがデジタルのピュアプレイの限界だ。アマゾンもグーグルも、リアルの世界の取り込みに躍起になっている。

デジタルがコモディティ化する中で、希少価値を持つのは、実はアナログの資産なのである。リアルの世界を深く知り、それを現実に動かす知恵を持つ者が、他社に模倣されない優位性を築くことができる。

もちろん、アナログの世界にとどまっていては、20世紀型の勝ちパターンから脱却できない。いかにデジタルのパワーを活用して、アナログの知恵を多重化し、成長のスケールとスピードを獲得するかが勝負どころとなる。

アナログとデジタルの融合。すなわちCPSモデルを構築できる者が、DX時代の覇者となる。そのためには、アナログ陣営もデジタル陣営も、自社の強みに立脚しつつ、相手の資産を取り込むべく、ピボット（大きく一歩踏み出す）することが求められている。

DXの本質は、「デジタル」技術そのものではなく、X、すなわちデジタルを活用した「Transformation：変革」にあることを忘れてはならない。

DXの実現に向けた10X思考

では、デジタルを活用した企業変革をいかに実現するか。

図19

DX実現のアプローチ

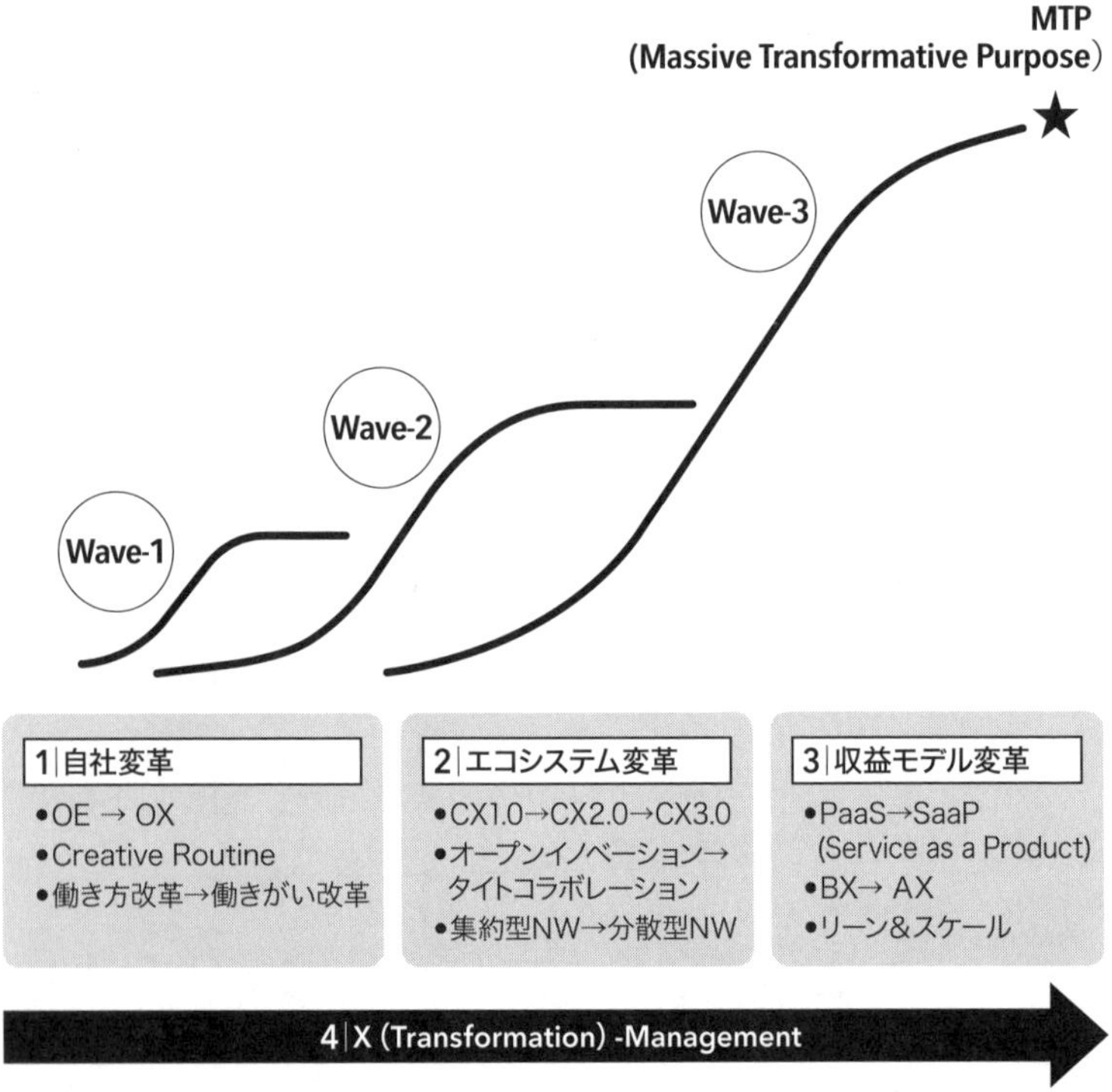
MTP
(Massive Transformative Purpose)
Wave-1
Wave-2
Wave-3
1|自社変革
•OE → OX
•Creative Routine
•働き方改革→働きがい改革
2|エコシステム変革
•CX1.0→CX2.0→CX3.0
•オープンイノベーション→タイトコラボレーション
•集約型NW→分散型NW
3|収益モデル変革
•PaaS→SaaP (Service as a Product)
•BX→ AX
•リーン&スケール
4|X (Transformation) -Management

私は、DXの全体像を1枚の図（図19）で示すことにしている。そこには10X思考を構成する5つのモジュールが埋め込まれている。

①MTP（Massive Transformative Purpose）：変革のゴールとしての「巨大で革命的な志」を共有する。「北極星」であり、グーグルのいう「ムーンショット」である。できるだけ大きく、非連続的であることが望ましい。しかし一方で、自社のパーパス（志）にしっかり立脚している必要がある。これがないとDXは始まらない。いわば前提条件である。

②Wave-1：まずは自社内のデジタル化を進める。オペレーションレベルで生産性と創造性の10X化を目指す。自社の決断でどんどん取り組めるはずで、本気で取り組めばすぐに結果に結びつく。

③Wave-2：エコシステムのデジタル化を進める。顧客や同業種・異業種のプレーヤーなどと、デジタルを駆使して共創を実践する。いわゆるオープン・イノベーションもここに入る。関係性の構築に時間と知恵が求められるが、他社の資産をレバレッジすることで自らの資産の10X化を目指す。

④Wave-3：収益モデルのデジタル化を進める。具体的には、サービス化、プラットフォーム化などによって、マネタイズの仕組み（誰に、いつ、何に対して、どのように課金するか）を再設計する。また前に説明した「リーン&スケール」という事業の10X化の仕組みのアルゴリズム化もここでの重要なテーマとなる。

⑤Ｘ（Transformative）-Management：上記４つの打ち手を通じて、全社変革を進める。デジタルはツールにすぎず、本質的な経営課題はいかに組織全体の進化を実現するかにある。①のＭＴＰを社員に自分ごと化してもらい、社員の志を高揚させることがカギとなる。現状維持バイアスを克服し、自己変革のスピードとスケールを10Ｘ化するリーダーシップが求められる。

まず①を組織全体で共有したうえで、②③④を同時並行で進める。ただし、難易度・複雑度のレベルの違いで、結果が出るタイミングがずれる。したがって、③も④も②の結果を待つのではなく、早く着手する必要がある。そして、この全体の変革のプロセスを司る⑤の巧拙が、ＤＸの成果を決定することを、経営者は肝に銘じなければならない。

ＤＸの本質

以上、ＤＸという第二のマクロトレンドを概観してきた。ここで、ＤＸにまつわる３つの誤解と真相を確認しておこう。

第一に、デジタル（サイバー）が、世の中を制するという誤解。デジタルとリアル（フィジカル）の融合が進むにつれて、希少価値を生むのはリアルのほうである。

第二に、デジタル思考、すなわちロジカル・シンキングが、アナログ思考、すなわちデザイン・

シンキングを凌駕するという誤解。本質は、ＣＰＳ思考、すなわち両者をつなぐシステム・シンキングにある。

第三に、デジタルが破壊的イノベーションを生むという誤解。デジタル技術は、既存の資産を組み換え、異結合させる力を持っている。ＤＸの本質は、デジタルがもたらす「ＲＥＭＩＸ力」を活用して、Ｘ、すなわち変革をいかに実現するかである。

そもそもＤＸという言葉は、「デジタルを駆使した変革」という「手段」（How）を示しているにすぎない。では、その「目的語」（What）は何か。

その答えが、マクロトレンド1で論じたＳＸではないだろうか。とりわけ、18枚目の自由演技こそ、その企業が本質的に実現したい未来であるはずだ。

しかし、そのためには、生産性と創造性を10Ｘ化する必要がある。その手段を提供するのがＤＸなのだ。

ＳＸとＤＸをワンセットとして取り組むことが、求められているのである。ここでもＳＸとＤＸを結合させるシステム・シンキング力がカギを握るはずだ。

マクロトレンド3：グローバルズという異結合

ボーダーレスからボーダーフルへ

新SDGsを構成する第3の要素は、Globalsである。なぜ複数形になっているかは、前述した通りだが、簡単に復習しよう。

グローバリゼーションの始まりは、16世紀ヨーロッパの大航海時代にさかのぼる。「産業革命」によって一気に広がり、第一次・第二次世界大戦で一時停滞するものの、20世紀後半からさらに拡大していった。

21世紀に入り、グローバリゼーションは先述したデジタルパワーの後押しもあって、一気に加速していった。2005年には、ピュリッツァー賞を3度受賞したジャーナリストのトーマス・フリードマンが『フラット化する世界』を出版、それこそグローバルベストセラーとなった。

しかし、今振り返れば、その当時がグローバリゼーションのピークだったかもしれない。その後、リーマンショックやコロナショック、米中摩擦やウクライナ危機などが矢継ぎ早に世界を震撼させ、グローバル化の潮流は見直しを迫られた。

今や、世界は分断されている。ボーダーレスどころかボーダーフル。その歴然とした現実から目を背けることはできない。

2022年5月、世界経済フォーラム（通称「ダボス会議」）が2年半ぶりに開催された。そのテーマは「グレートリセット」（歴史的転換）だ。フィナンシャル・タイムズによれば、2週間にわたる議論の中心は「脱グローバル化（deglobalisation）」だったという。サプライチェーンが分断される中で、グローバル化こそがむしろリスクの源泉になる、と警鐘が鳴らされた。

ワールドフォーラムで脱グローバル化が唱えられるというのだから、皮肉な話である。世界はこのままボーダーフルな状態にとどまってしまうのだろうか。

分断された世界を、私はGlobalsと複数形で表現している。一方で、気候変動などのSXの流れや、デジタルな情報流がもたらすDXの流れは、否が応でもグローバル化を推し進める。だからこそ、脱グローバル化に向かうのではなく、分断された世界を再結合する努力を怠ってはならないはずだ。

グローバル・ヨーヨー

グローバル戦略の第一人者であるニューヨーク大学のパンカジュ・ゲマワット教授は、グローバル化は一進一退を繰り返すという。近著『VUCA時代のグローバル戦略』（原題『The New Global Road Map』2018年、邦訳：東洋経済新報社、2020年）の中でも、それをヨーヨーにたとえている。ヨーヨーのように伸び縮みするからだ。

21世紀初頭までは、グローバリゼーションは不可避な潮流だと見られていた。このグローバリゼーション信者を、ゲマワットは「グローバロニー」と呼ぶ。

そのような楽観主義に対して、ゲマワットは、世界はボーダーフルだという事実をかねてより主張し続けてきた。その根拠として4つの構造的な要因を指摘する。文化的（Cultural）、政治的（Administrative）、地理的（Geographical）、経済的（Economical）な格差の4つだ。それらの頭文字をとって「CAGE」フレームワークと名づけている。近隣諸国との関係などを考えれば、さらに歴史的（Historical）という要因も考慮に入れる必要があるだろう。たとえば日本と韓国、タイとカンボジア、ロシアとフィンランドとの関係を考えれば、CAGEの中でAだけが障害になりそうだが、そこには歴史が深い影を落としていることを忘れてはならない。

しかし、ゲマワットは悲観主義に加担しているわけではない。そのような格差を踏まえつつ、グローバル化を現実的に進めていかなければならないと説く。

世界はいったん、脱グローバル化の方向に振れているかのように見える。しかしそれに過剰反応して、「縮み指向」に陥るのは危険だ。ヨーヨー理論が示唆するように、「脱」の後には、「再」グローバル化（Reglobalisation）の揺り戻しが必ず来るはずだ。

では企業は、どのようにしてグローバル化を進めていけばいいのだろうか。

トリプルA戦略

ゲマワットは、「トリプルA」というグローバル経営を提唱している。トリプルAとは、「アダプ

図20

トリプルAモデルの進化

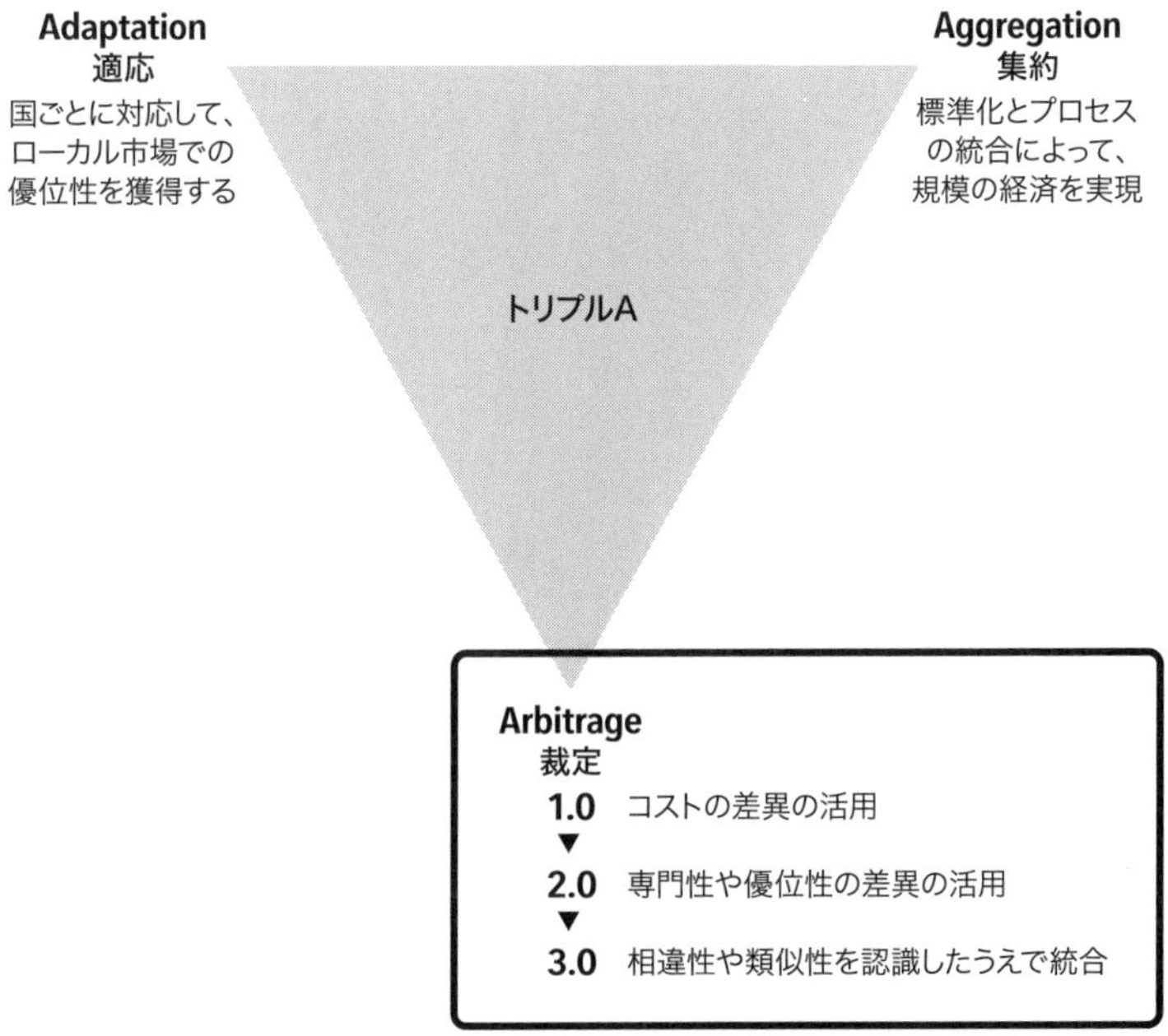
Adaptation
適応
国ごとに対応して、
ローカル市場での
優位性を獲得する
Aggregation
集約
標準化とプロセス
の統合によって、
規模の経済を実現
トリプルA
Arbitrage
裁定
1.0 コストの差異の活用
▼
2.0 専門性や優位性の差異の活用
▼
3.0 相違性や類似性を認識したうえで統合

ト（Adapt）」、「アグリゲート（Aggregate）」、「アービトラージュ（Arbitrage）」の3つの頭文字をとったものだ。

アダプトはローカル化、アグリゲートはグローバル化を指す。従来のグローバル戦略論は、現地適応か世界標準かという二者択一を基本としていた。またグローバル組織論は、分権化と集権化の二者択一を迫っていた。極めてデジタルなロジカル思考である。

しかし、ゲマワットはそこにアービトラージュという第3の要素を加えた。これは同一商品の一時的な価格差に基づく裁定取引のことで、俗に「さやとり」とも呼ばれている。

グローバル経営の文脈では、国や地域ごとに差異があることに目をつけ、それを利用することを指す。たとえば、低賃金のエリアに生産拠点をシフトさせることなどが代表例である。アダプトとアグリゲートだけであれば二律背反となるが、これによって、ローカルの差異をうまく使って、グローバル化を進めることが可能になる。

差異こそが、価値の源泉になる――トリプルAは、ダイバーシティが求められている時代の本質を、グローバル規模で言い当てたものといえよう。

ゲマワットの学説は、「トリプルA 1・0」と呼ぶべきものである。私は、それをさらに進化させた「トリプルA 2・0」や「トリプルA 3・0」を目指すべきだと提唱している（図20）。詳細は『経営変革大全』をご参照願いたい。

トリプルAの進化

第一のAの「アダプト」を、ゲマワットは「ローカル適応」、すなわち空間軸で捉えている。これに対して私は、時間的なアダプトにも着目すべきだと考える。

「時間の適応」とは、「変化する世の中に対して、それを先取りして自分も変化し適応すること」である。それぞれの現場が、周りの変化に応じて、自分自身を自律的に作り変えていく能力を持つことが、変化の激しい時代には必須だ。私は、このような変化に適応する能力を「Adaptivity」と呼んでいる。

たとえば、シリコンバレーや深圳などは、デジタル技術の進化をいち早く取り込む組織能力に富んでいる。一方、京都や金沢などは、デジタル技術を伝統文化と融合させる能力に優れている。

もっとも日本政府が力を入れている「デジタル田園都市国家構想」は、日本に閉じている限り、これまでの多くの政策同様、残念な結果に終わるだろう。日本と世界のまち同士を「新結合」させることによって、真のイノベーションが生まれるはずだ。たとえば、松山市はドイツのフライブルク市と姉妹都市となって、「歩いて暮らせるまちづくり」など、未来のコンパクトシティのあり方を協議している。

第二のAの「アグリゲート」も、むやみに標準化をしすぎると単純で画一的な世界が広がり、イノベーションが起こらなくなる。

たとえば私が20年近く過ごしたマッキンゼー。効率を求めてグローバルな標準化を徹底しすぎた結果、各国の現場からイノベーティブな考え方が生まれにくくなっている。

そこで求められるのが、三層構造化である。経営の基盤（アーキテクチャー）とプロセス（モジュール、プラットフォーム）を標準化したうえで、現場のアダプティビティを誘発し、そこから新たな標準を生み出し続けるという発想の転換が求められる。

たとえば、コロナワクチンで、一躍、世界トップの製薬企業に躍り出たファイザー。同社では、ローカルの知恵を第二層の標準プロセスに落とし込む手法として、グローバル標準の「ベストプラクティス」（通称「ベスプラ」）に加えて、ローカル発の「プチプラ」というカテゴリーを設けているという。たとえば日本独自の行政と一体となったワクチン接種の取り組みは、「プチプラ」として、同様の課題を抱える海外に展開できる可能性が高い。

第三のAの「アービトラージュ」は、その対象と思考を「ずらす」工夫が求められる。

まず対象を、賃金のような目に見える資産から、スキルのような「見えざる資産」にシフトする必要がある。たとえば日本企業は、品質へのこだわりが高く、完成度が高い（スマート）ものをつくる。逆に中国は、スピードが速く、コストが安い（リーン）。これらの異なる特性を結びつけることによって、「スマート・リーン」型のイノベーションが生まれるはずだ。

その好例として、ダイキンの中国での家庭用エアコン事業を取り上げよう。ダイキンはインバーター技術などを駆使した高性能の製品には定評があった。しかし、それだけでは、富裕層市場では戦えても、大きな成長が見込める中間層市場では太刀打ちできない。

そこで、世界のコモディティ市場でトップシェアを握る中国メーカーの格力電器との提携に踏み切った。中国特有の安いモノづくり力と大量の物量をさばく販売力を、フル活用することが狙いだ。このように日本人の知恵と中国人の知恵を結合することによって、ダイキンの中国事業は大きく成長している。

アービトラージュからアウフヘーベンへ

「アービトラージュ」（鞘とり）という思考も進化が必要だ。
世界経済が平準化していくにつれ、ファクターコストのアービトラージュの余地は少なくなる。また情報の伝達スピードが速くなるにつれ、「時差は金なり」（三菱商事広報室、１９７７年）などといった情報のアービトラージュも難しくなる。

これからは同質なものの差を活用するという引き算ではなく、異質なものを掛け合わせるという掛け算の思考がカギを握る。「範囲の経済」（Economies of Scope）の活用だ。たとえば、シリコンバレー流のサイバーの世界の知恵と、日本のモノづくりの知恵を掛け合わせることによって、先述したＣＰＳ（サイバー・フィジカル・システム）の世界を実現することができるようになる。

シュンペーターはかつて、「新結合」がイノベーションを生むと喝破した。先述したように、これを私は「異結合（クロス・カップリング）」と読み替えている。異質な知が結合することによって、新たな知が生み出されるのである。

思想史的には、ギリシア哲学からドイツ観念論へと脈々と受け継がれてきた「弁証法」にも近い考え方である。ヘーゲルは、ある命題（テーゼ＝正）と、それと矛盾する命題（アンチテーゼ＝反）という二項対立を超えることをアウフヘーベン（aufheben＝合）と呼んだ。弁証法が二項動態としての進化をもたらすのである。

「アービトラージュ」を「アウフヘーベン」と読み替えることによって、トリプルAはこの進化のダイナミズムを取り込むことができるようになる。

ゲマワットのトリプルAは静的で平面的なモデルである。このモデルを時間軸で捉え直し、有形資産から無形資産へと奥行きを広げていくことで、二項対立を超えた新しい高みに向かうことができるはずだ。

このようなトリプルAの進化は、本書のテーマである10X思考の駆動力となるだろう。この点は、本書の最後にもう一度振り返ることとしたい。

傾く地球儀

「傾く地球儀」という言葉は、2013年に『GLOBAL TILT』（邦題「これからの経営は「南」から学べ」）を書いたラム・チャランの言葉だ。地球の北半球が中心だった世界が、これからは南半球が中心になっていくという話である。

グローバル化は、ゲマワットが指摘する通り、一進一退を繰り返すだろう。ぶれないマクロトレンドと勘違いしてしまうと、肩透かしを食わされる羽目になる。

しかし、北側の勢力より南側の勢力のほうが相対的に大きく進化することは間違いない。今までと同じように南が南のままで終わらないのは、情報が確実に世界中に流れているためだ。南はそこから脱出しようとして、成長スピードを上げてくるはずだ。

しかもそれは、単なるキャッチアップゲームではない。ラム・チャランは、この本の日本語のタイトルにある通り、これからの経営は南から学べと言っている。南、つまりインドやラテンアメリカのほうが最先端の経営をしているというのだ。

先述した『フラット化する世界』の中で、フリードマンは、この本のテーマをインドのバンガロールを訪問して発想したと語っている。インドの人口は、2023年には中国を超えて世界一となる。インドが、世界経済の主役の1つとなることは、時間の問題だ。

そして今や、世界中の熱い視線がアフリカに注がれている。

英エコノミスト誌が「The Hopeless Continent」と題してアフリカを特集したのが2000年5月。しかし2011年12月には、同誌は「Africa Rising」という特集を組んだ。

たとえばルワンダでは、1994年にジェノサイド（大虐殺）が勃発。100日の間に人口の1割に当たる80万人以上が殺害された。

しかしそれから15年後、国民から絶大な支持を集めるポール・カガメ大統領のリーダーシップのもと、ルワンダは近代的なIT国家に生まれ変わった。2015年のダボス会議のレポートの中でも、「ICTの活用促進にもっとも成功した政府」として、2位のアラブ首長国連邦、3位のシンガポールを抑え、ルワンダが世界一に選ばれている。

もちろん、政府だけではない。アフリカでは、DXがフィンテック、エデュテック、パワーテックなどといったかたちで、金融、教育、エネルギーをはじめとするさまざまな分野を進化させている。

アフリカがフロントランナーに

フィンテックにおける好例が「m-Pesa」だ。「m」はモバイル、「Pesa」はスワヒリ語でマネーを意味する。仕掛けたのは、ケニアの通信会社サファリコンと南アフリカのボーダフォン。携帯電話でお金を送金できるアプリである。

アフリカ人は、よほどの富裕層でなければ、銀行口座を持っていない。しかも、彼らは出稼ぎをしなければならないため、家族に送金する必要がある。しかし、預けたら途中で誰かに盗られてしまう。

送金アプリであれば、デジタルで送ったデータを換金所で簡単にお金に換えられる。わざわざ銀行口座をつくらなくても済む。コロンブスの卵のような、あとで聞けば極めて簡単な仕組みだ。それがケニアから始まり、あっという間にアフリカ中に広がっている。アフリカ経済は、安全に外貨が入る仕組みをつくったのである。

これを銀行関係者にフィンテックだというと、怪訝な顔する。5Gの時代に2Gのガラケーでできるほど低次元のデジタル技術だからだ。しかし、DXの本質は、デジタル技術が主役ではなく、デジタルを使って創造的破壊を起こすことにある。m-Pesaは、世界に先駆けて、銀行を前世紀の遺物に変えてしまったのである。

もう1つ注目されるのが、「m-Kopa」だ。「m-Pesa」を成功させた人物が立ち上げた電力サービスである。ちなみに、KOPAは「借りる」を意味するスワヒリ語だ。

住宅や小規模商店の屋根上にソーラーパネルを設置し、太陽光発電により照明、携帯充電器、家電などを稼働させるというもの。仕組みはいたって簡単。しかし同時に、SHS（Solar House System）と呼ばれる次世代エネルギーシステムでもある。

パワーグリッドが整備されていないアフリカならではの光景だ。しかも、クリーンテック。SXとDXが一体となったイノベーションが、社会を変容させているのである。「これからはアフリカから学べ」という教えが、まさに現実になりつつあるといえよう。

リバース・イノベーションから「IXFX」へ

イノベーションは先進国で生まれ、いずれ新興国にも広がっていくというのが、従来の定説だった。しかしこれまで見てきた通り、最近は、新興国発のイノベーションが登場している。しかもそのイノベーションが新興国発から先進国に逆流し始めている。「リバース・イノベーション」と呼ばれるモデルである。

２００９年、ゼネラル・エレクトリック社（ＧＥ）のジェフリー・イメルトＣＥＯ（当時）とダートマス大学のビジャイ・ゴビンダラジャン教授らが、ハーバード・ビジネス・レビューに同社のリバース・イノベーション手法を紹介。グローバル経営の新潮流として一躍注目を浴びた。

新興国では通信や電力などのインフラが未整備なうえ、原材料・部品・資金なども不足しがちだ。これらの供給側のボトルネックに加えて、需要側の購買力も低い。このような市場では、低価格、簡素な設計、単純な機能、高い耐久性などが必須となり、先進国とは抜本的に異なる発想が求められる。制約が大きいからこそ、斬新な技術や画期的な発想によるイノベーションが生まれやすいのである。

当初低技術と見下されていたものから次世代のイノベーションが生まれる現象を、クリステンセン教授は「破壊的イノベーション」と呼んだ。「リバース・イノベーション」は、グローバル市場における破壊的イノベーションの典型的なパターンといえよう。

しかし、リバース・イノベーション「フィーバー」は、多くの経営流行語がそうであるように、その後あっという間に過ぎ去っていった。

たとえば、鳴り物入りでデビューしたタタ自動車の「ナノ」。２００８年1月の北米自動車ショーにお目見えしたときは、世界をあっと驚かせた。当時最安値だったマルチ・スズキの「マルチ８００」が20万ルピー、その半額の10万ルピー（当時の為替レートで28万円弱）という破格の価格をつけたのである。

しかし、この「世界最安値」のクルマはデザインも性能も悪く、さすがのインドでもさっぱり人気が出なかった。発売当初は発火事故などの安全性の問題も噴出し、出鼻を大きくくじかれた。その後も毀損したブランドの立て直しは難しく、世界を揺るがすリバース・イノベーションの先兵とはなれなかった。

当のGEにおいても、インドと中国でそれぞれ1ケースずつ成功したものの、その後はさっぱり鳴りを潜めている。イメルトCEO（当時）はその後、「リバース・イノベーション」という看板を、「IXFX」にすげ替えた。Iは「In」Fは「For」、Xにはそれぞれの地域名が入る。インドであれば「In India For India」、中国であれば「In China For China」。つまり、それぞれの市場に深く刺さる「ディープ・イノベーション」に切り替えていったのだ。

エッジ・イノベーションの時代

インドにしても中国にしても、ローカル市場だけでも十分に広く深い。「リバース」まで視野に入れる前に、いかにそれぞれの市場を深耕できるかが勝負となる。そのためには、グローバルな無形資産を活用しつつも、いかにそれぞれの現場が自律的にイノベーションを起こしていけるかがカギを握る。

しかもそれは、新興国に限らない。イノベーションの源泉は「現場（Edge）」にあるのだ。

シリコンバレーでも、「イノベーション@エッジ」がキーワードとなっている。イノベーションは、エッジすなわち海外子会社や傍流事業が起点となるという考え方だ。なぜならば、それらのエッジこそが非連続性の波が最初に打ち寄せる現場に近いからである。

マッキンゼー時代に私の同僚で、その後、最近までシリコンバレーにあるデロイトの「Center for The Edge」を務めていたジョン・ヘーゲルは、「エッジ」（辺境）だからこそ、「エッジ」（独自性）が立ちやすいのだと、冗談めかして語る。

DX（デジタル・トランスフォーメーション）においても、クラウド・コンピューティングからエッジ・コンピューティングへとパラダイム・シフトが起こっていることは、前述した通りである。「クラウド（センター、大本営）」ではなく「エッジ（現場、最前線）」が、新しいイノベーションの「現場」となるはずだ。

グローバル経営においても、各地域の現場がイノベーションを起こし、それを世界中に伝播させていく仕組みが求められる。「リバース・イノベーション」ではなく、「エッジ・イノベーション」こそが本質なのだ。

グローバルズの本質

以上、グローバルズという第3のマクロトレンドを概観してきた。ここで、グローバルズの本質を確認しておこう。

ドイツの新進気鋭の哲学者マルクス・ガブリエルは、「世界は存在しない」という。その真意は第3部で紐解くとして、確かにグローバルは幻想にすぎない。所詮、グローバルはローカルの集積でしかなく、そしてローカルはそれぞれが独自性にあふれている。

しかし、それを是として世界を分断したままにしておくのは、あまりにも惜しい。シュンペーターが喝破したように、「異結合」、すなわち異質なものを結合させることによって、イノベーションを生み出すことができるからだ。

ファーストリテイリングの柳井正社長は「グローバル・イズ・ローカル、ローカル・イズ・グローバル」という信念を高らかに掲げている。ローカル適合とグローバル集約の間の二律背反を、いかに二項動態にもっていくかが、グローバル経営のカギを握る。

ゲマワットは、その秘訣を6つの要件として提唱している。①求心力のある企業文化、②ネットワーク化されたイノベーション、③イニシアティブとタスクフォース、④テクノロジー・イネーブラー(企業のソーシャル・ネットワーク)、⑤海外派遣と人の移動、⑥人材育成プログラムの6つだ。

私は、それらを「三層構造」として提唱している。

1．第1層：「志（パーパス）」をグローバルに共有していること。この基盤の上に立って、それぞれのローカルが自由な発想を広げることで、全体のベクトルがそろった形で、組織全体が進化していくようになる。

2. 第2層：共通要素やプロセスをくくり出す「因数分解」ができること。その結果、グローバル規模で、その企業独自の無形資産が共有化、多重化できるようになる。
3. 第3層：そのうえで、それぞれのローカルの知恵を磨き上げていくこと。その地域の特性や文化、こだわりが盛り込まれることによって、「ならでは」のストーリーが生まれ、共感が醸成される。

第3層がローカル適合化、第2層がグローバル集約化を担う。イノベーションの文脈に直せば、第3層が「たくみ」、第2層が「しくみ」にあたる。そしてこの二分化された構造を包摂するのが、第1層の「志（パーパス）」である。

ここでも、多層構造の思考法がパワーを発揮することが見て取れるだろう。ロジカル・シンキングでデジタルに切り分けたうえで（第2層と第3層）、システム・シンキングでその間の関係性を結合させること（第1層）。しかもその源泉となるのは、志（パーパス）というスピリチュアル・シンキングである。

新SDGsの中心軸

本章では、「新ＳＤＧｓ」を構成する3つのマクロトレンドを概観した。
サステナビリティ、すなわちＳＸでは、規定演技のＳＤＧｓに捉れず、２０５０年に向けた自由演技を演じる必要がある。その実現に向けてカギを握るのが、イノベーションである。

デジタルは指数関数的に進化していく。しかしそれはあくまでツールに過ぎない。ＤＸの本質はX、すなわち変革である。デジタルを活用して、ワークやライフ全体のイノベーションを起こし続ける知恵が問われているのである。

グローバルズは、分断されたグローバルを再統合させる動きである。ローカルの多様性を生かしつつ、共通項をくくり出したり、異質なものを掛け算してイノベーションを生み出す運動論が求められる。

ＳＸはWhat、ＤＸはHow、GlobalsはWhereという問いかけでもある。ではWhyはなにか。それが、新ＳＤＧｓの中心軸となっている志（パーパス）である。言い換えれば、新ＳＤＧｓの3つのマクロトレンドは、志（パーパス）を基軸とした派生物（デリバティブ）にすぎない。

では志（パーパス）とは何か。それはどのような思考法によって到達できるのか。これについては、本書の後半で詳細に論じることとしたい。

第5章

5つのパラダイム・シフト（PS：軸ずらし）

思考の軸ずらし

マクロトレンドは、その定義上、誰もが巻き込まれる。だからまず、気づかないことはない。より重要なことは、それが思考にもたらす変化のほうである。こちらは意外に見過ごされやすい。われわれはつい、慣れた眼鏡で物事を見てしまう習性が身についているからだ。

これまで当然のことと考えられていた認識や思想、社会全体の価値観などが革命的に変化することをパラダイム・シフトという。アメリカの科学哲学家トーマス・クーンが、1962年に著書『科学革命の構造』(邦訳：みすず書房、1971年)で提唱した概念である。たとえば天動説から地動説へのコペルニクス的転回は、代表的なパラダイム・シフトである。

新SDGsという現代のマクロトレンドは、われわれにパラダイム・シフトを迫る。しかし、コペルニクスがそうであったように、変革の真っただ中でパラダイム・シフトできる者は一握りだ。しかも、異端者扱いされてしまう。しかし、そのような思考転換ができた者だけが、未来を創造することができるのである。

本章では、大きく5つのパラダイム・シフトについて論じることにしたい。それぞれ、時間軸、空間軸、資産軸、価値軸、勝ち軸という5つの切り口に関するものだ。

パラダイム・シフトの本質は、このような「思考の軸ずらし」なのである。

ＰＳ１：線形から非線形へ（時間軸）

マテリアリティ分析の逆対角線

マテリアリティ分析をご存じだろうか。

世の中にとっての重要性と、自社にとっての重要性をそれぞれ軸にとって、経営課題をその中にプロットするという単純なフレームワークである（図21）。そして、その両方にとって重要な領域（図のⅠ）をマテリアリティ（経営の重要度）が高い領域と位置づけるのである。

今や統合報告書を作成する際には、どの企業もマテリアリティ分析をこなすことが「お作法」となっている。しかもそのときに多くの企業が、世の中の重要な課題として、ＳＤＧｓの17項目を参照している。

もちろん、間違いではない。国連お墨付きの社会課題である。ただし、ゾーンⅠの答えは、まったく代わり映えがしないものが並んでしまう。同業種であれば、当然同じ「規定演技」のオンパレードとなる。私は、毎年、10社を超える企業からマテリアリティ分析へのコメントを求められるが、このような光景には正直、辟易とさせられる。

むしろ、のびのびとした自由演技が並んでいるのは、右下のゾーンⅡである。世の中ではまだ共

図21

マテリアリティ分析

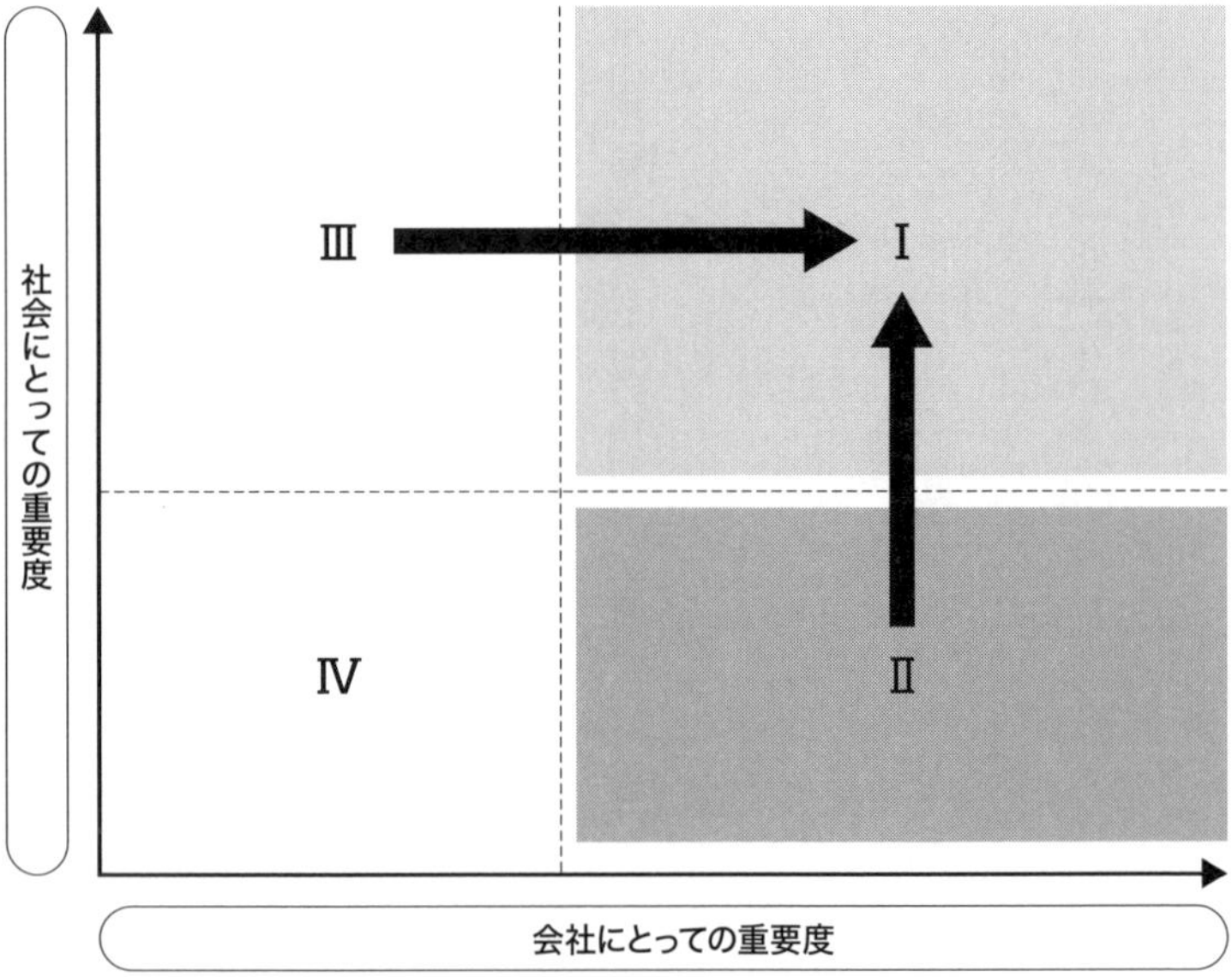

通の重要課題として認知されていないものの、その企業にとっては思い切りこだわりのあるテーマが掲げられているからだ。

たとえば、ソニーであれば「世界を感動で満たす」であり、中川政七商店であれば「工芸を元気にする」だ。その企業「ならでは」の志（パーパス）が、織り込まれている。まさに「自由演技」をのびのびと演じるゾーンだ。

もちろん、いつまでもゾーンⅡにとどまっているようでは、独りよがりに終わってしまう。そこで、このゾーンⅡのテーマをゾーンⅠに引き上げるべく、世の中の共感を勝ち取っていく必要がある。これこそが、その企業ならではの18枚目のカードとなるはずである。

反対に、気をつけなければならないのが左上のゾーンⅢだ。世の中が重要だと考えているのに、その企業が軽視しているテーマ群である。日本企業の場合、環境や人権関連がこれにあたるケースが散見される。

もちろん自社まわりでは、環境も人権もしっかり押さえているつもりになっている。いわゆるスコープ1（自社）とスコープ2（1次サプライヤーやディストリビューター）の領域である。

しかし、サプライチェーンの上流や下流など、いわゆるスコープ3までしっかりと管理できている企業はまれだ。そこが大きな盲点となる恐れがある。したがって、ゾーンⅢに位置づけていても、本来ゾーンⅠに格上げすべき課題には、しっかりと目を光らせる必要がある。

このように、マテリアリティ分析1つとっても、常識的なロジカル・シンキングを超える思考法が求められている。現在のロジックの逆対角線上にこそ、未来の重要な課題が潜んでいるのである。

非から未へ

マーケティングでは、「顧客第一主義」が呪文のように唱えられる。ただし、現在の顧客に媚びているだけでは、いずれ市場は飽和する。市場を創造するためには、未来の顧客を想像しなければならない。

現在の顧客ではなく、今は顧客ではない人を見る。現在話題になっているものではなく、話題になっていないものに目をつける。このような「あまのじゃく」な探求心が、新しい顧客や体験の発見につながる。

その際に「既」と「非」という二分法で分けてしまうと、「非」に気がとられてしまう。既顧客ではなく非顧客、既体験ではなく非体験。しかし、そこをやみくもに掘り起こしても、ゴミの山ができるだけだ。

「既」と「非」は、現在の状態をロジカルに描写したものにすぎない。そこに非連続な時間軸を加えると、「既」と「非」の間に、「未」が浮かび上がってくるはずだ（図22）。

「未」顧客や「未」体験こそ、未来の市場の宝庫である。不毛な「非」に飛びつくのではなく、「既」をずらして「未」を見極める。そこにこそ、筋の良い未来市場が息づいているはずだ。

リクルートは市場創造の名手である。同社では、新市場を創造する際には、必ず世の中の「不」

図22

「既・未・非」

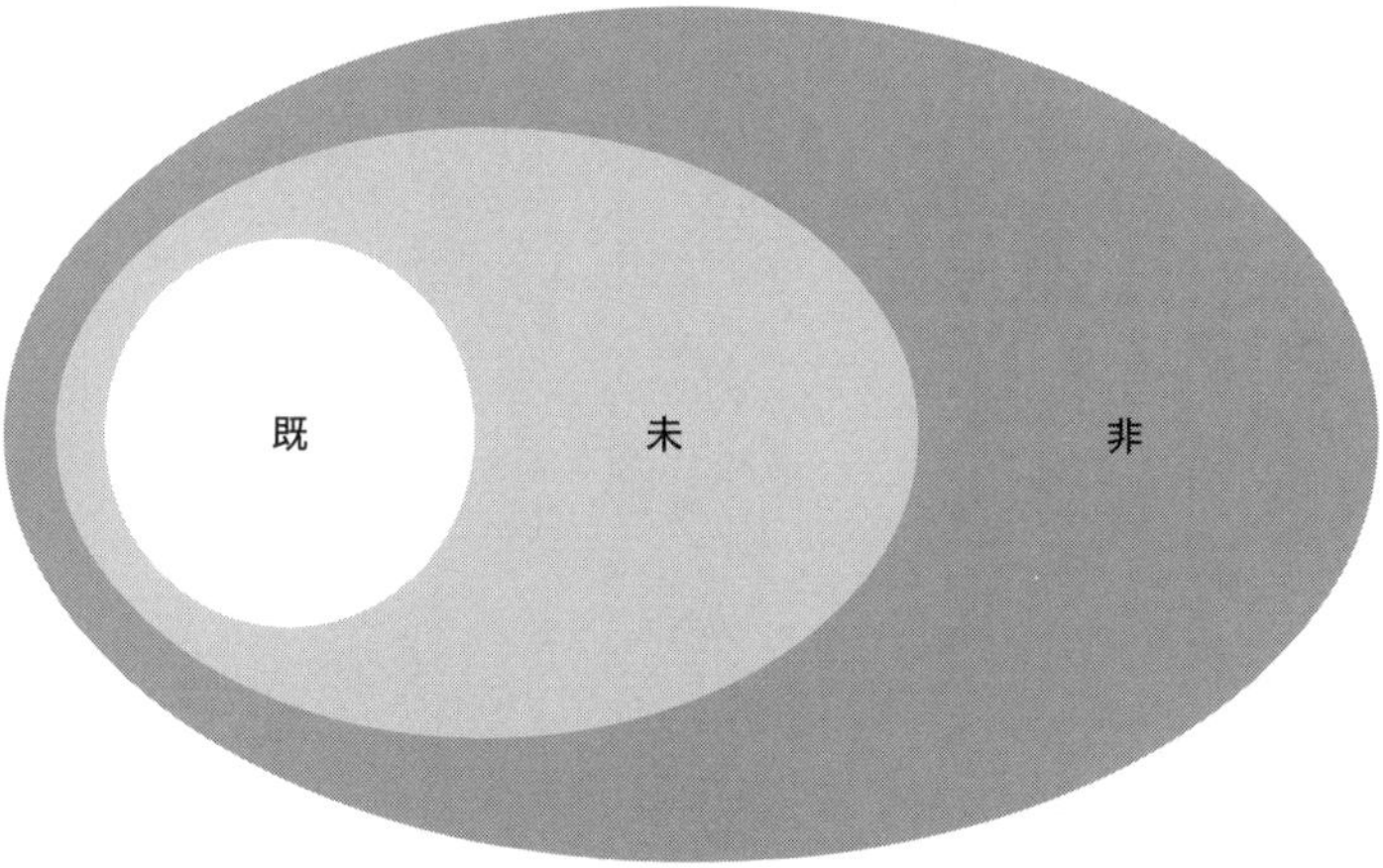

から発想せよ、と教えられる。これは、創業者の江副浩正氏直伝の教義である。

しかし、その際に、実は「非」には手を出さない。そこに未来の市場はないからだ。そして、「既」と「非」の間にある「未」を見つけ出す。

数年前、私がリクルートのサステナビリティ委員を務めていた際に、「不」ではなく「未」と言い換えることをお勧めした。不という言葉を使うと、否定的に映ってしまう。むしろ「未」と呼んだほうが、ポテンシャルがあるイメージが形成できる。特にグローバル市場に打って出ようとするタイミングだったのでなおさらだ。

ただ、これは江副氏の言葉だから、簡単には変えられないということだった。しかし、本質はまさに「不」ではなく「未」だともいう。リクルートは、非と未を見分けることに、あくなき執念を燃やす。それが市場創造の成否を分かつ最初の大きな関門だからだ。

「マーケット・イン」から「マーケット・アウト」へ

世の中を捉えるフレームワークは、時間とともに進化する。マーケティングの大家フィリップ・コトラーが、1・0から2・0、3・0と、世の中の動向を踏まえてマーケティングの教義をずらし続けてきたことは、前述した通りだ。最近はデジタルの動向を加えた4・0や5・0などを唱え始めている。

この調子でいくと、そろそろWeb3やメタバースを踏まえたマーケティング6・0が出てきてもおかしくない。もっとも、90歳を超えたコトラーが、いつまで、どこまでデジタルの最新動向についていけるかは、とても気がかりではあるが。

しかし、このようにデジタル技術の動向を追いかけるより、本質的な問いかけは、時間軸のなかでマーケットをいかに捉えるかである。

供給側の身勝手な「プロダクト・アウト」では、なかなか顧客に刺さらない。その反省から、今では「マーケット・イン」が主流になっている。しかし、顧客の声を聴いてそれに答えるだけでは、未来のマーケットを拓くことはできない。今、市場に閉塞感があるのはそのせいだ。

市場創造とは、読んで字のごとく、「マーケット・アウト」であるはずだ。市場を呼び込む（マーケット・イン）のではなく、市場を創る（マーケット・アウト）という未来志向が求められるのである。

この3つの違いは、前述した「既・非・未」で整理するとより明確になる。

「プロダクト・アウト」は、「非」顧客の領域をさまよう。「マーケット・イン」は「既」顧客の領域に安住する。「マーケット・アウト」は「未」顧客の領域を拓く。

ピーター・ドラッカーは、「企業の目的は一つしかない。それは顧客を創ることだ」という名言を残した。まさに「未」顧客を「既」顧客に変換することこそ、企業活動の本質なのである。

そのためには、未来を拓く想像力と創造力がカギを握る。では、どうすればいいか。

「100キロ先を見よ」

ソフトバンクの孫正義社長は、「100キロ先を見よ」と語る。

船酔いをするときは、たいてい近くを見すぎている、近くの景色は流れていくため、それを目で追うと船酔いしてしまうのだ。遠くの一点はそれほど動かないので、それを見ていれば船酔いを避けられる。それが、100キロ先を見るということだ。

世の中では、着地点から逆算する「バックキャスティング」が喧伝されている。ただし、バックキャスティングには3つの落とし穴がある。

1つ目は、よほど視野を広げない限り、着地点そのものを見誤ってしまうことだ。「未来予想図」などと銘打ちながら、実はまったく飛べていない着地点から逆算している企業があまりにも多いのは、笑えない話である。

2つ目は、着地点の確からしさを見極めようとすることだ。未来は、不確実なことだらけである。たとえばAIが人間の知能レベルを超える「シンギュラリティ」が本当に来るのか、来るとしたらいつなのかなどということは、誰にも分からない。したがって、それは仮説として置くしかなく、その正しさを議論しても意味がない。大事なことは、その着地点が今より十分に非連続であることだ。

3つ目の落とし穴は、当面の打ち手がずれてしまうことだ。着地点にばかり気を取られていると、足元をすくわれる。一方、確実に歩み出そうとすると、着地点にはいつまでたっても届かない。「着眼大局、着手小局」とはいうものの、その着手が難しい。

ファーストリテイリングの柳井正社長は、よく次のような小話をする。

「今、壁を垂直に歩けと言われても絶対にできないが、1日に1度ずつ傾けていくと、いずれ慣れて垂直に歩けるようになる」

もちろん、まともに考えると、忍者かスパイダーマンにしかできない芸当である。とはいえ、少しずつストレッチの量を増やしていけば、不可能と思っていたことがいずれ可能になるという教えである。「未来に向けていかに角度を上げていくか」が、知恵の絞りどころとなる。

未来を妄想するパワー

シナリオプラニングはコンサルタントが得意とする手法だ。シナリオを考えるうえで、どこまで想定外をシナリオとして置けるかが重要になる。

通常企業が中期計画や長期計画を考えるとき、まず未来の着地点を構想するが、そこではあり得ないシナリオは排除される。なぜなら、実現可能性の低い未来に向かっては、誰も本気で取り組もうとはしないからだ。シナリオプラニングといいつつも、結局、ある範囲内に収まるようなシナリオになってしまう。シナリオを超える現実に直面すると、「想定外」という言い訳が飛び出すが、始めから視野に入れていないのだから当然だ。それでは、ＶＵＣＡ時代の未来を拓くことはできない。

プランＡを、想定内の範囲に限定しておくのはいい。しかし、プランＢは思いきり上振れしたときを想定して描く。そしてプランＣでは、世の中にあり得ないことが立て続けに起こる事態を想定する。現状の延長線上の思考に陥りがちな社内の常識派からは、荒唐無稽だというそしりを受けるくらいでなければだめだ。あえて起こり得ないことを想定するのが、プランＢ、プランＣのポイントである。

確からしさを議論するのはプランＡだけでよく、プランＢとプランＣは確かではないことを議論する。両極端を書くことで、シナリオに幅ができる。

ただし、これらのシナリオプラニングをコンサルに「外注」する企業をよく見かけるが、これはいただけない。

特にプランＡのような想定内シナリオは、コンサルがもっとも得意とする領域である。しかし、それは当たり前の未来図でしかなく、さらにいえば、明日の常識（コモディティ）を示しているにすぎない。

私がマッキンゼー時代、隣のチームがクライアント企業から未来有望な事業候補の策定を依頼された。プレゼンを受けたクライアント企業の社長は、プレゼン資料を掲げて「これはＮＧリストだと思え」と社員に語ったという。コンサルが考えつくような未来は、あっという間にレッドオーシャンになるだけだ、と。3カ月、1億円をかけてNGリストを作らせたというのだから、あっぱれである。

「未来を予想する確実な方法は、自ら未来を創ることだ」

パーソナル・コンピューターの父として知られるアラン・ケイの名言である。
他者の託宣に頼ってはならない。未来は自らの志で描き、自らの手で作り上げるものである。そのような未来こそが、その企業ならではの北極星となるのだ。
村田製作所では、中島規巨社長が若手社員を集めて、「未来妄想ストーリー」を描かせている。まさに社員の「妄想」こそが、未来を実現しようとする情熱を掻き立てるのだ。「スピリチュアル・シンキング（霊的思考）」のパワーである。

S曲線の波乗り

生命同様、事業にもライフサイクルがある。一般的に事業は、生成期・成長期・成熟期・衰退期の4つのライフステージを経過していく。生成期では緩やかに上昇し、成長期では急激に上昇し、成熟期には上昇が止まり、衰退期で下降に向かう。このように事業は時間軸上でSカーブを描く（図23）。

図23

イノベーションのSカーブ

図表1｜ロジャースのS字曲線

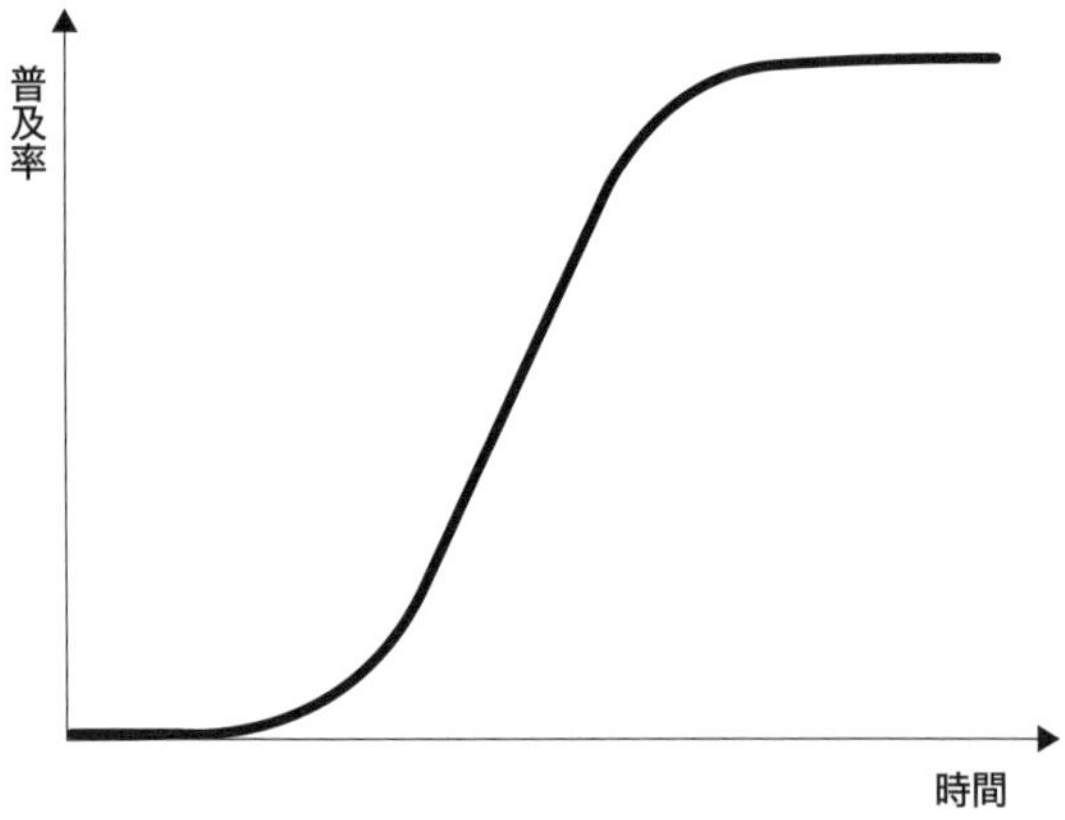

図表2｜S字曲線による技術の進歩

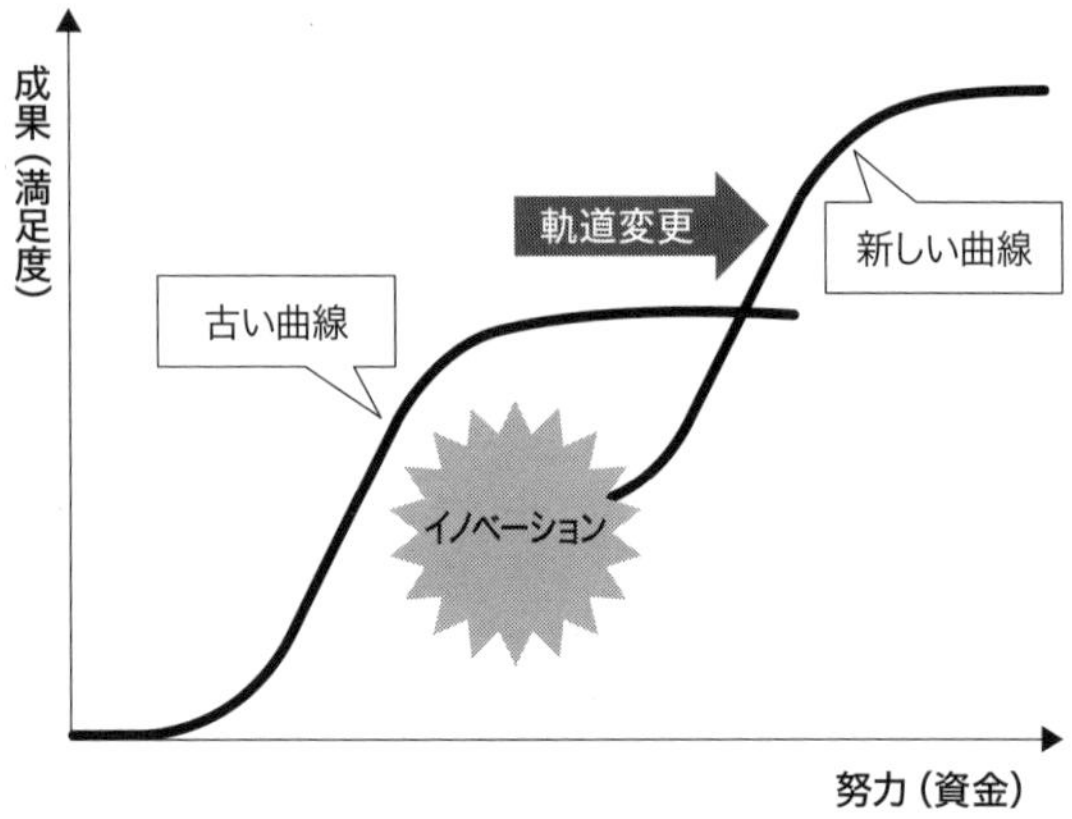

1つの事業が終わり、次の事業が始まると次のSカーブが描かれる。前の事業の衰退期と次の事業の生成期が重なるが、これを乗り換えるのは難しい。とくに、衰退期と生成期の状態はまったく違うので、困難を極める。

日本では一時期、『両利きの経営』がもてはやされた。不確実性の高い新規事業の探索と、安定した利益を確保する成熟事業の深化を、高いレベルでバランスさせよという教えである。もっとものように聞こえるが、実はそれが命取りとなる。Sカーブをつぎはぎしても、骨太な未来を想像することはできないからだ。

コダックは、両利きの経営を掲げて失速していった。それに対して富士フイルムは、成熟事業の中に新規事業の種を見出し、第2、第3のSカーブを生み出していった。既存と新規、探索と深化をデジタルに切り分けてはならない。その間の相乗効果を時間軸上でいかに生み出していくかが、経営の難しさであり、醍醐味でもある。

Sカーブの波乗りには、動的な思考能力が不可欠である。そのためには、時間軸上で、自らの立ち位置をずらし続ける知恵がカギを握るのである。

線形思想から非線形思想へ～創発する世界

パラダイム・シフト1のメッセージは、線形思想から非線形思想への転換である。線形思想では、想定される因果関係で物事が起こると考える。これは現状の延長戦で考えやすく、方程式になりやすい。

一方の非線形思想は、第3章の複雑系の項目で議論した通り、さまざまなものの因果関係が思いもよらないかたちでつながっていくことを想定する。たとえば、北京で蝶が羽ばたくと、ニューヨークで嵐が起こるという「バタフライ効果」が典型例である。それが「カオス」と呼ばれる現実世界の実態である。

理論生物学者のスチュアート・カウフマンは、そのような「カオスの縁」から生命が生まれてくると論じる。それは「創発」という言葉で表現される。

創発とは、予測できないことが偶然に重なることによって起こることだ。あらかじめ想定したり、シナリオに織り込むことは不可能である。

そしてそのような創発こそが、イノベーションの原型となる。次世代イノベーションを生み出すためには、非線形思考が不可欠なのである。ではそれを身につけるには、どうすればいいか。

先は読めない。しかし、少し前に出れば必ず何かが見えてくる。それを私は「学習優位」(Familiarity Advantage)と呼んでいる。その詳細は、PS5の「勝ち軸」のところで論じることとしたい。

PS2：閉鎖系から開放系へ（空間軸）

バリュー・チェーンからバリュー・システムへ

時間軸の次は空間軸、すなわち広がりについて考えたい。

企業活動を、「バリュー・チェーン」という言葉で表現したのは、マイケル・ポーターだ。言葉選びには、単にセンスの良し悪しを超えて、思考の構造が投影されることが、よく分かる。

ポーターは、ロジカル・シンキングの達人である。企業活動を要素還元したうえで、それらがチェーン状につながっていると考えた。簡単に言えば、開発・生産・販売といったリニアなプロセスである。そこにはロジカルな順番があり、かつ、それぞれは個別に独立した要素として扱われる。プリンストン大学の航空宇宙工学部出身というだけあって、極めて機械学的思考である。

一見ロジカルに見えるが、このポーター流の思考には3つの盲点がある。

第一に、直線的で一方向だという点である。たとえば、販売したあとにリサイクルされるといった循環的な発想を取り込みにくい。また、販売活動の中から未顧客の未体験価値を発見して、開発につなげるといったサイクルを想定しにくい。

第二に、各要素間の有機的なつながりが見えない点である。たとえば、優れたメーカーは、生産しやすい設計（Design for Manufacturability）に向けて、開発段階から生産を巻き込む。あるいは販売しやすさや、販売後の顧客の体験価値を考慮に入れて、開発に取り組む。

第三に、自社の活動に閉じている点である。企業が単独で活動することなどありえない。サプライヤーやディストリビューター、多様なパートナー企業、さらには顧客自身も巻き込む必要がある。一方、ポーターは、古典的な「5つの力」（Five Forces）モデルの中で、これらの外部者を潜在的な競争相手として位置づけている。自社の利益だけを最優先に位置づける、極めて閉鎖的な思考といわざるを得ない。

価値を創造するためには、多くの関係者の協力が不可欠である。そのためには、顧客を含む多様な外部者と生態系（エコシステム）を構築していかなければならない。まさに生態系という言葉が示す通り、生物学的な思考が求められるのである。

価値創造の仕組みを考えるうえでは、短絡的で狭隘なバリュー・チェーンではなく、生態系全体を視野に入れたバリュー・システムとして捉え直す必要がある。ここでもロジカル・シンキングではなく、システム・シンキングがカギを握るのである。

イノベーションの場としての「中間組織」

一橋大学からスタンフォード大学に転じた故・今井賢一教授は、1982年に、伊丹敬之教授、小池和男教授との共著『内部組織の経済学』（東洋経済新報社）を上梓した。その中で、「中間組織」

という組織構造を提示している。

中間組織とは、企業と市場の間に存在する目に見えない組織である。企業は自ら閉鎖的な組織や仕組みをつくる一方で、市場では自由取引が行われるので可能な限り開放的になろうとする。その間には大きな空間が広がっているが、そこに中間組織という言葉で表現される企業体の連合、あるいは企業と顧客の連合があると、取引関係だけでなく、協力関係が生まれるという発想である。

たとえば、企業系列やメンバーシップクラブのようなものが、その典型だ。ただし、これらはいずれも、まだ閉鎖的、排他的な仕組みである。しかし、価値創造活動に外部の関係者を巻き込むという意味では、ポーター的な自社に閉じたバリュー・チェーンより、はるかに開放的だといえよう。

今井教授は、実は企業そのものも中間組織として捉え直すべきだと語っている。企業で活動する社員は、永久に企業の内部人財ではない。転職組もいれば、フリーランサーもいる。また、他にもっとやりたい仕事が外にあれば、企業から離れていく。企業は、そのような自由人が、たまたま同じ志のもとで、ある一定期間、協同作業をする中間組織だというのである。

スタンフォード大学の周りに広がるシリコンバレーの企業は、まさにそのような中間組織群である。たとえば、グーグル（現アルファベット）。同社の在籍期間は、平均すると5年以下である。その5年間に取り組むプロジェクトが単純に面白いから携わっているだけで、プロジェクトが終わると、また別の機会を見つけて外に飛び出していく。このような回転ドアのような組織だからこそ、組織としての若さを保つことができる。

企業の中に閉じて固く発想する必要はない。とはいえ、広大な市場の中では、緊密な協力関係を築きにくい。内と外の間にある目に見えない「中間組織」こそ、異質なものが新結合するイノベーションの場を提供するのである。

リージョナル・アドバンテージ

シリコンバレーは、イノベーションが起きやすい土地柄として知られている。その理由を解き明かしてくれたのが、『現代の二都物語』(原題：Regional Advantage、1994年、邦訳：講談社、1995年)である。著者は、UCバークレー情報大学院学長のアナリー・サクセニアン、翻訳者は大前研一氏だ。

本書は、ボストンとシリコンバレーを比較している。かつての先端企業の集積地だったボストンが落ちぶれて、なぜ代わりにシリコンバレーが盛んになったか。その疑問について分析を試みている本である。

サクセニアンが指摘したのは、次のようなことである。

ボストンに集積した企業は、上下関係でつながっていた。メインの元請け企業に一次下請け、二次下請けが機械的にぶら下がっているように、城下町的な役割分担が成立していた。効率はよかったが、柔軟性には欠けた。

先が見えない混沌とした時代になると、もう少し緩かな生態系をつくらなければ、変化に対応できなくなる。シリコンバレーはお互いに出資することはないが、人間が行き来することが頻繁に起こっていた。そのため、どの会社の誰が何をしているかまでだいたい分かっていた。

シリコンバレーでは「パワー・ブレックファスト（朝食を食べながら行うミーティング）」が習慣になっている。そこではいろいろな人が入れ代わり立ち代わり、さまざまな人と情報を交換する。人が行き来し、情報が行き来する仕組みがあるため、企業の中でブラックボックス化する情報があまりない。アップルだけは頑なに秘匿主義を守っているが、シリコンバレー全体は、この緩やかな関係が一般化している。

ボストンのように、最初に決められたことをきっちり作り出す環境と違い、非連続の時代に多様性が発揮できるのはシリコンバレーのほうだった。しかも、シリコンバレーでは、大きく栄える企業と退出していく企業の新陳代謝が激しい。

空間上の「場」がないと、共通の価値観が持てない。具体的には、遠くにいるとパワー・ブレックファストを食べられない。物理的な近さが、信頼感を築くきっかけを作っていることは、間違いなさそうだ。

これだけの情報社会になっても、顔が見えて、お互いが信頼し合って初めて情報が共有化される。そのためにも何らかの場が必要になるのは間違いない。ただし、それは会社というクローズな場である必要はない。

オープン・イノベーションという魔法の杖

このような流れの中、2003年に、前にも少し触れた「オープン・イノベーション」という概念が登場してきた。著者はヘンリー・チェスブロウ教授。同じUCバークレー校の教授だが、実はこの本を書いたのは、直前までいたハーバード・ビジネス・スクール時代だった。まさにボストンとシリコンバレーという二都の盛衰の目撃者でもある。

当時はグーグルの検索が出回ったころで、本書出版前に「オープン・イノベーション」を検索したところ、ほとんどヒットしなかったという。しかし、今や年間5億回近いヒットを数える極めてホットな経営用語である。

その本の中で、オープン・イノベーションは次のように定義されている。

「組織内部のイノベーションを促進するために、意図的かつ積極的に内部と外部の技術やアイディアなどの資源の流出入を活用し、その結果組織内で創出したイノベーションを組織外に展開する市場機会を増やすことである」

オープン・イノベーションは、シュンペーター流の「異結合」の実践そのものということもできよう。

しかし、シリコンバレーにおいてすら、企業間の人の移動やM&Aは盛んに行われているものの、オープン・イノベーションの成功事例は、驚くほど少ない。それはなぜか。

まず、「異」質性についていえば、シリコンバレーは、実は極めて同質性が高い。みなデジタル技術を追いかけている。デザイン・シンキングもお手の物だ。しかし、そのような同質的な知恵を掛け算しても、非連続なイノベーションは起こらない。

さらに「結合」が起こるためには、双方の深い信頼関係やパーパスの共有が不可欠となる。地理的な距離が近いほうが有利だが、デジタル技術を活用して、何のためにどのような価値を創造したいのかというレベルでの深い結合は、決して容易ではない。

日本でも、オープン・イノベーションが喧伝されている割には、成功事例がほとんどないことは、前述した通りである。スマートシティ構想も、いろいろな地域で展開されているが、そこからスケール感のあるイノベーションが生まれる気配は、残念ながらない。

企業の中においてすら、本格的なイノベーションを生み出すハードルは高い。ましてや、企業を超えた不安定な関係性のもとで、オープン・イノベーションを実現することは至難の業だ。

そのためには、閉鎖系の企業と開放系の市場の間に、セミ・オープンでセミ・クローズドな「中間組織」を構築する能力が求められる。この点については、第8章で、さらに検討することとしたい。

閉鎖系から開放系へ

生物学では、開放系のエコシステムが、進化を生み出す場となると論じられている。閉鎖系の中では、お互いが同質的になっていく。しかし同質なエコシステムは環境変化にもろい。かつて何度かヨーロッパでペストが大流行したとき、感染して亡くなる人もいれば、まったく影響のない人もいた。ヘテロな環境で生き残る人がいなければ、生態系全体があっという間に疫病で滅びてしまう。

同様に、何らかの環境変化が起こったとき、異なるＤＮＡを持っていることは極めて重要だ。閉鎖系は効率もよく以心伝心で伝わるメリットはあるが、環境変化には大変もろい。変化が常態化した現在、閉鎖系から開放系へと組織の仕組みを転換することが、生き残りの前提条件となる。

しかし、多様性だけでも有機的な関係性は生まれない。むしろ多様であればあるほど、一体感を醸成しなければコラボレーションを育むことはできない。

閉鎖系から開放系に向かうことで多様性を担保する。その一方で、志や信念を共有化することで一体感を醸成する。そのような柔軟かつハイブリッドな思考方法を身につけられるかどうかが、空間軸上のチャレンジとなる。

ようこそ、トランスバースへ

２０２２年はメタバース元年といわれた。前年、フェイスブックが社名を「メタ」に変えたこともきっかけとなり、市場は今にもテークオフする気配を見せている。

リアルとバーチャルが融合する世界が、すぐそこまで来ている。空間軸上にまったく新しい次元が拓かれていくことになるだろう。さらに時間軸すら複線化されていく。自分の分身（アバター）が、同時性の中で、異質な世界で異質な体験をしていくからだ。1日24時間しかないという有史以来の制約を、軽々と超えてしまうだろう。

私もARやVRは試してみたものの、正直、まだまだハードルが高いと感じた。これは技術の未完成性のせいというよりも、私の思考パターンが、このような異次元の世界に簡単には馴染めないからだろう。今のZ世代や、その先のメタバース・ネイティブの若者の感性についていくのは並大抵ではない。もっとも、PCやインターネット、そしてモバイルが登場したときのように、あと数年もすると、すっかり快適に楽しんでいるかもしれないが。

それがどのような世界になるのか。これも正直、まったく実感がない。ただ、1つだけ確実なことはありそうだ。それは、閉鎖系から開放系に向かうときと同じように、柔軟かつハイブリッドの思考方法がいっそう求められるだろうということである。

だとすれば、今からそのような思考法を身につけておくことは、未知な体験を楽しむうえで、役に立つに違いない。

ただし、「メタバース」という言葉では、未来を正しく捉えられない。「メタ」とは「超」を意味する。したがって、「メタバース」とは超現実宇宙ということになる。

われわれは、「非」現実を「超」現実として、あこがれる性向がある。超人、超能力などの熟語がすぐ思い浮かぶ。しかし、それらが空想の世界から現実の世界になるためには、前述したように「超」宇宙ではなく「未」宇宙として、捉え直す必要がある。

同時に、それは1つではなく、無限な広がりを持つものとして捉えなければならない。「ユニバース」は文字通り、「ユニ」。すなわち1つの宇宙を指す。それに対して、メタバースでは、無数の宇宙が広がっている。ちょうど、ロールプレイゲームを同時に何面も楽しんでいるように。それに今「ユニバース」と呼ばれている現実の世界から、逃避することもできない。

したがって、未来の空間は「メタバース」ではなく、「マルチバース」（正確には「Multiverses」と複数形）として捉える必要がある。そして未来のわれわれは、その「マルチバース」の間を、自由に行き来できる能力が求められる。

その意味では未来に生きるわれわれは、「トランスバース」人間を目指さなければならないのである。「トランスジェンダー」は、現代に生きる未来人のアーキタイプ（原型）なのかもしれない。

ＰＳ３：有形資産から無形資産へ（資産軸）

ＰＢＲ１の壁

日本企業の株価がさえない。上場企業の半数以上が、ＰＢＲが1倍を割っている。これでは事業を継続させるより、解散して資産を売り払ったほうがよっぽど価値が出ることになってしまう。

理由は簡単だ。無形資産の評価が低いからである。ＰＢＲが1倍だと、株価と有形資産の価値がイーブン。1を切るということは、理論上、無形資産がマイナス評価されていることになってしまう。

世界の優良企業との差は歴然としている。Ｓ＆Ｐ５００を構成する企業の株価の９割近くが、無形資産の評価によるものだ。ＰＢＲが2倍を超えてようやく、無形資産が有形資産以上に評価されたことになる。それでもＳ＆Ｐ５００の30年前のレベルでしかない。

有形資産をいくらため込んでも、企業価値は上がらない。それどころか、十分活用されない有形資産がバランスシートに計上されていることは、資本の無駄遣いでしかなく、企業価値は確実に下がる。そこで、短期投資家からは、有形資産を売却して、株主還元するように迫られることになる。

日本企業にとって企業価値向上のための課題は、いたって明白だ。有形資産を減らして、無形資産を増やすことである。そして、その企業が保有する無形資産が将来価値を生むという期待が市場

図24

5つの資産

出典：バリュー・クリエイト佐藤明氏のプレゼンより

に醸成されれば、ＰＢＲは確実に高まるはずだ。

3つの無形資産

有形資産とは、モノ（物的資産）とカネ（金融資産）を指す。バランスシートに計上されているのは、この2つの資産である。

では、無形資産とは何か。そもそも、まさに無形で目に見えない資産であり、会計に計上されないので、決まった定義はない。たとえば、企業価値創造を支援するバリュークリエイト社の佐藤明パートナーは、組織資産、人的資産、顧客資産の3つに分類している（**図24**）。

中央にある組織資産は、組織文化や価値観などを指す。佐藤氏はこれを「わくわく資産」と呼んでいる。

人的資産は、まさしく人財である。社員一人ひとりが生き生きと仕事をしている状態という意味で、「いきいき資産」と呼んでいる。

そして顧客資産は、ファン顧客を指す。顧客がその企業に共感して「いいね」と言ってくれる状態という意味で、「にこにこ資産」と呼んでいる。

ネーミングには思考パターンが投射されることは、ここでも如実に見て取れる。佐藤氏は、これらの無形資産が情熱や共感という感性価値を高める効果があることを、分かりやすく表現している。

かつてトップアナリストでもあった佐藤氏は、バランスシートに計上されている資産を見ても実態はつかめないという。これらの3つの無形資産を見極めることで、その会社の本質的な価値が判断できるというのである。そのために、経営者や従業員、顧客とのインタビューに、じっくり時間を使う。

モノやカネなどの有形資産のほとんどは、代替可能なコモディティにすぎない。一方、その企業独自の無形資産は、模倣しにくく、希少価値の高い資産になる可能性が高い。にこにこ資産、いきいき資産、わくわく資産こそが、長い目で見たときのその会社の本当の資産なのである。

資産の良循環

このように、資産は、ロジカルに2つの有形資産と3つの無形資産に要素分解することができる。そのうえで、これらの資産をいかに有機的に結合させるかがカギとなる。

基軸となるのが、組織資産である。その企業ならではの志（パーパス）と信念（ビリーフ）を、組織の内部に深く実装する必要がある。先述したように、ホールフーズは、まさにこの2つを、経営の中枢に置いている。

そのうえで、人的資産を豊かにしていく。具体的には、企業のパーパスを社員一人ひとりに自分ごと化させることが必要となる。

それら2つの資産をテコに、顧客資産を向上させていく。企業のパーパスや社員の行動がファン顧客の共感を生み、それがＳＮＳで広がっていく。

換言すれば、「わくわく」が「いきいき」と「にこにこ」へと伝播していくのである。思考法的に言い換えれば、システム・シンキングを持ち込むことで、無形資産が相乗効果で増価していくのである。

このように無形資産を増やす一方で、有形資産を減らしていく。そうすることで資産の入れ替えが加速し、ＲＯＡ、さらにはＰＢＲを高めていくことができる。

味の素のＡＸ（Asset Transformation）

たとえば、私が8年間にわたって社外取締役を務めている味の素では、２０１８年、ＡＳＶという志を軸としたパーパス経営に大きく舵を切った。ＡＳＶはAjinomoto-Group Shared Valueの略で、味の素版のＣＳＶである。

その中身は、「食と健康の課題解決」。同社のタグラインにもなっている「Eat Well, Live Well」を、異次元のレベルで実践していくことを意図したものだ。具体的には２０３０年までに、10億人の健康寿命を延伸させるという壮大な夢の実現を目指している。

２０１８年に先立つ3年間で、まず、このパーパスを世界中の社員に「自分ごと化」してもらう活動を地道に進めていった。ＡＳＶを組織資産として、実装していったのである。今では、ＡＳＶアワードという表彰制度に、毎年、世界中から数多くの実践事例が寄せられている。

図25

味の素のアセットトランスフォーメーション

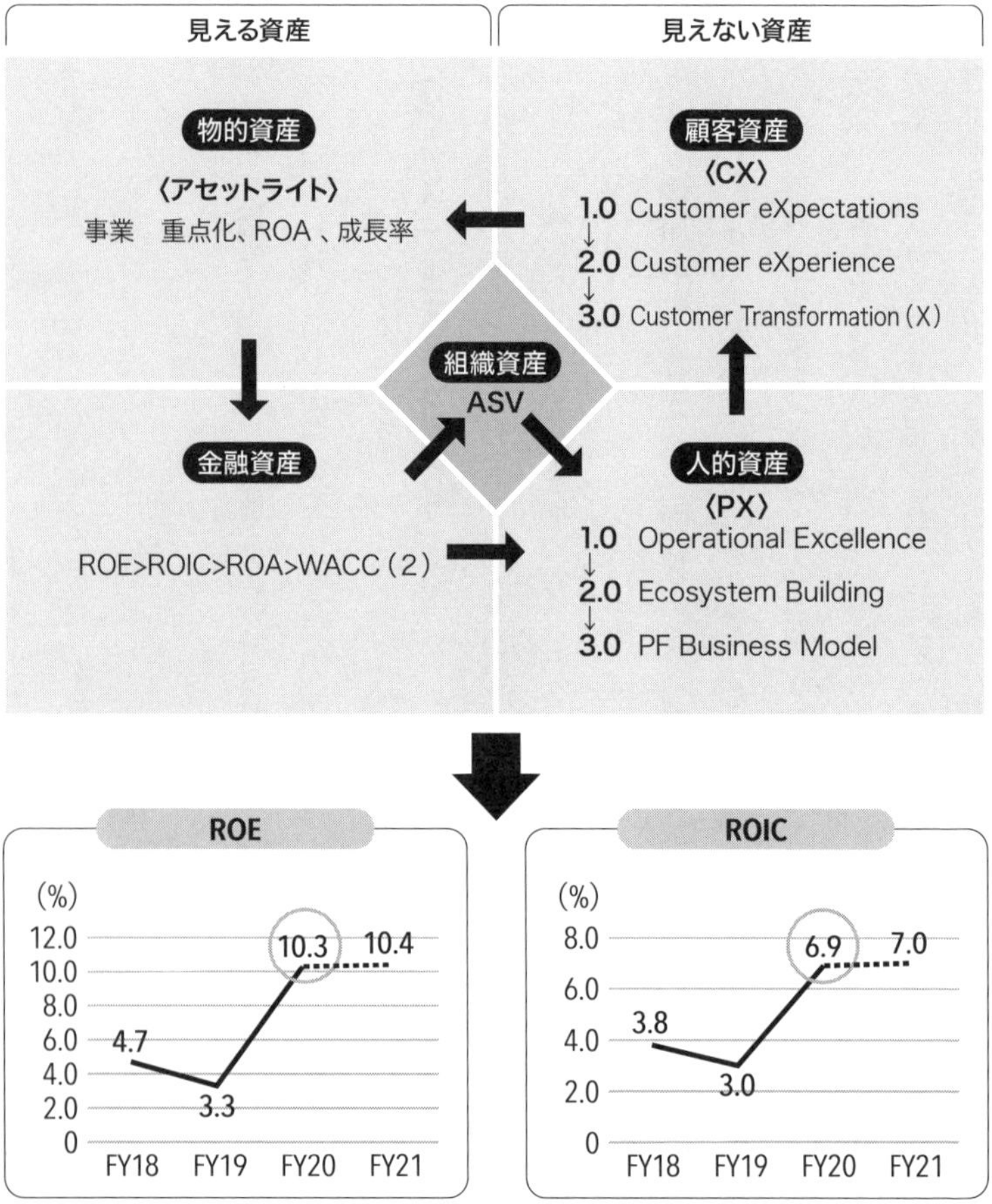

出典：味の素 福士代表取締役副社長執行役員兼CDOの資料を一部修正

そのうえで、人財資産の質的向上をオン・ザ・ジョブ、オフ・ザ・ジョブ両面で進めていった。その結果、社員のエンゲージメントスコアは、目に見えて向上していった。

その一方で、顧客資産の向上を目指して、ＡＳＶを基軸とした数々のマーケティング施策を展開していった。その結果、インターブランド社が算定するブランド価値は、大きく高まっていった。

このように無形資産を増やす一方で、有形資産の削減にも着手していった。海外の量産工場の売却などを通じて物的資産を減らし、ＲＯＡを大幅に改善。結果として、ＲＯＥやＲＯＩＣを２年で２倍にすることができた。ＰＢＲもこの全社変革の直前は1倍を切る惨状だったが、２年後には３倍前を超えるまで大きく跳ね上がった（図25）。

味の素は、有形資産から無形資産へと重心を移すことで、いかに企業価値が高まるかを見事に実証することに成功したのである。

資産の3枚おろし

では、有形資産と無形資産は、それぞれどのような価値を生み出すのか。それをどのように入れ替えれば、企業価値を向上させることができるのか。

まず、空間軸を広く設定する必要がある。自社の資産のみならず、社外の資産をいかに活用するかを考える。このように梃子の原理をつかうことで、自らの資産の規模の何倍もの価値を生むことができるようになる。これこそが、10X思考の基本である。

図26

資産の3枚おろし

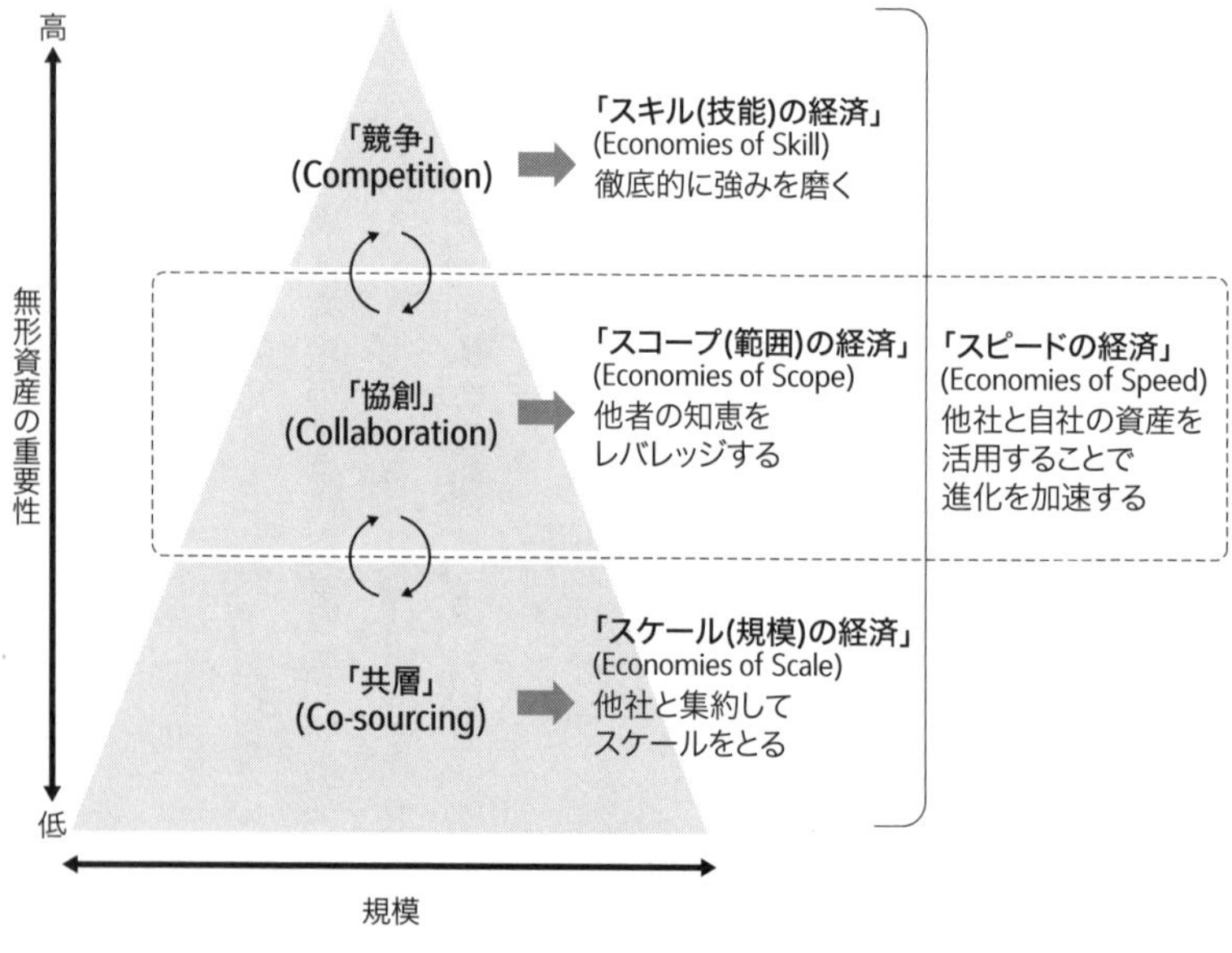

そのうえで、「資産の3枚おろし」を構想する必要がある。

最上階の資産がもっとも重要だ。コア・コンピタンスと呼ばれるものである。競争に勝つために不可欠なその会社特有の資産である。その会社「ならでは」のノウハウ、その会社「ならでは」の得意技など、無形資産の塊である。

最下層の資産は、規模を獲得するための資産である。自前で囲い込もうとすると、膨大な資産投資が必要となる。デジタル経済の時代には、自前主義にこだわらずに、同業他社と共有するか、規模の大きい第三者に任せるほうが効率も効果も圧倒的に高まる。

中間の階層にくる資産は、自社の資産と他社の異質な資産を掛け合わせることによって生まれる新しい資産である。シュンペーターが「新結合」と名づけ、私が「異結合」と読み替えている活動の場である。

ここは、オープン・イノベーションの場として注目されている領域だが、実現は至難の業であることは、前述した通りだ。失敗の多くは、最上階の自社ならではの無形資産が磨かれていないことに起因する。ここが二流であれば二流の相手としか組めず、二流×二流=四流の結果しか生まれないからである。

私は、最下層を「共層」領域、最上層を「競争」領域、中間層を「協創」領域と呼んでいる。「きょうそう」の3段活用である。

語呂合わせはさておき、ここでは4つの経済性に着目したい。最上層は、自社ならではの技を磨き上げて「スキルの経済」（Economies of Skill）を獲得する領域である。最下層は同業者と組んで「規模の経済」（Economies of Scale）を追求する領域である。中間層は異業種と組んで「範囲の経済」（Economies of Scope）を模索する領域である。

そして、このように資産を三枚におろすことで、自前主義に比べて、圧倒的な「スピードの経済」（Economies of Speed）が生まれる。

シリコンバレーのデジタル企業が実践しているのが、まさにこのような資産の多重化である。その結果、スケール、スキル、スコープ、スピードという「４Ｓの経済性」において、自前主義企業に比べて「10Ｘ」の成長を実現しているのである。

以上見てきたように、10Ｘ思考を実践するには、空間軸における「資産の３枚おろし」が出発点となる。

バックミラーからフロントガラスへ

一方、資産の多重化を実現するためには、時間軸を未来へと長く引き伸ばしていく必要がある。

財務諸表に表れているのは、その企業の過去にすぎない。実際のヒストリーであり現実なので、その会社の生業や癖は分かる。しかし、過去からパターンを読み取れたとしても、将来がどうなるかは未知数だ。特にＶＵＣＡ時代には、過去、すなわちバックミラーだけで判断していると、大きく足元をすくわれる。

たとえば、次のような疑問に答えるには、過去の数字では絶対的に足りない。

今がピークなのか、まだどれだけ伸び代があるのか。
不測の事態が起こったときに、それを乗り越える力があるのか。
非連続な機会を捉えて、大きく飛躍するポテンシャルはあるのか。

これらはすべて未来のことである。長期的な投資家がその企業の未来を見極めようとするときに重視するのは、表面的なパフォーマンスではなく、根底にあるその会社のポテンシャルである。その会社ならではの無形資産から、将来価値を生み出す力はあるか。それがフロントガラスに注がれる長期投資家の目線である。

優れた長期投資家、たとえばウォーレン・バフェットは、企業の四半期決算にはほとんど興味を示さない。それは進化体としての企業の、ある時点での断面図でしかないからだ。その代わり、彼らが興味を持つのは、その企業のアニュアルレポートだ。何年分も、穴があくほど読むと、その会社ならではの持ち味や生き様、そして未来を拓く力が見えてくる。

バックミラーは、過去しか映さない。将来はフロントガラスの前に広がっているのである。

構造から力へ

昨今、日本ではＲＯＥが企業の実力を測る指標として改めて注目されている。たとえば、２０１５年のコーポレート・ガバナンス・コード改訂の際には、「ＲＯＥ８％を目指すべき」といったガイドラインが示された。

ＲＯＥは、いうまでもなく、営業利益を株主資本で割った数字である。株主にとっては、一見非常に分かりやすい指標である。

しかし、これは「瞬間風速」にすぎない。しかもその構造に着目すれば、もっとも操作しやすいのが分母、すなわちＥのほうである。

たとえば、借入金を増やして財務レバレッジを上げればよい。ただし、そうすると景気変動などに対する企業の脆弱性は高まり、企業の持続可能性を損ないかねない。

一方、増配や自己株買いなどで株主還元を増やせば、分母が小さくなる。しかし、本来、内部留保して将来の投資に回すべき資本を減額すると、将来価値をしぼませる結果になる。

言い換えれば、企業が本来生み出すべき将来価値を放棄して、それを現在の株主に「当社ではなく、他の投資先を見つけてください」といって返済しているのと同じである。そのような短期投資家におもねる企業に未来はない。

企業家の本務は、単に既存のキャッシュ・ジェネレーターの子守り、ましてや「墓守り」をすることではない。今のキャッシュを将来に投資することで、将来の利益、すなわちRを拡大し続けることにある。この「稼ぐ力」を養うことこそが、企業経営の本質である。

「稼ぐ力」は2つの力の積で表すことができる。〈バリュー・クリエーション×バリュー・キャプチャー〉だ。

バリュー・クリエーションは新しい価値をつくる力である。新しいマーケットをつくる力、すなわち市場開拓力だ。前述した「未顧客」を「既顧客」に変える力がカギを握る。

バリュー・キャプチャーはそこで築いた価値から、自社の利益をしっかり確保する力である。新しい収益モデルを作る力、すなわち収益獲得力だ。前述した資産の3枚おろしに基づく4Sの経済性の獲得がカギを握る。

バリュー・クリエーションによってマーケット全体のパイを拡大する必要がある。そのうえで、自社の提供する価値に応じた収益を、きちんと確保する仕組みを作らなければならない。これこそが、「稼ぐ力」の本質である。

ドラッカーは、古典的名著『現代の経営』（邦訳：ダイヤモンド社、1964年）の中で、経営の根幹はマーケティングとイノベーションの2つだと看破した。ちなみに、それ以外の機能はすべて「オーバーヘッド（費用）」だとも語っている。

ドラッカーのいうマーケティングとは、ここでいうバリュー・クリエーションである。ドラッカーは同書の中で、「企業の目的は1つしかない。それは顧客を創造することだ」とも語っている。まさに市場開拓そのものといえよう。

イノベーションを「技術革新」と捉えている日本人がいまだに多いが、これは明らかに誤訳である。収益構造を創造的に破壊し続けて、新たな収益獲得モデルを確立する力を指している。ここでいうバリュー・キャプチャーそのものといえよう。

なお、イノベーションを事業モデルの創造と誤解している日本人も少なくないので要注意だ。事業モデル、たとえば、最近流行りのサブスクリプションなどは、簡単に模倣可能なコモディティにすぎない。しかも太古の昔から存在しており、とてもイノベーションと呼べる代物ではない。

難しいのは、資産の新陳代謝である。サブスクリプションに移行しようとしても、これまでモノを作って売ることに特化してきた資産を入れ替えることが、難しいのである。言い換えれば、味の素の例で示したように、ＡＸ（Asset Transformation）、すなわち有形資産から無形資産への資産モデルのイノベーションこそが、進化の本質である。

非財務から未財務へ

財務指標そのものも、静的な構造ではなく、動的な時間軸で捉え直す必要に迫られている。

サステナビリティ経営を目指す企業は、財務指標と非財務指標の双方を掲げていることが多い。財務と非財務を張りつければ統合報告書ができあがるという、極めてお手軽な発想である。

「非財務」に分類されるのは、人権や環境などの課題への取り組みである。それ自体は重要な経営課題ではあるものの、「非」財務であれば、投資家としては評価のしようがない。財務に関係ないものは、投資家に何の価値もなく、企業の道楽としか映らないからだ。

ここでも「非」ではなく「未」として位置づけ直すべきである。今のROEを悪化させることになっても、将来価値を高めるための投資であれば、十分財務的に価値があるからである。短期投資家にはコストでしかない「非」財務価値が、長期投資家にとっては、将来価値を生む「未」財務価値として評価されるのである。

さらにいえば、このような「未」財務への投資は、短期投資家の「売り」を誘い、一方で長期投資家の「買い」を促すので、株主そのものの構造改革にもつながる。

日本のコーポレート・ガバナンス改革が、まったくの周回遅れでしかないことは前述した通りだ。その最たるものの1つが、安定株主からの訣別である。短期的な株主の期待に応えようと、当面のROEが最優先されてしまう。長期的な価値創造につながる投資を期待するのは、企業の持続的成長を望む安定株主のはずである。

欧米では、そのようなリード株主、アンカー株主が存在する企業のほうが、長期的に成長しているという結果が報告されている。日本のガバナンス改革は、利那的な数字合わせに走る、時間軸を軽視した経営を助長するだけだ。

十字架モデル

では、どうすれば未財務が財務になるのだろうか。

図27

パーパスの十字架

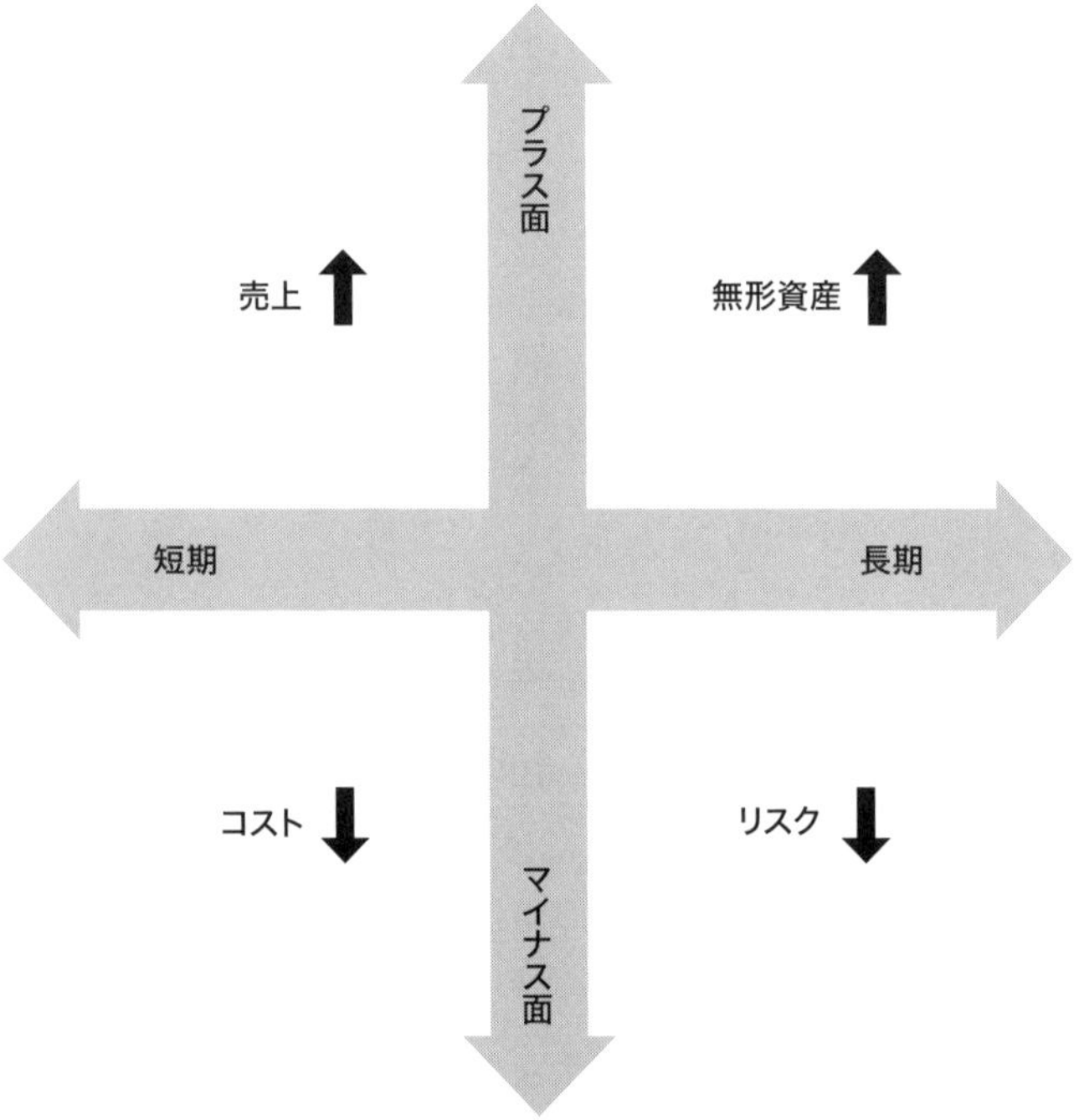

パーパス経営を実践しているヨーロッパの先進企業のネスレ、ユニリーバ、ノボ・ノルディスクなどが、異口同音に口にする話がある。それは、図27で十字架のかたちで表しているように、未財務に投資することによる４つの将来的な財務効果である。

左側の短期の象限はP/Lに近く、右側の長期の象限はB/Sに近い。つまり、短期的にはP/L上に、長期的にはB/S上に効果があると考える。一方、縦軸はプラス面とマイナス面に分かれていて、マイナスの部分はコストやリスクが下がるということを意味する。

４象限のうちの左上は、売上効果だ。その企業のパーパスに共感したファン顧客が増えると、売り上げが上がる。特にサステナビリティへの感度が高いＭＺ世代の間では、効果が高い。Ｂ to Ｂの世界はさらに厳しく、サステナビリティへの配慮が足りない企業は、サプライヤーリストから外されてしまう。

左下はコスト削減である。これは３つの削減効果があるといわれている。

１つ目はマーケティングコストが下がる効果である。社会的に良いことをやっている企業だと言われるようになると、ＳＮＳ上で「いいね！」という共感の輪が広がっていく。企業側からのプッシュ型のマーケティングは逆効果ですらある。

２つ目はオペレーションコストが下がる効果である。ただし、初期投資はコストアップにつながる。そこで、できるだけ他力を活用しつつ、デジタル技術を駆使して無駄を徹底的に省くことが求められる。

3つ目は人件費が下がる。他の費目と比べても、圧倒的にインパクトが高い。まず、パーパスに共感した優秀な人財が集まり、しかも簡単に辞めない。そして、パーパスを自分ごと化した彼女ら・彼らの生産性は、通常の社員の2倍、3倍になるからである。

右下はライアビリティ（負債）である。バランスシートに載っていない様々なリスクの中でも、最近特に目立つのが、不祥事などのコンプライアンス・リスクだ。社員一人ひとりが、パーパスを自分ごと化している企業では、このコンプライアンス・リスクを下げることができる。自らの活動に誇りを持っている社員は、常に正しい行動を取ろうとするからである。

ここでも不正を防ぐために外づけのガバナンス（統治）を強化するより、パーパスを基軸としたセルフ・ガバナンス（自治）を徹底することのほうが圧倒的に効果的なのである。

無形資産の将来価値

これら4象限の中でも、パーパス先進企業がもっとも重視しているのが右上の象限である。ここは無形資産、すなわち、バランスシートに載っていない資産群である。先述したように、無形資産は相互に関係する3つのサブカテゴリーに分けることができる。

第一に組織資産。社会課題を解決しながら、利益を確保することは、決して容易ではない。社員一人ひとりがその企業のパーパスを自分ごと化し、イノベーションに長期的に取り組み続けることで、組織知が蓄積されていく。

第二に顧客資産。顧客、そして未顧客の間に企業のパーパスへの共感の輪が広がっていくことで、ブランド資産が高まる。

第三に人的資産。財務指標上は人件費としてP/Lに反映されるだけだが、企業が持つ最大の資産は人財である。パーパスを自分ごと化した社員が、第一の組織資産や第二のブランド資産を生み出す当事者となるのだ。

これら3つの無形資産は、将来価値を生み出す原動力となる。その意味では、「非」財務ではなく、「未」財務資産なのである。言い換えれば、これらの無形資産は将来のP/Lに変換できて初めて、財務価値を生み出すことができるのである。

有形資産同様、無形資産をため込んでいると、アクティビストの恰好の標的となる。短期的な株価アップを求める彼らにとって、将来価値のためにため込んでいる資産は無駄な遊休資産以外の何物でもないからだ。そこで、これらの資産を放出して株主還元するように迫ってくる。

実際に、パーパス経営を標榜するネスレやユニリーバは、アクティビストから要求を突きつけられてきた。ダノンやGEがアクティビストの軍門に下ったことは、前述した通りである。

このような事態を回避するために、ノボ・ノルディスクは、75%の株を同社の財団に保有させている。アンカー株主を中核として、長期的な企業価値向上を目指す理想的なモデルである。

では、残りの25%の一般株主は、それで不当な扱いを受けているのだろうか。同社は80%に近いROEをたたき出している。日本のコーポレート・ガバナンス改革が掲げる8%の目標の10Xである。株主にとって、世界でもっともリターンの高い企業の1つなのだ。

ここでも安定株主に背を向けようとする日本の改革が、いかに世界の潮流とズレているかが分かるだろう。

もちろん、無形資産をいつまでも「未」財務としてため込んでいるだけでは、宝の持ち腐れとなる。これらの無形資産を将来のP/L（十字架の左側）に転換する知恵が不可欠だ。これこそが、その企業ならではの価値創造アルゴリズムである。

このアルゴリズムをしっかり示すことができれば、無形資産に込められた将来価値を金融市場が評価するようになる。その結果、PBRは大きく1倍を超えていくのである。

言い換えれば、日本企業の次世代成長の最大の課題は、この価値創造アルゴリズムをいかに生み出すかにある。

システム・ダイナミクス再考

そこで求められるのは、財務指標を因数分解するロジカル・シンキングではなく、「未」財務から将来の財務価値を紡ぎ出すシステム・シンキングである。

具体的には第3章で論じたシステム・ダイナミクスのループを描き出す必要がある。前掲の「CSV因果ループ」（**図6**）は、その好例だ。

SX経営を提唱するPwC社は、最近、インパクト・パスという手法を使って、企業の未財務指標を将来価値に結びつけるループを可視化しようとしている。社会価値につなげるだけでなく、さらにそれを企業の将来価値につなげる手法として、注目したい。

もっとも、先述した通り、このようなループを定量的に証明し、かつ、将来価値のシミュレーションに使うことは困難である。開放系かつ非線形な実経済を、数式モデルにはめ込むこと自体、最初から不毛な努力といわざるを得ない。

しかし、少なくとも定性的な効果を示すことはできるはずだ。「価値創造方程式」が無理だとしても、「価値創造ストーリー」に仕立てることは難しいことではない。

所詮、将来価値など、的確に予想しようがない。しかし投資家が求めているのは、そのような似非サイエンスではなく、「Authenticity」なのである。

日本語でいえば本物らしさとか、もっともらしさという意味に近い。より踏み込んで言えば「信じられるかどうか」である。最後に問われるのは、信じられるストーリーを語る力、すなわち「スピリチュアル・シンキング」力だ。この点については、後ほどさらに深く論じることにしたい。

問われる共感共創力

3つの無形資産のうち、組織資産は企業の中に深く実装されたものであるだけに、測定は難しい。一方、顧客資産と人的資産は、ある程度、可視化することができる。

顧客資産は、ブランド価値として定量化可能である。インターブランド社が算出するブランド強度指数（ＢＳＳ：Brand Strength Score）は、世界的に定評のあるものである。

ＢＳＳは、志向力、結束力などのリーダーシップ要件、独自性、整合性などのエンゲージメント要件、存在感、信頼感などのレレバンス（絆）要件から構成されている。この中で、数年前に追加された項目が、エンゲージメント要素の１つである「共感力」だ。

人的資産は、社員のエンゲージメント指数として定量化できる。多くの企業が、すでに自社独自の手法や第三者の方法論を使って定点観測している。

最近ではさまざまなベンチャー企業がＨＲテックとして、エンゲージメントを測定する方法論を開発している。たとえばアトラエ社が提供するWeboxというクラウドサービスを使うと、社員のエンゲージメントを「パルス」という形で常時モニターすることができる。

社員のエンゲージメントを高めるためには、大きく２つの関数がある。「働きやすさ」と「働きがい」だ。

日本では「働き方改革」が標榜されているが、これは「働きやすさ」に焦点が当てられている。しかし、働きやすい環境にするだけでは、人的資産の向上にはつながらない。逆に、社員に優しくあろうとする結果、ストレッチさせて大きく成長する機会を与えない企業が増えてしまう。日経ビジネスは、そのような企業を「ゆるブラック企業」と呼ぶ。

人的資産を高めるうえで、「働きやすさ」以上に大切な関数が、「働きがい」である。この２つが備わって初めて「真正ホワイト企業」と呼べる。日本は早く「働き方改革」から「働きがい改革」

へと、大きく舵を切り直す必要がある。

社員エンゲージメント指数を測定する際にも、この2つの違いに十分留意する必要がある。「働きやすさ」に関する項目が上がっただけでぬか喜びしてはならない。勝負は、「働きがい」に関する項目が高まるかどうかである。

以上、顧客資産と人的資産について論じてきた。注意深い読者は、どちらにも共通するキーワードが「エンゲージメント」だということに気づかれたことと思う。

「エンゲージメント」は、「深いつながり」のことだ。「絆《きずな》」という日本語が、もっともしっくりくるのではないだろうか。それは、顧客との間でも、社員との間でも、最重要な資産となる。さらにいえば、パートナー企業、株主、社会など、幅広い人たちとの関係においては大切に育むべき資産である。

3つの無形資産の中でも、核となるのが組織資産である。それは、その企業「ならでは」の志であり、信念である。それに共感した社員が人的資産となり、それに共感した顧客が顧客資産となっていく。

言い換えれば、志を基軸とした共感共創力こそが、無形資産を高める経営の原動力となるのである。

図28

不便益のススメ

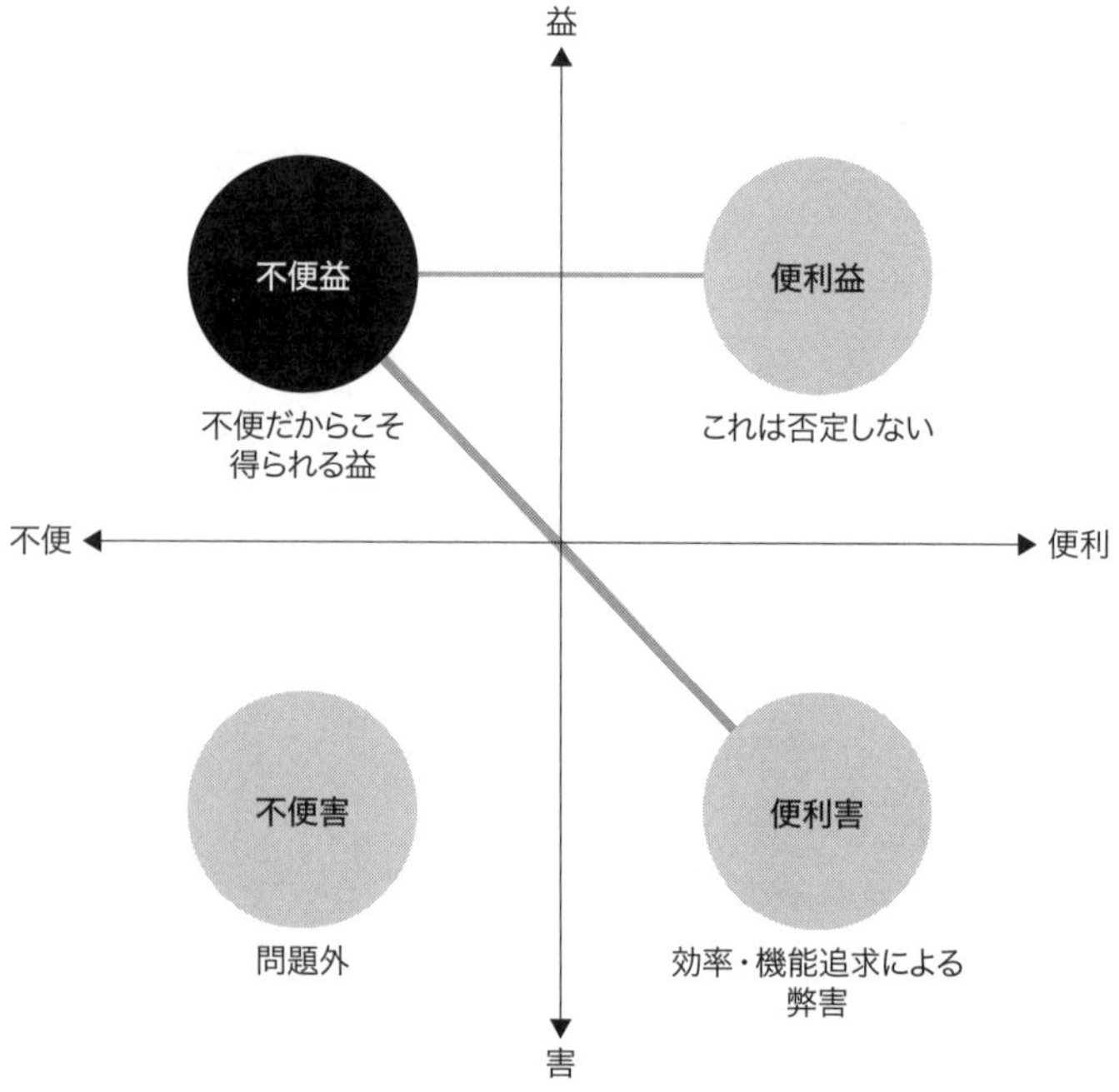

出典：ナレッジキャピタルの川上浩司教授インタビュー記事

PS4：問題解決から価値創造へ（価値軸）

バリアフリーからバリアアリーへ

ある事象を問題、課題と捉えると、それは解決しなければならない対象になる。難題であればあるほど焦燥感が先行し、何とかしなければと躍起になる。すると、ますます泥沼に入り、抜け出せなくなる。企業が直面する課題でも、人生の問題でも同じだ。

しかし、そういうときこそ、一歩後ろに引いて全体を俯瞰する必要がある。それは本質的な問題なのか。本当に解決すべき課題なのか。そのような問いかけが、発想の転換を促し、変化のチャンスにつながる。

たとえば、シニア介護の現場などでは、できるだけ「バリアフリー」にしようと努力する。一見、もっともな配慮だ。しかし、実はあえて障害物を置いておいたほうが、注意力を喚起するのでボケ防止になるということが、分かってきている。

私と同じ京都先端科学大学の川上浩司教授は、それを「バリアアリー」と呼ぶ。システム工学を専門とする同教授は、京都大学変人講座などで、「不便益学」を提唱してきた。便利であることが悪となり、不便であることが益につながることに着目すべきと説く（**図28**）。

バリア、まさに壁こそが、意外な効果を生むという発想の転換のススメである。

現状を続けようとすると、壁に突き当たることも多い。もちろん、その壁を取り除いて真っすぐ進む選択肢もある。ただ、従来の方法でやり続けてきたから壁に突き当たるわけで、違う方法を生み出すチャンスにもなる。

つまり、課題は、見方を変えれば、新しい価値創造の絶好の機会になる。危機は、非連続な変化を生み出す千載一遇の機会だ。解きがたい課題に出会ったときこそ、自分が変わるタイミングだと認識すべきである。

ただし、安易にあきらめてはならない。悩みに悩み抜いた末にこそ、新しい可能性が開かれるのである。

千日回峰行の教え

同じ京都の比叡山延暦寺には「千日回峰行」という修行があり、達成した者は「北嶺大先達大行満大阿闍梨」と呼ばれる。深夜2時に出発し、真言を唱えながら、比叡山中の寺々を、約30キロ、6時間かけて毎日巡拝する。千日の内訳は、1年目から3年目はそれぞれ連続100日、4年目から5年目はそれぞれ連続200日、6年目は100日、7年目は200日にわたる。

もっとも厳しい修行は、6年目に行う「堂入り」である。足かけ9日間にわたって食べず、飲まず、眠らず、横にもならない。事前に「生前葬」を行うほどの過酷さだ。それを満了した僧は、

1000年以上の歴史の中でわずか51人しかいないという。

私は、その中でもっとも最近阿闍梨となった釜堀浩元氏の話を伺う機会があった。釜堀氏によると、堂入りは通常7日間が限度で、8日目から瞳孔が開くそうだ。つまり、いったん死んでいるのである。

千日回峰行を途中でやめるときは、自害しなければならない。行者は、常に懐に自害用の短刀を懐に入れて修行に臨む。

釜堀氏も、900日を過ぎてまったく足が動かなくなったとき、いよいよ短刀の出番かと覚悟を決めたそうだ。しかし、袈裟を被ると、なぜか足が動くことに驚かされたという。

自分の力の限界を悟ったとき、そして、自分が1つのミッションに向かって動かされているという使命感を持ったときに、人間は自分の力を超えられる。思ってもみなかった力が自分に備わってくる。それは、自分の力ではなく、仏の力だということに気づかされる。仏が自分の身体を通じて、千日回峰行を成し遂げさせようとしていると感じたというのだ。

その体験が大きな悟りにつながった。釜堀氏は、千日回峰行を満了すると「生かしていただいている」「歩かせていただいている」「食べさせていただいている」など、すべての行為が「いただいている」という感謝の気持ちに変わったという。

この阿闍梨の話を聞くと、もうだめだと思ったときにこそ、本質的に変われるチャンスが訪れることを教えられる。全身全霊を尽くす覚悟を持ち、本当の修羅場を経験しない限り、自分を変えることはできないのである。

ペインとゲイン

21世紀初頭の経営学の大家といえば、クレイトン・クリステンセンの名が真っ先に上がるだろう。「破壊的イノベーション」という概念を提唱したことで有名だ。惜しくも2020年に亡くなってしまったが、彼の晩年の著書『ジョブ理論』（2017年）は、イノベーション発想をモデル化したことで注目された。

クリステンセンは、顧客のニーズを「ジョブ」と表現した。機械的な響きが気になる言葉だが、顧客が何かを達成しようとする行為を「ジョブ」と呼ぶ。「ニーズ」と呼び変えてもいいだろう。そしてそのジョブを解決することが、イノベーションの原動力となるという。

そしてジョブをもたらす要因を、2つのタイプに分ける。1つがペイン、もう1つがゲインである。ペインは顧客の困りごとだ。一方のゲインは、顧客が思ってもみなかったうれしさである。顧客が何かをしたいと思ったとき、それができなければペインになり、そんなことができるのかと思わせればゲインになる。

ペインは顕在化した問題である。問題解決思考で解けばよい。しかし、それは分かりやすい反面、答えも当たり前になりがちだ。たとえば、「良薬は口に苦し」であれば、飲みやすい薬にすればいい。もっとも、「苦い」薬のほうがよく効く気になり、飲みやすい薬には、その手の「プラシーボ（偽薬）」

効果は期待できそうもないが。

一方ゲインは潜在的なニーズである。うまく当たれば、大きな価値創造につながる。たとえば「介護保険」に対して「ピンコロ保険」。寝たきりとなってネンネンコロリ（ＮＮＫ）で病死するのではなく、ピンピンコロリ（ＰＰＫ）という健康寿命を延ばすことができたときに安心を提供する保険だ。それによって、「長生きリスク」という潜在的なリスクも回避することができるようになる。

前述した用語に置き換えれば、ペインが「マーケット・イン」、ゲインが「マーケット・アウト」ともいえよう。もっとも「マーケット・アウト」のほうは、需要喚起につながらない「プロダクト・アウト」に終わるリスクと裏腹だ。

「ナナメ思考」のススメ

ペインとゲインという分け方は、分かりやすい一方で、デジタル思考の産物でもある。本当の価値創造は、ペインをゲインに変えるところにあるはずだ。阿闍梨の話も京都大学変人講座も、そのような深い思考から生まれている。

一方、ゲインは新たな価値創造につながるが、それだけでは、誰でもすぐにまねることができてしまう。「その手があったか」という「コロンブスの卵」にすぎない。「ブルー・オーシャン」は、あっという間に赤く染まるのだ。ゲイン実現に向けての壁（ペイン）を超える発想こそが、真のイノベーションを生み出すのである。

ペインとゲインにロジカルに分けることは、一見正しそうに聞こえる。しかし、それは入口にすぎない。真のイノベーションは、ペインからゲインを生み出す発想力、ゲインの先のペインを解決する洞察力がカギを握るのである。

そのためには、2章で論じた水平思考と垂直思考を重ね合わせる必要がある。

水平思考によって、目に見えているものからずらし、まだ見えていない世界に広げていかないとゲインは見えてこない。ペインが見えているのは顕在化した世界だけなので、まずは水平思考で視野を広げることが大事なポイントになる。

しかし、「あったらいいな」と夢想するだけだと、単なる白昼夢になってしまう。そういう思いつきを、さらにかたちとして実現する必要がある。そこには、深みが必要だ。そのときには垂直思考が役に立つ。

一方で、垂直思考一辺倒だと、いずれ発想の限界を迎えてしまう。とはいえ、まったくの飛び地を掘り起こしても答えは出てこない。掘る場所を水平思考で「ずらす」ことで、新しく、かつ、深い答えにたどりつく可能性が高くなるはずだ。

空間上で、「ヨコ」（水平思考）と「タテ」（垂直思考）を組み合わせることによってイノベーションを生み出すことができる。そして持続的にイノベーションを生み出すためには、いわばこの時間軸上の「ナナメ」思考こそが求められるのである。

価値軸のワープ

進化とは、この空間軸と時間軸を有機的に織り込んでいく運動に他ならない。ではその運動はどのようなプロセスから生み出されるのだろうか。生命の進化のプロセスから多くの学びがあるはずだ。

前述した通り、東京大学名誉教授の清水博教授は、名著『生命を捉えなおす』（中公新書、1978年）の中で、その運動論の本質を「ゆらぎ・つなぎ・ずらし」であると指摘している。

「ゆらぎ」とは、今まで見えたもの、今まで捉えられていることが変化することをいう。整然と見えていたものに何らかの異質なものが紛れ込んだり、まったく新しいものが登場したりして、すぐに対処できない状況がゆらぎである。

生命が進化するときは、まず環境が変化することでゆらぎが起こる。その状況で今までのやり方を再現しているだけでは、生きていけない。環境変化は、環境に触れている外側で起こる。内側は自分を守っているため、環境変化に対して免疫力がある。できるだけ入ってこないように変化を拒絶する。自己増殖するうえでは重要なメカニズムであるが、環境変化が起こるときに免疫ばかり持っていると、恐竜のように絶滅してしまう。

外側の表面積が大きければ大きいほど、ゆらぎに対する感性が高くなる。大企業が弱いのは、内側ばかり向いているからだ。グーグルのような5人のチームにすることで、表面積が大きくなってセンサーの役割が高まる。その結果、ゆらぎに対して感性が高まる。

ゆらぎは、学び直しの絶好の機会である。これまでのやり方では、通じなくなるからだ。今まで慣れ親しんだ世界から一歩出て、新しい世界に入っていくトリガー（きっかけ）となるのがゆらぎである。

ただし、ゆらぎはひとつの気づきにはつながるものの、それだけでは全体に対して広がらない。そこで次に起こるのが「つなぎ」である。

つなぎは、生命が繊毛活動をするように、外側の細胞が変わり始めると、それを周りの者に伝える。その変化に周りの者が気づくこと、それが「つなぎ」である。1つひとつが外側に向かって変化するだけでなく、それを横につなげようとすることによって、組織の中に変化の情報が伝達されていく。

「ゆらぎ」が起点となった変化は、「つなぎ」運動によって組織の中に伝播していく。そしてそれが次の「ずらし」を誘発する。組織全体が、環境変化に適した新しい仕組みへと大きく構造変化していくのである。これが生命的な進化のプロセスだ。

確かに生命は、まれに突然変異を遂げることがある。しかしその頻度は、1遺伝子当たり10万分の1から100万分の1の頻度でしかない。しかも、そのような突然変異が持続的な生存をもたらす保証はどこにもない。

「ゆらぎ・つなぎ・ずらし」という生命の進化のリズムを実装できた企業だけが、持続的に進化し続けられることを、今一度、肝に銘じる必要がある。

出島としてのホンダジェット

企業では「出島構想」がもてはやされがちだ。出島は、何か新しいことをするときに別組織をつくるやり方だ。今までの組織のアルゴリズム、やり方では解けないため、あえて外に出してみようとする発想である。

新しいことに取り組むうえでは、一見優れたやり方のように見える。

しかし、出島に出ていった人たちが何も意識しなければ、本体に対するフィードバックはない。出島をつくるときこそ「つなぎ」を意識しなければ、出島で起こった変化に旧態依然とした本体は気づかない。出島の効果があまり上がらないのはそのためだ。

たとえば、二輪・四輪をメインとするホンダが、航空機のホンダジェットを大成功させた。本田宗一郎氏の魂が乗り移ったかのような藤野道格氏が、１９８６年に本田技術研究所に配属されて以来30年かけて開発した。活躍の部隊は、同氏をトップとするホンダエアクラフトカンパニー。アメリカに本拠地を置く出島組織である。

しかし、ホンダの青山本社が、これをまったくの別会社と認識し、「あれは藤野がやったこと」という空気になってしまった。せっかくクリエイティブな成功を成し遂げたにもかかわらず、その出島での「ゆらぎ」がホンダ本体への「つなぎ」に波及することはなかった。そしてホンダ本体は依然として、イノベーション不発の「失われた30年」ムードから脱しきれないでいる。

２０２１年４月にホンダ本体の新社長となった三部敏宏氏は、さすがにこの残念な事態から抜け出そうと大きく舵を切り始めた。全面的なＥＶシフト、ソニーとのＥＶ新会社の発足など、矢継ぎ早に斬新なカードを切り出している。

その中で、２０２２年３月、藤野氏がホンダエアクラフトカンパニーのＣＥＯを退任、今後はホンダ本体の技術顧問になるという人事が発表された。技術だけではなく、事業創造のアドバイザーとして本体で活躍できれば、30年経ってようやく出島効果の本体への「つなぎ」が果たされるものと期待したい。

出島から帰島、来島へ

新規事業を出島組織として成功させても、本体の力をフルに活用しなければ、新規事業は大きくスケールしない。たとえば、ＩＢＭはＰＣ部隊を出島組織として切り離したが、結局ＰＣ事業からの撤退を余儀なくされた。

一方の本体は、新規事業での学びを既存事業に「つなぎ」、既存事業そのものの進化を仕掛け続けない限り、いずれ本体そのものが衰退していく。たとえば、ＩＢＭ本体は「虎の子」のメインフレーム事業の延命に奔走した結果、ＰＣ事業がドライブしていた「クライアント・サーバー」へのパラダイム・シフト（ずらし）から大きく取り残されていった。

「出島」の拠点として、世界でもっとも人気が高いのは、シリコンバレーであることは論をまたない。そして、こここそ、出島組織の失敗の見本市でもある。

たとえば、ＰＡＲＣ（Palo Alto Research Center）。ゼロックスの出島組織として、１９７０年にスタンフォード大学の近隣に設立された。デジタル黎明期に、マウスやＧＵＩ（Graphic User Interface）など、数々のアイディアを生み出していった。

しかし、東海岸のゼロックス本社は、関心を示さない。結局、これらを商業化して大成功したのはアップル社だった。

イノベーションという言葉の生みの親であるシュンペーターは、単なるアイディアの創出は発明（インベンション）であり、新しい可能性を発見したにすぎないとする。それを社会実装し、スケールさせることがイノベーションだという。シュンペーターの定義に従えば、真のイノベーターはＰＡＲＣではなく、アップルだったのだ。

それから50年、多くの大企業が、我先にシリコンバレーに出島組織を設立している。日本企業も数知れない。しかし、本社から切り離された出島であり続ける限り、それらの拠点から真のイノベーションが生まれることは皆無だ。

組織の力学の中で「ゆらぎ」を外側につくったのであれば、それを本体にどのように「つなぎ」、引き込むかが問われている。出島は外側に出ようとする遠心力が働く傾向が強い。ゆらぐことで未来を先取りするのが出島の役割だ。一方本体は、出島に求心力を持たせることで、その「ゆらぎ」の信号を組織の内側に「つなぎ」、組織全体の「ずらし」すなわち全社変革運動を仕掛けていかなければならない。

出島を本体から切り離さずに、むしろ本体の中に取り込むこと、すなわち「帰島」こそが本質である。そうすることで、出島をハブとして、外部の資産を本体の中に取り込むことができる。そうなると、出島が「来島」としての役割を演じるようになる。

これこそが、シュンペーターの唱える「異結合」の本質でもある。

「両利き」の落とし穴

長年慣れ親しんだプロセスに異なる要素が入ってきたとき、それを異物として捨ててしまうと学習にならない。そこで気づきが起こることで、新しいプロセスが生まれる。それが今までの自分の知覚と結びついたとき、学習がワンランクアップする。これがイノベーションの原動力となるのである。

「ゆらぎ・つなぎ・ずらし」のリズムをどうつくるか。従来の枠組みの中で問題を解決するのではなく、まったく未知の領域に入り込み、それを自分ごと化し、アルゴリズムを構築するには、ゆらぎを感知する空間を広げなければならない。一方で、それを自分の持つ本質的な強みと異結合させることで、その企業ならではイノベーションが実現するのである。

すでに何度も言及した『両利きの経営』は、この点で見事に本質を外している。

まず企業の活動を、エクスプロレーション（探索）とエクスプロイテーション（搾取）という二分法でデジタルに切り分ける。この2つの活動には、正反対の思考と行動パターンが求められるという。探索するときは無駄な活動を厭わない姿勢を持たなければならない。失敗は当たり前だ。一方、搾取のプロセスでは、いかに効率を上げるかがカギとなる。そのためには、失敗はご法度、そしてできるだけ無駄な活動を避けようとする。

ところが、ほとんどの企業はこれができない。どちらかに偏ってしまう。どのようなベンチャーも、最初は探索から始まる。ところが、規模を拡大していく過程で、問題を処理して効率を上げることに気を取られてしまう。そのほうが、確実にリターンを生めるからだ。「サクセス・トラップ（成功の罠）」と呼ばれる現象だ。結果的に探索への挑戦がおろそかになっていく。だから、両利きの経営、すなわち探索と搾取の組織を分けること、より具体的には従来型事業に邁進する部隊とは切り離して、探索組織を併設する必要があると説く。出島のすすめである。

OSの二重化

しかし、そのようなデジタルな切り分けが答えにならないことは、これまでも見てきた通りだ。組織全体で両利きを使い分けているようでいて、器用貧乏に陥ってしまう。左手と右手が別の動きをしてしまい、「異結合」が起こらない。それではその企業ならではのイノベーションが期待できるわけがない。

ハーバード・ビジネス・スクールの企業変革論の大家ジョン・コッターは、著書『実行する組織』（原題『Accerelate』、2014年、邦訳：ダイヤモンド社、2015年）の中で「Dual OS組織」

図29

Dual OS組織

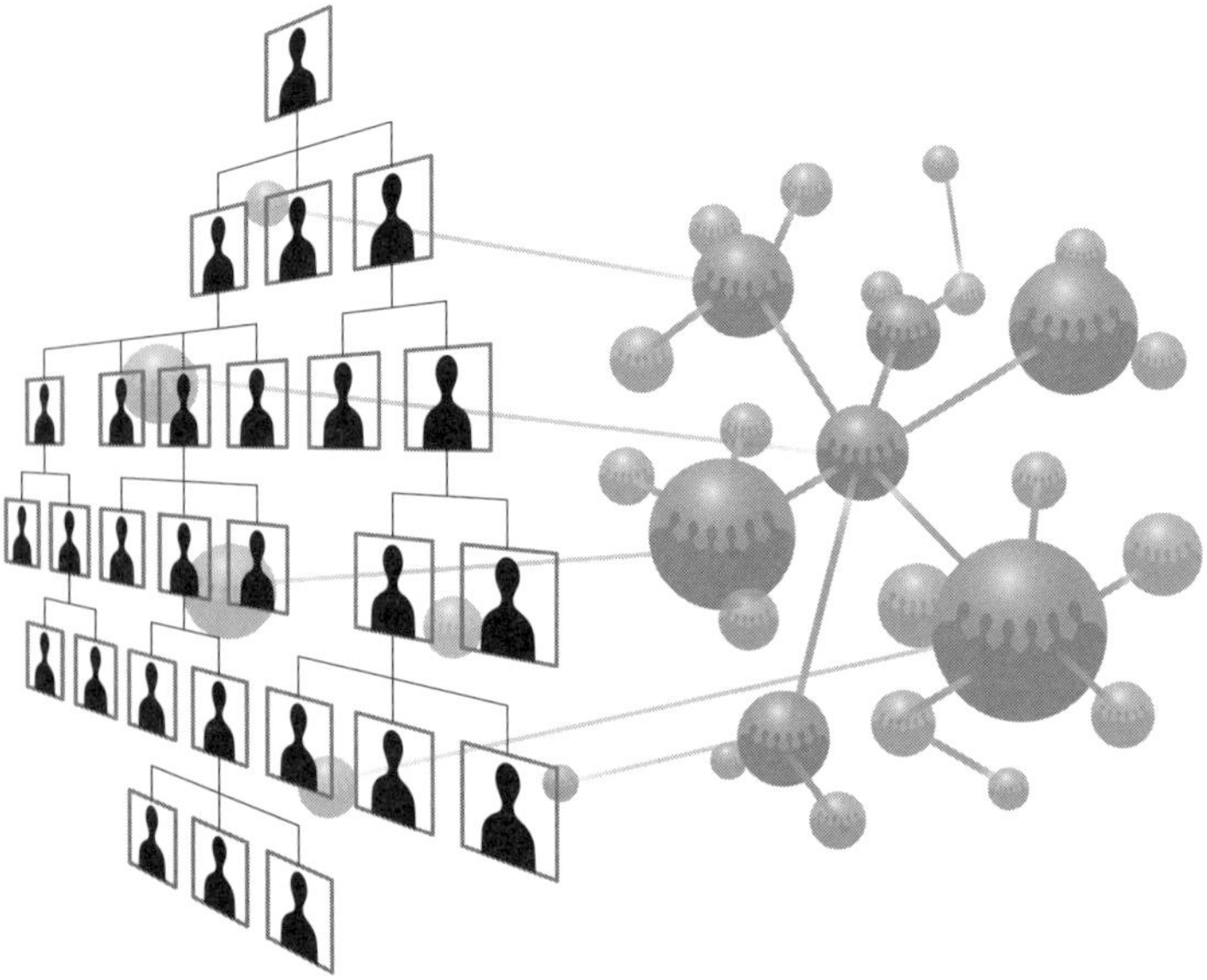

出典：ジョン・コッター『実行する組織』

を提唱している（図29）。

階層組織（深化型）とネットワーク組織（探索型）が併設されているので、一見、「両利きの経営」のように見える。しかし、大きく3点において、本質的に異なっている。

①階層組織のあらゆるところに所属する優秀人財が、ネットワーク組織のメンバーを兼任していること

②階層組織とネットワーク組織が密に連携していること

③ネットワーク組織でインキュベートしたあとは、素早く階層組織に移植すること。

両利きの経営がデジタル思考に陥っているのに対して、Dual OS経営はそれらをつなぎ合わせるシステム思考に進化しているのである。

Dual OS経営は、3つの効用をもたらす。

①階層組織からいったん優秀人財を引き抜くことで、既存事業そのものの非連続な効率化が進む。

②インキュベートした新規事業を階層組織に移植することによって、非連続にスケールさせることができる。

③階層組織に移植された新規事業に触発されて、既存事業そのものが異次元の進化を遂げる。

この3つの効用の中で、もっともインパクトが高いのが、③である。新規事業（0→1）に比べて、既存事業の進化（10→100）のスケールはケタ違い、まさに10Xだからだ。言い換えれば、②の新規事業は、既存事業の進化を仕掛けるための触媒となることこそ、本質的な役割なのである。

これは100年前にシュンペーターが定義したイノベーションの本質でもある。イノベーションを実現するには、既存の事業に埋め込まれていた資産を、新たな事業へと移植しなければならない。シュンペーターはそれを「創造的破壊」と呼んだ。そのようないわば「命がけ」の新陳代謝を伴わない緩い「両利きの経営」では、新規事業が大きくスケールすることも、既存事業が異次元の進化を遂げることも、まったく期待できない。

本場のアメリカでは、両利きの経営論は廃れ、Dual OS経営が着実に実践されている。本来システム思考が得意だったはずの日本は、ここでも見事に時代に逆行してしまっている。

OnとOffの異結合

ではどうすれば、そのようなシステム思考が、組織に実装されるのだろうか。

Dual OSモデルは、プロジェクトベースで異結合を人為的に誘発させようとする。一方で、自然発生的にイノベーションが生まれる組織にする方法もある。

ヒントになるのは「あそび」だ。そう、ホイジンガやカイヨワが語っていた「あそび」の効用である。

効率一辺倒ではなく、ある一定割合の「あそび」があることで、自分の中で異結合を生み出すことができるようになる。問題は、「仕事」の中に、いかに「あそび」の要素を入れるかである。

出島構想は、探索を専門とすることを決めてしまう。探索だけに偏ってしまうと、探索した結果を求められるようになる。すると、探索する使命を持った出島であるにもかかわらず、効率的に探索して成果を出そうと考え始めてしまう。出島では探索が仕事になり、「あそび」の要素は期待できなくなる。

むしろ効果があるのは、通常業務の合間に、「あそび」の時間をつくり出すことである。問題解決や効率追求からいったん思考を切り替えることで、新しい発想が生まれたという経験は、誰しも持っているはずだ。

前述した「セレンディピティ」の呼び込みだ。夢中に問題解決に取り組んでいると、ふとした偶然で別の価値のあるものを見つけることを指す。そのためには、3つの必要条件がある。第一に、一心不乱になること。第二に、偶然に出会うきっかけをつくること。第三に、この2つの体験が同じ主体の中で起きること。言い換えれば、深化と探索が異結合して初めて、セレンディピティに巡り合うのである。

セレンディピティという偶然が生まれる状態を、いかに組織の中につくり出すかが、知恵の絞りどころとなる。イノベーションを組織的に生み出している企業は、そのような仕組みを実装している。

たとえば3M。同社の「15%カルチャー」は有名だ。15%の仕事時間を、自分の好きなテーマに使える。そのようなカルチャーの中から、ポストイットやフェイスシールドなど、数々の3M独自のイノベーションが生み出されてきた。

それを「20%ルール」に引き上げたのが、グーグルだ。週5日のうち、1日はまるまる自由なテーマに時間が使うことができる。グーグルがイノベーティブな組織であり続けるためのリズムでもある。

もちろん、そのためには、通常業務の生産性を20%上げる必要がある。ここでも創造性が求められるのだ。深化の中で探索が生まれ、それがさらに深化を加速する。深化と探索のプロセスをデジタルに分けてしまうと、このような化学反応は起こらない。

OnとOff、仕事とあそびを異結合することで、その企業ならではのイノベーションを生み出し続けることができる。本書のテーマである思考法に照らし合わせれば、垂直思考(深化)と水平思考(探索)を異結合させるシステム思考がカギを握るのである。

それによって、生産性も創造性もケタ違いに向上する。まさに、10X思考である。

ワーク・イン・ライフのすすめ

そのためには、仕事も大きく位置づけ直す必要がある。

日本では、ワーク・ライフ・バランスという言葉が、いまだに飛び交っている。しかし、ワーク

図30

ワークとライフの異結合

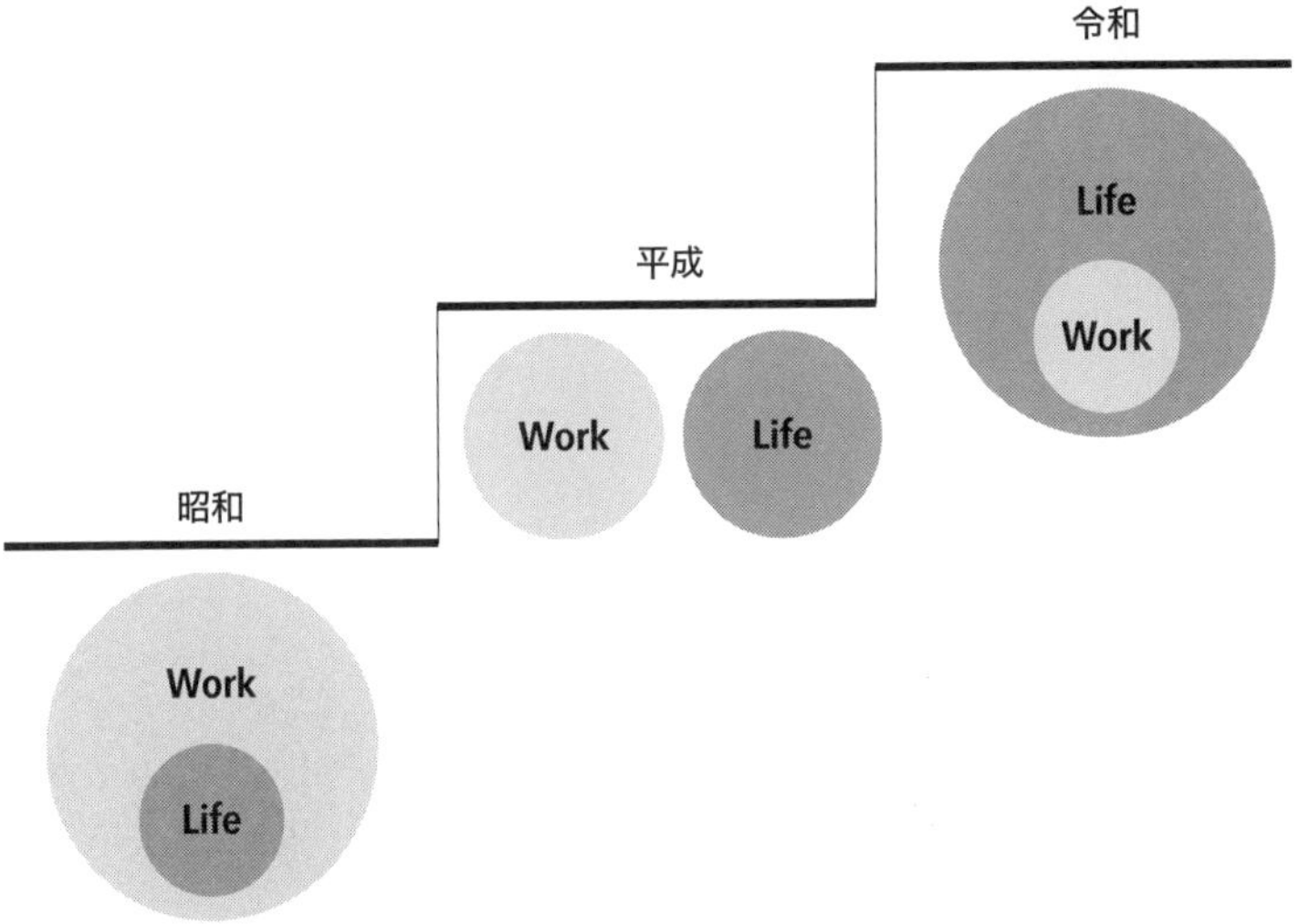

とライフを分けること自体、デジタルな発想から抜け出せていない。

これでは、ワークをライフからの「搾取」と捉えていたマルクス時代の労働観と同じだ。ワークは自分の大切な時間の切り売りでしかなく、失われた自分らしさを、ライフで取り戻さなければならないという強迫観念にとらわれている。

しかし、それはとても残念な話である。目覚めている時間のうちの半分をワークに費やすのであれば、それはライフのもっとも重要な要素であるはずだ。ワークの中にこそ、ライフを実感しないと、ライフの半分を捨てることになってしまう。

確かに、昭和時代はライフ・イン・ワークだった。ワークが主体で、ライフはワークの一部でしかなかった（**図30**）。

一方、平成になると、ワーク・ライフ・バランスが重視されるようになる。ワークとライフはデジタルに切り分け、ライフはワークに煩わされずに自分らしく生きる時空間だ。ワーカホリック（仕事中毒）は病的であり、ライフをエンジョイすることが優先された。

そうなると、日本の生産力神話は、昭和の遺物でしかなくなる。かといって、創造性があふれ出すわけでもない。ワークから切り離された創造性は、スケールすることはないからだ。

そもそも、何のために仕事をするのかという、本質的な問いに立ち返ったほうがよさそうだ。ワークとライフは別物なのか。

令和を直撃したコロナ禍が、大きな転機となる可能性がある。リモートワークが進み、ワーク・

イン・ライフが、物理的な日常となりつつあるからだ。ライフの中にワークがあることが、常態化しつつある。そうすれば、ワークがライフを充実させ、ライフでの気づきがワークにセレンディピティをもたらすことに気づくはずだ。

政府まで旗を振っている「働き方改革」では、緩いワーク環境を蔓延させるだけだ。これは平成時代の「ゆとり教育」同様、ワーク、すなわち学習や仕事の本質的な価値をまったく見誤っている。

誰にとっても1日は24時間しかない。しかしその中で、ワークとライフが異結合すると、どちらの生産性と創造性は10X化するはずだ。量から質へのパラダイム・シフトである。

ここでも、ワークとライフを切り分けるデジタル思考から、両者を織り合わせるシステム思考への転換がカギとなるのである。

客観正義から主観正義へ

価値軸のシフトを考えるうえでもっとも本質的な問いは、価値をいかに定義するか、である。

極めて哲学的な問いでもあり、さらにいえば、宗教にも関わる問いである。システム・シンキングでも、答えは出てこない。「スピリチュアル・シンキング」が求められる領域である。

ただ一つ確実にいえることは、善、あるいは正義は、それ自体、一定の価値観に基づくものであるということである。

たとえば「共通善」。古来、西欧哲学で長らく論じ続けられてきたテーマである。

アリストテレスは『ニコマコス倫理学』の中で、「友愛（philia)」を基軸としたコミュニティに内在する共通の価値観だと定義している。だとすると、それはコミュニティという一定の空間の中で成立するものでしかない。しかも、時間とともにコミュニティの価値観が変化すれば、当然その中身も変容するはずだ。

「常識（Common Sense)」と同様、「共通善（Common Good)」も絶対的なものではありえない。より正確にいえば、「相対善（Relative Good)」であり、「状況善（Situational Good)」なのである。したがって、一定の価値観を、共通善として振り回すのは、極めて危険である。

むしろ、今は少数意見であったとしても、それが将来、広く同意が得られれば、共通善となりうる。たとえば生物多様性に加えて、ロボットやアバターなどの無生物やバーチャル主体との共生についても、10年以内に共通善として掲げられる可能性は、少なくないはずだ。

これは「正義」についても同様である。「客観正義」などというものは、そもそも存在しない。客観正義に見えているものは、特定の時空間で共通善として信じられている価値観にすぎない。だとすると、それに縛られすぎると、思考停止をもたらしてしまう。

客観正義に従うだけでなく、いかに「主観正義」を打ち立てるか。それが、新しい価値創造の原動力となる。

たとえば、ＳＤＧｓ。17のゴールには誰も反対しないだろう。１６９まで細目があるものの、１つずつ見てもごもっともなことばかりである。共通善、客観正義として国連のお墨つきもある。

ただし、そのすべてが現在、顕在化している社会課題である。それに対して、未来のありたい姿は、描かれていない。まだ、共通善、あるいは客観正義として、コンセンサスがとれていないからである。

しかし、国連のお墨つきがないからといって、引っ込める必要はない。今は主観善、主観正義でしかないとしても、自分たちが信じる未来の価値を、高らかに掲げるべきである。

たとえばユニクロは、「ライフウェア」というコンセプトを旗印にしている。既製品の着せ替え人形ではなく、自分らしさを表現することが人間らしいという価値観である。同様に、良品計画は「感じ良いくらし」を掲げている。いずれも、ＳＤＧｓの規定演技にあえてこだわらない、自社独自の自由演技である。このような価値観を、客観正義に対して、「主観正義」と呼ぶ。

もちろん、主観正義はひとりよがり、いわば「独善」に終わるリスクも低くない。一方で、世の中の共感を生み出すことができれば、次世代の客観正義にもなりうる。前述したマーケット・インからマーケット・アウトへの転換と同様である。

未知の善、新しい正義を提案するほうが、現時点で認められている価値に寄り添うより、はるかにクリエイティブで、未来志向である。

未来の共通善、そして客観正義になるか。それとも、ひとりよがりに終わるか。これは、大きな賭けだ。自分の信念の強さ、そしてそれに共感する人をどれだけ集められるかがカギを握る。

PS5：競争優位から学習優位へ（勝ち軸）

競争優位の終焉

20世紀後半は、マイケル・ポーターが提示した「競争優位」が一世を風靡した。しかしながら、さすがに21世紀になると通用しなくなってきた。

バリュー・クリエイションしても、それを自社に取り込めずに、人にコピーされてしまっては元も子もない。バリュー・キャプチャーし、再投資をするための価値を自社が獲得するうえで、競争優位は重要な発想である。

そのためには、参入障壁をつくり、誰にも真似できないようにしなければならない。あるいは、誰もマネしたくないような奇策や、誰も相手にしない世界をつくるニッチ戦略も考えられる。

しかし、たいていの障壁は、まったく別の手段で乗り越えられてしまう。特にデジタル技術を駆使して異業種から参入してくるディスラプター（創造的破壊者）は、業界の常識にとらわれない発想で、軽々と障壁を乗り越えてくる。たとえばアマゾンなどのＧＡＦＡは、今や小売業だけでなく、製造業やサービス業など、ほとんどの既存業界の障壁を、次々に破壊している。

もちろん、彼らの覇権も長くは続かない。Ｗｅｂ3の世界になると、これらの巨大プラットフォーマーが中抜きされていくことは、前述した通りだ。Ｗｅｂ４、５とデジタル進化が続く限り、このような歴史は繰り返されていくだろう。

これまで築いた競争優位が、むしろ足かせになる。そうなると、壁が壁でなくなるため、むしろ壁ばかりつくっていると、次世代の趨勢から外れていくだけだ。20世紀末、クレイトン・クリステンセン教授は、このような下剋上の世界を「イノベーションのジレンマ」と名づけた。

そして21世紀が幕を開けると、競争優位の終焉が唱えられ始めた。先鞭をつけたのは、コロンビア大学教授のリタ・マグレイス教授だ。同教授が、２０１３年に発表した『競争優位の終焉』（邦訳：日本経済新聞出版社、２０１４年）の中で、もはやポーター的な古き良き時代は終わったと喝破したことは前述した通りである。

デジタルの猛威は、かつて圧倒的な競争優位を誇ったＩＢＭやコダックを、敗者に貶めていった。ディスラプターだったはずのデルや、数多くのドット・コム企業も、あっという間に水面下に沈んでいった。そして、今や変化に対応し続ける企業だけが生き残れる時代になった、と主張する。

しかし、そのような生き残りをかけた戦いという競争を前提とした思考パターンそのものに、限界があるのではないだろうか。

競争から共創へ

山梨県の勝沼に行くと、メルシャンのワイナリーがある。そこを舞台に描かれた『ウスケボーイズ』という映画が、2018年に公開された。モデルはウスケこと、麻井宇介氏である。メルシャンのワイン製造工場のトップだった人物だ。

麻井氏は日本でおいしいフランスワインをつくりたいと志し、メルシャンとして勝沼にぶどう畑とワイン工場を建設した。しかし、フランスのボルドー、アメリカのナパを見ると明らかなように、1つのワイナリーだけでは誰も注目してくれない。個別ブランドではなく甲州ぶどう、そして勝沼そのものがブランドにならなければならないと考えた。

そこで、フランスワインの中でも人気の高い「ソーヴィニヨン・ブラン」の種の育て方を、地域内すべての畑に教えることにした。そうすることで勝沼、甲州ワインが1つの産地として栄えるだろうというストーリーだ。

麻井氏の行動に、周囲はみな驚いたという。自分でノウハウを握っていれば、フランスで学んだことをネタにメルシャンだけが稼げるはずだ。しかし、麻井氏は代金ももらわずに、学んだことをすべて、地域の同業者に教えてしまった。

甲州独自のぶどう「甲州」は、2010年にワインのブドウ品種として日本で初めて世界的に認定された。そして、甲州ワインは、その独特の繊細さとやさしさに特徴がある。

シャトー・メルシャンは、その甲州ワインの雄として、今なお君臨し続けている。なぜなら、教えるからには自らの畑の品質を磨き上げていかなければならないと、自分自身も創意工夫を続けていったからである。イノベーションをし続けない限り埋もれてしまう環境をあえてつくり、生態系全体で成長していく道をあえて選んだのである。

競争戦略では、「ひとり勝ち」こそが最高のポジションだと考えられてきた。しかし、参入障壁が高ければ高いほど、周りを巻き込んで生態系全体のパイを大きくすることを優先させなければならない。

トヨタは、ハイブリッドの技術競争で、その教訓を学んだ。

トヨタは、世界で初めてハイブリッド技術の社会実装に成功した。トヨタ発の真のイノベーションといっていいだろう。今でも、高い性能のハイブリッド車を創れるのは、トヨタとホンダだけである。見事な参入障壁だ。

しかし、欧米企業や中国企業もいつまでも黙っていない。ハイブリッド技術をバイパスして、参入障壁の低いEV技術へとなだれ込んでいった。技術的には優位性の高いハイブリッドは、今やニッチ領域に追いやられてしまった。

この苦い教訓を踏まえて、トヨタはEV車を大きく凌駕する燃料電池車の特許を、すべて無償で開放することに踏み切った。仲間づくりこそが市場創造の最大のチャレンジであることを学んだからだ。

もっとも、予断は許さない。燃料電池車の特許にアクセスできたとしても、量産へのハードルはトヨタ自身にとっても険しい。さらに水素サプライチェーンなど、新しいインフラの整備には異業種連携も不可欠だ。競争ではなく「共創」こそが、市場創造のキーワードとなる。

思考法に照らし合わせると、ここでも、ロジカル・シンキングではなく、システム・シンキングがカギを握るのである。

トライ・アンド・ラーン

この空間軸の広がりとともに、時間軸の捉え方にも新しい思考パターンが求められる。先が見えない時代こそ、未来を自ら紡ぎ出す思考法が不可欠だからだ。

日本人がよく間違える英語の1つに、「トライアル・アンド・エラー」がある。文法的に正しい英語は「トライ・アンド・エラー」である。いずれも名詞に統一すべきだからだ。しかし、経営的思考の文脈では、それすら間違いである。

「試行錯誤」という日本語は、この英語の直訳から生まれたものだ。しかし、試行錯誤しているだけでは、単なる「懲りない人たち」になってしまう。トライしては失敗しているわけで、そこには学びの蓄積がないからだ。

先が見えない時代には、「トライ・アンド・ラーン」を実践する必要がある。いずれも動詞である。「トライ」は学習機会を創ることを意味する。そして「ラーン」は、そこでの失敗から学ぶことを意味する。「トライ」ではなく、「ラーン」にこそ本質がある。

グーグルでは、プロジェクトが失敗するたびに「お祝い」をする習わしがある。残念でした、と慰めているわけではない。失敗にこそ、次のトライへのヒントがふんだんに盛り込まれているからだ。日本語で言えば、「転んでもただでは起きぬ」に近い。もっともこの日本語は、「強欲」を揶揄するときによく使われるので要注意。本来であれば、そのような貪欲な学習姿勢をたたえる言葉でなければならないのだが。

トライ・アンド・ラーンは、実は日本企業の得意技だ。日本の現場は学習能力が抜群だからである。切れ味鋭い冴えた発想力はあまりないが、現場で気づきを得て何かをやってみる能力は非常にレベルが高い。だからこそ、そのようなトライの場があればあるほど、学習が深まっていく。

ただし、同じ場で学習を繰り返しても、いずれ学習効果は飽和していく。そこで、学習の場を横にずらす必要がある。するとまた得意の学習プロセスが始動していく。

学習の場をずらせ

この学習の場をずらすことを、英語では「アンラーニング」という。「学習破棄」という奇妙な訳語が使われることが多いが、私は「脱学習」と呼んでいる。

新しいことに挑戦し、そこで知見を深める。水平思考でずらしたうえで、垂直思考に入る。このリズムが欠かせない。学習することばかりに長けていると、同じところで足踏みしてしまう。ゆらぎで新しいことを発見し、そこから学習の場をずらすことが重要である。これをやり続ける限り、いつまでも成長の余地がある。

ライフサイクルのSカーブは、最初は小さく立ち上がり、急速に成長し、だんだん頭打ちになる。

これは宿命だといわれているが、Sカーブを次々に生み出せば、終わりはない。留意しなければならない点は、Sカーブの最後の頂と、次の立ち上がりのSカーブの時間を離さないようにすることだ。

頂は成熟しているが、あまり先の見込みはない。スタートしたばかりのものは、まだまだ未完成だがやりようによっては急速に立ち上がる。このSカーブを立ち上げるタイミングが、学習と脱学習に近い。これを器用にやってのけるマネジメントが勝つ。

ただし、これまでの学習をゼロクリアすることではない点に、留意する必要がある。それでは、今までの蓄積してきた知恵という無形資産が、まったく無駄になってしまう。しかも、脱学習のたびにゼロスタートしたのでは、10X思考は実践できない。

ここでも、これまでの学習と新しい学習を「異結合」させることが、10Xのイノベーションを生むカギとなる。そのためには、脱学習の場も、これまでの学習成果をうまく活用できる領域でなければならない。

既存の事業を「深化」させることと並行して、新規事業を「探索」せよ、という「両利きの経営」論が、日本ではいまだに跋扈している。成熟した事業を抱えて成長の壁を越えられずにいる日本企業にとって、とても好都合に聞こえるからだ。

しかし、「飛び地」にやみくもに探索の網を広げても、素人のような浅い学習に終わるだけだ。自らが蓄積した知恵が活用できる「隣地」にこそ、深い学習機会が眠っている。進化し続ける生物や企業は、洋の東西を問わず、この法則を正しく理解している。この点は、次作の『進化経営』(仮題)で、つまびらかに論じることとしたい。

日本人は学習能力が高いからこそ、脱学習もためらわずに進めるべきだ。ただし、その際には、学習の場を得意領域の周辺へと「ずらす」ことが成功の要諦となることを、しっかりとキモに銘じる必要がある。

「競争優位」から「学習優位」へ

学習することによって独自の得意技を磨き続けること。私は、これを「学習優位(ファミリアリティー・アドバンテージ)」と呼んでいる。

ファミリアとは「なじみがある」という意味である。ファミリアな世界では、よく分かっているからこそ自分ごと化し、自らの技を磨くことができる。

ただしファミリア・ゾーンは、コンフォート・ゾーンでもある。居心地が良いのだ。しかし、変化が常態化している今日、いつまでも居心地の良いところにとどまっていては、成長どころか生存までが危うくなる。

そこで、ファミリアなゾーンだけにとどまらず、アンファミリアな(馴染みのない)領域へと学習の場をずらす必要がある。そして、得意の学習能力を全開にすることで、そこをファミリアな領域に仕立てていく。学習から脱学習へと切り替えたうえで、新たな学習プロセスを始動させるのである。

アンファミリアな領域は、足を踏み入れない限り、いつまでもアンファミリアなままである。そこにあえて踏み込み、不慣れな中で戸惑いながらも、学習を蓄積することで新たにファミリアな領域に転換させることができる。

われわれは、知らないうちに現状維持バイアスに陥りやすい。自分が慣れ親しんだことに心地よさを覚えてしまうと、そこにいつまでもとどまっていたくなる。そして、アンファミリアなものには、拒否反応を起こしがちだ。しかし、それではいつまでたっても次の成長プロセスは始動しない。アンファミリアな領域こそ、新たな学習機会の宝庫である。そこに踏み込むことで、次の飛躍が可能になる。

生物は、免疫反応によって、アンファミリアなものを拒絶する。それは生命を維持するうえで重要な働きである。しかし、常にアンファミリアなものを避けていては、環境変化に適応することはできない。アンファミリアなものを取り込むことによって、新たな次元へと進化することができるのである。

自分が慣れ親しんでいる世界から次の新しい世界に踏み込んでいく。そうすることで古いものを捨てるリズムが生まれる。これが、生物が生命を維持し続ける新陳代謝の原理そのものでもある。脱学習と学習を反復する力が、新しいアンファミリアなものをファミリアにする運動の原動力となる。

企業がこの新陳代謝のプロセスを内蔵することができれば、「学習優位」を獲得することが可能になる。古典的な「競争優位」（コンペティティブ・アドバンテージ）の時代が終焉した今、この「学習優位」（ファミリアリティ・アドバンテージ）こそが、未来を拓くパワーをもたらすのである。

学習優位の経営

2010年、私は『学習優位の経営』（ダイヤモンド社）を上梓した。これは、2003年にハーバード・ビジネス・レビューに発表した『学習優位の戦略』を下敷きとして、マッキンゼー20年間に編み出した思考を集大成したものである。

この経営論は、10年以上たった今なお、いや、変化が常態化した今日こそ、最先端のモデルであると自負している。

VUCAと呼ばれる先が見えない時代において、最大の優位性は「見えるようになること」である。むやみに撃っても的には当たらない。先が見えれば、的確に未来を拓くことができる。

先が見えるようになるためには、どうすればいいか。もちろん、クリスタルボールを前に占い師の真似事をしても始まらない。シンクタンクやコンサルの未来予想図も、所詮あてにならない。今の延長線上での発想か、誰もが思い描く未来像がほとんどで、たまに異彩を放つものも、単に奇をてらった癖玉であることが多い。

先が見えるためのもっとも確実な方法は、自ら「そこに行ってみる」ことである。

東山魁夷の『道』という絵をご存じだろうか。

真っすぐな道が山に向かって延びている構図の絵だが、道の先は見えない。あの向こうには何があるのかという議論があるが、想像することはできても、山の向こうだから分からない。はっきりさせるには、道の切れ目まで行くのがいいに決まっている。

ファミリアリティ・アドバンテージの本質は、自分がいち早くそこに行くことによって視界が広がり、その先が見えることだ。その経験知をいち早く備えることで、独自性を磨き上げつつ、未来を拓くことができるのである。

パーソナル・コンピューターの父アラン・ケイは、「未来を予想する最善の方法は、自ら未来を作り出すことだ」という名言を残している。また経営学の父ピーター・ドラッカーは、「経営とは（未来の）顧客の創造である」と語っている。

一見、前者はプロダクト・アウト（商品本位）、後者はマーケット・イン（顧客本位）であるかのように見える。しかし両者とも、「マーケット・アウト」、すなわち未来の市場を自らの手で創ることの重要性を説いているのである。

もちろん、簡単なことではない。多くの場合、失敗に終わるだろう。しかし、失敗を通じて、当面そこには答えがないことを学ぶ。そして別の選択肢を通じて、改めて未来に挑む。このような挑戦を通じて、未来が確実に拓かれていくのである。アンファミリアな闇の中から、新たなファミリア・ゾーンがまぶしい光を放ち始めるのである、学習の場をずらして、できるだけ異質な学習経験を増やす。そしてその新たな学習の場で、誰よりも深く学習し続ける。それが、『学習優位の経営』の要諦である。

私は、この本の副題を「日本企業はなぜ内部から変われるか」とした。なぜなら、学習と脱学習を繰り返すことが、かつての日本の勝ちパターンであり続けたからだ。明治時代の産業勃興期、そして戦後の奇跡的な復興期に、日本企業は学習の場をずらし続けることによって、異次元の進化を遂げることができた。

バブル崩壊以降、日本企業は「失われた30年」に突入した。それは成熟という美名のもとの衰退にすぎない。そしてその失速の主因は、学習と脱学習を回し続けるというイノベーションの運動が、いつの間にか機能不全に陥ったからである。

逆に言えば、この運動を取り戻すことさえできれば、日本企業は内部から自己変革することができるはずだ。では、そのイノベーション運動の本質は何か。

メビウス運動

時間軸と空間軸をそれぞれ3つに分節することで、3x3のマトリクスが浮かび上がる。そして、その中に、イノベーションを生み出す有機的な企業活動をプロットすることができる。

私はこれを「メビウス」運動と名付けている（**図31**）。前述した『学習優位の経営』で提唱したフレームワークである。

図31

メビウス運動

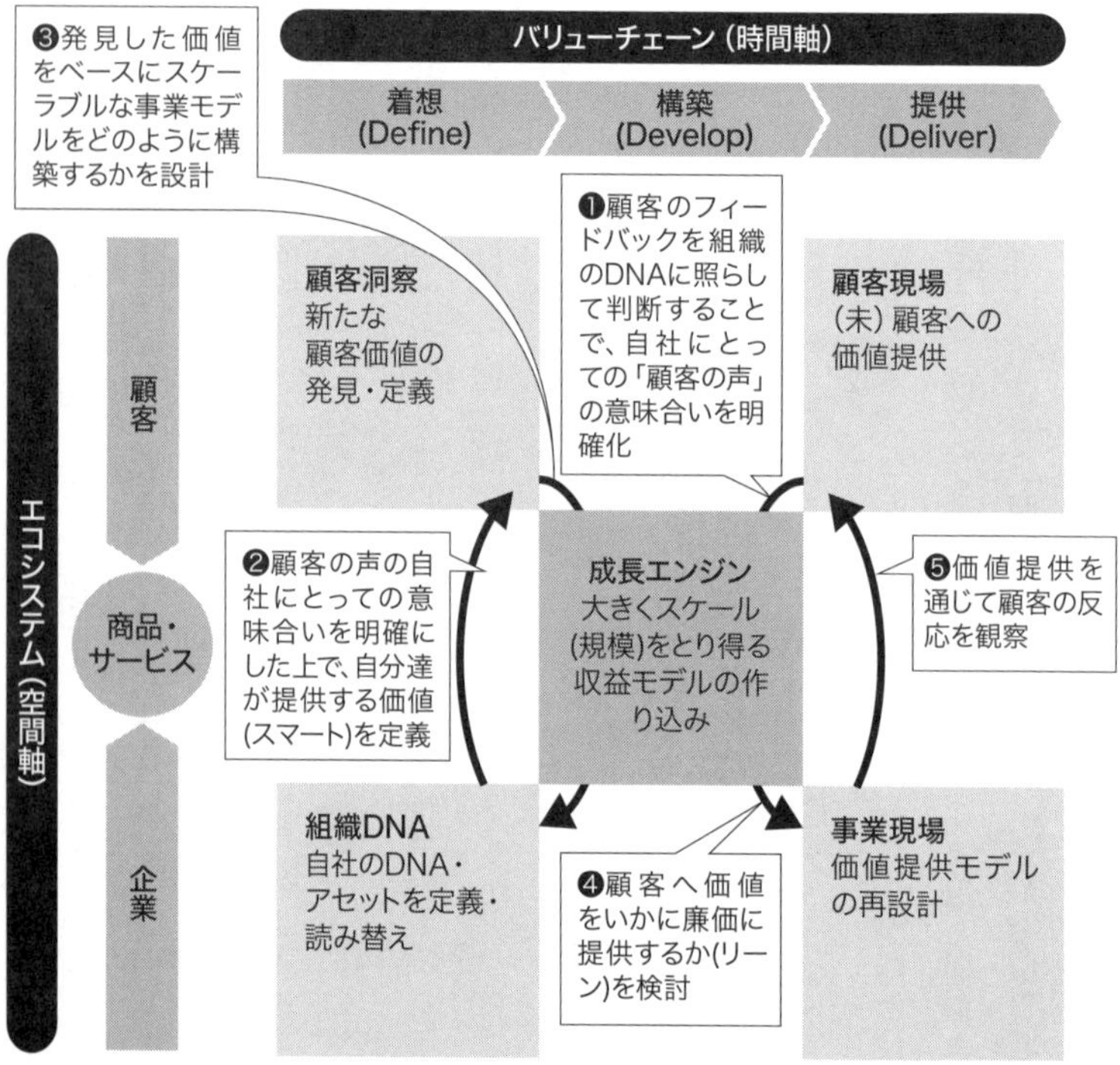

❸発見した価値をベースにスケーラブルな事業モデルをどのように構築するかを設計
バリューチェーン(時間軸)
着想 (Define)
構築 (Develop)
提供 (Deliver)
エコシステム(空間軸)
顧客
商品・サービス
企業
顧客洞察
新たな顧客価値の発見・定義
❶顧客のフィードバックを組織のDNAに照らして判断することで、自社にとっての「顧客の声」の意味合いを明確化
顧客現場
(未)顧客への価値提供
❷顧客の声の自社にとっての意味合いを明確にした上で、自分達が提供する価値(スマート)を定義
成長エンジン
大きくスケール(規模)をとり得る収益モデルの作り込み
❺価値提供を通じて顧客の反応を観察
組織DNA
自社のDNA・アセットを定義・読み替え
❹顧客へ価値をいかに廉価に提供するか(リーン)を検討
事業現場
価値提供モデルの再設計

9つの象限の中でも、知恵の絞りどころは、5つの象限である。

顧客現場
組織DNA
顧客洞察
成長エンジン
事業現場

イノベーションを起こそうとするときの起点であり目標地点は、常に市場である。すなわち顧客現場こそが、イノベーションの表舞台である。

ただし、イノベーションの本質が未来の市場創造である以上、既存顧客の声だけを聴いていてもイノベーションは起こらない。顧客の声なき声を聴く。未顧客が、なぜ顧客になっていないかを理解する。そして未来の顧客の「ありたい姿」を構想する。そのすべてのヒントが右上の顧客現場の象限に埋まっている。それを的確に発掘することが、イノベーションの出発点となる。

ただし、オペレーションが得意な日本企業の多くは、せっかく顧客現場での気づきを、右下の事業現場でのカイゼンに落とし込んでしまいがちだ。器用な「小技」としては有効だが、これでは大きなイノベーションは生まれない。

マーケティングが得意な企業は、逆にこれを左上の顧客洞察に結びつける。顧客現場で見つけた顧客のペインとゲインを、すばやく新しい顧客洞察に盛り込む。うまくいけばいち早く新市場を生み出すことができる。ただし、それはすぐに他社に真似されてしまい、あっという間にコモディティ化してしまう。

10X化の本質

真のイノベーションを生み出すためには、顧客現場での気づきを、左下の組織DNAにつなげなければならない。ここは、自社独自の強み（コア・コンピタンス）の宝庫だ。

このフィルターにかけることによって初めて、他社には簡単に真似されない顧客洞察が生まれる。言い換えれば、左上の顧客洞察は単なる思いつきや妄想ではなく、顧客現場と組織DNAを掛け合わせた結果から、自社ならではの「ひねり」がきいたものとして生み出されるのである。

たとえばユニクロは、顧客現場で、ファスト・ファッションに振り回されてきた顧客が、自分らしく快適に着こなせる服にこそ、価値を見出すはずだということに気づく。それを、組織DNAのゾーンで、自社独自の素材調達と世界中の市場に過不足なく届けるサプライチェーン力と掛け合わせる。その結果、「ライフウエア」というユニクロ独自の顧客洞察が生まれてきたのである。

ただし、せっかくすばらしい顧客洞察が生まれても、日本企業はそれを右下の事業現場にすぐに落とし込んでしまう。確かにここは自社の得意ゾーンではあるものの、自前主義に陥りがちで、自社のアセットが成長の限界となる。日本企業がせっかく0から1を生み出せても、1から100へとスケールさせることができない最大の落とし穴である。

真ん中の成長エンジンは、他社の力を最大限利用して、10Xの成長を実現するところである。そのためには、自社の強みを徹底的に磨くとともに、異質な強みを持つ他社群といかにウィン・ウィン関係を築けるかがカギを握る。イノベーションの父シュンペーターが「新結合」と呼び、異質性を強調するために、私があえて「異結合」と呼ぶ領域である。

ライフウェアの場合は、素材では東レと組む他、自動倉庫では大和ハウス工業、デジタルの仕組みではグーグルやアクセンチュアなど世界プレーヤーと手を組んで大きくスケールする事業モデルを構築しつつある。「有明モデル」と名づけられた新たなプラットフォームである。

こうして成長エンジンを埋め込んだうえで、得意の事業現場に落とし込む。そこで仕立て上げた商品やサービスを顧客現場に提供し、メビウス運動がワンサイクル完結する。

そしてそこが起点となって、新たなイノベーション運動が始まる。まさに「メビウスの輪」のような永久運動が繰り返されるのである。

持続的進化の本質

顧客現場にこそ、新しい気づきがある。「ゆらぎ」の原点である。前述した通り、シリコンバレーではこれを、「イノベーション@エッジ」と呼ぶ。新しい現実は、常にエッジ（辺境）、すなわち現場から起こるからだ。ただしそれだけでは、まだ0から1が生まれるにすぎない。

顧客現場での「ゆらぎ」を自社の本質的な強みの宝庫である組織DNAに「つなぎ」、自社ならではの顧客洞察を導き出す。さらにそれを他社の資産と掛け算し成長エンジンを実装することで、スケーラブルな事業への「ずらし」が実現する。それを自社の得意な事業現場に落とし込んで、顧客現場につないでいく。

このような「ゆらぎ・つなぎ・ずらし」こそ、イノベーション活動の真髄である。そして前述したように、これこそ、生物が進化するプロセスそのものでもある。

単なるタテ運動でもヨコ運動でもなく、いわば「ナナメ運動」をし続けること。この反転活動こそが、まさにメビウス運動の真髄なのである。

外部の環境変化は、イノベーションの好機だ。それを次世代成長に活かせるかどうかは、各企業の内部の力次第なのである。

顧客の未来を洞察するのも、パートナーを巻き込むのも、自分がどう動くか次第である。これらの外部と開放系を保ちつつ、自社の内部でこのような非線形的な運動を続けることが、イノベーションのカギを握る。

この構造を創ることができたファーストリテイリングやリクルートのような企業は、進化し続ける。進化し続けるからこそ、異次元の成長を持続することができるのである。

組織の中に、このような動的能力を実装することができるか。それが、外部環境変化を絶好の機会として、進化し続けるための要諦となる。

そのためには、事業のイノベーションではなく、組織そのもののイノベーションが、進化に向けた本質的な課題となるはずだ。

第3部

組織と仕事の未来

第3部の紹介

ここでは、10X思考を実践するうえで、どのような生き方、働き方が求められるかについて概観したい。その前提となるのが、ライフシフトとワークシフトという環境変化である。

生活においては、「100歳人生」が当たり前となる。その長い道のりの中で、いかに複数の自分（「分人」）を生き抜き、「生きがい」を追求するか。

仕事においては、「人生多毛作」が当たり前となる。いかに複線キャリアをシェープし、「働きがい」を追求するか。

そして、いかに「生活」と「仕事」を一体化するか。「ワーク・ライフ・バランス」ではなく、「ワーク・イン・ライフ」の実践が問われる。

キーワードは「ノマド（遊牧民）」化だ。そしてその未知のジャーニーを豊かなものにするためには、パーパス、ピボット、パッションの3つのPを、生活と仕事に実装していきたい。

第6章

進化する組織

組織論の進化

では、組織はどのような進化を目指すべきだろうか。

前章で見てきたようなメガトレンドを反映して、数々の組織論が登場している。中でも世界的な注目を集めたモデルが3つある。

1つ目は、ティール組織である。ヨーロッパが震源地だ。組織の進化をレッドからティール（青緑）という5つのカラーで表現している点で分かりやすい。今や、21世紀型組織進化論の古典と言ってもいいだろう。

2つ目は、EXOS（エグゾス）モデルである。こちらはシリコンバレーが震源地だ。Exponential Organizationの略で、文字通り指数関数的に成長する組織の要件を抽出したものだ。10X型成長を目指すうえで、1つの原型ともいえる。

3つ目が、自律分散型組織である。これは世界多発的に発生している。前に紹介したピーター・センゲの『学習する組織』の中でも、次世代組織モデルとして提唱されている。日本では、京セラのアメーバ組織が元祖といえよう。また野中郁次郎教授は、自律分散型リーダーシップがイノベーションの本質だと論じている。

最近になって、この3つ目の組織形態が、さらなる進化を遂げている。Web3型組織として注目されている「DAO」であるDecentralized Autonomous Organizationの略で、まさに自律分散型組織そのものである。

ただし、ＤＡＯにおいては、企業は解体していく。企業という器から解放された個人が主役となる時代が、すぐそこに来ているというのである。

本章では、これらの組織モデルを概観したうえで、目指すべき組織の在り方を提唱したい。私はそれを「ＤＡＣＯ」（Decentralized, Autonomous, Connected Organization）と呼んでいる。そしてその結節点となるのが、パーパス（志）である。

ちょっと結論を急ぎすぎたようだ。順を追って論じていこう。

ティール組織の可能性

脱オレンジ企業

マッキンゼー時代の同僚のフレデリック・ラルーが、２０１４年に世に送った『Reinventing Organization』は、世界的なベストセラーとなった。日本では『ティール組織』（英治出版、２０１８年）という邦題で出版されている。ラルーは、組織の進化の型を5つの色で表現している。

第1段階のレッドは原初的な組織形態を指す。「オオカミの群れ」というメタファーが使われ、力によって支配されている世界である。マフィアが典型的だ。日本では「ブラック」と呼ぶほうが分かりやすいかもしれない。

第2段階のアンバーはカーキ色のことで、軍隊的な組織を指す。上意下達が徹底しており、官僚組織が典型的だ。いまだにこのような組織は、あちこちに存在する。

第3段階のオレンジは、それぞれのユニットが歯車となって分業することで効率が上がり、全体として大きくスケールすることができる機械的な組織である。20世紀を支配した大企業は、多かれ少なかれ、このようなマトリクス型の組織形態をとっていた。

第4段階のグリーンは、この効率一辺倒のオレンジに対するアンチテーゼ（反対命題）として登場した。チャップリンの『モダン・タイムス』のように機械の一部として働くのではなく、もっと人間的に働くことを目指す組織形態である。メンバー同士が家族の一員となって互いに思いやりにあふれ、一人ひとりの多様性を大切にするユートピア的世界観にあふれている。

緑と青の融合色

そして第5段階がティール。青緑色のことで、いわば青と緑の中間色。グリーンのように優しいだけではなく、ブルーのように凛とした組織を目指す。個として自律すると同時に信頼、共感で結びついている。生態系として進化していく生命体がメタファーとなっている。

オレンジ組織が機械的な組織で、非人間的であることは明白だ。しかし、そのアンチテーゼとして生まれたグリーン組織が、理想的であるとも言い難い。これだけ課題だらけの世界に背を向けて、自分たちだけのユートピアに浸るというのは、現実からの逃避に他ならないのではないだろうか。たとえば代表的なグリーン組織であるパタゴニア。スキーやサーフィンなど、アウトドアスポーツをこよなく愛する人たちにとってのランドマークだ。成長に背を向け、自然との共生や環境保護を第一義に掲げている。

ファンや社員にとっては、最高の世界かもしれない。しかし、そのような利己的な世界にとどまる限り、自分たちは負をまき散らすことはなくても、大きな社会課題を解決することはできない。

これは最近のウェルビーイング指向や、幸福主義にも当てはまる。コロナ禍に戦争・紛争、環境破壊や人権問題などという厳しい現実に直面している現代において、ユートピアにあこがれたい気持ちは分からないわけではない。しかし、そのような現実逃避からは、正しい未来を拓くことは不可能である。

ティール組織は、生命体同様、厳しい環境変化に順応しながら、生態系全体で未来を拓き続けようとする。そこに一貫しているのは、ユートピアに逃避することなく、現実としっかり向き合い、たくましく生き続ける姿勢である。

21世紀型の組織は、オレンジでもグリーンでもなく、ティールであり続けなければならない。それがラルーが唱える進化型組織の姿である。

動的平衡がもたらす進化力

オレンジのように効率だけを追い求めたり、逆にグリーンのように幸福な世界に引きこもってしまうと、組織は進化のダイナミズムを失っていく。ティール組織は、そのどちらにも偏ることなく、進化し続けていく。それは、生物学者の福岡伸一氏が『動的平衡』で提示した生命に宿る進化力そのものでもある。

動的平衡状態は一見とどまって見えるが、常にさまざまな力をうまく融合させて成り立っている。不安定な状態を続けながらも、常に動いているというのが生命である。それが福岡生命論の要諦である。

動的平衡として考えると、かたや効率の世界、かたや幸福の世界があったとき、この2つをどのようにして融合させるかが重要である。働き方1つとっても、前述したように、ワーク・ライフ・バランスという考え方自体、ワークとライフを対立概念として捉えてしまっている。ティール組織は、ワーク・ライフ・インテグレーション、すなわちワークとライフが融合する世界を目指す。

ティール組織では、相反する力をうまく折り合いをつけて、組織の中に取り込んでいく。そこには、絶妙なバランシングアクトが求められる。しかも、力関係は動的に揺らぎ続け、正しい答えはどこにもない。生命同様、さまざまな試行を繰り返し、動的平衡を保つためのトライ・アンド・ラーンの過程の中から、持続的な進化が生まれてくるのである。

ティール組織としてのグーグル

ティール組織の実例として、グーグルが挙げられる。今はまだ決して理想的とはいえないが、彼ら自身も進化し続けているところがいかにもティール組織らしいところだ。

グーグルの組織の特徴は、図32に書かれた10の切り口から、伝統的なオレンジ型企業と比べてみると明白だ。ここでは特に対比が顕著な5点を取り上げよう。

第一に学びの場のメタファー（①）。伝統的企業は、いわば陸軍士官学校型だ。上意下達の規律を徹底的に学ぶ。それに対してグーグルはモンテッソーリスクール型（自己教育力）で、自分で自分の教育カリキュラムをつくる。

グーグルの創業者の一人ラリー・ペイジは、自身がモンテッソーリスクールの出身で、働く場でも同様の自由度を大切にしている。モンテッソーリスクールでは、カリキュラムはなく、みな、レゴで遊んで育っていく。ペイジは、レゴこそが創意工夫を生む道具の象徴だという。ちなみにグーグルのコーポレートカラーはレゴの色からとったものだ。

モンテッソーリスクールでは自分で工夫する「遊び」を「ワーク」と呼ぶ。まさに「ワーク・ライフ・インテグレーション」の世界である。MITメディアラボのミッチェル・レズニックは、「ライフロング・キンダーガーデン」という仮説を提唱している。人間の創造性は幼稚園のときがもっとも活発だというのである。

第二に生態系（②）。カリフォルニア大学バークレー校のアナリー・サクセニアン教授は、前述

図32

グーグルの組織モデル

	伝統的モデル	Googleモデル
❶学びの場	陸軍士官学校型	モンテッソーリスクール型
❷生態系	インダストリー コンプレックス	シリコンバレー
❸ユニット	軍隊的	チーム
❹トポロジー	ヒエラルキー型	フラット、かつ コネクト
❺関係性	上司と部下	ピア・トゥ・ピア
❻人の動かし方	命令	質問
❼リスクテイキング	80%以上の成功	80%以上の失敗
❽戦略の立案と実践	計画を立てて実践	実験して学習
❾組織構造	アーキテクチュアル (構造的)	エボリューショナル(進化型)
❿スポーツ	アメリカンフットボール	バスケットボール

した『現代の二都物語』の中で、東海岸はなぜ滅び、西海岸がなぜ栄えたかについて分析している。

ボストン近郊に代表される東海岸は役割分担が明確にあり、城下町のようになっている。それに対して西海岸のシリコンバレーは、緩やかなつながりの中でさまざまなかたちでコラボレーションしている。規則正しくないものの、自由度があるエコシステムができる。

第三に組織のトポロジー（④）。伝統的企業ではヒエラルキーが明確である。一方グーグルは、ピア・トゥ・ピアでお互いが同士として結ばれ、フラットな状態である。上から命令すれば人が動く伝統的企業に対し、グーグルでは対等な関係の中で、相手の気づきを促すようなコミュニケーションが求められる。

第四にリスクテイキング（⑦）。伝統的企業が80％以上成功しないと許されないのに対し、グーグルは80％以上失敗しないと成功したことにならない。前述したように、グーグルでは失敗するとみんなで祝う。それだけリスクを取っていることの証明でもあるからだ。

第五にスポーツのメタファー（⑩）。伝統的企業は、アメリカンフットボール型の戦い方をする。屈強な肉体派はディフェンス。俊足だとランニングバック。頭脳派はクォーターバックといった具合だ。明確な役割分担ができているのが、アメリカンフットボール型である。

一方、グーグルはバスケットボール型だ。バスケットボールでは局面ごとに、5人のプレーヤーの立ち位置によって、それぞれ何をすべきかが変わる。ポジションと役割が非常に流動的なのがバスケットボール型である。

グーグルが5人でチームを組むのは、バスケットボールをイメージしているという。みんながチームと一体となって動く点で、個性を大事にしながらも、極めてインクルーシブなモデルである。ティール組織は、このように自律分散型であると同時に、ワンチームとして動く。ダイバーシティとインクルージョンを同時に実現するモデルなのである。

遠近複眼経営

ここまで、グーグルを例にとって、ティール組織の空間軸を概観してきた。ではティール組織は時間軸をどのようにとって持続的な進化を実践しているのだろうか。

私は、マッキンゼー時代、デジタル分野のグローバルリーダーの一人として、「ズーム・アウト／ズーム・イン」モデルを提唱してきた。日本語で言えば、「遠近複眼モデル」である（図33）。

まず、遠い未来、たとえば30年先や50年先を構想する。これがズーム・アウトだ。変化が常態化する中で、今の延長線上に未来はない。とはいえ、非連続な未来を予想することは不可能だ。前述した通り、シンクタンクやコンサルの未来予想図など、まったくあてにならない。

ではどうするか。未来は自らの志（パーパス）を基軸に、自らの手で創るのである。自らの「ありたい姿」を夢想することが、10X思考の大前提となる。

しかし、それでは単なる夢想家にすぎない。その非連続な未来に向けて、自己変革を仕掛け続けなければならない。そのためには、日々刻々と変化する環境を凝視し、そのような変化に追随する

図33

遠近複眼経営

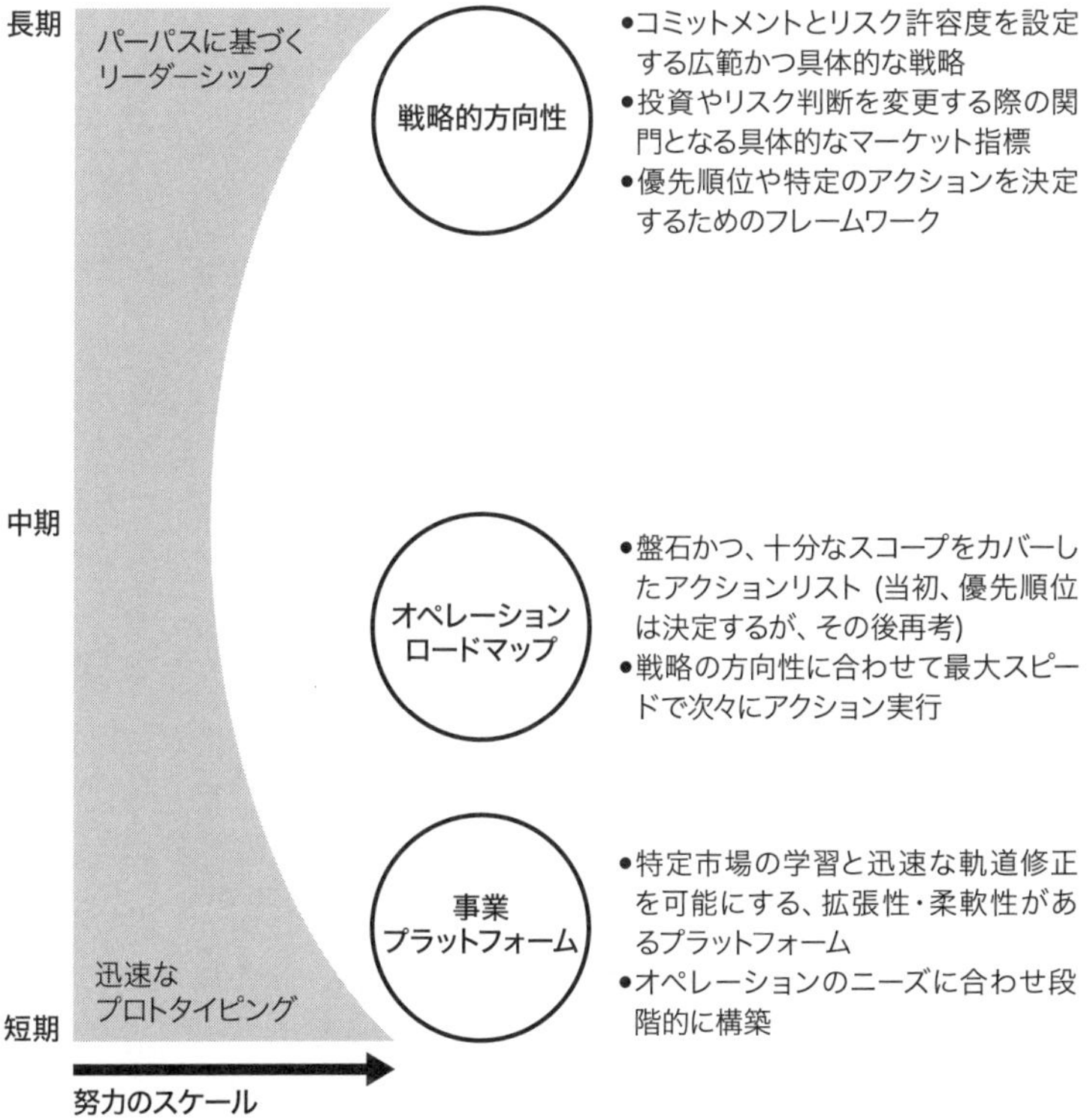
長期
中期
短期
パーパスに基づくリーダーシップ
迅速なプロトタイピング
努力のスケール
戦略的方向性
オペレーションロードマップ
事業プラットフォーム
●コミットメントとリスク許容度を設定する広範かつ具体的な戦略
●投資やリスク判断を変更する際の関門となる具体的なマーケット指標
●優先順位や特定のアクションを決定するためのフレームワーク
●盤石かつ、十分なスコープをカバーしたアクションリスト（当初、優先順位は決定するが、その後再考）
●戦略の方向性に合わせて最大スピードで次々にアクション実行
●特定市場の学習と迅速な軌道修正を可能にする、拡張性・柔軟性があるプラットフォーム
●オペレーションのニーズに合わせ段階的に構築

※凸レンズ（近視眼）→ 凹レンズ（遠近両用）

だけでなく、現実を未来に誘導するような動きを、着実に取り続けなければならない。これがズーム・インである。

日本企業は、中期計画が大好きだ。やるべきことが明確になり、安心するのだろう。右肩上がりの先が見えている時代は、それでよかった。しかし、3年先などおよそ予測不能なことは、今回のコロナ禍やウクライナ紛争でも、痛感させられたはずだ。

中期計画というリズムは、VUCA時代には無用の長物（いや、実は「中物」）である。それにもかかわらず、中期計画という前時代的な作法を守っているのは、ちょんまげをつけたまま背広を着ているような滑稽な光景である。図で言えば、真ん中のおなかが突き出た中年太り丸出しだともいえよう。

ティール組織は、そのような計画経済的な発想とは無縁である。図のように超長期と超短期に目を光らせる。この凹型の時間軸こそ、ティール組織が不確実な時代に生存し、進化し続けるための作法なのである、

再度グーグルを例にとって、見てみよう。

「千の花」から「月ロケット」へ

グーグルでは、「80：20」という働き方が奨励されている。80％は本来の仕事、残りの20％は、これ以外に時間を使うという働き方である。3Mが「15％ルール」でイノベーティブな社風を築い

ていたことは有名だが、グーグルはそれを20%にまで引き上げたのだ。それにしても、週に1日は自由に時間を使っていいというのだから、おおらかなものである。

スタートアップ時には、まさに何をしてもいいことになっていた。グーグルの中では、「サウザンド・フラワーズ」と呼ばれていた。千の花が咲けば、そのうちのどれかは大輪の花に育つだろうと期待されていたからだ。

しかし、その期待は外れた。ちょっとした思いつきや、片手間の作業から、大きくスケールする事業など、育つわけがない。

そこでグーグルは、「ムーン・ショット」を合言葉にすることにした。20%は自由に使っていいが、前人未到のでかい夢を追うことが求められるようになったのである。まさに10X思考の実践である。

そうなると、検索エンジンを改良するような日々の仕事より、20%の時間のほうがはるかに難しい。一人でやり切れるものではなく、仲間づくりをしなければならない。仲間をつくるには、共感できるテーマにしなければならない。儲かるだけでは共感されない。人を救う、地球を救うといった壮大なテーマにしなければ、仲間を集められない。10Xを実現するにはまず、仲間に共感を生むような志（パーパス）を、高らかに掲げる必要があるのだ。

こうして「この指とまれ」で集まってきた仲間たちと、10X実現に向けた知的共闘が始まる。私のマッキンゼー時代の同僚で、グーグルジャパンの幹部（当時）となった川合純一氏が、その様子を図34で分かりやすく示している。

図34

10X@Google

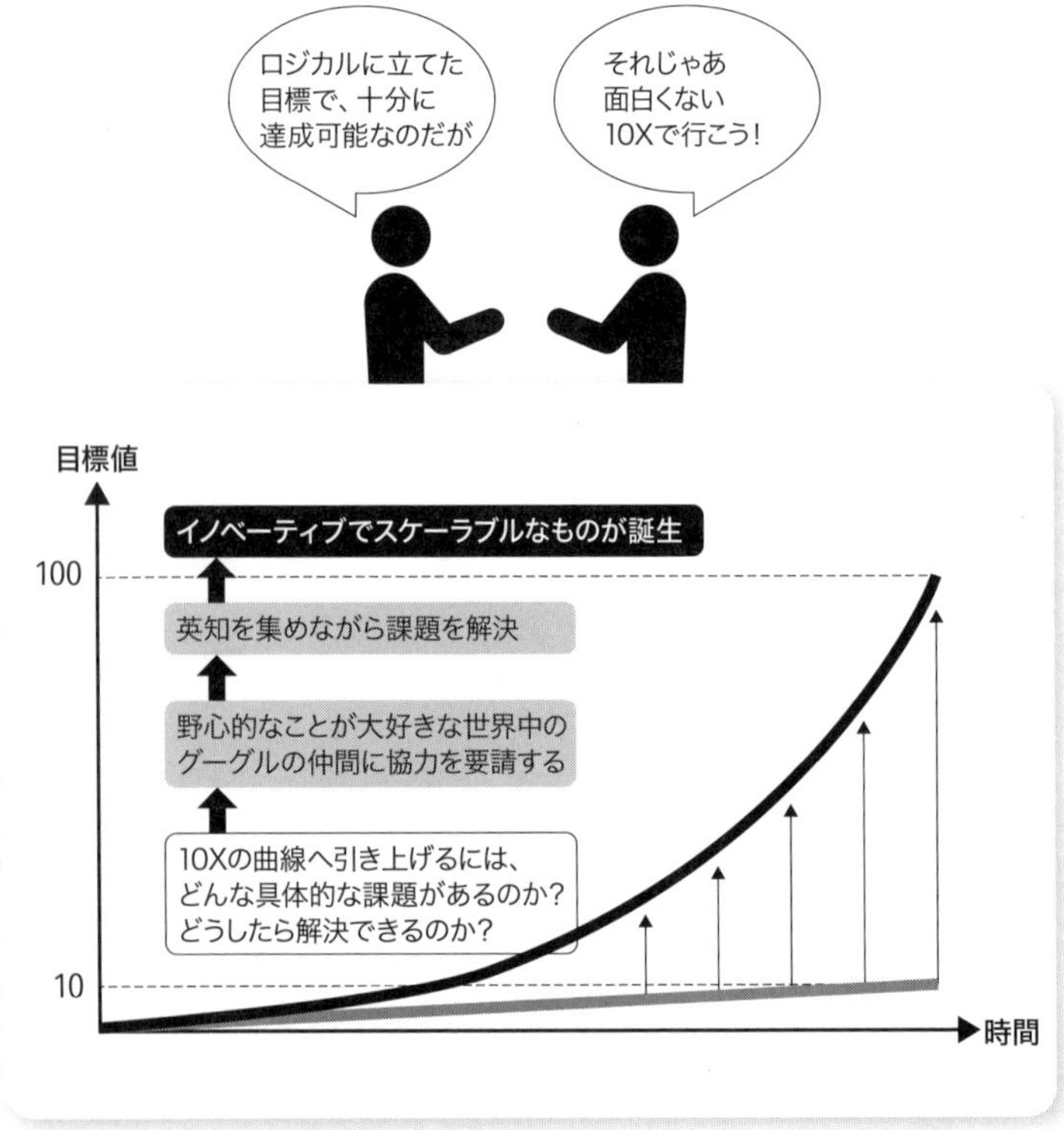

出典：PRESIDENT 2015年3月16日号 グーグルジャパン　川合純一執行役員（当時）インタビュー

グーグルでは、このように、高い志（パーパス）を基軸とした10X型ズーム・アウト思考が組織にビルトインされているのである。

PDCAからOODAへ

一方、ズーム・イン思考を徹底するためにグーグルが採用しているのは、「OODA」サイクルだ。従来型の「PDCA」サイクルと比べてみよう（**図35**）。

PDCAサイクルは、線形型の意思決定モデルである。ゴールに向かって直線的に進むときは、このPDCAサイクルで問題ない。しかし、先が見えないとき、360度どこに向かって進めばいいか分からないときは、非線形型意思決定モデルのOODAサイクルを使ったほうがいい。

ゴールが見えず、そもそも何をしていいかさえ分からないときには、まずはその場その場の状況を理解することから始めなければならない。これが観察（Observe）である。

次に、新しい局面を切り拓くために、自分が立っている状態、周囲の環境の理解に基づいて、次の動作を瞬時にシミュレーションしなければならない。これを情勢判断（Orient）と呼ぶ。

360度の可能性があるとしても、どの方向がより適切かを即座に決断しなければならない。これが意思決定（Decide）である。

そしてその判断に基づいて、反射神経のように即座に動かなければならない。これを行動（Action）と呼ぶ。

図35

意思決定モデル

PDCAサイクル（線形型意思決定）

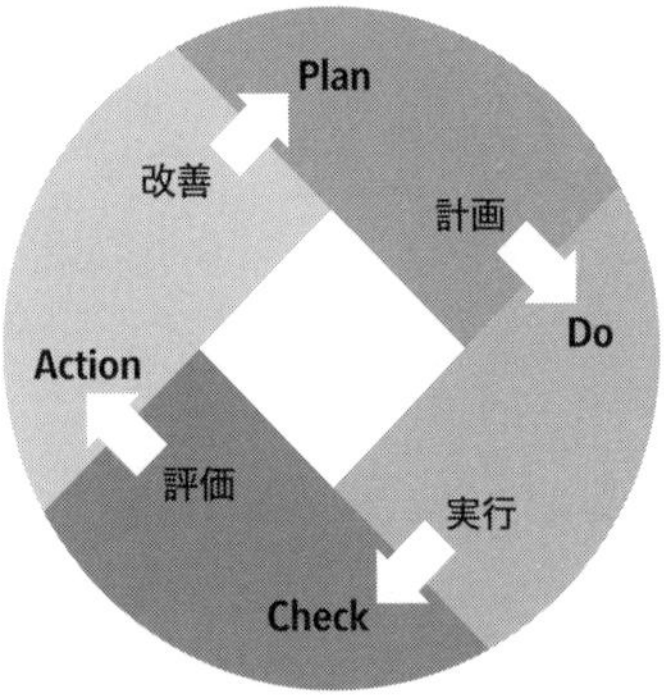

•目標や、問題の原因の特定が可能な際に有効
•環境の変化が乏しく、D（実行）だけ見直せばよい際に有効
•P（計画）からA（処置・改善）までのタイムラグそのものが問題にならない場合に有効

OODAサイクル（非線形型意思決定）

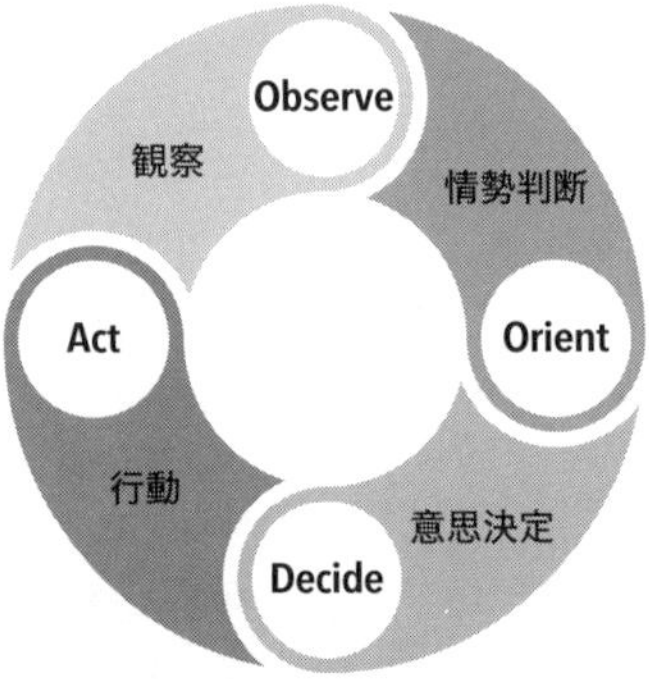

•過去の成功体験、先入観、偏見が命取りになる場合に必要
•環境の変化が激しく、問題が入り組み、主体者のOODAそのものを見直す必要がある場合に必要
•A（行動）がさらなる問題を生んだり、問題解決に結びついているとは限らない場合に有効

局面が刻一刻変化する現実の世界の中では、このOODAサイクルを瞬時に現場で回すことが求められている。いちいち本部に、状況報告と指示を確認している場合ではない。

OODAサイクルは、アメリカ海兵隊で開発されたモデルである。どこから敵が襲撃してくるか予測不可能な場合、パイロットは自らがその場で判断して行動しなければならない。PDCAのように大本営があらかじめ準備した計画通りに行動していては、神出鬼没の敵機にあっという間に撃ち落とされてしまう。

ビジネスにおいても、これだけ環境変化が激しいと、本社で考えて判断、指示している余裕はない。その状況を熟知する現場に判断を委ねなければならない。グーグルは実践の厳しい現実を熟知しているからこそ、OODAサイクルを実践しているのである。

考える現場

日本企業でも、勝ち組はPDCAではなくOODAサイクルを実践している。

たとえばトヨタ。そもそもTPS（トヨタ生産方式）の基本は、「考える現場」を創ることにある。生産現場で問題が発生すると、アンドンでラインを止め、その場で徹底的に問題を解決する。そしてその解決策を、TPSの中に新たな標準として埋め込む。このようにして、TPSは問題が起こるたびに、進化していくのである。

もうひとつはユニ・チャームのケースである。同社の高原豪久社長は、就任後、PDCAを進化させた「SAPS経営」(スケジュール・アクション・プラン・スケジュール)を掲げ、15年かけて定着させた。その結果、計画に従って着実に実践する組織力を築き上げた。

ところが最近になって、OODA経営へと大きく舵を切った。きっかけは中国だった。中国の市場は刻々と様相を変え、しかも沿岸部と内陸ではまったく違う。そうなると、遠隔からでは判断できない。そこで、現場で考えてすぐに行動し、そこで学ぶOODA型にシフトする必要性を痛感したのだという。

10X速度で変化するデジタル業界や、100年に一度の大転換期にある自動車だけでなく、おむつや生理用品の世界でも、OODAループを回し続けなければ、市場から振り落とされてしまうのである。現場で考え行動し、それが組織全体にフィードバックされていく。そのような分散と融合の仕組みを創ることが、ティール組織特有のズーム・インの知恵である。

KPIからOKRへ

このような遠近複眼経営を、現場にまで落とし込むもう1つの仕組みが、OKRである。Objectives(目的、すなわちパーパス:O)とKey Results(主要な結果:KR)だけを握る目標設定プロセスである。インテルで生まれ、西海岸を中心に広がっていった。もちろんグーグルもOKRを採用している。

これまで一般的に使われてきたMBO(Management by Objectives)とは大きく異なり、そもそもO（目的）とKR（主な結果）しか握らない。途中のKPIは存在せず、目的と結果さえ握っていれば、あとは自由度が高いのがこのモデルの特徴である。

ただし、KRを100％達成してしまうことは失敗とされる。およそ60～70％の達成でなければならない。言い換えれば、実現可能なレベルの1・5倍程度のストレッチした目標を設定する必要がある。

生真面目な日本人にとっては、なかなか受け入れにくい発想だ。実現できないことが初めからはっきりしているストレッチ目標を掲げるなど、いかにもいい加減なものに思えてしまう。しかし、実現できることを掲げて実直にそれをこなし続けてきた日本企業は、自らをストレッチしていく異次元の成長パワーを失い、世界のトップランナーから大きく後れを取っていったのである。

実際に多くの日本企業は、OKR導入をためらったり、OKRもどきを導入してはみたものの、KPIと同じように結果の達成にこだわってしまう。OKRをうまく取り入れている数少ない日本企業の1つが花王である。

パーパスとプリンシプル

花王は2019年4月、澤田道隆社長（当時）の下で、「キレイ・ライフスタイル」というパーパスを発表した。そして2021年1月に新社長となった長谷部佳宏氏は、このパーパスを組織、そして個人へと落とし込んでいくために、OKR導入に踏み切った（**図36**）。

図36

花王のOKR

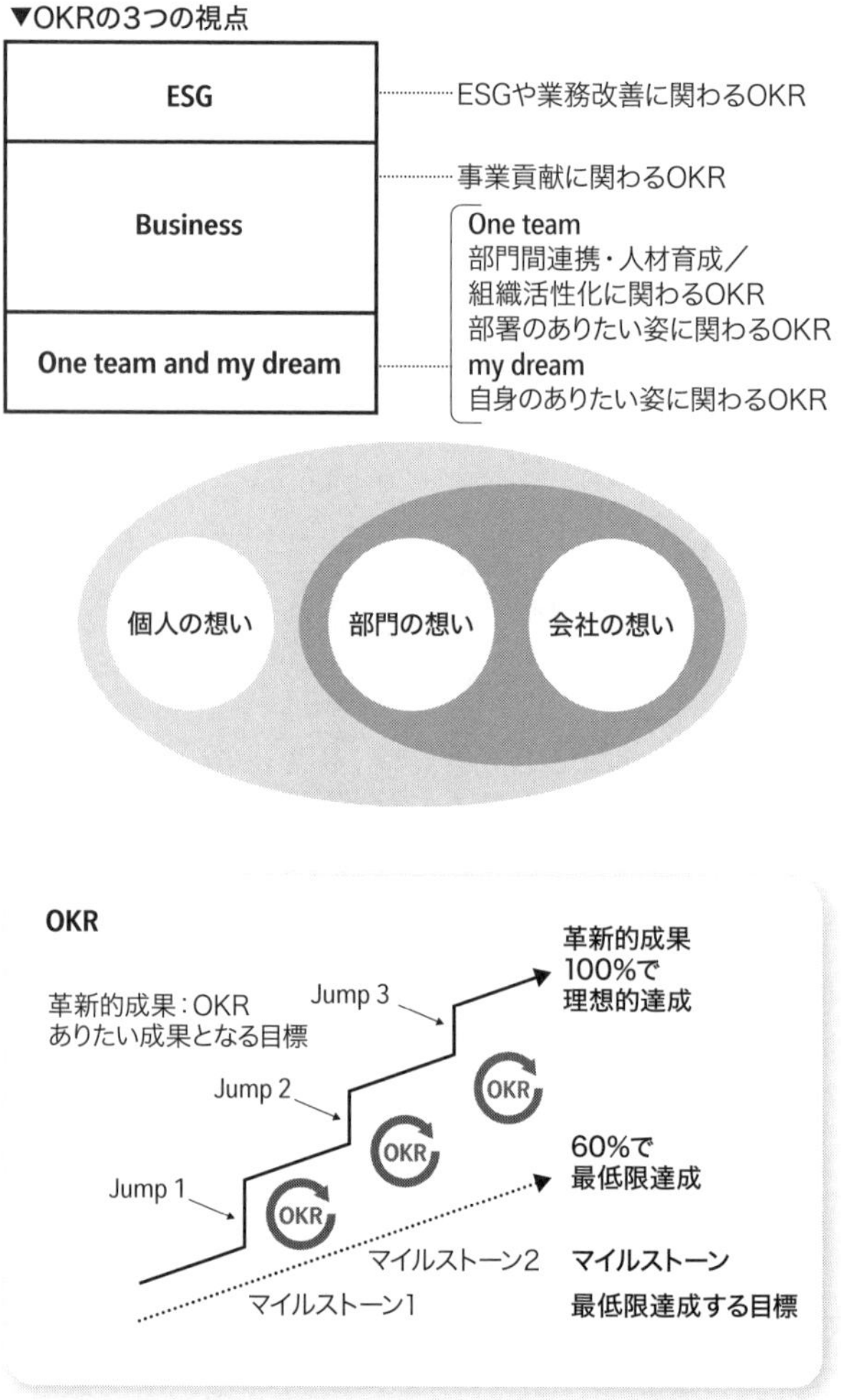
▼OKRの3つの視点
ESG
Business
One team and my dream
ESGや業務改善に関わるOKR
事業貢献に関わるOKR
One team
部門間連携・人材育成／
組織活性化に関わるOKR
部署のありたい姿に関わるOKR
my dream
自身のありたい姿に関わるOKR
個人の想い
部門の想い
会社の想い
OKR
革新的成果：OKR
ありたい成果となる目標
Jump 3
Jump 2
Jump 1
革新的成果
100%で
理想的達成
60%で
最低限達成
OKR
OKR
OKR
マイルストーン2
マイルストーン1
マイルストーン
最低限達成する目標

出典：花王

オブジェクティブは、パーパスそのものである。「キレイ・ライフスタイル」という企業のパーパスを組織、そして個人へとカスケードしていくことで、一人ひとりの自分ごと化を進めていったのである。

そして、60％達成を旨とする。すなわち、OKR本来の狙い通り、実現不可能なストレッチ目標を立てることにこだわった。すると、社員がこれまで以上に、挑戦する風土が生まれ始めたという。

その際、社員一人ひとりが拠り所としたのが、「正道を歩む」という行動原理だった。これは花王が創業以来、130年間、大切にしてきた同社の社是でもある。ただ、これまでは、「正道」を意識して、どうしても保守的になりがちだった。しかし、OKRを導入することによって、手が届かないようなMTP(Massive Transformative Purpose)に挑戦することに目覚め始めた。「正道」をまっすぐ貫いて、正しい未来に向けて大きく踏み出せるようになったのである。

このエピソードは、パーパス経営を実践するうえで、大変示唆に富んでいる。パーパスをOKRによって、自分ごとに落とし込んでいく。オブジェクティブはパーパス（Why）であり、キーリザルトは実現したい結果（What）である。ただし、そこには具体的なHowは示されていない。ではHowを駆動するものは何か。

それがプリンシプル、すなわち行動原理である。パーパスはいわば北極星として頭上に輝くものであり、日々の行動を律するのはプリンシプルなのである。自社の原点ともいうべきプリンシプルを、いかに未来志向に読み替えることができるかが、パーパス実践の鍵を握るのである。

インクルージョン・ファースト

ティール組織は、レッド、アンバー、オレンジのように、単一の意思決定のもとにみんなが規律を持って動くという組織ではない。それぞれが現場で現実と向き合い、さまざまなゆらぎが起こる中で判断する組織に変えなければならない。

そこで重要なのが多様性である。

学びの場をつくるには、ゆらぎの現場が数多くあったほうがいい。そのためには、組織としてのユニットを小さくして表面積をできるだけ大きくし、学びのためのゆらぎの場を数多く持たなければならない。

今、日本ではダイバーシティ（多様性）の重要性が唱えられている。確かに、「日本人、昭和、男性」という金太郎飴のような単一カルチャーの中からは、新しいゆらぎは生まれない。これは、残念ながら典型的な日本企業の本社経営層の実態である。

しかし、多くの企業の現場は、多様性に富んでいる。外国人もいれば、平成生まれもいれば、男性以外の社員も当然少なくない。そのような現場こそ、ゆらぎの宝庫である。前述したように、「イノベーション＠エッジ」、すなわちイノベーションはこのような多様性にあふれた現場から生まれるのである。

ただし、現場の「ゆらぎ」だけでは、0→1を起こせても、現場の末梢的な活動で終わってしまう。1→10に広げていくための「つなぎ」、そしてそれを10→100へとスケールするための「ずらし」が不可欠だ。前述したように、この「ゆらぎ・つなぎ・ずらし」こそが、生物進化の本質であり、ティール組織がイノベーションを生み出す基本原理なのである。

ダイバーシティだけでは、小さなゆらぎが数多く生まれても、大きなうねりは引き起こせない。本当のイノベーションに育て上げるためには、「つなぎ」そして「ずらし」という求心力、すなわち「引き込む力」が必須となる。それがインクルージョン・パワーだ。

日本企業の多くは、いまだにダイバーシティの確保に余念がない。しかし、それは現場から乖離した本社幹部の迷走にすぎない。ダイバーシティをいくら広げても、遠心力が増すだけで、組織として一体感をますます失うことになるだけだ。

イノベーションを生むためには、ダイバーシティ以前に、インクルージョン・パワーに磨きをかけなければならない。この「インクルージョン・ファースト」こそ、ティール組織が進化していくための基本原理なのである。

脱学習と学習の連鎖

ティール組織は、実際の生命同様、ゆらぎ続ける必要がある。それらのゆらぎをインクルージョンによって引き込む。しかし、引き込まれると画一化してしまい、熱力学的平衡、すなわち不活性状態に陥ってしまう。生命力を維持し続けるためには、常に新たな多様性を求め続けなければならない。

そこで必要なのが脱学習（アンラーン）である。学習の場を変え、そこでまた新たに学んだことを、組織全体に引き込んでいかなければならない。この繰り返しのメビウス運動ができるようになると、自ら差異を取り込み、イノベーションを持続することができるようになる。

ティール組織は、環境変化を進化の絶好のチャンスと捉え、脱学習と学習を繰り返していく。ティール組織といえばグーグルが筆頭に挙げられるが、日本ではどの企業があてはまるだろうか。たとえば、日本を代表する自動車産業で考えてみよう。

かつてのホンダは、ティールと呼ぶには遠心力が強すぎる組織だった。そもそも本田技術研究所は、本田技研工業から分社して長らく独自性を保ち続けていた。アメリカや中国などの海外事業体も、本社とは一線を画した独自の地域戦略を展開していた。ホンダグループとして、21世紀最大のイノベーションともいうべきホンダジェットも、開発者の藤野道格氏がアメリカで独自の経営を展開することで、世界一の事業へと羽ばたいていった。

リーマンショック以降、効率を重視する方向に舵を切った結果、逆にホンダからイノベーションが出にくくなってしまった。求心力が効きすぎて、組織の中のゆらぎが起こりにくくなってしまったためだ。

2021年4月以降、三部敏宏新社長のもとで、ホンダは自律と規律のバランスを、いま一度取り戻そうとしている。そうなれば、ホンダがティール組織として、イノベーションに向けた活力を取り戻すことが期待できそうだ。

一方トヨタは、金太郎飴と揶揄されるほど没個性的な組織だといわれてきた。特に、現場の創意工夫を組織力に落とし込む力には定評がある。ＴＰＳ（Toyota Production System：トヨタ生産方式）がその代名詞である。

しかしＴＰＳでは、問題が起こると、アンドンを引いてラインを止めて、現場で徹底的に問題解決をすることが出発点となる。そしてそこで発見された解決法が、ＴＰＳの中に落とし込まれる。すなわち現場で問題が起こるたびに、ＴＰＳは進化し続けるのだ。

現場での「たくみ」が、組織全体の「しくみ」に組み込まれていく。この現場のゆらぎを組織全体へとつなぎ、組織知をずらし続ける力こそ、トヨタが現場発でイノベーションを仕掛け続ける原動力となっているのである。その意味ではトヨタこそ、日本を代表するティール組織だとも言えるだろう。

課題は、それをオペレーションの世界から、事業、そして経営のレベルにまで、いかに実装することができるかである。そうすれば、トヨタ流の10Ｘ経営に大きく踏み出していくことができるはずだ。

異次元成長企業：エグゾス（ＥＸＯＳ）

収穫逓減から収穫逓増へ

「Exponential Organizations」は、指数関数的に成長のスピードが上がる組織である。略してＥＸＯＳ（エグゾス）。「シン・ゴジラ」のような新種の恐竜を彷彿とさせる生命体である。

シンギュラリティ大学の二人の創業者らが２０１４年に出版した同名の著書（邦訳：『シンギュラリティ大学が教える飛躍する方法』、日経ＢＰ、２０１５年）で、初めてこの言葉が使われた。直線ではなく、指数関数的に成長する組織を指す（**図37**）。ＧＡＦＡに代表される21世紀型のデジタル企業が、エグゾスの騎手たちである。日本では、ソフトバンク、日本電産、ファーストリテイリングなどがこの新種に属しているといえるだろう。

なぜ線形ではなく非線形に成長するのか。収穫逓増の法則が機動するからである。

通常は、規模とともに成長曲線は緩やかになる。それがアトムの時代の法則である。重力を持ったものは、当然ながら重力に負けるので重くなる。ところがビットの時代になると、重さがないので規模が大きくなればむしろ価値が上がる。これが収穫逓増の法則である。別の言葉にすれば「ネットワーク効果」である。

図37

10X成長

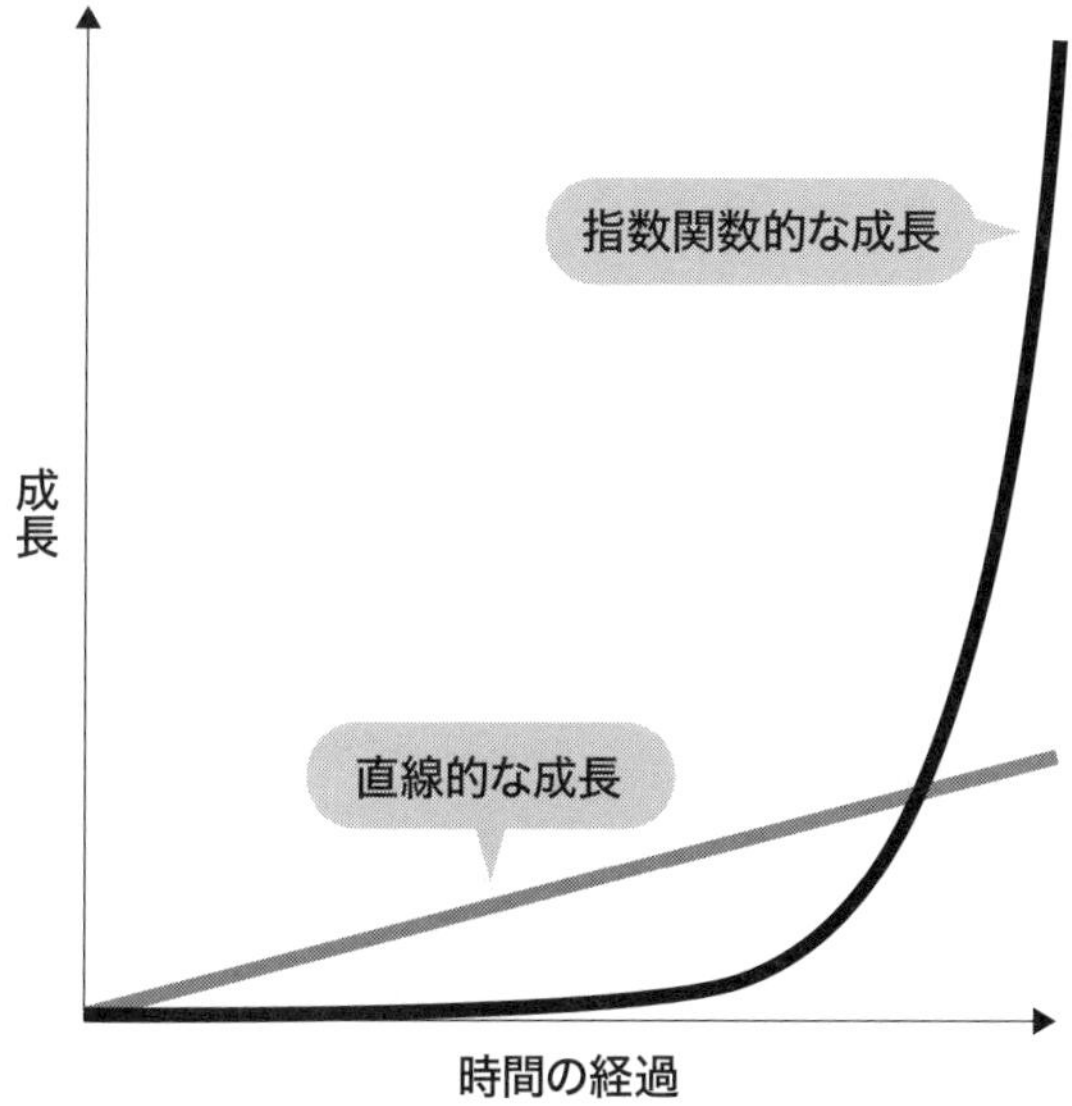

出典：サリム・イスマイル他著『シンギュラリティ大学が教える飛躍する方法』を基に作成

プラットフォーマーが収穫逓増の法則を獲得するのは、情報が集積すればするほど価値が上がるからだ。その真ん中にいるプラットフォーマーは巨大になり、周りがますます情報を投げ込むようになり、情報の価値がさらに上がる。そのため、ますます企業価値も上がる。これまでの大企業であれば寝てしまう成長曲線が、エグゾスの場合はすさまじく成長する。

デジタル時代にコアとなる資産がビットに変わって重さがなくなると、収穫逓増の法則が支配するようになると期待されてきた。しかし、数を集められるプラットフォーマーが出現し、ひとり勝ちを始める弊害も生まれた。ＧＡＦＡにマイクロソフトとネットフリックスを含めた６社が生態系の中心になり、彼らに情報が集まり続ける仕組みが確立されてしまった。シン・ゴジラが放射能を浴びて巨大化したように、エグゾスは情報を吸って巨大化していったのである。

プラットフォーマー同士の戦いによって、結局はいくつかのプラットフォーマーしか残らない。ウィナー・テイクス・オールの世界で、やがて1社の勝者しか残らない自然独占の世界になっていく。

もっともそのようなホラーストーリーは、プラットフォームが必要とされなくなるＷｅｂ３の世界になると、逆に一挙に崩壊していくかもしれない。これは４つ目の次世代組織形態として、後ほど論じることにしたい。

外に開いた組織

では、エグゾスはどのようにして異次元の成長を遂げるのか。

先述したシンギュラリティ大学の教科書によれば、指数関数的な企業になるためには、1つの前提条件と10の成長因子が必要だという（**図38**）。

まず前提条件として、「MTP（Massive Transformative Purpose）」を高らかに掲げなければならない。巨大で変革的なパーパス。グーグルでいうところの「ムーン・ショット」である。「北極星」と言い換えてもいいだろう。

ビジョンであれば、誰でもきれいごとを唱えることができる。しかし、これはパーパスでなければならない。自分の内側から湧き出る思い、すなわち「志」にしっかり紐づいている必要がある。ありたい姿、実現したい未来をいかに鮮明に描けるかが問われているのだ。

そのうえで、10の成長因子を組織に実装しなければならない。それらを総称して「ＳＣＡＬＥ ＩＤＥＡＳ」と呼ぶ。まさにアイディア（0→1）を、大きくスケール（1→100）させる仕組みである。このうちの「ＳＣＡＬＥ」の5つは外部、「ＩＤＥＡＳ」の5つは内側に向かっている。まずは「ＩＤＥＡＳ」のほうから説明していこう。

1つ目に「インターフェース」が明確であること。外部人財が組織に加わった際に、いきなりフルに活躍できるような体制が準備されていることである。レゴのブロックのように、簡単にプラグイン、プラグアウトできるというイメージだ。逆に、組織内のプロトコールを習熟するのに何週間

図38

Exponential Organizationの要件

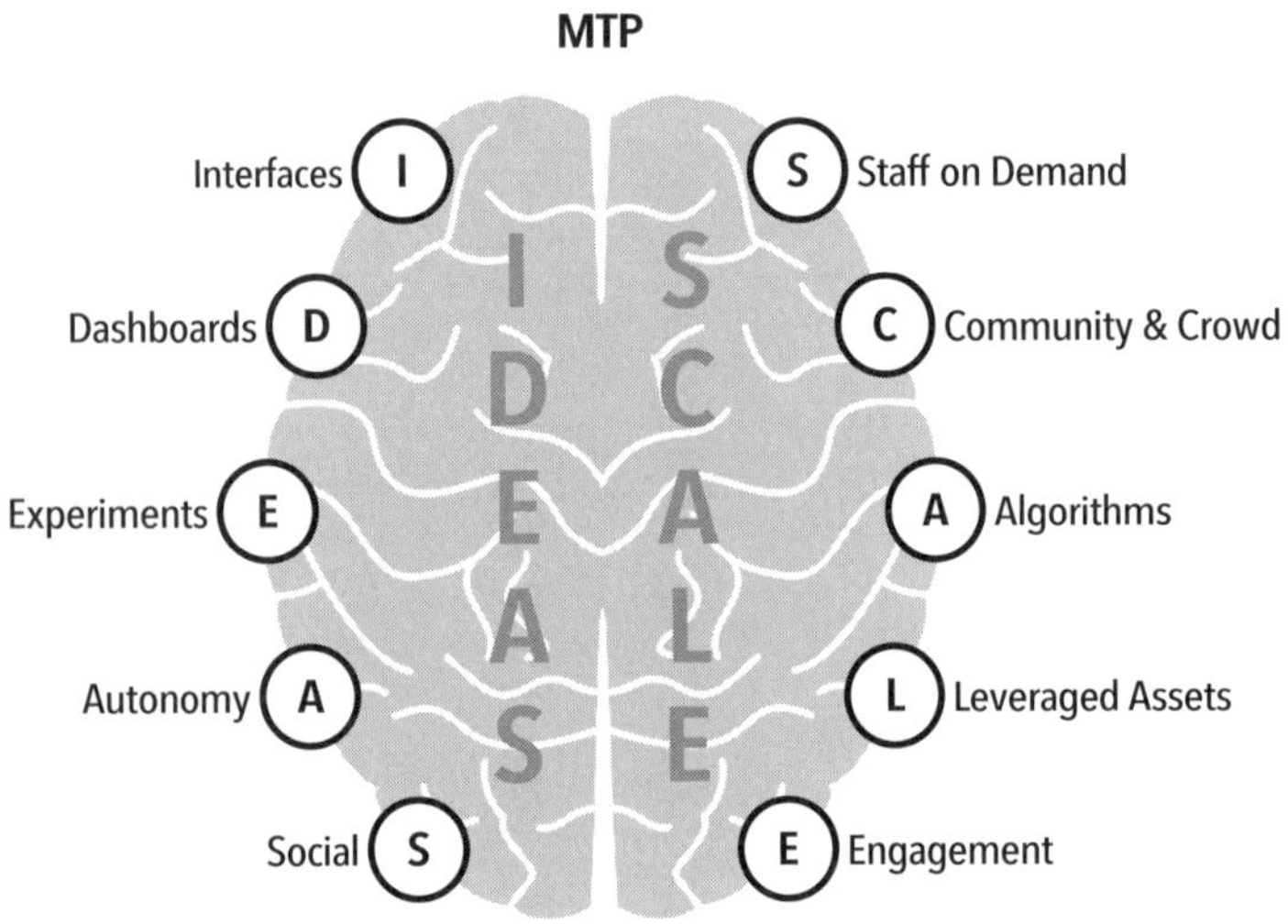

出典：サリム・イスマイル他著『シンギュラリティ大学で教える飛躍する方法』を基に作成

もかかるようでは、人財の流動性は期待できない。

マッキンゼーでは、少なくとも社内のインターフェースは極めて透明性が高い。たとえば日本人の自動車業界のプロであれば、ドイツや中国などのクライアントのプロジェクトに加わっても、その日からフルに活躍することができる。しかし、マッキンゼー外部の人財にとっては、ハードルは極めて高い。マッキンゼー流のプロトコールを習熟することは簡単ではないからだ。同社が「秘密結社」などと揶揄される理由の1つである。これでは10X化は期待できない。

2つ目の「ダッシュボード」は、成功の要件を可視化することである。面白いのはコックピットではなくダッシュボードである点だ。コックピットは航空機の操縦室のことだが、計器類が複雑で、その道のプロでない限り何を見ていいか分からない。一方、自動車のダッシュボードにある計器は、せいぜい3つ程度。このように本当に必要なKPIに絞り込む必要がある。

3つ目の「エクスペリメンツ」はさまざまな実験を奨励すること。4つ目の「オートノミー」は自律性を尊重すること。いずれも昨今、組織内にクリエーティビティを醸成するうえで、重視されているポイントであり、分かりやすい。ただし、いずれもスケールさせられなければただのゴミを排出するだけに終わることを、肝に銘じる必要がある。

5つ目の「ソーシャル」は、ソーシャル・ネットワークを使いこなすことだ。仕事上はSNSの使用を禁止している企業が、いまだに少なくない。セキュリティ上の懸念や、公私の区別をはっきりさせたいという意図があるようだ。

しかし、SNSが使えないようでは、外部人財と自由にコミュニケーションすることもままならない。そのような閉鎖的で自前主義的な組織は、指数関数的な成長を取り込むことは決してできない。

スケール力を実装する

IDEASの5つの要件は、組織が外部に向けて開放性を担保するために内部に具備すべき必要条件である。一方のSCALESの5つの要件は、外部の力をテコにアイディアを大きくスケールさせるための十分条件となる。

1つ目が「スタッフ・オン・デマンド」である。必要な人財は、その都度、外から来てもらえばいいという発想である。

多くの企業が、AI人財が足りないと嘆く。デジタル人財不足がDX実現のボトルネックになっている、という話もよく聞く。しかしどちらも、言い訳でしかない。ワクワクするようなチャレンジングなプロジェクトを掲げ、外部人財が活躍できる機会をつくれば、人は外からいくらでも集めることができるはずだ。それが「スタッフ・オン・デマンド」である。

グーグルの場合は、20%の時間で生み出した着想に、内外の人財が自主的に集まってくれることが、ムーン・ショットに向けた成功条件となる。そのためには、面白くて意義深く、みんながわくわくするMTPを高らかに掲げる必要がある。

パーパスが人財を引き寄せるマグネットとなるのである。人財が集まらないと嘆く企業は、まずは共感性の高いパーパス（ＭＴＰ）を掲げ、「ＩＤＥＡＳ」で見てきたような外部人財が活躍できる風土の醸成に努めるべきである。

後述するような「ワーク・シフト」の時代になると、優秀な人はみなフリーランサーになる。ＡＩ人財も、特定企業に縛られない。ある期間、１つのプロジェクトに参加していたとしても、ワクワクするような別のプロジェクトがあれば、自由にトラバーユしていく。

そのような外部人財に出会うためには、２つ目の「コミュニティ＆クラウド」を育成しなければならない。つまり、人財を無駄に社内に抱え込むのではなく、自社のパーパスに共感する人たちのコミュニティとの関係性をつくっておかなければならない。実はシリコンバレーそのものが、このような人財ネットワークで成り立っているのである。

３つ目が「アルゴリズム」、すなわち、価値創造方程式だ。優秀な外部人財を惹きつけるうえで、もっとも重要な要件である。これは、外部人財をテコに、事業をスケールさせるためのその企業ならではの「型」である。

一か八かやってみないと分からない、などという会社には、誰も近寄らない。必ず１００にまでスケールさせるというアルゴリズムを持っている企業に、ヒト（さらにいえばカネも）が集まるのだ。そのような企業のショーケースとして、リクルートの事例を後ほど紹介しよう。

４つ目の「レバレッジド・アセット」とは、できるだけ他力を使い倒すということである。これは、「他人のふんどし」を借りることをいさぎよしとせず、自前主義に陥りがちな日本企業の盲点となる。

かつてトヨタでは、「手の内化」が目指されてきた。しかしそのような衣の下に鎧を着た企業には、優秀な人財や外部のパートナー企業は、近づかない。資産を取り込むのではなく、外部資産の独自性を尊重する姿勢が不可欠だ。

そして5つ目が「エンゲージメント」。スケールするためには、外部人財を惹きつける力、言い換えると「共感共創力」がカギを握る。これは3つ目のアルゴリズムと並んで重要な要件である。

未来世代とのエンゲージメント

エンゲージメントは、パーパス経営を実践するうえでもキーワードだ。そもそも、社員(売り手)とのエンゲージメント、顧客（買い手）とのエンゲージメント、社会（世間）とのエンゲージメントは、日本的経営モデルである「三方よし」の原動力である。

それに最近では、コーポレート・ガバナンス強化の機運の中で、株主とのエンゲージメントが加わった。そして、10X経営を実践するうえでは、外部人財や外部パートナー企業とのエンゲージメントが必須となる。

さらにもう1つ重要なステークホルダーを忘れてはならない。それは未来の世代である。私たちは次世代の声を聴き、それをわれわれ自身の行動に反映する必要がある。

そこで注目されるのが、ＣＦＯだ。といっても、どこの企業にもいる「Chief Financial Officer」（最高財務責任者）ではない、Chief Future Officer（最高未来責任者）である。

ミドリムシの研究で有名なバイオベンチャー企業のユーグレナは、２０１９年からＣＦＯ制度を導入している。18歳以下の未来世代が経営に参加するという仕組みである。２０２２年には、15歳の高校生の渡部《わたなべ》翠《みどり》さんが、第3代目のＣＦＯに選ばれた。彼女たちは、サステナブルな未来に向けて、われわれに対してさまざまな気づきを与えてくれている。

リボン図

さて、ＳＣＡＬＥの5要件の中でも、日本企業にとって最大のハードルが3つ目の「アルゴリズム」である。いずれの企業も、本業をそれなりにスケールさせてきたはずだ。しかし、その手法が「型」化されていない。ましてや、外部の資産をフルに活用して、10倍（10Ｘ）にスケールしていく方法論は、ほとんどの企業で未確立である。

その中で、リクルートは、独自の事業開発アルゴリズムを実装している稀有な存在の1つである。同社の事業モデルは、「マーケットメイキング」である。クライアントである企業群とカスタマーである人々との「出会い」を育むモデルである。。

リクルートは、両サイド、すなわち需要と供給を同じ均等の大きさで広げていく独自の方程式を確立している。両側がシンメトリックに広がっていくので、「リボン図」と呼ばれている。最近では、

図39

リクルートの事業開発アルゴリズム

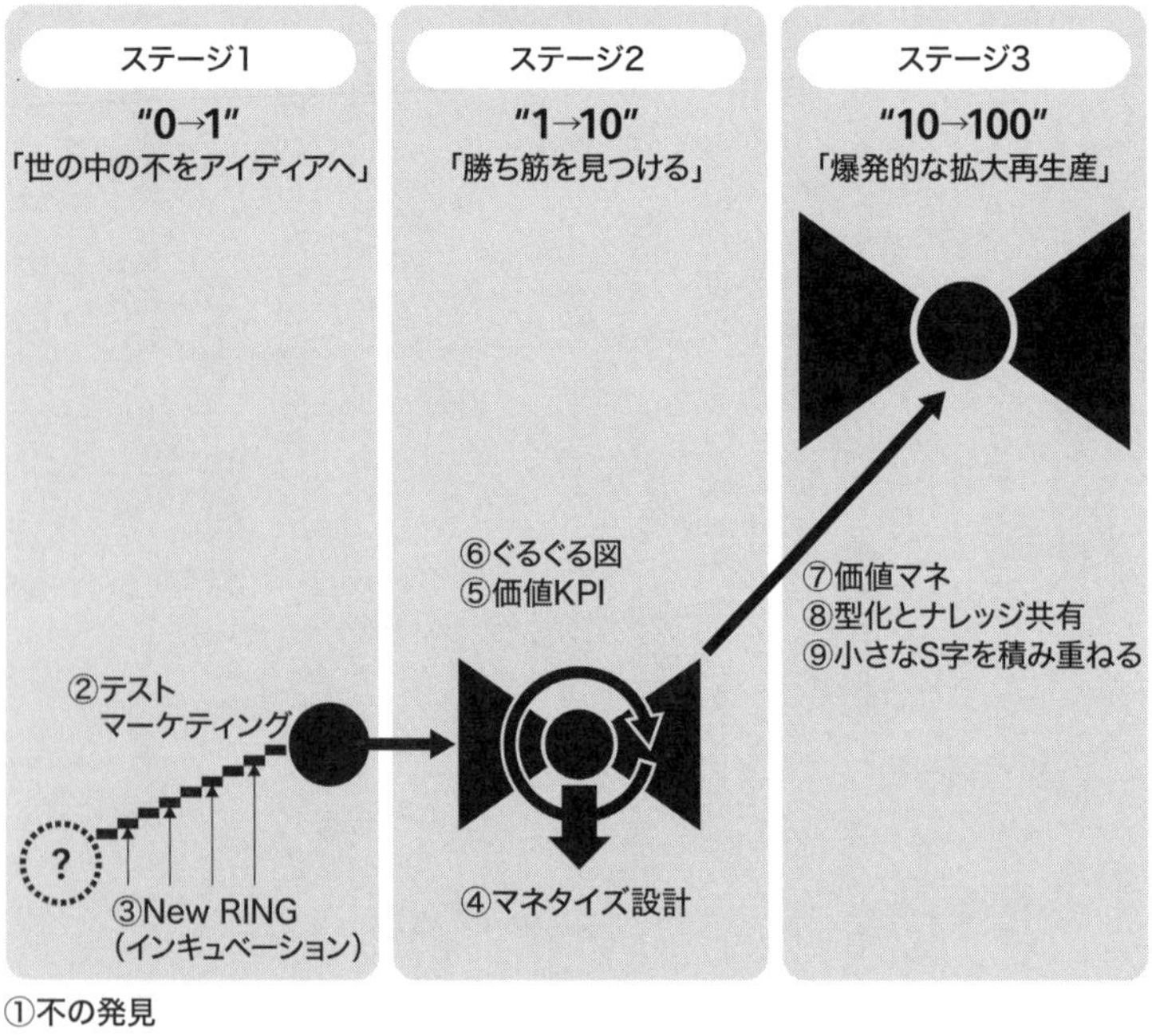

メソッド①不の発見…新規事業の起点となる「不」を探す

メソッド②テストマーケティング…発見した「不」がビジネスとして成立するかを見極める

メソッド③New RING(インキュベーション)…アイディアを事業化するサポート

メソッド④マネタイズ設計…圧倒的な収益を獲得するためのモデル設計

メソッド⑤価値KPI…勝ちにつながる行動や指標を発見・特定する

メソッド⑥ぐるぐる図…PDSを高速に回しながら、勝ち筋を探る手法

メソッド⑦価値マネ…発見した価値KPIに基づき、拡大させていくためのマネジメント

メソッド⑧型化とナレッジ共有…価値マネを実践するための行動を「型」に落とし込んで共有する

メソッド⑨小さなS字を積み重ねる…現場でつかんだ"兆し"を吸い上げる仕組み

出典:杉田浩章著『リクルートのすごい構"創"力』を基に作成

両側の関係性を有機的に結んでいくさまざまな仕掛けが盛り込まれている。

10Xアルゴリズム

リクルートは、事業のスケール化を目指すうえで、さらに卓越した仕組みを実装している。それが、図39の「3つのステージと9つのメソッド」だ。0から1、1から10、10から100の3つのステージを経て、年間1000億円規模の利益にまで事業を育成していく仕組みである、

0から1のステージ1は、「世の中の不をアイディアへ」を目指すとしている。しかし、世の中には「不」は無数にあり、単なるアイディアも捨てるほどある。それらの「不」は儲からないから放置されているのであり、思いつきのアイディアは「ゴミ」でしかない。

前述したように、リクルートが着目するのは、「既」でも「不」でもなく、「未」なのである。やりようによってはマネタイズ（収益化）できる事業機会だけに着目する。そしてそれを大きくスケールさせることができる筋のいいアイディアだけに絞り込む。

このステージ1のゴミを、ステージ2へと通過させない鉄壁のスクリーニングにこそ、リクルートの凄みがある。そしてそこには、この9つのメソッドには表現されていない10個目の方法論が潜んでいる。それはこのステージ1の時点で、「リピータブル（再現可能性）」と「シェアラブル（横展開可能性）」の2つの要件を、徹底的に追求することである。いずれも実は、次の2つのステージの成功要件を問うものでもある。一過性のアイディアでは事業という持続的な流れにはならず、

また横展開できなければ大河、そして大海となって大きくスケールさせることができないからだ。

ステージ２（1から10）では、「勝ち筋を見つける」ことが呪文のように唱えられる。アイディアをどのようにマネタイズするか、お金に換えるためのビジネスモデルをつくるのが、1から10のアルゴリズムだ。「誰の財布を狙うのか」「その財布はこちらに向くのか」「どれだけ多くの金を、どれだけ継続的に引き出せるのか」が徹底的に論じられ、組み込まれていく。

そしてステージ３（10から１００）では「爆発的な拡大再生産」が目指される。そのためには世の中のプラットフォームとなり、デファクトスタンダードを築き上げる必要がある。

ここでカギを握るのが、イノベーションのSカーブを、空間上ではたくみにずらし（拡大）ながら、時間軸上では波状に畳みかけていく（再生産）ことだ。そのためには型化とナレッジ化がキモとなる。こうして利益１０００億円規模の事業にスケールできたときに、リクルートの事業開発は成功したことになる。

リクルートという方法

０→1はゴミである。そのようなゴミを徹底的に排除し、筋のいいものを1→10、そして10→１００へとスケールさせることこそ、リクルート流の10X経営のアルゴリズムである。そしてそれは、イノベーションという言葉の生みの親であるシュンペーターの教えに他ならない。

せっかくこのように優れたアルゴリズムを築いていても、それをブラックボックス化する企業が少なくない。その企業の成長エンジンであり、コア・コンピタンスそのものだからだ。

しかし、リクルートは、ボストン・コンサルティング・グループの杉田浩章日本支社長（当時）の『リクルートのすごい構〝創〟力』（日経BP社、2017年）という著作を通じて、それを広く世の中に知らしめた。このようなアルゴリズムを持っていることで、リクルートが手掛ける事業は、よくありがちな新規事業という名のゴミの山に終わらないことが理解される。そうすると、内外の人財やパートナー企業を引き寄せることができ、周囲へのエンゲージメント力が格段に高まる。

そして、投資家も、同社が大きな将来価値を確実に生み出すことを期待するようになる。本書執筆時点で、リクルートのPBRは5倍以上となっている。

PBRが1倍の壁を突破できない過半数の日本企業にとって、いかに自社独自の10Xアルゴリズム（「たくみ」化）を生み出し続け、それに組織に自社独自の規律として実装（「しくみ」化）できるかが、知恵の絞りどころとなるはずだ。

ドーピング企業

ところで、異次元の成長を遂げるエグゾスは、いったいどこまで巨大化するのだろうか。指数関数的成長を続けていくと、いずれ爆発的な成長ゾーンに到達してしまうのではないか。

しかし、それは机上の空論に終わるだろう。バーチャルの世界では無限大の成長が想定されたとしても、リアルの世界のあらゆる制約、たとえばエネルギー体系や生態系、社会システムなどの限界が、そのような野放図の成長を許容しないからだ。

イノベーションのS字曲線（**図23**）を思い出していただきたい。シュンペーターは、短期的には収穫逓増のように見える現象も、いずれ収穫逓減を迎えると論じている。

この法則に従えば、指数関数的な成長は、Sカーブのいわば前半を切り取った一過性の運動にすぎない。無限大に成長することはなく、遅かれ早かれ、収穫逓減のステージを迎えることになる。バーチャルの世界で成長を続けるエグゾスも、リアルとの接点を持つことで、いずれ失速、場合によっては解体を余儀なくされるだろう。そう、まさに核エネルギーを無限大に吸い込もうとしたシン・ゴジラのように。

デジタルパワーをテコに規模の成長だけを追求し続ける企業を、私はドーピング企業と呼んでいる。詳細は拙著『経営変革大全』をご参照願いたい。そして、そのようなドーピング企業は、いずれ自己分裂や社会制裁の局面を迎える。技術論においてすら、後述するように、Ｗｅｂ３の世界になると、プラットフォーム型の巨大企業は役割を終えると予想されている。

だとすると「指数関数的成長」そのものは、デジタル万能時代の一過性のユーフォリア（熱狂）に終わる可能性が高い。そして、エグゾスという21世紀初頭の新（珍？）種は、実は絶滅危惧種にすぎないのかもしれない。

「ＳＣＡＬＥ ＩＤＥＡＳ」が異次元成長への要件だとしたら、次世代企業はどのような形態をしているのであろうか。さらにいえば、企業は本当に必要なのか。

企業の脱構築

企業とは何か？

そもそも、企業とは何か。まず、語源から確認しておこう。

英語の「エンタープライズ」は、「enter（中）」と「prehender（掴む）」が合体した言葉である。ひと言で言えば、間をとること。間には空間と時間がある。

空間を取り持つこと、すなわち、仲介や貿易を生業として生まれたのが、イギリス系の企業である。その結果、アングロサクソン系には金融や貿易にいそしむ企業が多い。

それに対してフランスやオーストリアなどの大陸系の企業は、時間を取り持つこと、すなわち現在の資産を未来に投資して付加価値を生み出すことを考えた。したがって、こちらは製造業などの技術革新に主軸に置く企業が多い。

一方、日本語の「企業」とは、読んで字のごとく、「(事）業」を企てる集団である。そして事業とは、一定の目的実現に向けて継続的に営む仕事のことをいう。したがって企業とは、一定の目的、すなわちパーパスの実現を企てる運動体である。時間や空間といった対象(What)や手段(How)ではなく、パーパス(Why)に基軸を置いているところが、日本の企業の特徴といってもいいだろう。

企業を表す英語には、もう1つ「カンパニー」という言葉がある。「con(いっしょに)」「panis(パンを食べる)」が合体したものだという。つまり、いっしょにパンを食べる仲間という意味らしい。今でも「カンパニー」は仲間という意味も持つ。たとえば、「マッキンゼー&カンパニー」は、マッキンゼー(創業者ジェームズ・マッキンゼーのこと)とその仲間たちという意味である。100年前の創業時には、おそらくみんなで一緒にパンを食べる仲間だったに違いない。

明治時代初期に、「カンパニー」の日本語訳として「会社」という言葉があてられた。「社《やしろ》」は古来、土地の神を祀る場所、「会」は多くの人が集まることを指す。こちらの語源を比較しても、英語が「パン」、すなわち物理的なモノを目的語にしているのに対して、日本語は「土地神」という精神的な拠り所を目的語としている点が興味深い。

ちなみに、日本語の会社をさかさまにすると「社会」となる。こちらは、Societyの訳語にあてられた言葉だ。実は語源は同じ。松下幸之助は「会社は社会の公器」と論じた。会社は社会とともにある。英語ではSocietyは公益(共通価値)を、Companyは私益(パン)を目指すという意味で対義語であるのに対して、日本語の社会と会社は類義語であるという点も、極めて示唆に富んでいるといえよう。

会社の寿命

さて、日本では「会社の寿命30年説」が定説となっている。これは1993年年に日経ビジネスが同名の特集を組んだことに端を発している。とはいえ、日本には、創業200年を超える企業は1000社近くに上る。世界全体で見ても、200年超え長寿企業の三分の二近くは、日本企業が占めている。一方、新陳代謝の激しいアメリカ企業の平均寿命は15年、日本の半分と言われている。

もちろん、長寿だからといって、手放しに自慢できる話ではない。その多くが、老舗旅館や郷土料理店、工芸品店といった零細企業のままで、どうにか生き延びてきている。創業200年を超える企業で、大きくスケールできているところは、竹中工務店、住友林業、武田薬品など、ごく一部にすぎない。

日本には、大企業と呼ばれる集団の中にも、ゾンビ企業が生き残っている。創業当初のパーパスを見失い、価値創造メカニズムが錆びついた企業群だ。中には頑張って延命を図っている企業も少なくないが、社会全体から見れば、新陳代謝を阻害している存在でもある。日本が次世代成長に舵を切るためには、人財市場の流動性を高めることで、そのようなゾンビ企業から人財を解放することが急務である。

しかし、そもそもデジタルパワーが「SCALE IDEAS」を可能にする新時代において、企業が存在する理由があるのだろうか。

DAOの壁なき壁

Web3という技術トレンドが注目を集めている。ブロックチェーン技術を活用した分散型ウェブの世界である。

Web3時代になると、ブロックチェーンを介してユーザー自身がデータを保有し、それを収益化することもできるようになる。その結果、GAFAのようなプラットフォームを介することなく、ピア・トゥー・ピアというユーザー同士のコミュニケーションや取引が可能になるとされる。

そのような世界では、企業そのものも解体し、自律分散型組織に移行すると、まことしやかに囁かれている。「DAO（Decentralized Autonomous Organization）」という組織モデルである。

図40を見ていただきたい。組織の進化の方向性を、スケール・スコープの経済と、スキル・スピードの経済という2つの軸で捉えたものである。

スタートアップ企業の多くは、左下を出発点として、多くは、横軸のスケール（規模）やスコープ（範囲）の経済を獲得する方向で進化する。その結果、スキルやスピードの経済を犠牲にしてしまう。典型的な「大企業病」である。

一方、縦軸のスキルやスピードの経済を獲得する方向に進化する企業も、ひと握り存在する。中小企業の集団として進化しようとする企業群だ。その代表例が、アメーバ経営を標榜する京セラである。

創業者の稲盛和夫翁が、経営者としての自分の分身を育成する思いを込めて仕掛けたものだ。10

図40

創発型組織への進化

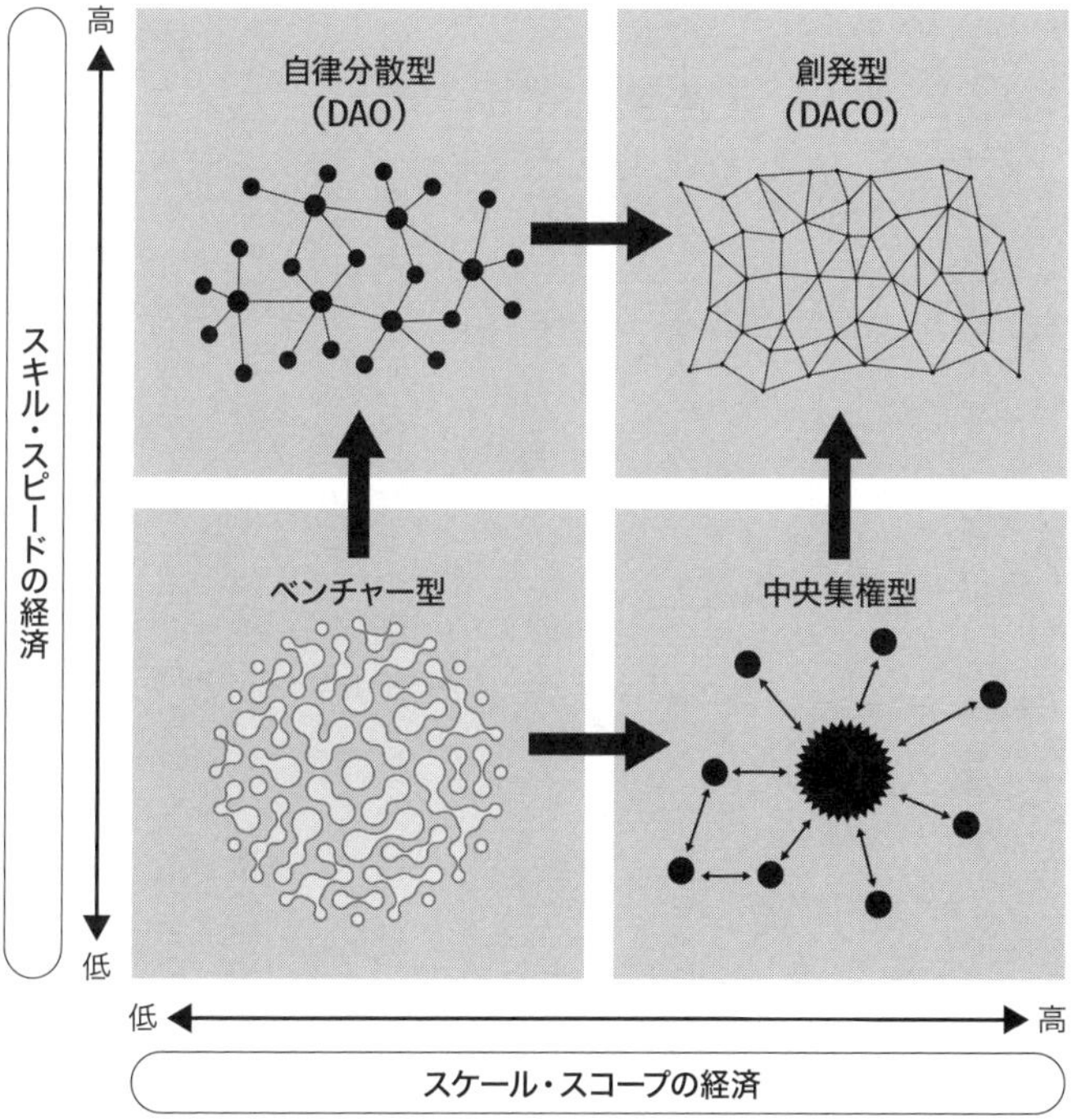

人前後で構成されるアメーバ組織のメンバーが企業家精神を持ち続けるという意味でも、大きな成果につながった。しかし一方で、中小企業の集団のままでは、スケール感のある事業はなかなか育たない。その結果、京セラの売上高は、1・5兆円あたりで足踏みする時期が続いた。

そこで谷本秀夫社長は、アメーバ組織を柔軟に組み合わせて、大きなモジュールやシステムに取り組める組織モデルへと舵を切っていった。その結果、京セラはようやく2兆円の壁を越えて再成長し始めている。

図でいえば、左上の自律分散型組織から、右上の創発型組織への進化を目指したといえよう。これによって、アメーバが本来持つスキルとスピードの経済を維持しつつ、同時に、スケールとスコープの経済を追求できるようになったのである。

Web3論者が唱えるDAOモデルは、この図の左上の姿である。まさに自律分散型そのものだ。しかし、それでは、0→1の小さな芽を生み落とすだけで、1→10→100とケタ違いにスケールさせることはできない。

DACOへの進化

真のイノベーションを持続的に生み出すためには、左上から右上へと、組織モデルを進化させなければならない。この右上のモデルを、私はDACOと呼んでいる。Decentralized, Autonomous, Connected Organizationの略だ。違いは「Connectivity（結合性）」にある。

ＤＡＯの時代はすでに到来している。そもそもインターネット自体が、原初的なＤＡＯの世界を現出させていた。ネット世代は、プラットフォームにも組織にも囲い込まれることなく、フリーランサーとなり、ピア・トゥ・ピア（Ｐ２Ｐ）型のコミュニケーションを駆使している。ブロックチェーン技術は、この動向を指数関数的に加速させることだろう。

やや大げさにいえば、現代版「ビッグバン」だ。時空の指数関数的急膨張が始まろうとしている。その爆発の中で生み出された自律分散型組織は、遠心力を頼りに宇宙（ユニバース）、そしてメタバースに飛び出していく。

しかし、自律分散化した「個」は、定義上、ｎ＝１しか生み出しえない。シュンペーターが論じたように、イノベーションを起こすためには「新結合」（私の言う「異結合」）が必須である。しかもそれをｎ＝∞へとスケールさせるためには、求心力がカギとなる。コネクティビティこそが、真のイノベーションの原動力なのである。

Ｗｅｂ３論者は、ＤＡＯは誰とでもＰ２Ｐ型に結合できるとうそぶく。たしかにインターネット黎明期（Ｗｅｂ１・０）ですら、Ｐ２Ｐは可能だった。しかし、技術的に自由な結合性が担保されていたとしても、実際にそこから交感、そして共感が生まれるためには、意味論的（セマンティック）な共通磁場が必要となる。現象学でいうところの「場」だ。

Ｗｅｂ１・０の時代には、Ｗｅｂ上の情報を一方的に取りにいったり、せいぜい知人とメールのやり取りができる程度だった。そこにはまだ共通の「場」は、存在しなかった。

Web2・0になると、SNSなどを通じて、多方向のコミュニケーションが可能になった。その際に「場」を提供したのが、GAFAに代表されるプラットフォーマーたちだった。

Web3・0(Web3)が到来すると、ブロックチェーンによってユーザー自身がコミュニケーションや取引の主導権を握れるようになるとされる。しかし、膨張し続けるWebという時空間の中で、自らに対して主導権を所有したところで、何になるのか。プラットフォーマーが存在しなくなれば、Web1・0の茫漠とした世界に舞い戻るだけだ。

Web3の先に、「セマンティック・ウェブ」の時代を予言する論者もいる。「データ」は単なる素材としての客観的・個別的な事実を指す。今盛んに喧伝されているビッグデータも、それだけでは単なる事実の巨大な集積にすぎない。それに対して「情報」は、「データ」を処理、分析して一定の意味を与え、人に伝達するためにまとめられた表現である。セマンティック・ウェブは、このように素材としてのデータを意味論的な情報へと編集するパワーを持つ。

しかし、まだそれだけでは不十分だ。イノベーションを起こすためには、情報を「知識」、さらには「知恵」の地平に引き上げる必要がある。そこで求められるのは、「真・善・美」を判断する理性・悟性・感性である。ひと言で言えば、「哲学」と呼んでもいいだろう。

京セラの創業者・稲盛和夫翁は、「京セラフィロソフィ」を全組織に深く浸透させていった。自律分散型のアメーバ組織に求心力を持たせるためには、フィロソフィというマグネットが不可欠だったのである。それでもなお、アメーバの遠心力を中和するためには、DACO型の組織にくくり直す必要があったことは、前述した通りである。

マグネットとしてのパーパス

Ｗｅｂ３の時代において、組織という壁を越えてこの求心力を醸成するには何が必要か。
私はそれを「志」（パーパス）と呼んでいる。志を高く掲げることで、共感する人たちが集まってくる。志こそが、Ｗｅｂ３時代のマグネットとなるのである。

たとえばグーグルは、Ｗｅｂ2・0時代のプラットフォーマーから、Ｗｅｂ３時代のＤＡＣＯに向かって進化している。先述したように、同社では、組織の基本ユニットは５人だ。そして、社員それぞれが、20％の時間を使ってムーン・ショットに取り組む。もちろん５人だけでは実現不可能だ。そこでパーパスを高らかに掲げ、「この指とまれ」方式で参加者を募集する。そこに内外の「同志」が集積していく。まさに志が求心力の原動力となっているのである。

Ｗｅｂ３は、組織をいったん、自律分散型（ＤＡＯ）へと解き放っていく。しかし、それだけでは、前述したダイバーシティ同様、秩序（規律）からカオス（自律）へと向かうだけだ。カオスから新たな秩序を生み出すためには、ダイバーシティ以前にインクリュージョン・ファーストでなければならない。

ここでカギを握るのが、「カオスの縁」という磁場である。前にもご紹介した通り、理論生物学者のスチュアート・カウフマンは、生命の発生と進化には自己組織化が必要であり、そのような生命運動は「カオスの縁」で営まれると論じている。

生命同様、イノベーションもカオスの縁で発生し、進化していく。そのためには、自律分散というカオスに向かう遠心力が強いほど、自己組織化という求心力が必要となる。その自己組織化の結晶核の役割を担うのが「志（パーパス）」であり、自己組織化プロセスを牽引するのが、先述した「引き込み力（エンゲージメント）」なのである。

DAOからDACOに向かうためには、結合性（コネクティビティ）が必須となる。そしてそこでカギを握るのが、「志」（パーパス）と「引き込み力」（エンゲージメント）だ。

鳥の目、虫の目、魚の目

イノベーションを生み、スケールさせていくためには、DAOではなくDACOこそが次世代組織のトポロジーとなるはずである。ではその時代に、企業形態はどのように進化していくのか。

ここでも、第3章でご紹介した「散逸構造」理論が示唆に富んでいる。分子化学学者イリア・プリゴジンが生命の進化の構造を解き明かしたモデルである。熱力学的に平衡ではない状態にある構造を指す。そこでは、散逸するエネルギーの中で、自己組織化が営まれる。まさに、持続的な進化を生み出すプロセスを内包した組織構造である。

散逸構造は、2つの特徴を持つ。時間軸上における非線形性と、空間軸における開放性の2つである。

第一に、非線形であること。従来型の組織がリニアに成長してきたのに対して、散逸構造型の組織は非線形な成長を描く。ただしそれは必ずしも、エグゾス、すなわち指数関数的な成長組織を意味するわけではない。なぜなら、前述したように、指数関数的な成長は、早晩、システム全体の秩序を破壊してしまうからである。

非線形型組織は、システム全体の秩序の中で成長していく。その結果、単純な指数関数的な自己増殖型成長ではなく、平面的にはサインカーブのような回帰性、立体的には螺旋カーブのような漸新性を持った軌跡を描く。

非線形な未来を切り拓くためには、いわば凹字型の時間軸を取り込む必要がある。前に紹介した「遠近複眼モデル」（**図33**）である

まず、超長期のありたい姿を見据えること。シリコンバレーではＭＴＰ（Massive Transformative Purpose：巨大で変革的なパーパス）と呼ばれるものだ。そう、パーパスである。ただし、それは創業の精神のような懐古調のものではなく、そのような原点の思いを未来に大きく羽ばたかせることが求められる。いわば、それぞれにとっての「北極星」のようなものである。

同時に、超短期の現実に、ド真剣に対峙すること。ＶＵＣＡ時代の特徴は、現実が常に予想外に展開することだ。経済危機や地政学危機、バイオ危機やサイバー危機が日常化する中、変化が常態化するということが、明白になった。だとすると、予断を捨てて、虚心坦懐に現実と向き合わなければならない。

では中期をどう捉えればいいか。一寸先すら読めない時代に、中期の予測など立てようがない。日本企業の多くが、いまだに中期計画づくりとそのローリングを年中行事のように繰り返しているが、これは経済が右肩上がりだった頃の惰性にすぎない。中期計画づくりが無意味だということに納得できない方は、ぜひ拙著『経営改革大全』に目を通していただきたい。

重要な時間軸は超長期と超短期である。前述した「遠近複眼経営」モデルである。いわば老眼用と近視眼用の2つを合わせた凹型レンズが必要なのである。実は今に始まったことではない。日本ではかねてより、「鳥の目、虫の目」と呼ばれてきた知恵である。

なお、中期的な視点として、「魚の目」の必要性も唱えられてきた。ただし、これは誤解されていることが多い。魚のように、流れを正しく読むことは重要だ。しかし、流れに流されるだけではゴミと同じだ。魚は流れに逆らうことで、自らの思い通りの方向に泳いでいる。流れを読んだうえで、いかに自らの思いを貫けるかが問われているのだ。

生命体としての組織

散逸構造の第二の特徴は、「開放系」であること。熱力学の第二法則によれば、外部環境から切り離された閉鎖系の中では、エントロピー(混沌)が増大し、無秩序へと向かう。それに対して、開放系においては、外部環境とのエネルギーや粒子の交換によって、エントロピーを低下させ、秩序をつくり上げることができる。

生命論に置き換えると、閉鎖系のもとでは生命はエントロピーを増大させ、死に向かう。それに対して、開放系においては、外部との新陳代謝や新結合を通じて、新しい秩序をつくり続ける。これこそ進化のプロセスそのものである。

では組織は生命なのか、非生命なのか。それは組織構造次第である。閉鎖系の組織体は、混沌へと向かい、いずれ熱的死を迎える。それに対して、開放系の組織は、外部との創発を通じて、創造的破壊を繰り返すことができる。これこそ、組織が進化するプロセスそのものである。

では開放的組織とは、どのような形態を指すのか。

DAO、すなわち自律分散型組織は、それ自体は閉鎖系でしかない。それらの組織同士が有機的に関係性を構築することによって初めて、開放系の一員となる。すなわちDAOからDACOへと進化することによって初めて、生命体としての進化のダイナミズムを取り込むことができるのである。

では開放系組織に求められるものは何か。前述したエグゾス組織の要件、すなわち、MTPと「SCALE IDEAS」の10要件が参考になる。中でも、前提としてのパーパス、そしてアルゴリズムとエンゲージメントの3つが極めて重要である。

ただし、「MTP+SCALE IDEAS」のフレームワークには、1つ決定的な盲点がある。お気づきだろうか。

SCALEの5つが外側に、IDEASの5つが内側に向いているのだが、それを「つなぐ」視点が欠落しているのである。外の力を内側に取り込むだけではなく、それを内側の要素と新結合させる仕組みがない限り、イノベーションは起こせない。また内側の資産を外部化する仕組みがない限り、内部化ばかりでは自社の資産が膨れ上がって、まさにシン・ゴジラ化してしまう。

エグゾスが指数関数的な肥大化を目論んでいること自体に、そもそもの発想の限界がありそうだ。外部から異質なものを取り込むためには、まず自らの中にたまった不要なものを捨てなければならない。この健全な新陳代謝メカニズムこそ、生態系の一員として振る舞い、かつ、生命体としての動的平衡を保つために、もっとも重要な知恵なのである。

静的DNAと動的DNA

非線形性と開放性が次世代組織の要件だとすれば、企業はどのように変容すべきだろうか。自律分散型組織DAOは、個人を企業から解放し、自由な活動を誘発する。そして創発型組織DACOは、そのような自律した個人間の有機的な関係性を自在に編集していく。だとすれば、企業という固定的な枠組みは、無用な束縛でしかないのか。

このような次世代の環境の中で、企業が存在理由を発揮するためには、この「固定的な枠組み」から「流動的な生命体」へと脱皮する必要がある。

生命体の基本ユニットである細胞の構造が、ヒントになりそうだ。細胞は3つの基本要素から構成されている。

1つ目が「核」である。核に格納されているのがＤＮＡ、すなわち遺伝子情報を持った物質である。ＤＮＡは二重らせん構造から成り立っている。同様に、組織が生命体だとすれば、2つの相互補完的な要素がらせん状により合わさっていなければならない。

私はそれらを、静的ＤＮＡと動的ＤＮＡと呼んでいる。詳細は、拙著『学習優位の経営』をご参照いただきたいが、概要は次の通りである。

まず、静的ＤＮＡは、その組織固有の特性をコピーし続けるためのＤＮＡである。組織のアイデンティティを維持するための情報である。ＰＣでいえば不揮発性メモリー（ＲＯＭ：Read Only Memory）に相当する。

一方の動的ＤＮＡは、新しい情報を取り込み、古い情報と入れ替える。新陳代謝を行うための仕掛けである。ＰＣであれば、書き込み自由なＲＡＭ（Random Access Memory）に相当する。

静的ＤＮＡは、異物を排除する。いわば免疫機能の役割を果たす。一方の動的ＤＮＡはあえて自己を破壊しようとする。いわばは進化し続ける役割を果たす。この相互補完関係にある2つのＤＮＡがあって初めて自己の本質を維持しつつ、組織は変化を先取りして、自己変革を仕掛け続けることができるのである。

たとえば、アップルの場合、静的ＤＮＡは「ユーザーインターフェース（使い勝手）への偏執狂的なこだわり」だといえよう。一方の動的ＤＮＡは「アウト・オブ・ボックス」、すなわち常識の壁を破り続けることである。

トヨタであれば、静的ＤＮＡは「クルマづくり」ではなく、「仕組みづくり」。トヨタ生産方式（ＴＰＳ：Toyota Production System）は、その象徴である。一方の動的ＤＮＡは「Why（なぜ）5回」。それによって、既成概念の先に潜む本質に迫り続けることができる。

リクルートにおいては、静的ＤＮＡは「白地市場づくり」である。潜在需要に着目し、新しい市場を作っていく。供給と需要がシンメトリックに広がる「リボン図」を構築していくのである。

リクルートの動的ＤＮＡは、まさに「自己変革」そのものである。同社の社員一人ひとりが、創業者の江副浩正氏の「自ら機会を創り出し、機会によって自らを変えよ」という教えを、今も大切にしている。

このように、２つのＤＮＡがらせん状に絡み合うことで、アップルもトヨタもリクルートも、組織としてのアイデンティティを維持しつつ、進化し続けているのである。

エネルギー生成と新陳代謝

細胞の第二の構成要素である細胞質の中で、生命運動の根幹を担っているのがミトコンドリアである。

ミトコンドリアは細胞の中で、エネルギーを生成する役割を担っている。いわば生命の源である。ミトコンドリアが活性化されると老化現象を防いだり、免疫効果が増進することもよく知られている。

一方で、ミトコンドリアには細胞死を誘発する機能も埋め込まれている。アポトーシスと呼ばれる。いわば、あらかじめプログラムされた「細胞の自殺」現象である。生物が変態するときなどに細胞分裂を行う際、さらにはウィルスの混入やＤＮＡの損傷など、生存を脅かす事態が起こった際に、ミトコンドリアは自ら死を選ぶ。細胞の新陳代謝を促す仕組みである。

企業にとってのミトコンドリアの役割を担うのが、無形資産と呼ばれる資産群である。ブランド資産、知識資産、関係性資産、人的資産などがこれにあたる。これらの無形資産が有機的に絡み合いながら、企業に活力をもたらし、成長をドライブする。

そしてミトコンドリア同様、不要になった資産を自ら廃棄することで、組織としての新陳代謝を促す仕組みも組み込む必要がある。組織細胞自らが、組織が肥大化して膨張していく暴走を食い止めることで、持続可能な成長を実現することができるはずだ。

鉄壁から透過膜へ

細胞の第三の構成要素は細胞膜である。細胞膜によって、細胞は外界から分離され、個体としてのアイデンティティを確立することができる。また細胞膜は、選択的透過性があり、細胞への出入りを調節する機能を担う。その結果、生存に必要な物質を取り込むだけでなく、不要物を外に排出する役割も果たす。いわば外部と内部を通底させることで、健全な成長を促す役割を担っているのである。

企業にとっても、外部と内部を隔てる組織の壁に、いかに選択的透過性を持たせるかがカギを握る。固く内側を閉ざしているだけでは、進化は期待できない。新陳代謝を促進させるような関係性を外部と作り続けることが、開放系組織として自己組織化を進めていくうえでの知恵の絞りどころとなるはずだ。

2021年9月に旗揚げしたデジタル庁が、「リボルビング（回転）ドア」方式を掲げて、話題となった。官公庁と民間企業との間で、人材が流動的に行き来する仕組みである。政府にはデジタルに精通した人財など見当たらず、民間に頼らざるを得ないというお家の事情も透けて見える。

アメリカ政府を筆頭に、海外では以前から当たり前のように行われてきた慣行だ。今さら感は強いが、使命感という名の優越感と排他性で高い鉄壁を築いてきた霞が関に民間の血が入ることで、日本の行政府にも少し進化が始まるかもしれない。

民間企業では、キャリア採用はとっくに人財確保の有力なルートとなっている。即戦力のある人財を優先したいというニーズもあるが、そもそも、新入社員だけでは、とても人財補給が間に合わなくなっているのだ。

日本企業の平均勤続年数は、12年で、アメリカの4年の3倍近い。とはいえ、仮に40年間働くとすれば、日本でも2回は転職（勤務先は3社）することになる。転職は今や当たり前で、好むと好まざるとにかかわらず、人生三毛作は現実となっているのである。

2018年に「副業・兼業に関するガイドライン」を政府が策定して以来、副業・兼業を解禁している企業も増えてきた。ロート製薬では、その2年前から社外での「複」業を積極的に進めている。同社の山田邦雄会長は、インタビューで次のように語っている。

「社員は、いろんな仕事をするほど経験値が増えます。失敗もするだろうけど、成功もする。その中で成長するし、自分のやりたいことをやっていけば意欲も増す。それが大事だけど、会社というものが用意できる経験の場はどうしても限られます。副業や兼業を認めていったのも、その方が会社にとってもいいからと判断したからです」（日経ビジネス、2023年2月13日）

企業の創造的破壊

生命の原単位である細胞をアナロジーとして、組織について論じてきた。しかし、組織の原単位はヒトである。企業のビッグバンによって、DAO組織が生まれると、その最小ユニットは自律分散したヒトであり、ピア・トゥ・ピアの仕組みで、自由自在に結合できるようになるはずだ。なぜあえて、企業という人工的な組織の枠組みが、これからも必要なのか？

確かに、1つの目的（パーパス）を実践するためには、それぞれの目的ごとに、「この指とまれ」で自由な個人が集まればいいはずだ。組織のエネルギーの源泉となる無形資産、すなわち知識資産、ブランド資産、関係性資産、人的資産も、個人そのものが蓄積でき、それをブロックチェーンでトレーサブルにしておけば、ある程度の可視化も可能だろう。

しかし、無形資産は、有形資産のように客観的に測定することは困難だ。そうなると、目的単位で、自由に集まった構成員の無形資産価値を正確に見極められない。たとえできたとしても、とても手間がかかるだろう。従来から「取引コスト」と呼ばれてきたものである。

したがって、いきおい「気心の知れた仲間」や「過去にも協働した経験」「価値観を共有するメンバー」などといった無形の共通基盤が、個を組織に束ねていく最初の拠り所となる。そしてそのように自律した個が結合していく運動こそが、ＤＡＣＯの原動力となるのである。

これまで企業は、そのような経験や価値観の集積を容易にする共通基盤の１つとして、機能してきた。そして企業家は、志（パーパス）を共有する仲間（同志）を増やして、夢をかたちにする役割を果たしてきた。20世紀初頭、経済学者シュンペーターは、そのような企業家を「アントレプレナー」と名づけた。

これまで閉鎖型、かつ線形型の組織として硬い殻の中に閉じていた企業は、Ｗｅｂ３革命によって、解体を余儀なくされるだろう。しかしやがて、そのような自律分散化した個が、再度自由に結合する動きが始まる。ちょうど、ビッグバンのあと、無数の星団が生み出されていったように。企業はそのような自己組織化の核としての役割を、新たに担っていくようになるはずだ。

その場合に、企業に期待される役割は、大きく４つある。知識創造、信頼創造、共感創造、人財創造の４つだ。

これらは、先述した企業の無形資産、すなわち、知識、ブランド、関係性、人財という4つの資産の生成プロセスそのものである。自律分散化したWeb3の宇宙の中で、次世代の企業はこれらの無形資産を生み出し続け、蓄積し続ける役割を担うのである。

以下、それぞれについて取り上げてみたい。

「カオスの縁」での知識創造

第一に、データや情報を知識に置き換えること。

ビッグデータ時代には、データそのものはコモディティ化していく。高度情報化社会においては、データに意味合いを持たせた情報も、世の中にあふれ返る。Web2・0時代には、プラットフォーム側が個人の関心や嗜好に合わせて情報を取捨選択する役割を果たしてきた。利用者の観点に合わない情報からは隔離され、自身の考え方や価値観の「バブル（泡）」の中に孤立するという情報環境を指す。「フィルターバブル」と呼ばれる現象である。

Web3の時代は、事態はより深刻になる。情報洪水の中に取り残され、頼りになるのは自分の分身となるエージェントAIだけだ。プラットフォーム以上に自分に寄り添ってくれるものの、その結果、パーソナリゼーションという名の「セルフバブル」とも呼ぶべき現象が加速する。そこは、個々人の中で、独善が癌細胞のように自己増殖する世界である。

新しい知識は、異質な知識が結合することによって生まれる。シュンペーターが「新結合」（私は「異結合」と読み替えている）と呼び、複雑系理論では「創発」と呼ばれるイノベーションの原動力である。

知識が新結合し、創発していくためには、知識の結節点が必要になる。複雑系理論によれば、そのような異質な知識の結節点は「カオスの縁」に存在する。秩序、すなわち同質的な知識の体系の中からは、創発は生まれない。とはいえ、カオス、すなわち単なる乱雑さは未知の荒野が広がっているだけだ。

秩序と混沌、同質と異質の境界面において、創発が生まれるのである。企業が知識創造の場となるためには、開放的な組織への移行が不可欠となる。

ＤＡＣＯ、すなわち自律分散しつつ再結合されることで、混沌の中に秩序が生まれる。ＤＡＣＯは、まさに先述したイリア・プリゴジンが『混沌からの秩序』（みすず書房、１９８７年）の中で「散逸構造」と呼んだ自己組織化プロセスの産物である。そして企業は、自社の殻を破り、開放系の中に身を置くことで、カオスの縁で情報が異結合して知識を創造するプロセスを演出することが求められるのである。

ブランドが約束する未来

第二に、信頼を紡ぎ出すこと。自律分散した個が集まって大きな価値を生み出そうとするとき、構成員である個々の信頼性のみならず、その活動の母体全体の信頼性がカギとなる。活動そのものに信頼性がなければ、個が自らを本気でコミット、すなわち「自らを賭ける」ことなど期待できないからだ。

このような未来を約束するものが、ブランドである。そして、コーポレート・ブランドは、その組織の内外の構成員が共有する信頼の象徴である。

信用（クレジット）は過去の履歴で裏打ちされるものであるのに対して、信頼（トラスト）は未来に対する期待の束である。企業家は未来に賭け、投資家はそのような企業家への信頼を創造すると、シュンペーターは論じた。銀行家は過去の履歴で信用価値を判断する。それに対して、投資家は未来の可能性を信頼する。先が見えない時代において将来価値を創造するのは、過去の履歴（信用）ではなく、未来の可能性（信頼）なのである。

そのためには、3つの要件を満たす必要がある。英語でいえば、Impactful（インパクトがある）、Innovative（革新）、Implementable（実行可能性が高い）の3つのIとして表現できる。より分かりやすく表現すれば、「ワクワク」「ならでは」「できる!」の3つである。

第一に「ワクワク」すること。心を揺さぶられるような体験の予感が、一人ひとりの心をわしづかみにする。ばらばらになった個を共通の未来へと誘う。

第二に「ならでは」であること。ほかでは体験できないような未来への思いが、ばらばらになった個の心を惹きつける。

第三に「できる!」と確信できること。単なる夢物語ではなく、その夢の実現を信じる個の力が結集されることで、単独では手が届かない未来が現実になっていく。

私はこれら3つを、パーパス（志）の三要件として提唱している。詳細は、拙著『パーパス経営』を参照願いたい。ブランドという文脈でいえば、これらは「パーパス・ブランディング（パーパスを具現化するブランディング）」の3要件でもある。

関係性を紡ぎ出す共感共創力

さて、企業に期待される3つ目の役割が共感創造である。

パーパスを掲げるだけでは、絵に描いたモチにすぎない。私はそれを「額縁パーパス」と呼んでいる。

パーパスを基軸に個の力を集結していくためには、共感の輪を広げていかなければならない。共感がマグネットとなって、深いつながりを生み出していく。私はそれを「共感共創力」と呼んでいる。

最近、「エンゲージメント」という英語が安易に使われることが多い。しかし2つの重要な側面を見落としやすいので要注意だ。

第一に、エンゲージメントの対象が多岐にわたること。人事部門がエンゲージメントというときは、社員を対象としている。販売部門のエンゲージメントの対象は、顧客である。財務部門は投資家を対象に、そして広報部門は社会を対象にエンゲージメントを展開している。企業は、これらの活動を有機的に結びつけることによって、「三方よし」、つまり「売り手」である社員、「買い手」

である顧客、そして投資家を含めた「世間」との共感を増幅させていかなければならない。企業の役割は、これら多様な関係性を束ねる結節点となることである。

第二に、エンゲージメントは多方向の「引きつけ力」であること。社員や顧客、投資家や社会を、一方的に引き込もうとしても機能しない。かといって、個々の思いに寄り添うだけでは結束力は生まれえない。それぞれの思いのベクトルを、ありたい未来に向けて束ねていく編集力が求められる。したがって、それは多様な思いが重なり合った「共感」であり、多様な関係者が主体的に関わり合うことで「共創」していくプロセスがカギを握る。エンゲージメントという流行りの英語を振り回すのではなく、共感共創力という日本語が持つ本質を深く理解する必要がある。

先述したパーパス・ブランディングにおいても、この共感共創力が勝負となる。世界最大のブランディングファームであるインターブランド社は、企業のブランド力を評価する10の指標の1つに、この「共感共創力」を組み込んでいる。

人的資本から価値創造の源泉へ

企業に求められる４つ目の役割が、人財創造である。そのためには、まずヒトの捉え方を大きく見直す必要がある。

そもそも「材」、つまり材料としてではなく、「財」、すなわち財産として捉え直す必要がある。ヒトはインプットでもコストでもなく、価値創造プロセスの主体として企業活動の中心に位置づけなければならない。

世界最大の家電量販店であるベスト・バイ社を倒産の縁から救い、次世代成長へと大きく進化させたユベール・ジョリー前CEOは、「ヒューマン・マジック」のパワーを力説している。なぜなら、その見事な再生劇の主役は、経営者である彼ではなく、パーパスのもとに団結した一人ひとりの社員だったからだ。そして、ヒトは「資源（リソース）」ではなく、価値創造の「源（ソース）」として捉えなければならないと語る。頭でっかちだったマッキンゼーのシニアパートナー時代とは、180度価値観が変わったという。詳細はぜひ、彼の自著『ハート・オブ・ビジネス』（邦訳：英治出版、2022年）をご参照いただきたい。

最近、日本では政府や官僚、そして一部の御用学者が「人的資本（ヒューマン・キャピタル）」経営を声高に唱えている。ヒトをモノやカネと同様に資本（キャピタル）として位置づけようという呼びかけである。しかし皮肉にも、そのような発想自体が、旧態依然とした資本主義の限界を露呈している。

ヒトは資本、すなわち元手ではない。ヒトを労働力とみなし、ヒト、モノ、カネを生産の3要素と位置づける発想そのものが、19世紀型の資本主義の遺物でしかない。繰り返すが、21世紀において、ヒトは価値創造プロセスの担い手であって、元手ではないのである。

1980年代後半、伊丹敬之・一橋大学教授（当時、現在は同・名誉教授および国際大学学長）は「人本主義」を唱えた。欧米型の資本主義がカネを基軸としていたのに対して、ヒトを基軸とした経営こそが、日本的経営のパワーの源泉だと喝破したのである。

しかし平成に入ると、グローバルスタンダードという幻想が席巻し、人本主義は昭和の日本型経営モデルとして見向きもされなくなってしまった。そして周回遅れの欧米型の資本主義に走った日本企業は、「失われた30年間」に突入していったのである。

そのような「平成の失敗」に懲りずに、またぞろ政官学が一体となって、人的資本経営という名のもとで資本主義の延命に躍起になっている。人本主義と人的資本経営は、似て非なるものである。人本主義が資本主義の限界を超えるモデルを目指したものであったのに対して、人的資本経営は人財を資本主義に組み込もうとする修正資本主義にすぎない。

「失われたX年」の隘路から抜け出すためには、ヒトを素材、資源、資本とみなすようなキャピタリズムの発想から脱却する必要がある。ＤＡＯの時代には、自律した個としてのヒトは、企業家や資本家の元手になることも、手先として働くことも拒否する。「ヒューマン・マジック」が新しい未来を拓いていくことをいかに支援できるかが、これからの企業の本質的な役割となるはずだ。

創発する無形資産

以上、４つの無形資産について論じてきた。これらの資産は、それぞれが単独で価値を創造するわけではない。お互いが密接に絡み合い、影響し合って、相乗効果を生み出していく。

関係性がもたらす知の異結合によって、新しい知識が形成されていく。そのような関係性をテコとした知識創造のアルゴリズムによって、未来の約束としての企業ブランドが高まっていく。そしてブランドが関係性をさらに豊かにし、異次元の知識を生み続ける。

これらの資産形成の主体は、言うまでもなく人財である。人財が知識を生み、関係性を築き、ブランド価値を高める。逆に知識や関係性が人財を豊かにし、ブランドが優れた人財のマグネットとなる。

このように無形資産は相互作用を通じて、収穫逓増型で高まっていく。まさに10X型に成長する動的資産なのである。そのように無形資産が創発し合う場を提供し続けることこそが、企業の根源的な役割となるはずだ。

無形資産が企業価値向上の源泉であることは、よく知られている。たとえばS&P500を構成する企業群の株式価値に占める有形資産の割合は8分の1程度でしかない。残りは、無形資産がもたらす将来価値の総和である。

しかし、今の会計の仕組みでは、無形資産の資産価値を把握することができない。最近は財務指標に加えて、非財務指標を可視化する取り組みが進んでいる。しかし、無形資産は「非」財務ではなく、「未」財務、すなわち将来価値を生み出す源泉として捉え直す必要がある。

無形資産を企業価値に組み込もうとする試みも、世界中で始まっているが、暗中模索の域を出ない。無形資産を計測するだけでも決め手に欠け、無形資産への投資と企業価値の向上との相関関係は、過去データの回帰分析で示せるとしても、将来価値の予測には使えない。因果関係を紐解くことができないからだ。

無形資産がお互いに相関し合って高まっていくことは、ここでも論じてきた通りだ。さらにそれが企業の将来価値に結びつくまでには、内外のさまざまな関数が絡み合う。そもそも非線形かつ開放型の複雑系の動きは、ロジカル・シンキングで紐解くことはできない。

前述したシステム・シンキングの出番である。ＰｗＣが提唱する「インパクト・パス」という手法は、そのような試みの1つである。まだ開発途上であり、さらなる進化が待たれるところである。

コモンズの悲劇

これまで論じてきたように、自律分散社会における次世代企業の役割は、無形資産を有機的に異結合することにある。前述した組織論の文脈でいえば、ＤＡＯからＤＡＣＯへと移行するうえで企業が果たすべき本質的な役割である。そしてそのような結晶化の核となるのが、メンバーが共有するパーパス（志）である。

ただし、それは企業だけの特権ではない。そもそも企業が登場するはるか以前から、「コモンズ」という地域コミュニティがそのような役割を担ってきた。コモンとは「共同」を意味し、近代以前のイギリスで、共同牧草地の管理を住民が自治的に管理してきた制度が「コモンズ」と呼ばれていた。同様の共同体は、世界各地で運営されてきた。日本でも古くから、「入会《いりあい》」という村落共同体が、土地や森林などの共有の資産を管理、保守する役割を演じてきた。

近代以降、人口の流動化や都市化とともに、地域の絆は弱まってきたとはいえ、地域コミュニティは、地域住民の交流の場として機能してきた。今でも、地域住民の生活課題や社会課題を解決する手段として、自助と公助に加えて、「共助」の役割が期待されている。

通常コモンズは、自律的組織であるがゆえに、規律が保てない。共有資源を個人が自分勝手に使ってしまうと、いずれ資源が枯渇してしまう。アメリカの生態学者ギャレット・ハーディンは、1968年に雑誌『サイエンス』に掲載された論文で、このような現象を「コモンズの悲劇」と呼んだ。自律に任せると、秩序が混沌に向かうというエントロピーの法則そのものである。

今日、コモンズの悲劇は、温暖化や気候変動に起因する大きな環境問題を引き起こしている。地球規模の課題であるだけに、地域コミュニティだけでは解決できない。サステナビリティへの取り組みが世界中で声高に唱えられているものの、「コモンズの悲劇」というエントロピーの法則を超えることは容易ではない。

2009年にノーベル経済学賞を受賞したエリノア・オストロムは、『コモンズのガバナンス』(1990年、邦訳:晃洋書房、2022年)の中で、自治(セルフ・ガバナンス)の重要性を説いている。そのための条件として、集団的取り決めや監視、制裁などの規律の必要性を挙げている。もっとも、コモンズという自律型の共同体の中で、自治のパワーを効果的に組み込むことは容易ではない。法律や社規などといった組織的な強制力を持った仕組みを導入しにくいからだ。「コモンズの悲劇」を乗り越えるためには、その困難な課題を突破する知恵が、今こそ求められているのである。

市場か非市場か

社会は大きく、公的な場と私的な場に二分できる。

古典的な資本主義は、前者を市場、後者を企業と呼び、「取引」の原理で峻別している。すなわち、市場では市場取引の原理、企業では組織内取引の原理が働く。

市場取引では自由な参入や退出が保証され、価格をシグナルとして利己的な利益や効用の最大化が行なわれる。それに対して、組織内取引ではメンバーシップは固定的、継続的であり、共同利益の最大化のための権限による命令によって意思決定が行われる。

市場経済は、人々や企業が利潤を最大化しようと利己主義的な行動を是とすることによって、社会的な負をもたらしうる。たとえば、独占、失業、公害、格差などだ。「市場の失敗」と呼ばれる現象である。前述した「コモンズの悲劇」も、このような市場の失敗の一断面といえよう。古典的な資本経済が前提としてきた市場原理は、大きな変容が迫られている。

経済学者の故・宇沢弘文は、市場原理の誤謬に警鐘を鳴らし続けてきた。そして、「社会的公共資本」という新たな資本の概念をうたう。自然環境、社会的インフラ、そして教育や医療などの制度を社会的公共資本として位置づけ、それらを公共財として構築・運営・管理する必要性を説いた。

これは前述したエリノア・オストロムの『コモンズのガバナンス』にも通底する思想である。そして、市場原理主義の限界が明らかになる中で、オストロムや宇沢の公共経済論は、改めて注目されている。

一方、そのような市場取引に対するものとして、組織内取引が存在する。市場での取引ではなく、内部化を優先する動きである。市場原理が万能ではない理由として、市場取引における「取引コスト」の存在を指摘したのが、1991年にノーベル経済学賞を受賞した故ロナルド・コースである。

さらに、この「取引コストの経済学」を発展させたのが、2009年に、前述したエリノア・オストロムとともにノーベル経済学賞を受賞したオリバー・ウィリアムソンだ。同氏によると、企業は多大な取引コストの回避に向け、自社資本に内部化した組織取引の形態へと移行するという。そして取引コストの中身を、情報探索コスト、交渉コスト、監視コストの3つに分類している。

デジタル経済は、これら3つの取引コストを限りなくゼロに近づける。Web1.0のインターネットの登場で、情報探索コストは激減した。Web2.0でプラットフォーマーが台頭することにより、交渉コストも大幅に削減されるようになった。そしてWeb3でブロックチェーンが普及すると、監視コストも含めてすべての取引コストがゼロに近づく。

そうなると、市場取引が組織内取引に優先することになる。それだけでなく、そもそも組織そのものの存在理由すら希薄化する。自律分散した個が、自由に市場で財を交換すればよいからだ。これが、まさにDAOモデルの世界観である。

では、Web3革命という「ビッグバン」のあと、振り子はもう一度、市場原理に戻るのか。その中で、非市場としての組織は、どのような形態をとりうるのか。そして企業は、どのように解体され、再構築されていくのだろうか。

中間組織という第3の選択

実は、市場と企業（非市場）という二分法の間に、「中間組織」が長らく存在してきた。たとえば、生活協同組合やスポーツ協会、宗教団体などである。近代以前の日本に広がっていた労働共同体としての「結《ゆい》」や、前述した入会も、中間組織に該当する。

ビジネス領域の例としては、フランチャイズや系列などがこれにあたる。またより緩やかな戦略的提携やオープン・イノベーションなども、中間組織の一形態である。

日本では、前述したように一橋大学の故・今井賢一名誉教授が早くから中間組織の役割について着目してきた（今井他著『内部組織の経済学』、東洋経済新報社、1982年）。さらにデジタル時代を見据えて、中間組織を「ネットワーク組織」と呼び変えている（『情報ネットワーク社会』、岩波新書、1984年）。

同じく一橋大学の故・宮沢健一名誉教授は、主著『業際化と情報化』（有斐閣、1988年）の中で、中間組織を「連結型組織」と名づけた。そして「連結の経済性」の重要性を次のように語っている。

「かつて工業化社会における効率追求は分業と規模の経済性にあったわけですが、情報ネットワーク社会への移行は、その姿を変えます。象徴的に言えば、『分業』から『統合』による効率化へのシフトであり、また『規模の経済性』から『範囲の経済性』、さらには『連結の経済性』への移行です」（宮沢、同書、53頁）。

連結、すなわち「コネクティビティ」がカギを握る。まさに、DAOからDACOへの進化の必要性を示唆していると言えよう。

デジタル革命の光と影

中間組織は、市場取引と組織内取引という2つの取引原理の長所を、組み合わせようとするものである。言い換えれば、「自由」と「責任」、「自治」と「統治」、「自律」と「規律」という二項対立を超えて、これらが両立する関係性を構築することを目指す。ただし、それが決して容易ではないことは、「コモンズの悲劇」という形で歴史的に証明されている。

デジタル経済においては、市場と非市場という区分そのものが意味を持たなくなる。開放され、非連続に進化する組織は、固定されたメンバーとの継続的な関係性という従来のモデルには収まらないからだ。

さらに「取引」という概念すら質的な変化を遂げる。一般に、取引とは「売買や役務の提供に対し金品のやり取りを行うこと」とされている。しかし、デジタル経済においては、取引という線形な関係性ではなく、協働・共創といった相互補完的な関係性が重要になる。

文明評論家のジェレミー・リフキンは、自著『限界費用ゼロ社会』（2014年、邦訳：NHK出版、2015年）の中で、デジタル技術によって限界費用が減るため、企業の利幅が縮小し、市場を通じた企業間取引という従来の市場取引型資本経済は崩壊すると語る。そして、市場からネットワークへ、交換から循環へ、売り手／買い手から提供者／利用者のネットワークへ、所有権からアクセス権へ、生産力から再生力へと、あらゆる面でパラダイム・シフトが起こると予言する。そこに現出する経済を「共有型経済（Sharing economy）」と呼ぶ。

リフキンは、デジタル革命が「第三次産業革命」をもたらしたと主張する。しかし一方で、それが価値観の画一化、格差の増大、監視社会などの負を生み出していることも忘れてはならない。

Web2.0時代はプラットフォームによる寡占化が進んだが、逆にプラットフォーマーを規制することで、ネットワーク社会にそれなりの規律をもたらすことは可能だった。しかしWeb3のDAO型社会においては、規律を持ち込む中央集権的な役割はどこにも期待できない。Web3論者は企業が解体し、個が自律的に活動する理想的な未来を謳うが、新しい「コモンズの悲劇」を増殖させる危険と隣り合わせだということを忘れてはならない。

リゾーム型組織

Ｗｅｂ３がもたらすビッグバンで、閉鎖系かつ線形の企業は、解体を迫られる。では、開放系かつ非線形な組織へと進化するためには、企業はいかに自らを脱構築しなければならないのか。

20世紀後半のフランスにおけるポスト・モダン哲学が、ヒントになりそうだ。その中心的な論客の一人であるジャック・デリタは、「デコンストラクション」の必要性を説いた。「脱構築」と訳され、対象を解体し、それらのうち有用な要素を用いて、新たな別の何かを建設的に再構築することを指す。シュンペーターは、１００年前に「創造的破壊」がイノベーションを生み出すと唱えたが、その現代版といってもいいだろう。

では、企業をいかに解体して、再構築するか。ポスト・モダン哲学のもう一人の騎手、ジル・ドゥルーズは、「リゾーム」という組織形態を提唱する。リゾームとは、フランス語で「根茎」を意味し、根が広がっていくように、関係性を縦横に広げていく様子を指す。

ドゥルーズは、同一的な静的組織の典型をツリー（樹木）、常に異質性を生成し続ける動的組織をリゾーム（根茎）と呼んだ。幹を中心に整然とした組織体系を維持しているツリーに対して、リゾームは中心を持たず、異質な線が交錯し合い、多様な流れが方向を変えて延びていく網状組織である。まさに、前述した複雑系そのものである。

リゾーム型組織は、個人や企業同士が縦横無尽につながり、多様な価値観を交換しながら新しい価値を創造していく。これは、図40で示した創発型のＤＡＣＯモデルそのものである。

では、どうすればリゾーム型組織を生み出すことができるのか。ドゥルーズは、2つの運動論を提唱している。

1つは、「差異と反復」である。反復、すなわち学習だけにとどまらず、差異、すなわち脱学習を常に試みること。これは、前述した「ゆらぎ・つなぎ・ずらし」という生態系の進化のプロセスでもある。

もう1つは、「ノマディズム」である。定住民ではなく、遊牧民（ノマド）であることのススメである。同一性に安住せず、常に異質性を取り込み続けること――シュンペーター流の「異結合」の教えと通底する思想である。

これらの教えは、現代風にいえば、「ダイバーシティ&インクルージョン」に近い。ただし、自らが中心にとどまるのではなく、周辺（カオスの縁）へと「逃走」し続けることが、脱構築（デコンストラクション）運動の根幹であることを、肝に銘じる必要がある。

「ほんのれん」という知のリゾーム

リゾーム型組織を構築するためには、異質な地脈の結節点をつくっていく必要がある。Web1・0では組織内のイントラネット、Web2・0では社会に広がるSNSが、そのような地脈づくりのインフラ役を果たしてきた。

ではWeb3時代において、リゾーム型の知の地脈をどのようにつくっていくのか。その際には、個を超えて無形資産を結合させていくための道筋が必要となる。

その有効な手段の1つが「人脈」である。人と人とのつながり、絆である。しかし人脈だけだと、どうしても同一化しやすい。主義主張や趣味、利害関係などがその基盤となるからだ。

そこで人脈を超えた異質な「文脈」が必要となる。英語ではセマンティック・ネットワークという。意味や知恵を介したネットワークである。日本語では「知脈」と読み替えたほうが分かりやすいだろう。ただし、知人のネットワークではなく、知のネットワークである。

Ｗｅｂ３時代になると、寡占型のプラットフォーマーは不要になる。そこでカギを握るのが、自律分散化した個の関心を束ねる編集力である。その編集力を方法論として磨き上げてきた編集工学研究所は、個を超えて「越境」する知識資産を「共同知」と呼んでいる。

同研究所は２０２３年より、「ほんのれん」というプロジェクトを実験的に立ち上げている（**図41**）。多種多様な「本」を媒介に個々人がつながることで、「対話の力」「思考の力」「場の力」を引き出し、「知のネットワーク資産」を構築しようとする試みである。

具体的には、同研究所が専用本棚と多種多様な本を提供していく。本は「百考本」と「旬感本」に大別される。前者には、リベラルアーツ10種類にわたる１００冊、後者には、月ごとに旬なテーマに合わせた5冊の本が選ばれる。

展開の場は、オフィス、学校、図書館、地域コミュニティ、コワーキングスペースなど多岐にわたる。それらの場の中で、そして場を超えて、自発的なファシリテーターが、これらの本を題材に

図41

知のリゾーム「ほんのれん」

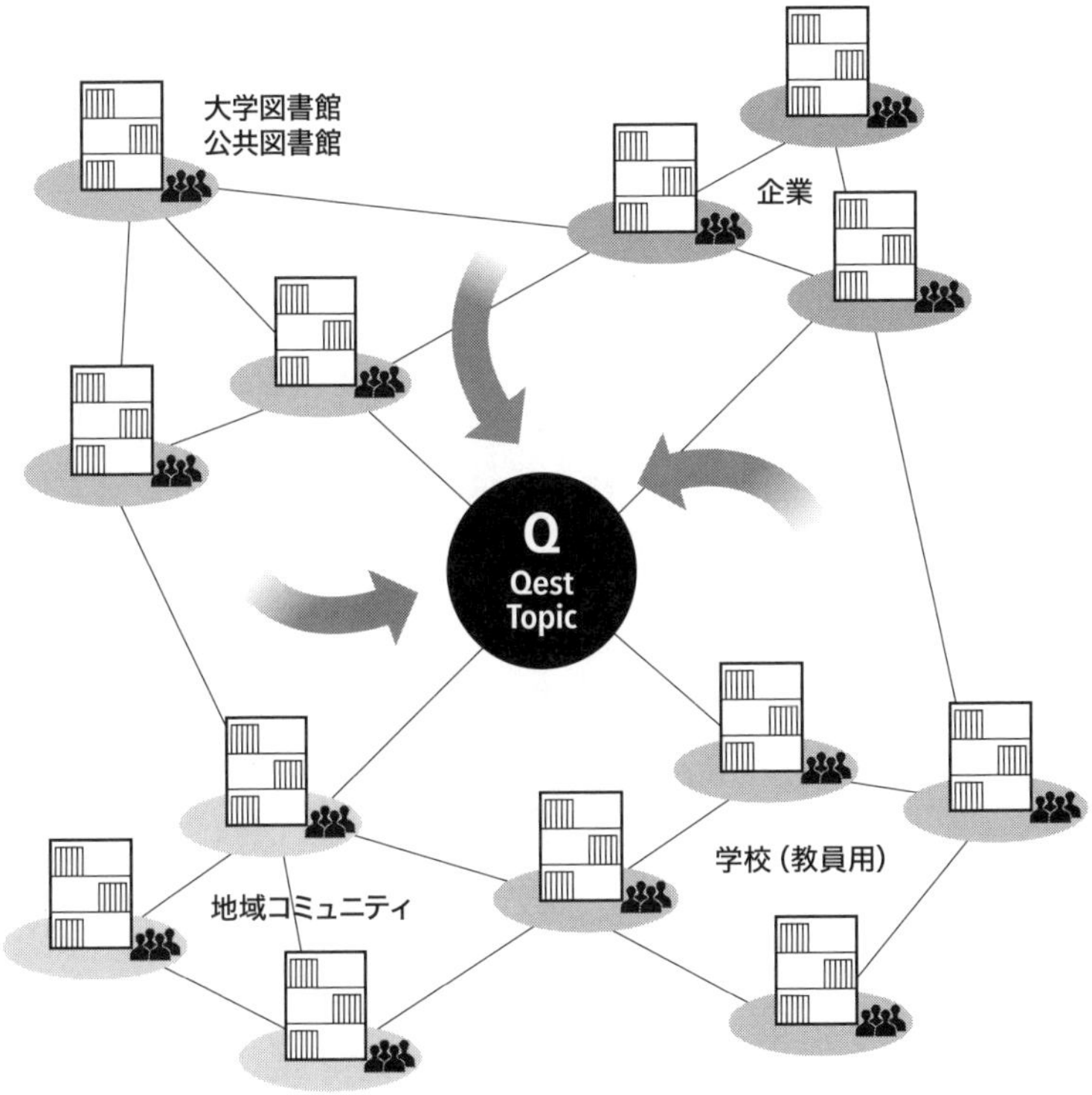

出典：「ほんのれん」パンフレット

ワークショップを実施することで、知の創発を目指す。

すでにＤＮＰやポーラ化粧品をはじめとする数社に導入されているほか、広島県では地域の公共施設を中心とした展開が始まっている。

「ほんのれん」というネーミングがなかなかお洒落だ。「連」は、中世の日本に形成され、江戸時代に隆盛した経済文化サロンのことだ。社会学者の田中優子氏は、『江戸はネットワーク』（平凡社、１９９３年）の中で、江戸時代には「連」を通じて、個人に閉じない創造が集まって新たな表現や発見が創発されていったと論じている。たとえば松尾芭蕉、伊藤若冲、平賀源内、杉田玄白、葛飾北斎、写楽、蔦谷重三郎などの活動はいずれも、連というサロンなしにはありえなかったという。

まさに数世紀の時間と、個や組織という空間を超えたリゾーム型の創発知を作り出そうという意欲的な試みである。ＤＡＯからＤＡＣＯへと進化するための壮大な実験でもある。今後のさらなる進展を、大いに期待したい。

第7章

ライフ・シフト、ワーク・シフト

100歳人生

100歳人生が、国家戦略に取り入れられたのは、世界広しといえど、日本だけである。さすがに、平均寿命の長さが世界一の国だ。

100歳人生論を唱えたロンドン・ビジネス・スクールのリンダ・グラットン教授は、政府の有識者会議にも呼ばれるほど大人気だ。2016年に出版された同教授の『The 100-Year Life』(邦訳:『ライフ・シフト』東洋経済新報社、2016年)は、そのバイブルとなっている。

同教授はこの本の5年前に、『The Shift』(邦訳:『ワーク・シフト』プレジデント社、2012年)という本を世に送っている。働く立場にとっては、こちらの書籍のほうが、はるかに示唆に富んでいる。仕事の場が、一生で3回以上変わる時代になっているというのである。

ライフ・シフトはワーク・シフトを必然とする。「ワーク・ライフ・バランス」という流行り言葉に流されている場合ではない。ワークとライフを切り分けるのではなく、いかにワークをライフの中に組み込めるか、逆にワークを通じていかにライフを豊かなものにするかが問われているのである。

本章では、企業ではなく個人の立場から、ライフとワークをいかに進化させていくかを論じることにしたい。そこでは、「個人(individual:分割不可能)」そのものも「分人(dibidual)」化していく中で、いかに多重な仕事を生活を編集していくかが、本質的な課題となるはずだ。

ライフ・シフト

人生125年説

そもそも寿命の長さは、100歳が上限だと決まっているわけではない。

聖書の創世記には、神が「人の齢は、120年にしよう」と決めたというエピソードが綴られている。欧米では古くから、人生120年説が語られてきた。

日本では、大隈重信が人生125年説を唱えていたことが知られている。「適切に体力を保つことと同時に、人間の精神の強さと、高い志を持つことが生命の根本である」と語り、日々修養に努めていたという。ただ、残念ながら83歳で死去。もっとも生前には「この125歳天命説を30年早く理解しておけばよかった」と、述懐していたというから、筋金入りの負けず嫌いである。

大隈の死後100年近く経った2016年、大隈の信念を裏づける学説が登場する。アメリカのアルバート・アインシュタイン医科大学の研究チームが、世界40カ国、過去最大100年間分の人間の死亡に関するデータを分析し、人間の平均寿命は最大で115歳、個人の絶対的な最長寿命は125歳であるという研究結果を、イギリスの学術雑誌『ネイチャー』に発表したのだ。大隈も草葉の陰で、我が意を得たりとほくそ笑んでいることだろう。

現代の経営者にも、この人生125年説を語るもう一人の「重信」がいる。日本電産の創業者、永守重信氏だ。永守氏は、2019年、75歳の誕生日に、新50年計画を立案した。

1973年の創業時の50年計画では、「売上高1兆円」という目標をぶち上げ、創業メンバーの一人である小部博志・現社長は「1億円の間違いでは？」と耳を疑ったという。2015年には、それを見事に達成。現在は「2030年までに10兆円」に向けて邁進している。そして新50年計画では、創立100周年を迎える2073年には、時価総額で世界のトップ10入りを掲げている。まさに「10X思考」の見事な体現者である。

50年後といえば、永守氏は125歳。煙草も酒も嗜まず、自他ともに認める健康オタクだけに、あながち妄想ではないのかもしれない。最近お会いしたときにも、「高い志を持っていれば、125歳も夢ではない」と豪語されていた。

私に当てはめるとあと60年。今はまだ、人生の折り返し地点を越えたところということになる。もっとも、家族に「人生125歳説」を唱えると、一斉に引かれてしまう。確かに子どもの世代ですら100歳前後、老人であふれかえる時代を、誰がどう支えていくというのか。

健康寿命

まず、自分自身が、できるだけ長く健康であり続けることを心掛ける必要がある。

世界では、「プロダクティブ・エイジング」が脚光を浴びている。老年学の父・故ロバート・バトラー博士の造語だ。死ぬ直前まで健康を保って人生を楽しみ、生産性を維持し、社会に貢献し続けながら年齢を重ねることを示す。

日本でも平均寿命と健康寿命の差は、男性で9年、女性で12年程度。平均寿命が延びても、この差が広がってしまっては、個人にとっても社会にとっても大きな負担となる。そこで、「NNK」から「PPK」への転換が唱えられている。健康を損ねて長い間寝たきりになった末に亡くなる「ねんねんコロリ（NNK）」から、健康的に生活し続けていたが、ある日突然亡くなる「ぴんぴんコロリ（PPK）」へのライフ・シフトである。

生命保険の世界では、健康の維持・向上に焦点を当てた商品が注目されている。世界的な先進事例が、南アフリカのディスカバリー社が展開している「バイタリティ」という健康増進型モデルだ。健康な食事や運動を奨励し、アップルウォッチでバイタルを計測。健康を増進する行動をすればするだけポイントが付与され、さまざまな特典がつく。

被保険者が健康であれば、生命保険会社には長期にわたって保険料収入が入り、死亡保険金の給付が遅くなる。被保険者が病院に行く頻度も少なくなり、入院や通院の給付金の支払いが軽減される。健康を保てる被保険者も、支払いが減免される生命保険会社も、双方がハッピーになるプログラムだ。

このプログラムが始まったのはおよそ20年前。アメリカ、イギリス、ドイツ、フランス、中国など、世界の先進国に広がっている。日本に上陸したのは２０１８年で、住友生命が提供しており、

2022年時点で、加入者が100万人を突破している。

日本生まれのプログラムとしては、SOMPOホールディングス傘下の「ひまわり生命」が提供している「InsurHealth」がユニークだ。健康に不安がある人に寄り添う「健康応援型保険」を提供している。健康増進だけでなく、生活習慣病や認知症の重症化予防を支援するところに特徴がある。

食の世界でも、健康寿命の延伸を経営課題に掲げる企業が少なくない。たとえば、味の素では、先述したASV（Ajinomoto-Group Shared Value）を通じて、2030年までに世界10億人の健康寿命の延伸を目指している。

具体的には、たとえば「スマ塩（スマート・ソルト）」というキャンペーンを、世界中で展開している。味の素の調味料を使えば、味に妥協することなく、塩分摂取を減らすことができるため、高血圧症を緩和する効果が証明されている。

味の素は、世界トップのアミノ酸メーカーである。アミノ酸にはエネルギーを生み出し、健康を維持・向上する働きがある。人間の細胞は、3カ月で入れ替わると言われている。アミノ酸の摂取方法によって、健康な体に生まれ変わることができる日が、いずれ来るかもしれない。

不老不死

医学の世界でも、健康寿命の延伸が注目されている。ハーバード大学のデビッド・シンクレア教授は、『LIFE SPAN～老いなき世界』（2019年、邦訳：東洋経済新報社、2020年）の中で、「老化は治療可能な病気である」と指摘している。

そしてその中で、抗老化効果のあるNMN（ニコチンアミド・モノヌクレオチド）というビタミンB3由来の物質を紹介している。これは、ワシントン大学の今井眞一郎教授の研究成果に基づくものだ。NMNを毎日服用することで健康寿命が延びるのであれば、PPKの時代が到来することになる。

シンクレア教授は、著書の中で、京都大学の山中伸弥教授のiPS細胞にも言及している。iPS細胞によって細胞を初期化し、リプログラミングできるようになれば、老化を防止するだけでなく、若返りを実現できるというのだ。

2021年に、山梨大学の小泉修一教授らは、ミクログリアと呼ばれる脳細胞を、ヒトiPS細胞由来の新しいミクログリアに入れ替える手法を開発したと発表。ミクログリアは脳内・脳外の環境変化を感知すると即座に変化して、病気の発症や進行を抑える役割を果たしているという。この手法によって、老化現象を遅らせることが可能になることが期待されている。

もっとも、脳細胞まで初期化されてしまうと、そもそも「自分とは何か」という問いに直面する。先端技術がもたらすライフ・シフトは、こうして異次元の哲学的な課題を突きつけてくるのである。

シンクレア教授は、若返りの先に、不老不死の可能性にすら言及している。

イギリスのDaily Starによると、2021年6月、同教授は「人間はほぼ永遠に生きることが可能だ」とポッドキャストで断言したという。しかも、その実験が2年以内に始まるとまで語ったという。

「何千年も生きている木がありますが、その生物化学は私たちのそれとほとんど同じです。何百回も身体をリセットして、何千年も生きることは可能だと思います」

不老不死が究極の幸せをもたらすかどうかは、実は甚だ疑わしい。そもそも、100億人程度で上限を迎えるとされてきた世界の人口は、歯止めなく増え続けてしまう。個人レベルでも、シーシュポスの神話のように、永遠に生という岩運びをさせられることは、極刑ともいうべき運命かもしれない。社会的にも哲学的にも、異次元の課題を突きつけられることになる。

一方、山中教授は、不老不死に対して、慎重な姿勢を崩さない。2012年、『WIRED』誌が主催した「iPS細胞と私たちの未来」シンポジウムで、次のように答えている。

「不老不死を目指したことは一度もない。たった一度きりの限りある人生だからこそ、病気で苦しむことのないようにしたい」

長生きリスク

不老不死はともかく、健康長寿が実現するのであれば、ひとまずは喜んでよさそうだ。もっとも長寿ですら、必ずしも諸手を挙げて歓迎できる話ではない。長生きの結果、老後のために蓄えた資金が底をつくのではないか、という不安がつきまとうからだ。「長生きリスク」である。そのようなリスクを回避したい人のために、金融商品が開発されている。「トンチン保険」と呼ばれるものだ。17世紀にイタリアの銀行家ロレンツォ・トンティが考案したものといわれている。死亡した場合の保障を抑え、長生きしても年金を受け取り続けられるという仕組みである。日本でも、「長寿補償保険」などという名称で、販売されている。しかし、個人生命保険契約を対象とする世帯のうち、終身保険に加入している世帯は20％程度だという。

公的年金でなんとかなる、と期待しているのかもしれないが、今後、受給額が減額される可能性は低くない。２０１９年には、金融庁から「95歳まで長生きした場合、老後資金が２０００万円不足する」という試算が示され、衝撃の波が広がった。長寿が貧困につながるとしたら、あまりにも辛すぎる。

保険や年金に頼るだけでは、「消化人生」をこなすようなものでしかない。それは生きることに値するのだろうか。そもそも聖書の教えにもあるように、「人はパンのみに生きるにあらず」（マタイ伝）ではなかったのだろうか。

では、パン以外の関心は何か。生きる楽しみとは何か。その１つのヒントが、日本より早く高齢化社会を迎えたイギリスにある。

イギリスでもっともよく売れている月刊誌が、ＳＡＧＡマガジンである。月に60万部以上の売れ行きを誇っている。50歳を超えたらこの雑誌を読めと言われるほどの、元気な壮年用健康情報誌だ。最近ではウェブ版が人気だという。

テーマは、健康やお金まわりだけでなく、ガーデニング、料理、旅行など、幅広い。中でも「50歳を超えたデート」のコーナーが人気だというから、なかなかお盛んな話だ。もっとも、この雑誌の有力広告主は、葬儀社と石材店らしい。

イギリスでは、高齢者の孤独死が大きな社会問題となっている。２０１８年、当時のメイ首相が、世界で初めて「孤独担当大臣」を新設したほどである。ちなみに、日本でも孤独担当大臣が２０２１年に登場した。イギリスに次いで、世界で二番目である。

北欧の幸福の構造

イギリスや日本に比べて、北欧は「幸福諸国」と呼ばれる。

国連の「世界幸福度報告２０２２年版」で、フィンランドは世界でもっとも幸福な国と認定された。これで5年連続、トップの座に輝いている。

フィンランドは森の国、サウナの国としてよく知られている。日本では、サンタクロースの国、ムーミンの国としてのイメージのほうが人口に膾炙しているかもしれない。

一方、ソフトウエア産業が盛んなことは、あまり知られていない。かつて携帯端末事業で世界を席巻したノキアの母国である。ノキアの携帯事業はマイクロソフトに売却されたが、ソフトウエアエンジニアは国内に集積している。たとえばフィンランドは、ＭａａＳ（Mobility-as-a-Service）の社会実装先進国で、スマホさえあれば、あらゆる公共交通手段に乗り継いで目的地まで行くことができる。

そんなフィンランド人の精神性を表す言葉として、「ＳＩＳＵ（シス）」が注目されている。日本語で言えば、「我慢強さ、忍耐力、不屈の精神」に近い。小国のフィンランドは、常に周りの国々との争いに翻弄されてきた。１９３９年から40年にかけて、ソ連がフィンランドに侵攻してきた「冬戦争」では、フィンランドは徹底的に抵抗し、多くの犠牲を出しながらも独立を守った。最近のウクライナ紛争を彷彿とさせるエピソードである。

フィンランドに限らない。世界幸福度報告２０２２年版によれば、ランキング２位がデンマーク、7位がスウェーデン、８位がノルウェーと、北欧４カ国が上位を占めている。

それはなぜか。懇意にしているノボ・ノルディスク・ファーマのオーレ・ムルスコウ・ベック日本支社長に聞いてみた。ちなみに同社は、糖尿病ケアで世界をリードするデンマーク企業だ。

「確かに年中寒いし、暗いし、雨は降っているし、天気をみると四季がある日本のほうがずっといい。しかしデンマークには、国全体にセーフティ・ネットと再教育をする仕組みがあって、30歳になっても40歳になっても50歳になっても、教育が無償で受けられるので安心できるのではないか」

最近（2023年3月10日）、東京の学士会館で、フィンランド大使館員のラウラ・コピロウさんの講演を聞く機会があった。フィンランド人の「幸福度№1」の本質は「何があっても安心できる」ことにあるという。その結果、自らのライフとワークを自由に選択でき、5年に1回の割合で転職するのが当たり前だという。信頼や他者への貢献を大事にする一方で、一人ひとりの自由な生き方を尊重する「Oma Rauha」（他者に干渉しない）の精神をもっとも大切にしているという。そこには、北欧特有の成熟したWellbeingの姿を垣間見ることができる。

もちろん、税金や社会保険料負担は極めて重い。しかし、国民はその状態を受け入れている。その結果、職業に直結する再教育が保証されているので、誰でも再出発が可能となる。まさに、リンダ・グラットンのいう人生多毛作が国策にビルトインされているのである。

このことからも、ライフ・シフトはワーク・シフトと密接に関係することが分かる。この点は、後ほどさらに深く論じることとしたい。

人が生きるためには、「生きやすさ」だけでなく、「生きがい」が不可欠だ。ライフ・シフトの本質は、この「生きがい」の再発見にあるのではないだろうか。

ＩＫＩＧＡＩ

長寿と生きがいの関係は、世界的に注目されている。

きっかけは、アメリカの作家ダン・ベットナーが２００８年に出版した『ブルーゾーン』（長寿地域）だ。その中で、世界の５大長寿地域が紹介された。その1つに、沖縄が含まれていた。他に選ばれたのは、サルディニア島（イタリア）、ロマリンダ（カリフォルニア州）、ニコヤ半島（コスタリカ）、イカリア島（ギリシャ）の４地域。これらの地域の共通点として、健康と家族を重視するライフスタイルを挙げている。

そして、その根底にある価値観とされるのが、「ＩＫＩＧＡＩ（生きがい）」である。沖縄で発見され、他の４地域でも確認できたという。「ＩＫＩＧＡＩ」は「Reason for Being」、すなわち「存在理由」と紹介されている。とはいえ、ぴったりフィットする英語がないので、「ＩＫＩＧＡＩ」という言葉がそのまま使われている。「ＫＡＩＺＥＮ」や「ＫＡＷＡＩＩ」同様、世界に広がった日本語であり、日本的価値観なのである。

最近でも、「ＩＫＩＧＡＩ」をタイトルにした英語の本が続々と出版されている。その先鞭をつけたのが、二人のスペイン人が書いた『Ikigai：The Japanese secret to a long and happy life』（２０１６、邦訳：『外国人が見つけた長寿ニッポン幸せの秘密』、エクスナレッジ社、２０１７年）。

この本の中で紹介されているＩＫＩＧＡＩダイアグラム（**図42**）は、生きがいの本質を考えるうえで大変参考になる。

図42

IKIGAI 生きがい

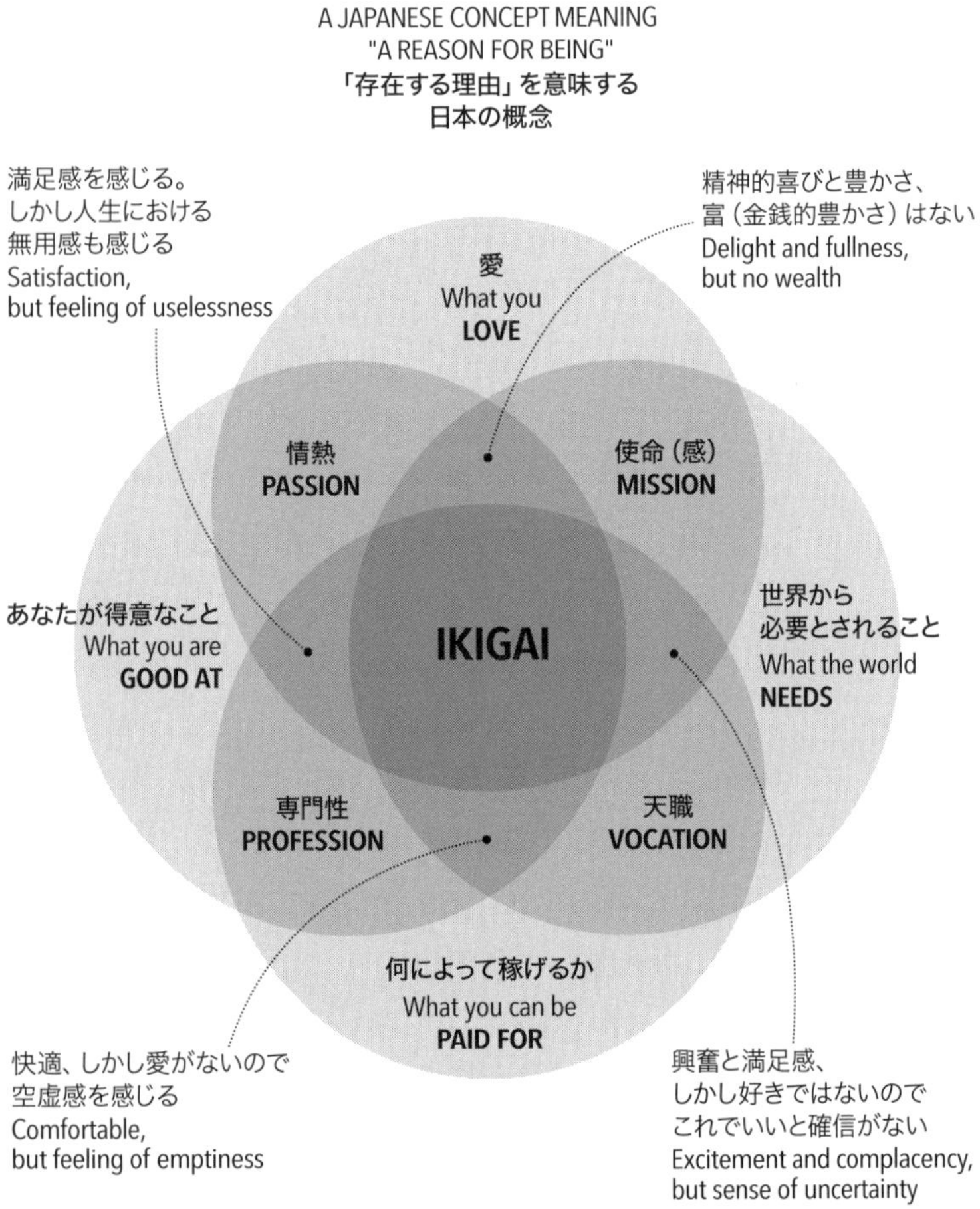

A JAPANESE CONCEPT MEANING
"A REASON FOR BEING"
「存在する理由」を意味する
日本の概念
満足感を感じる。
しかし人生における
無用感も感じる
Satisfaction,
but feeling of uselessness
精神的喜びと豊かさ、
富（金銭的豊かさ）はない
Delight and fullness,
but no wealth
愛
What you
LOVE
情熱
PASSION
使命（感）
MISSION
あなたが得意なこと
What you are
GOOD AT
IKIGAI
世界から
必要とされること
What the world
NEEDS
専門性
PROFESSION
天職
VOCATION
何によって稼げるか
What you can be
PAID FOR
快適、しかし愛がないので
空虚感を感じる
Comfortable,
but feeling of emptiness
興奮と満足感、
しかし好きではないので
これでいいと確信がない
Excitement and complacency,
but sense of uncertainty

出典：エクトル・ガルシア他著『外国人が見つけた長寿ニッポン幸せの秘密』

この図は、４つの質問から成り立っている。

1. あなたが得意なことは何ですか？
2. あなたの好きなことは何ですか？
3. 社会から必要とされているものは何ですか？
4. あなたが報酬・収入を得られるものは何ですか？

1〜3は、「マイ・パーパス」のフレームワークとしても広く活用されている「WILL-CAN-MUST」にほぼ呼応している。興味深いのは、４つ目に、「ワーク」に関わる問いが組み込まれている点だ。意義のあるライフのためには、意義のあるワークが不可欠なのである。

この点については、「ワーク・シフト」のところで、再度振り返って考えてみたい。

人生を賭ける価値

ハーバード・ビジネス・スクールの故クレイトン・クリステンセン教授は、イノベーション戦略の大家として知られている。1997年に出版された『イノベーションのジレンマ』（邦訳：翔泳社、2001年）は、破壊的イノベーション理論を打ち立てた金字塔的な著作である。

しかし私は、同教授の『イノベーション・オブ・ライフ』（邦訳：翔泳社、2012年）こそ、不朽の名著だと思う。同教授が自身の生きざまと信念を描いた本である。私は、同書の日本語版に、次のような推薦の言葉を呈している。

「ハーバード・ビジネス・スクールで最も人気の高いクリステンセン教授の最後の授業。経営理論と自らの経験に基づき、「生きる」ことの本質に迫る。

富や名声ではなく、身近な人の幸せや自らの信念こそ、人生を賭ける価値があると説く本書は、より豊かな生き方を目指す学生や社会人の心を揺さぶるはずだ」

同教授自身、まさに人生多毛作の実践者だった。社会に出た最初の5年間はボストン・コンサルティング・グループで勤務、その後8年間、セラミック・プロセス・システム社の創業社長として活躍したのち、ハーバード・ビジネス・スクールでの教職に転身。その一方で、イノサイトというコンサルティング企業やイノサイト・ベンチャーズというベンチャー・キャピタルも立ち上げている。

クリステンセン教授は、生涯を通じて敬虔なモルモン教徒だった。晩年は癌を患って死線をさまよいながらも、何度も復活しては教壇に立っていた。同教授は、同書の中で次のように語りかける。

「わたしは自分の人生の目的を明らかにしようとしてきた。また多くの友人や教え子が目的を見つけられるよう、手を貸してもきた。その経験から、自分の目的を自力で明らかにし、それを毎日実践していくには、人生の目的をなす三つの部分、つまり自画像、献身、尺度を理解することが、最も信頼できる方法だと断言できる。最後に忘れないでほしいのだが、これは一度やったらおしまいというものではなく、持続的なプロセスだ。わたし自身、自分の目的を十分に理解するまで、何年もかかった。だがその旅は実りあるものだった」

リノベーション・オブ・ライフ

クリステンセン教授は、学生に対して、リスクを取り続けること、そして何度も学び直し続けることの重要性を説く。同教授らしく、それを「イノベーション・オブ・ライフ」と呼んでいる。イノベーションは、ゼロから新しい価値を生み出し、スケールさせていくことだ。しかし、いったんイノベーションで成功した企業は、自分の成功体験に引きずられる結果、「イノベーターのジレンマ」に陥ることを指摘したのは、同教授自身である。

このジレンマを超えるためには、自らの本質的な強みに立ち返って、それをずらし続ける必要がある。それこそが、同教授が『イノベーションへの解』（邦訳：翔泳社、2003年）の中で示した持続的成長への道筋である。

同様に、人生もゼロクリアして、出発点に戻るだけでは答えにならない。これまで蓄積してきた知恵を踏まえつつ、学習の場をずらす（脱学習：アンラーン）ことで新たに獲得する知恵と新結合させることが必要となる。

その本質は、イノベーションというより「リノベーション」であり、破壊というより「脱構築」である。言い換えれば、「リノベーション・オブ・ライフ」こそが、ライフ・シフトの本質なのである。

ワーク・シフト

転職ネイティブの時代

リンダ・グラットン教授は、著書『ワーク・シフト』の中で、次世代の優秀な人財は、そもそも1つの企業にとどまることはないという。そしてフリーランサーの道を選び、プロジェクトごとに離合集散を繰り返すという。

２０１７年に調べた数字では、知的労働者に占めるフリーランサーの割合は、アメリカで30%、日本で7%だった。近い将来、アメリカは50%になると言われ、日本も30%になると予測されている。その先は、アメリカに追いつくほど急速に進むだろうと考えられている。

すでに、ほとんどの会社の半分の人財はミレニアル世代になっている。1980年から1995年に生まれ、2023年に28歳から43歳になる世代である。それに続くZ世代は1996年から2015年に生まれ、2023年に8歳から27歳になる世代だ。企業に新人として入社してくる世代は、すでにミレニアル世代からZ世代に移っている。

Z世代は別名「デジタル・ネイティブ」と呼ばれる。生まれたときからパソコンやスマホが日常生活にあり、以前の世代のように習得するのに苦労することは一切ない。

同時に、「サステナビリティ・ネイティブ」「ソーシャル・ネイティブ」と呼ばれることもある。初めから社会性があり、世の中に対して何らかの役に立ちたいという思いをごく自然に身につけている。物心がついたあとに、アメリカの9・11（アメリカ同時多発テロ事件）や日本の3・11（東日本大震災）を体験しており、世の中の悲惨な状況や社会課題に対して、自分たちが何とかしなければならないという思いが強い。

一方で、特定の会社に対する帰属意識は希薄だ。「就職」はしても、「就社」するつもりは毛頭ない。日経産業新聞は、2022年7月の記事の中で、今のZ世代を「転職ネイティブ世代」と名づけた。

人生三毛作

かつて、ボストン・コンサルティング・グループの初代日本代表を務めたジェームス・アベグレンは、『日本の経営』（ダイヤモンド社、1958年）の中で、終身雇用を、日本的経営の三種の神器の1つと呼んだ。残りの2つである企業別組合と年功制とともに、日本企業の囲い込み型の労働環境を特徴づけるものだった。

今やそのような神話は神通力を持たない。中でも、終身雇用は実態にそぐわなくなっている。人生100年時代になると、終身雇用はますます成り立たなくなる。これまでのように、1つの企業を30年間勤め上げたとしても、まだ人生の半分近くが残っている。遊んで暮らせる人は例外で、多くは再就職活動にいそしむことになる。

これまでも、1つの世代は30年と言われてきた。100年人生になると、少なくとも3つの世代を過ごさなければならない。若年、壮年、高年の3世代である、

最初の30年間は、選択肢を広げることに注力する。次の30年間は、その中で自分に合った仕事を選び、ベストを尽くす。そして最後の30年間は、自分の経験と知恵が生きる仕事を見つけて、社会に貢献する。

私自身に当てはめてみても、ほぼそのようなキャリアを歩んできている。30代前半までは、学業、そして商社勤務を通じて、自分のポテンシャルを高めてきた。その後の30年間近くは、コンサルティング活動にいそしんできた。そして60歳以降は、教育の現場で、次世代人財の育成に注力している。

ちなみに偶然にも、それぞれが3つの年号と符合している。最初の30年（正確には31年）が昭和、

次の30年が平成、そして次の30年が令和（まだ5年目だが）にあたる。平成は「失われた30年」と言われるが、そのど真ん中でコンサルティングをしていた私は、立派な戦犯の一人だ。今、教職の立場で、次世代経営者に「志（パーパス）を大切に」と説いて回っているのは、贖罪の姿でもある。

閑話休題。かつて、30歳代前半で転職することは、例外的だった。しかしこれからは、そのようなキャリアが当たり前の時代になるだろう。グラットン教授も、『ワーク・シフト』の中で、３つ以上のキャリアを経験することの必然性を説いている。

好むと好まざるとにかかわらず、人生三毛作の時代の幕開けである。

企業の寿命30年説

一方、企業のほうも、かねてより「寿命30年」が定説となっている。

前述した通り、発端は、１９８３年に『日経ビジネス』が出した「会社の寿命30年」特集である。もっとも、創業から廃業までの期間ではなく、企業の繁栄期間のことだ。

日本電気の中興の祖として知られる故・小林宏治元会長も、「企業が成長段階から成熟、そして衰退期を迎えるライフサイクルは、何もせずに放っておく限り30年程度にすぎない」と語っていた。皮肉にも、当の日本電気（現ＮＥＣ）自身が、この30年説の宿命から逃れられなかった。

もちろん、30年以上、繁栄し続けている企業も少なくない。しかし、その実態をつぶさに眺めてみると、事業の中身を大きく進化させ続けていることが分かる。

たとえば、70歳を超えているホンダ。二輪車で創業し、四輪車で力を伸ばし、そして今はホンダジェットなどの航空機やアバターロボットなど、違うかたちの進化を遂げようとしている。同じく70歳を超えるソニーも、華麗に変貌を遂げてきた。エレクトロニクス事業からゲームや音楽などのエンターテインメント事業に軸足を移し、今は次世代モビリティにも進出している。もうすぐ90歳を迎える富士フイルムの変身ぶりは、よく知られている。祖業の写真フイルムからOA機器、そして今ではライフサイエンスへと大きく主力事業をずらし続けてきた。

いずれの場合も、主力事業の最盛期は30年前後だ。そもそも、1つの商品群が、導入期から成長期、成熟期を経て衰退期に至るプロセスは、「プロダクト・ライフ・サイクル」として、よく知られている。

『ビジョナリー・カンパニー』で有名なジム・コリンズは、シリーズ3冊目（日経BP、2010年）で「衰退の5段階説」を唱えている。いろいろ理屈をこねているが、そのプロセスは、プロダクト・ライフ・サイクルそのものだ。

かつてビジョナリー・カンパニーとして持ち上げた企業のほとんどが、勢いを失っていった。それは自分が間違っていたのではなく、企業はそもそものような宿命をたどるのだ、と言わんばかりである。

しかし、商品や事業のライフサイクルを乗り越えていくことにこそ、本当の経営力であるはずだ。先に挙げたホンダ、ソニー、富士フイルムなどは、見事に数世代にわたって変身し続けている。

そのためには、新陳代謝を繰り返しながら、自らを進化させる力がカギを握る。私はそのような自己組織化能力を実装した企業群を、「進化企業」と呼んでいる。詳細は、次著で詳しく論じることとしたい。

企業が30年周期で、衰退または再生を繰り返すのと同様、中にいる人間も30年周期で進化し続ける必要がある。人生三毛作は、企業の進化と見事にシンクロナイズした生き方でもあると言えよう。

ジョブ型という刹那主義

企業が新陳代謝するためには、中身である人も入れ替えなければならない。即戦力のある人財獲得のためには、中途採用がもっとも効果的だ。デジタルやバイオなど、最先端の分野では、かくして人財争奪戦が活況を呈している。

そのような特定スキルを持った人財をはめ込むためには、それぞれの仕事の中身を明確に規定しておく必要がある。いわゆる「ジョブ型」である。

日本型経営のもう1つの三種の神器であった「年功制」は、「新卒一括採用」同様、「メンバーシップ型」というラベルが貼られ、悪習とされつつある。そして欧米型とされる（しかし、実は表層的にしか理解されていない）ジョブ型へのシフトの必要性が、まことしやかに論じられている。

同様に、「適材適所」から「適所適材」へのシフトが唱えられている。ヒトの進化に軸足を置いた日本型経営から、仕事の専門性に専門人財をはめ込む専門性に軸足を置いた欧米型（というステレオタイプの）経営への変換を図ろうとする試みである。

デジタル人財やグローバル人財が圧倒的に不足している、という経営者の焦燥感は、分からなくもない。しかし、そのような即戦力のある人財は、よほど好条件を提示しない限り、日本企業には興味を示すはずがない。またたとえ高給で採用できたとしても、そこでの実績を踏み台にして、より好条件の企業へと転職していくことは目に見えている。

社員に対するリスキリングに取り組む企業も多い。特にデジタル技術に関するリスキリングは大ブームだ。しかし、リスキリングによって専門家を育てるというのは、お門違いも甚だしい。二流の専門家を抱え込んでしまうのがオチだ。

そもそも、デジタルスキルはあっという間に陳腐化する。たとえば、グーグルでは5年たつと「廃人」になるといわれている。5年前のデジタルスキルでは勝負にならないのだ。デジタル人財の賞味期間は2～3年。その後は、転職するか、チームマネジメント力を発揮して、コーチとして活躍するかの選択に迫られる。まるでプロのアスリート並みである。

一般企業としては、特定スキルの専門家は、必要に応じて外部から参加してもらえばよい。それが先に紹介した「スタッフ・オン・デマンド」の流儀である。そのように、人財を内部に抱え込もうとすることこそ、日本企業の悪癖なのである。

アメリカでは、ジョブ型から「タスク型」への転換が進んでいる。「スポット的に最適人財を調達して仕事を回していく」という考え方だ。まさに「スタッフ・オン・デマンド」を地で行く姿である。そしてそこにこそ、グラットン教授が指摘するようなフリーランサー天国が広がっているのである。

しかし、それが果たして、ヒトにとっても企業にとっても、理想の姿だろうか。使い捨て人財というゴミ山と、人的資産の蓄積を怠った賞味期限切れの企業というゴミの山に終わってしまうのではないだろうか。

キャリア型という第三の選択

メンバーシップ型かジョブ型か、というデジタルな課題の立て方そのものが、複雑系の本質を見誤っている。この両者のいいとこ取りを狙った「ハイブリッド」型を唱える企業も少なくないが、それも日本一流の和洋折衷案でしかない。

メンバーシップ型もジョブ型も、企業目線でのご都合主義を、如実に示している。ヒト目線で見れば、いかに自身を進化させ続けることができるかが、本質的な問いとなるはずだ。それが今いる企業の中で達成できないとすれば、そこに居続ける理由はない。

ヒト目線に立てば、企業としては、いかに社員の進化を後押しし続けることができるかが、本質的な課題となるはずだ。それはメンバーシップ型の囲い込みでも、ジョブ型というはめ込み型でもない。私は、そのようなヒトを基軸とした発想を「キャリア型」と呼んでいる。

社員一人ひとりが、その企業の中で、いかに理想的なキャリアをシェープすることができるか。

社員にとっての自己組織化の可能性を最大限に引き出すことこそ、ヒトを基軸とした経営のあるべき姿である。そのためには、一人ひとりの進化のスピードと意欲、そしてその時々のライフステージに応じて、最適な選択肢を提供できるかどうかが、カギを握る。

社員にとっても、与えられた仕事を従順にこなすだけでも、提示されたジョブに自分をはめ込むだけでも意味がない。自らの未来を自らの手で切り拓き、キャリアを自律的にシェープし続ける覚悟が求められるのである。

「欧米型」という言葉でくくられがちだが、欧州系の優良企業の中には、私のいう「キャリア型」を志向している企業が少なくない。たとえば、ネスレやユニリーバには、結果的に長く在籍する人が多い。とはいえ、日本流のメンバーシップ型を採用しているわけではない。一人ひとりが、それぞれの企業が掲げるパーパス（志）に強く共鳴しているからだ。そして、自らキャリアを選択し、パーパスの実践を実感し続けているからである。

たとえばユニリーバは、2016年から、「WAA（Work from Anywhere and Anytime）」を導入している、働く場所や働く時間を社員が自由に選べるという仕組みである。コロナ禍で、多くの企業が一時的にそのような働き方に移行せざるを得なかったが、ユニリーバはそれ以前から、ワークとライフが一体となる工夫を取り入れているのである。

意欲の高いユニリーバ社員にとって、これほどありがたいことはない。無駄な移動や勤務時間の縛りがなく、家庭生活を犠牲にすることもなく、大好きな仕事に100％打ち込める環境に移行できるようになったからだ。同社が世界の多くの国で、数年にわたって「Best Place to Work」賞を受賞し続けていることも、よく納得できよう。

キャリア・セレクタビリティ

キャリア・セレクタビリティという言葉を、耳にしたことはあるだろうか。「キャリアを自ら選択できること」という意味だ。とはいえ、まだ辞書には載っていない。転職支援企業エン・ジャパンの創業者・会長であり、エン人材教育財団の理事長でもある越智通勝会長の造語である。

英語では、「エンプロイアビリティ」という言葉が使われることが多い。「雇用される能力」を指す。しかしエンプロイする主語は企業であり、社員はその対象にすぎない。すなわち企業目線の言葉である。

それに対して、キャリア・セレクタビリティは、ヒト個人が主語となる。自分でキャリアを選択する力が問われているのである。企業が雇用主としてヒトを選択するのではなく、ヒトがキャリア形成に合った企業を選択する。選択権は企業ではなく、ヒトに移るのである。

キャリア・セレクタビリティの高い企業ほど、選ばれる企業となる。この思想を広めるべく、エン財団は２０２０年に「キャリア・セレクタビリティ（ＣＳＡ）賞」を設立、越智理事長に加えて、渋沢栄一翁の玄孫《やしゃご》の澁澤健さん、国際経済研究所理事長の藤沢久美さん、そして私が審査員を務めている。

審査基準は、人財輩出性、本業主観正義性、収益性の3点だ。それぞれ簡単に言うと、以下の通りだ。

①人財輩出性：20歳代からどこでも活躍できる人財を育て、その人財が社内で活躍していること
②本業主観正義性：自社なりに、社会や業界に対して課題を持ち、かつ企業が一丸となってその想いをかたちにしようとしていること
③収益性：一定以上の収益性を継続的に担保していること

これまでの3年間で受賞した企業は、9社。オイシックス・ラ・大地（2020年）、TBM（2021年）、ボーダーレス・ジャパン（2022年）などのスタートアップ企業もあれば、資生堂（2020年）、丸井（2021年）、豊田通商（2022年）などの老舗企業も入っている。いずれも、同志とパーパスを共有し、自らのキャリアシェープに励む若者が活躍する企業である。メンバーシップ型のような囲い込みでもなければ、ジョブ型のようなはめ込みでもない。「キャリア」型こそが、次世代人財を輩出し、無形資産を蓄積し続ける次世代型企業のあるべき姿なのである。

企業内キャリア形成

キャリア・セレクタビリティを社員自ら追求できる企業は、実は少なくない。社内副業や兼業、「手挙げ制」が認められている企業はもちろんのこと、旧態依然とした「メンバーシップ型」企業においても、自分の努力と周りの理解次第で、自律的にキャリアを形成することが可能である。

私が三菱商事に入社したのは1980年、今から40年以上前だ。そこでの10年間は、そのようなキャリア形成の連続だった。最初の4年間は国内市場向けの機械部門に配属されたが、ヨーロッパからの輸入業務を志願、後半はドイツ、ベルギー、フランスなどヨーロッパ各地を転々としていた。その後4年目で、ニューヨーク行きのチャンスをつかんだ。ちょうど、日本企業がアメリカ企業に買収を仕掛けるタイミングと重なり、年功序列という不文律がある中で、最年少のニューヨーク駐在員となった。

こうしてアメリカに渡って4年間、アライアンスや事業開発を仕掛けていった。その中で、世界レベルでの経営学を身につける必要性を痛感、ハーバード・ビジネス・スクール（HBS）への留学を決意した。社内の激烈な選抜試験を経て、自ら手にしたチケットである。こうして三菱商事の中にいながら、小さな人生三毛作を自作自演することができたのである。

私だけではない。入社もHBS卒業も一年下の新浪剛史氏（現サントリー社長）も、同じように三菱商事の中で多彩なキャリアを積み重ねていた。

とはいえ、自分のパーパス（志）が、その企業の中で実現できないと確信した時点で、躊躇せずに新しいジャーニーへと旅立つほうがよい。私にとってそれは入社10年後、新浪氏にとって20年後のことだった。

与えられた仕事をそつなくこなすのではなく、やりたい仕事を自ら獲得していくこと。それが働く側にとっても、キャリア・セレクタビリティという次世代モデルとなるはずだ。

マッキンゼーが求める人財像

三菱商事からマッキンゼーに転職した私は、ここでも主体的にキャリアをシェープしていった。入社直後の3年間は、ソウルで韓国オフィスの立ち上げに携わった。その後、マネージャーとなったあとは、日本の大手通信企業のマルチメディア戦略を担当。パートナーになったあとは、日本のデジタル・セクターや、アジアの自動車・製造業セクターを統括しつつ、世界のパートナー評価委員やイノベーション研究グループの主要メンバーも歴任した。

今こうして振り返ると、マッキンゼーは、自らの可能性を追求し続ける場としては、麻薬的な魅力に満ちていた。人生多毛作を堪能し続けるあまり、気がつけば20年近くを過ごしてしまうことになった。

マッキンゼーのジュニア・パートナー時代に、新卒採用を担当する機会があった。中途入社であればそれまでの職歴が参考になるが、新卒の場合、未知数の可能性を見極めるしかない。

そこで私は、「原体験」を持った人財を採用する方針をとった。結果として、帰国子女や海外留学体験者が多くなった。海外で暮らすと、異質性に対する感受性や、逆に日本人としてのアイデンティティの自覚が強まるからである。

また、学生時代に起業している者も少なくなかった。マッキンゼーでスキルや経験を身につけて、それを自社の経営に生かそうという気概を持った若者たちである。たとえば、東京大学で情報工学を学びながらオイシックスの前身を創業していた高島宏平氏（現オイシックス・ラ・大地社長）は、私が採用した第1号である。

コンサルティング業界は、いまだに新卒学生に人気抜群のようだ。しかし、頭でっかちの人間はまず成功しない。人間や社会への洞察が、欠落していることが多いからだ。ましてや、コンサルの手法を中途半端にマスターしたつもりになっている者など、始めから願い下げだ。そのような手法は、入社後に徹底的に叩き込まれる。しかも、借り物の手法に頼っている限り、本質的な問題解決や独自の価値創造の技を磨き上げることはできないからだ。

通常、マッキンゼーでの滞在期間は2～5年である。マッキンゼー側は常に人財の新陳代謝を図り、そこに集まる人間も、マッキンゼーでスキルを身につけたあとは、自分なりのキャリア形成を目指そうとするからだ。

その意味では、マッキンゼーはそもそも、たまたまフリーランサーが期間限定で集まっている場にすぎないともいえるだろう。グラットン教授が唱える未来型ワークスタイルを、マッキンゼーは最初から実践していたのである。

コミットメントのパワー

マッキンゼーとボストン・コンサルティング・グループは、戦略コンサルティングファームとしてひとくくりにされがちだが、実態は大きく違っている。その両方を経験している私は身をもって実感した。詳細は『コンサルを超える　問題解決と価値創造の全技法』を参照願いたい。

その本でほとんど論じていない大きな違いが、もう1つある。それはマッキンゼーでは1時期に1つのプロジェクトに専念するのに対して、ボスコンでは常に複数のプロジェクトに従事するという点だ。マッキンゼーのプロジェクトが3カ月単位の短期集中型であるのに対して、ボスコンの場合、「年契」(1年契約)ベースの長丁場であるという構造的な違いも大きい。

それぞれに一長一短はある。マッキンゼー流に専念するほうが集中的に答えに肉薄できる反面、袋小路に突き当たる危険がある。他方、ボスコン流にかけ持ちをすれば、どうしても散漫になりがちだが、つかず離れず並走できるというメリットがある。

ではどちらがベターな結果をもたらしうるか。戦略的な答えの質は、マッキンゼー流のほうが圧倒的に高い。一方、実践の質の高さは、ボスコンに軍配が上がる。なぜだろうか。

そこには、「コミットメント」がもたらすパワーの違いが大きく関わってくる。

第2部で、グローバル戦略の大家として紹介したパンカジュ・ゲマワット教授のことを、覚えておられるだろうか。同教授は、HBS時代、私の指導教授の一人だった。当時、同教授は『Commitment』(1991年)という新著に取り組んでいた。コミットメントのレベルが、戦略の結果に大きく関わるという、ポーターを超える意欲的な戦略論である。

私たち学生グループが研究した新興電炉メーカーのニューコアのケースが、コミットメントによる成功例として取り上げられている。ゲマワット教授とは、それ以外にも、本書の内容全般に関して、さまざまな意見交換を行った。コミットメントがイノベーションの鍵となることが、深く胸に刻まれた経験だった。

その後、マッキンゼーに移って、このコミットメントの重要性を再認識する。3カ月間のプロジェクトの間、寝ても覚めてもクライアントの経営課題と全身全霊で向き合う。少なくともその3か月間は、クライアント自身を含めて、世界の誰よりも、クライアントのことを徹底的に考え抜いているという自負はあった。だから、考えうるベストの戦略を提案しているつもりでいた。そして事実、多くの場合、クライアントだけでは思いもつかない画期的な戦略を打ち出すことができた。

2010年、マッキンゼーを卒業してボスコンのシニア・アドバイザーに就任して戸惑ったのは、誰もが当たり前のように、プロジェクトを兼業していることだった。そのような中途半端なコミットメントでは、決して最高の戦略など生まれるわけがないのではないか。

その懸念通り、ボスコンの提案は、クライアントをのけぞらせるようなインパクトは感じられない。しかし一方で、クライアントの思いを汲んで、戦略を確実に実践させていく力はマッキンゼーよりはるかに優れていた。それはボスコンが、戦略の中身ではなく、実践の中身にコミットしていたからである。

ボスコンの前日本支社長の杉田浩章氏が、近著『10年変革シナリオ　時間軸のトランスフォーメーション戦略』（日経BP、2023年）の中で、長期的な変革の実践方法を説いている。ボスコンの流儀を理解するうえで、大変参考になる。

専業か兼業かという、ある断面を切った仕事の仕方の問題ではない。何に価値を置き（Why）、どのような変化に対して（What）、どれだけの時間軸でコミットするか（How）の違いである。

経営は微分（差異）ではなく、積分（蓄積）の勝負だからだ。

兼業・副業のススメ

コンサル業界を例にとって、プロフェッショナルがいかに複数のプロジェクトやクライアントに対して、価値を出し続けることができるかを論じた。フリーランサー型の仕事の仕方が常態化していく中で、コンサルは1つのモデルとなりうるだろう。

日本でも、昨今、兼業や副業を認める企業が増え始めた。大いに歓迎すべきことだ。本業にだけ専念する単線的な働き方より、多様性のある経験やネットワークを増やすことができる。兼業や副業にチャレンジしたいという意欲のある人財が増えることで、結果的に本人の、そして企業自体の無形資産が増殖していく。

兼業・副業に慎重な企業は、異口同音に2つの懸念を示す。

1つ目が、優秀な人財に転職の機会を与えてしまうという懸念だ。これは、本末転倒である。その企業に魅力がなければ、優秀な人財は躊躇なく転職するだろう。

兼業・副業ができる企業のほうが、多彩な人財を惹きつけることができる。逆に、本業は別のところにある外の人財に、自社で兼業や副業をする機会を提供することで、人財の多様性を広げることができるはずだ。

もう一つの懸念は、本業に専念しなくなるというものだ。これは私が当初、複数クライアントを兼任するボスコン流儀に抱いた懸念と同根だ。

そして答えは前述したように、兼業や副業をしようと、いかに本業に対して本人のコミットメントを引き出せるかということに尽きる。それは本人の本気度とともに、本業の魅力次第である。このような懸念を抱く企業は、まず自社の働きがいに磨きをかけることにこそ注力すべきだろう。

そもそも1日8時間労働が原則だ。本業側が、それ以上の仕事を強いるわけにはいかない。副業や兼業が認められなければ、1日24時間のうち睡眠と食事を除いた5～6時間が空白時間となってしまう。

もちろん、その時間は「生活」を充実させることに充てることが奨励されている。家庭であれ、個人の趣味の世界であれ、仕事以外に使える時間を確保することが目指されている。いわゆる「ワーク・ライフ・バランス」である。

しかし、ワークで自己実現を果たしたい個人に、8時間以上のワークを禁じるのは、人権侵害である。企業は、そもそもそのような強制権を持ちえない。

違う仕事をすることで多様性が磨かれ、リスキリングなどの研修に時間を使うより、ずっと本物感のある自己研鑽の場になる。それを禁止するのは、本人の成長にとっても、企業の進化にとってもマイナスだ。

前述したように、ロート製薬は、2016年より、兼業・副業を積極的に推奨している。その結果、人財が活性化し、新しい知恵も生まれるようになったという。

兼業・副業を取り入れることで、優秀な人財が集まり、より能力に磨きをかけ、かつ定着するようになる。組織を外に開くことで、より強い組織をつくることができるのである。

ウォールド・ガーデンから回転ドアへ

「ウォールド・ガーデン（walled garden）」という言葉をご存じだろうか。「壁に囲まれた庭」という意味である。

ベルサイユ宮殿やバッキンガム宮殿のような王族の所有地から、庶民のささやかな庭まで、壁で囲むことによって、公共（コモンズ）と遮断し、安全と自分らしさを維持するための場として機能してきた。

デジタルの世界では、「クローズド・プラットフォーム」という意味に使われる。一部のユーザーにだけ、プラットフォームを利用させる仕組みのことだ。GAFAに代表されるWeb2・0時代のプラットフォームは、「ウォールド・ガーデン」としてユーザーのアイボール（眼球：転じて、関心）の獲得競争に明け暮れてきた。

しかし、そのような時代は終焉を迎えている。オラクルの創業者で現ＣＴＯのラリー・エリソンは、２０２２年10月の同社の年次カンファレンスで、次のように語っている。

「〝ウォールド・ガーデン〟が崩壊している今、顧客はより多くの選択肢を手に入れる。将来的には全てのクラウドがつながり、あらゆるサービスが利用可能になるはずだ。〝庭のオーナー〟ではなく、顧客が決定権を持つようになるだろう」

これこそが、前述したＷｅｂ3時代のＤＡＯの姿である。

このように個が自律分散化する世界において、企業も「ウォールド・ガーデン」のままでは存続できない。いくら組織の壁を作っても、ヒトを囲い込むことはできないからだ。

だとすれば、企業も「オープン・プラットフォーム」に進化していかなければならない。ヒトを囲い込むのではなく、ヒトが自由に出入りできる組織だ。アクセンチュアでは、そのような自社の組織形態を「回転ドア」組織と呼ぶ。

プロジェクトベースで、外部人財と自由に組み合う。兼業・副業どころか、休職や離職、退職や復職もすべて「あり」。アサヒビールやクボタなどは、退職後何年経っても復職する場合には正社員として受け入れる方針を取っている。

三井物産の安永竜夫現会長は、社長就任時に、「出入り自由な会社を目指す」と宣言。2019年7月29日付の日経ビジネスのインタビューで、次のようにコメントしている。

「三井物産は出入り自由な会社だ」と常々言っています。いろいろな人が出入りする会社でなければ、イノベーションは生まれませんから。

（中略）当社を辞めた方たちとも意見交換を続けていきたいと思います。いろいろな知見を得られますし、〝出戻り〟で当社に戻ってくるようなケースも今後さらに増えていくでしょう。

出入り自由にしておけば、経営者になる近道としてコンサルティング会社を選んだ若手人材が、商社でも経験を積みたいといって入社してくるケースも出てくるでしょう。新卒採用でコンサルティング会社と争う必要も別になくなるわけです。

会社にとって必要なプロジェクトで、社内だけでは人財が足りない場合にどうやって人財を集めるか。ＯＢ・ＯＧをはじめ、社外にどれだけ人財のプールを持っているかが重要になります。仕事をつくる仲間であれば、必ずしも社内にこだわる必要はないと思っています。

まさに「回転ドア」組織宣言である。

もちろん、そのためには「個から選ばれる理由」が不可欠だ。ＤＡＯの世界で、いかにＤＡＣＯを目指すか。前述したように、企業にとっては、パーパスをマグネットとして、エンゲージメント力で共感の磁場をいかに作り続けられるかが勝負となる。

ワークの再構築

リンダ・グラットン教授は、最新著で、ワークの再構築を提言している。その名も『リデザイン・ワーク』（邦訳：東洋経済新報社、２０２２年）。

働くヒトを大切にする職場にこそ、優秀で意欲的なヒトが集まるという。特にポスト・コロナにおけるワークのあるべき姿を見据えているところが、この最新著の魅力である。

基本は空間軸と時間軸を、従来の固定型から柔軟性の高いものへとシフトしていくことにある。デジタル・パワーを駆使すれば、究極的には、「どこでも・いつでもオフィス」が可能になる。先述したユニリーバのＷＡＡ（Work from Anywhere and Anytime）は、このような未来の働き方を先取りしたものに他ならない。

また、人的ネットワークが信頼を結節点として、拡散していくことによって、新結合によるイノベーションが生まれると説いている（**図43**）。このような関係性が広がっていくと、先述したＤＡＣＯ型組織モデルが実現するはずだ。

グラットン教授は、最新書の中で、次世代のワークを再設計するには、次の４段階のプロセスを

図43

人的ネットワークの創発

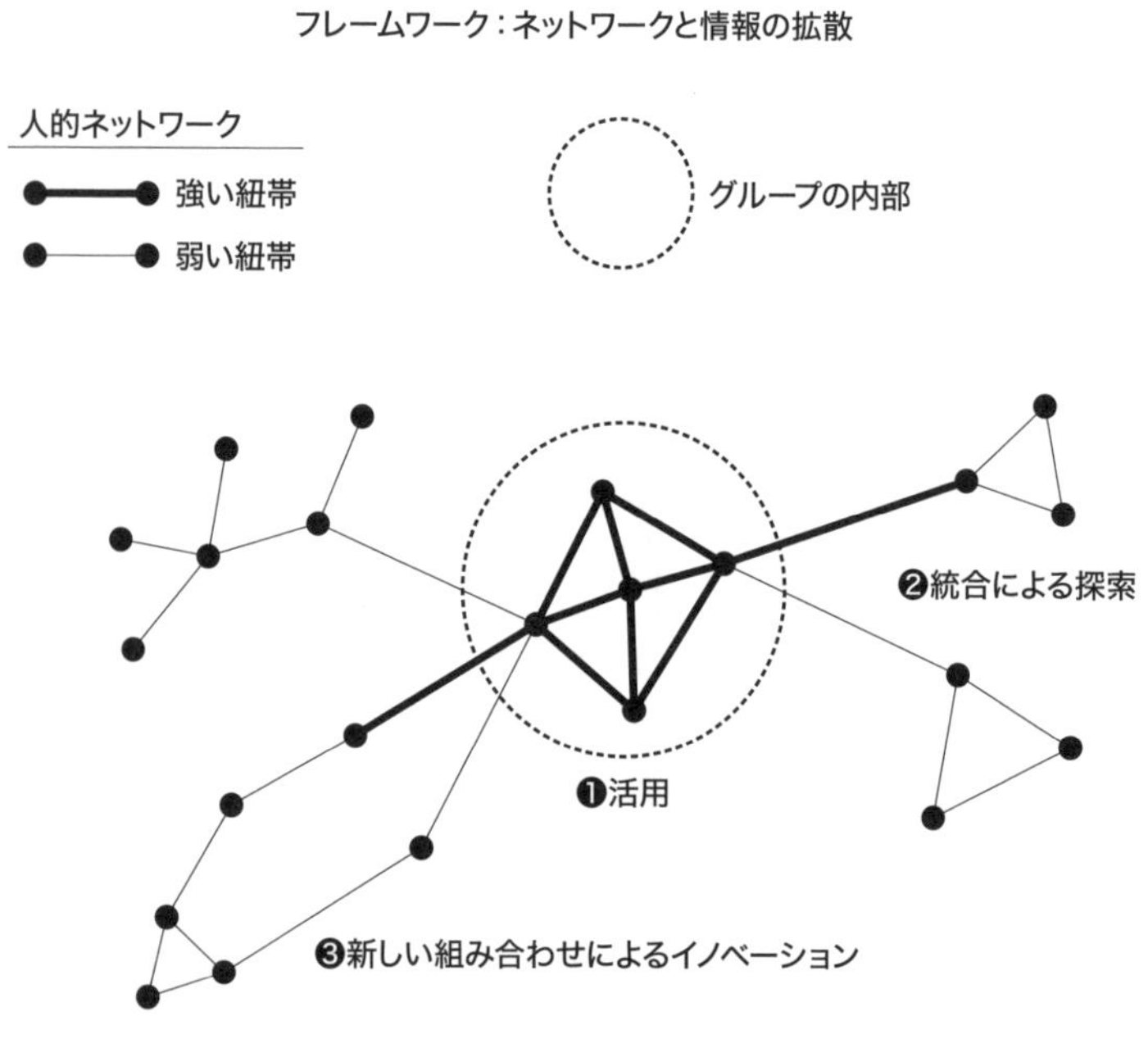

出典：リンダ・グラットン著『リデザイン・ワーク』

繰り返すことが肝要だと説いている。

①理解する（Understand what matters）
②構想する（Reimagine new ways of operating）
③検証する（Model and test new ways of working）
④行動して創造する（Act and create）

いずれのプロセスも、分かりやすく丁寧に説明されているので、ご興味のある方はぜひ同書を手に取っていただきたい。

私は、同書の書評を東洋経済オンライン（２０２２年12月26日）にアップしているが、その中で、次のように指摘している。

「日本人は、④の「何かを行いながら学んでいく」プロセスは得意です。つまり、個別的な事例から一般化していく帰納的なアプローチのことです。
しかし、②の「制約を取り除いて、本当に面白いと思える、ある種の妄想に近い未来を思い描く」プロセスは苦手としています。つまり、最初に結論を構想する演繹的なアプローチが、現場・現物・現実を重視する日本人にとっては難しいのです。

特に、ここ30年はポジティブな未来を描く構想力が衰えたまま、個別の原因がマイナスをもたらしているから、それをゼロに戻そうと焦って空回りしていたように思います。

著者のリンダ・グラットン氏は、危機感を煽ると組織がフリーズしてしまうから、「自分たちにはこんな未来が作れる」というポジティブな感情が大事だと説いています。

②は「構想力」というより、「妄想力」に近い。そしてそれは本書のテーマである10X思考そのものでもある。この点は、第4部で改めて論じることとしたい。

ワークとライフのトレードオン

ワーク・イン・ライフ

ここまで、ライフ・シフトとワーク・シフトについて別々に論じてきた。しかし、この2つは、本来密接に同期しているものだ。言い換えれば、ライフとワークを切り分けるデジタルな発想が、視野狭窄をもたらすのである。

その典型が、平成時代の「ワーク・ライフ・バランス」というキャッチフレーズだ。ワークはほどほどにして、しっかりライフも充実させようという掛け声である。

昭和時代は、「ライフ・イン・ワーク」だった。仕事優先、ライフはその残り時間でつつましく過ごすのが当たり前。私が新卒で三菱商事に就職した頃など、「24時間、戦えますか」という栄養ドリンクのCMソングが、街に流れていた。終電に間に合わず、タクシー帰宅が当たり前の日々を送っていた。

平成に入って、さすがにそのような非人間的な仕事の仕方への批判が広がっていった。そして「ワーク・ライフ・バランス」があるべき姿として、掲げられるようになった。

しかし、そもそもワークはライフの一部であり、切り分ける発想自体、マルクス時代の労働観を引きずっている。8時間はワークに搾取され、残りの時間で自分を取り戻すといった構造を前提としているからだ。

ワークが自己実現の重要な手段だとすれば、ワークはライフを豊かにするかけがえのない時間であるはずだ。もちろん、ライフの大部分がワークに費やされるのは行き過ぎだろう。しかし、ワークとライフの好循環を作ることこそが、目指すべき方向であるはずだ。

アマゾンを創業したジェフ・ベゾスは、「ワーク・ライフ・バランス」は人間を消耗させるフレーズであるという。仕事と生活のバランスを取ろうとすることは、一方を追求すれば他方を犠牲にせざるを得ないトレードオフの関係として捉えてしまうからである。

そしてその代わりに、「ワーク・ライフ・ハーモニー」という言葉を好んで使った。仕事と生活はバランスを取り合うものではなく、どちらも充実させて互いに融合するものであるというのである。

私は、10年前から「ワーク・イン・ライフ」というフレーズを提唱してきた。ワークの8時間は、24時間のライフのかけがえのない一部だと信じるからだ。

先述した通り、ユニリーバは2016年からWAA（Work from Anywhere and Anytime）を実践している。目指すのは「ワーク・ライフ・バランス」ではなく、「ワーク・イン・ライフ」の充実である。オフィス家具メーカーの岡村製作所も、2016年から「ワーク・イン・ライフ・ラボ」を立ち上げている。

2021年あたりから、日経でも「ワーク・ライフ・バランスからワーク・イン・ライフへ」という記事が出始めるようになった。引き金となったのが、コロナ禍だ。リモートワークを余儀なくされ、ワークとライフが物理的にも一体化する事態が現実となったからである。

ゆるブラック企業病

それに対して、政府は例によって、周回遅れの対策を打ち出し続けている。

たとえば、2007年には内閣府が「仕事と生活の調和（ワーク・ライフ・バランス）憲章」を発表。2019年には厚生労働省が策定した「働き方改革」関連法案が施行された。

そうこうしているうちにコロナ禍が広がり、2021年には総務省が「ポストコロナの働き方『日本型テレワーク』の実現」を発表。相変わらず、「働き方」という形から入る表現となっているが、そのレポートの中に、「今後は、人生の中に仕事があるという『ワークインライフ』という言葉のほうが馴染むという意見もあった」という言及があった。委員の一人のＮＴＴ澤田純社長（当時、現会長）が発言したということだ。やはり民間企業のトップの経営感度は、役人よりはるかに筋がいい。

それにしても、政府の迷走ぶりは目に余る。内閣府が政権の総意を表明したかと思えば、厚労省は労働者保護の観点から、総務省は情報通信インフラ活用の観点から、それぞれの省益を軸に政策を展開。しかもいずれも、時代の要請から10年以上遅れるというおまけつきだ。

中でも極めつきの失策は、一連の「働き方改革」である。働き方を改善しただけでは、生産性は上がらず、日本経済は失速し続けるのは目に見えている。もっともそれは厚労省や総務省のあずかり知らない話のようだが、それだけに狭隘な省益が見え見えで、いただけない。

「働きやすさ」を改善することは大切だが、それだけでは単に「緩い」企業になってしまう。日経ビジネスは、２０２１年末、「残念な働き方改革の末路」という特集を組んだ。そして、政府の掛け声に乗って、働きやすさを推進した企業を「ゆるブラック企業」と呼んだ。

なぜ、ブラック企業なのか。そのような企業の社員は、徹底的に働くことで自分に磨きをかける場がなく、成長機会を失うからだ。そして、人財市場において、そのような企業で甘やかされて育った人財の価値は低く、転職の機会すら奪われるからである。もっとも、成長意欲が高いにもかかわらず、間違ってそのような企業に入社してしまった人財は、第二新卒としてすぐに転職してしまうだろう。

日本でも、新卒採用されて3年以内に離職する人の割合は、30%強に達する。3人に1人が第二新卒市場に流れていっているのが実態である。「ゆるブラック企業」が増え続ければ、この数字は確実に高まっていくだろう。

いや、これだけ情報の非対称性がなくなってくると、そのような「ゆるブラック企業」には、成長意欲の高い人財は、はなから寄りつかなくなるに違いない。

働きがい改革

ヒトが本気で働き、成長を実感するためには、「働きやすさ」だけではなく「働きがい」こそが重要なのである。日経ビジネスは、この2つの軸を両立させた企業を「真正ホワイト企業」と呼ぶ。そして、そのような企業の社員は、「ワーク・ライフ・バランス」ではなく、「ワーク・イン・ライフ」の価値を実感するのである。

日本企業は、周回遅れの「働き方改革」ではなく、「働きがい改革」を進めるべきなのである。これも私が5年以上前から提案していることである。最近でも、故・稲盛和夫翁の右腕として日本航空の再建の陣頭指揮に立った大田嘉仁氏との対談で、私は次のように語っている（『致知』2022年7月号）

「やらされ仕事」じゃなくて、「やりたい仕事」になったら、（現場は）強いんです。

いま日本に本当に必要なのは、「働き方改革」ではなく、「働きがい改革」です。


令和において「失われた40年」の悲劇を引きずらないためにも、次世代の成長を担う企業には、「働きがい改革」を通じて「ワーク・イン・ライフ」の実現を目指してほしい。

日本人は、古来、独特の勤労精神を持っていた。それはたとえば、マックス・ウェーバーの言う「プロテスタンティズムと資本主義の精神」とはまったく異質なものである。それは日本流の価値観や美学に深く根差すものだ。詳細は、拙著『パーパス経営』を参照願いたい。

私が畏敬する故・今村仁司東京経済大学教授は、フランス現代哲学と浄土真宗に精通した稀有な思想家だった。その今村は『日本人の労働観』（産業衛生学雑誌、２００５年）という小論文の中で、日本人は、武道や稽古事と同様に、労働にも「職業道」ともいうべき求道精神を具備していると指摘している。

「ＩＫＩＧＡＩ」という人生観が世界的に注目されていることは、前述した通りだ。「ＨＡＴＡＲＡＫＩＧＡＩ」という仕事観も、今こそ世界に発信するいい機会なのではないか。

三人のレンガ積み職人

この日本人気質を論じるうえで、西欧で語り継がれてきた寓話が参考になる。ご存じ、「３人のレンガ積み職人」の話である。ドラッカーの古典的名著『現代の経営』（１９５４年、邦訳：ダイヤモンド社、１９６４年）で紹介されているエピソードだ。

ちなみに、このストーリーは、イソップ童話の1つとして語られてきたが、調べてみると、そのような事実はないらしい。ともあれ、西欧に長く伝わる「詠み人知らず」話である。

物語は、旅人が3人のレンガ職人に出会ったところから始まる。「何をしているのですか」という旅人の素朴な問いに、3人はそれぞれ違った答えを返してきたというのである。

- 1人目「家族が食べていくために仕事をしている」
- 2人目「プロ職人としてのプライドを懸けていい仕事をしている」
- 3人目「神に祈る場所（＝教会）を作るために仕事をしている」

各人とも明確な目的がある。心理学者マズローであれば、それぞれを、生存欲求、自己実現欲求、自己超越欲求などと整理するところだろう。1人目はワークをライフのための手段だと割り切っている。2人目は、ワークを通じてライフを充実させようとしている。3人目は、ワークを通じて多くの人のライフを豊かなものにしようとしている。

2人目、さらに3人目の職人にとって、ワークはライフのかけがえのない一部だ。言い換えれば「ワーク・イン・ライフ」なのである。彼らにとって、ワークは「やらされ仕事」ではなく、ライフをかけて「やりたい仕事」となっている。

では2人目と3人目の違いは何か。その仕事に人生を賭けることが自分自身のためか、多くの人たちの幸せのためなのかの違いである。言い換えれば、志(パーパス)の高さの違いである。前述したジョブ型は、2人目の腕利きの職人だけをあてにする経営に走りがちである。そのような職人にも企業にも、人々を惹きつける心のこもった教会を作ることは期待できない。

このように、仕事が自分の崇高な目的につながっていく生き方が、もっとも幸せな生き方になっていくだろう。逆に言うと、仕事をしている時間が単に給料をもらっているだけでなく、自分のスキルを磨いているだけでもなく、高い志を持てるかが重要である——ドラッカーはじめ、優れた経営学者は、このエピソードのオチを、そのように語る。

ところで、日本流の仕事観は、どのタイプに当てはまるだろうか。実は、いずれも日本人気質を体現しているといえるのではないだろうか。

1人目の「家」を大事にする思いは、今でこそ希薄になってきているが、伝統的な日本人の精神である。2人目の「プロフェッショナル」精神こそ、実は職業道そのものである。そして、三人目の高い志も、日本人がもっとも大切にしてきたことだったはずだ。

3つの思いは、多かれ少なかれ、多くの日本人の中に脈打っている。その多人格性ゆえに、日本人は理解しづらいと揶揄されることが多い。

しかし、そのような複雑性、多層性こそ、日本人に限らず、人間の本質ではないだろうか。この点は、「分人主義（ディビジュアリズム）」論として、後ほど詳しく論じることにしたい。

ホモ・ファーベルとホモ・ルーデンス

このレンガ職人のエピソードが物語るように、西欧では、ホモ・サピエンス（知恵のあるヒト）の本質は、「ホモ・ファーベル（作るヒト）」である、とも論じられてきた。原語はラテン語で、日本語では「工作人」と訳されることが多い。中国語ではWorkerを意味する。ちなみに「工作狂」だと「ワーカホリック」になるので、要注意だ。

この言葉を最初に使ったのは、フランスの哲学者アンリ・ベルクソンである。ベルクソンは主著『創造的進化』（１９０７年）の中で、次のように語っている。

「知性とは、その根原的な歩みと思われる点から考察するならば、人為的なものをつくる能力、特に道具をつくるための道具をつくる能力であり、またかかる製作を無限に変化させる能力である」

つまり知性を磨くだけではなく、それを使って「働くこと」こそ、人間の本質だと言っているのである。経営論の文脈でいえば、戦略を頭で練り上げるより、実践することが大切だというわけである。

本書の中でベルグソンは、ダーウィンの進化論の中で論じられている自然淘汰を「功利主義的」な発想とし、真っ向から否定する。そして、生命の進化を推し進める根源的な力は、「エラン・ヴィタール（生の躍動）」だと論じている。彼の中では、ライフ（生）とワーク（働）とが二項動態として一体化しているのである。

「ホモ・ファーベル」論に対して異議を唱えたのが、名著『中世の秋』（1919年）で有名なオランダの歴史家ヨハン・ホイジンガだ。人間の本質は「ホモ・ルーデンス（遊ぶヒト）」であると、晩年の同名の著作（1938年）で論じたのである、

ホイジンガの言う「遊び」は、遊戯から出発し、文化や宗教まで、高次元の人間的活動を包含している。同書では、次のように語っている。

「遊びの中では、生活維持のための直接的な必要を超えて、生活行為にある意味を添えるものが『作用』しているのである」

ベルクソン同様、当時西欧を席巻していた功利主義的な考え方に対する強烈なアンチテーゼである。遊ぶことも働くこと同様、人間の生命の躍動が生み出すものである。そしてそれは「生きがい」や「働きがい」に通底している。

では、どちらがより重要なのか。われわれは、ホモ・ファーベルであるべきか、それともホモ・

ルーデンスであるべきか。

これは、そもそも問いの立て方が間違っている。仕事をすることと遊びとは表裏一体だからだ。楽しめない仕事は「働きがい」がない。とはいえ、遊びにだけ興じていると「生きがい」を見失う。理想は、遊びと仕事を有機的に結合させて、相互に生かしていくことである。

遊びで気づいたことを、仕事でかたちにしてみる。仕事でつまずいたら、遊びで頭をリセットする。ホモ・ファーベルでありつつ、ホモ・ルーデンスでもあろうとすれば、ワークとライフがトレードオフではなく、トレードオンになるはずだ。

堀場製作所の「おもしろおかしく」

ホイジンガの言う「遊戯」と、ベルグソンのいう「工作」が一体化した見本のような企業がある。京都にある計測器メーカーの堀場製作所だ。

同社には「おもしろおかしく」という社是がある。英語では「Joy & Fun」と訳されている。この社是が、多くの企業が掲げる価値観のような机上の空論ではなく、現実に実装されているところが、堀場製作所の優れたところである。

創業者の堀場雅夫氏が、この社是を設定しようとしたとき、周囲から反対されたそうだ。しかし、業績が上がり始めて、そのような懸念は消えたという。

もちろん、社員は仕事をほったらかして、遊び回っているわけでない。楽しく仕事に打ち込んでいるのである。仕事自体に面白さを感じないようであれば、新しい発想は生まれない。仕事の中にこそ面白さがあるから、それに心おきなく没頭しているのだ。それが「ホリバリアン」（堀場の仲間たち）の実像である。

さらに、そう考えている仲間たちと一緒にいることが、最高に楽しいという。しかも、そのような環境を愛している社員は、日本人だけではない。

堀場製作所は、これまで世界でさまざまな会社を買収してきた。最近は相手先から身売り話をもちかけられるケースが増えているという。

世界中どこでも、エンジニアは自分がワクワクするような仕事に取り組みたい。ところが経営に行き詰まってファンドに買われ、研究開発費を削減される状況に追い込まれてしまうと、利益が最優先となり、コストも投資も徹底的に絞られる。

そして、利益は株主に吸い尽くされる。働く社員の間には、他人の金儲けのために働いているのではないという鬱屈が溜まり、ファンドの出口として堀場製作所に買ってもらいたいと考えるようになる。

ホリバリアンの一員になれば、今まで抑えつけられていたエンジニアたちが思いきり仕事を楽しむようになる。もうやめろと言われるまで、寝食を忘れて没頭するほど自分の研究に邁進し、いい仕事をする。それこそが、堀場製作所が提唱する「おもしろおかしく」の真骨頂である。

今や世界のホリバリアンの7割近くが、外国人だ。ホリバリアンが集まるときには、カラオケが必ず用意してある。そして「Joy＆ Fun」というノリのいい英語の社歌を、思い思いに歌って踊る。会長や社長が出席する毎月の誕生会も、楽しみの1つだ。毎年、全員参加の運動会もある。

社歌や誕生会、運動会というと、昭和の象徴のように思われがちだ。確かに、「やらされ感」満載な会社行事など願い下げだ。しかし社員が心から楽しんでいる企業では、それは仕事というより遊びの延長である。

日本企業は、昭和の文化を蔑む前に、仲間意識の風化を嘆くべきである。

パーパスフルワーカーの時代

パタゴニアの社員は、いい波がきたら、店はそっちのけで、サーフィンを楽しんでいいことになっている。仕事より遊び優先のカルチャーである。給料は低いが、生粋の遊び人には最高の環境だろう。

それに対して、仕事を通じて自己実現するのが「おもしろおかしく」の真髄である。これこそが、「ワーク・イン・ライフ」の本当の姿なのではないだろうか。ワークを楽しめない企業、つまり8時間、プロレタリアート（労働階級）のような仕事をさせている企業は、それなりにワークから切り離したライフを与えなければならないだろう。

そもそもかつて、プロレタリアートが担っていた仕事は、「レイバー（労働）」である。ラテン語由来で「苦役」を意味する。そして「レイバラー（労働者）」は、奴隷時代を彷彿とさせる「労奴」

のイメージだ。マルクス時代の労働観である。

それに対してゲルマン語由来の「ワーク」という言葉は「自主的な活動」を意味する。そして「ワーカー（仕事人）」は、自主的な活動を楽しんで行う人たちのことを指す。先ほどのレンガ職人でいえば、二番目のプロフェッショナル人財、さらには、三番目のパーパスフル人財のことである。

これからの時代を担うMZ世代は、プロレタリアートとはまったく異なる人種だ。彼女・彼らは、自分の楽しみや自由を犠牲にしてまで、労働（レイバー）を優先しようとは決して思わない。しかし、それが自己実現や社会貢献にとって絶好の機会だと考えれば、喜んで仕事（ワーク）に打ち込むようになる。

たとえば、「イン・アンド・アウト（In-N-Out）」をご存じだろうか。カリフォルニア生まれで、日本には未進出のハンバーガーチェーンだ。同社では、自分たちが思いついた創意工夫を積極的に提案できる仕組みがあり、そこに社員たちは楽しみと働きがいを感じるという。店員の一人ひとりが、プロフェッショナルとしての自負を持っている。

あるいは、「プラン・ドゥ・シー（Plan・Do・See)」。「日本のおもてなしを世界中の人々へ」をパーパスに掲げ、世界でホテルやレストラン、ウェディング事業を展開している日本企業だ。若い女性社員が中心となって、顧客に思い思いの提案をし、それを新しいメニューに加え続けている。そしてそのような仕事は、彼女たちにとっての「生きがい」に直結している。

この両社はいずれも、「働きがいのある会社」リストの上位にランキングされている。そこで楽しそうに働く若者を見ていると、8時間はワークで犠牲にして、残りの時間でライフを取り戻すと考える「ワーク・ライフ・バランス」というフレーズが、いかに時代の感覚とずれているかがよく分かる。

「おまえはどうしたいんだ？」

仕事に「働きがい」、そして「生きがい」を感じるためには、企業側以上に、社員一人ひとりの覚悟が必要となる。前述した「コミットメント」が試されるのだ。

ホンダとリクルートの社風で、共通する点がある。どちらでも、上司に相談すると必ず「おまえはどうしたいんだ？」と問い返されるという点だ。相談しても返事は決まっているので、結局は自分の思い通りにやるしかない。

ビジネスシーンで使われてきた「報・連・相」は、Ｗｅｂ３の時代には死語になるだろう。報告や連絡などといったコミュニケーションのためのコミュニケーションに、時間を割く必要はなくなる。「相談」は不要となり、逆に求められるのは「提案」だ。仕事が自分ごと化していれば、おのずと自分の思いが起点となる。「おまえはどうしたいんだ？」という問いは、これからますます重い意味を持つ。

リクルートでは、今も「圧倒的な当事者意識」という言葉が飛び交う。リクルートのキーワードの1つである。

当事者意識という言葉は、どこにでもある言葉である。誰もが自分は当事者だと思いたい。しかし、本当にそうだろうか。

当事者意識を問われ、自信を持って自分ごと化していると答えられるのが「圧倒的」の意味である。自分ごと化している仕事は「やらされ仕事」ではないので、当然のことながら当事者意識に向かっていく。

今のホンダがかつての輝きを失っているとすれば、やらされ仕事という感覚を持っている人が増えてきたからかもしれない。しかし、ホンダの中でも、「圧倒的な」当事者意識を持った人財は、これまでも少なくなかったはずだ。

その代表例が、ホンダジェットを立ち上げた藤野道格・前ホンダエアクラフトカンパニー社長兼CEOだ。少年時代から、紙ヒコーキを飛ばして遊んでいたというから、筋金入りの飛行機マニアである。いずれ空に飛び立つホンダをつくることを志して、30余年の会社人生を飛行機づくりに賭けた。藤野氏のような達成感のある仕事ができれば、人生そのものが楽しいはずだ。

藤野氏も2022年4月に、ホンダの役員を退任した。その1年前に本田技研工業の新社長に就任した三部敏宏氏にとって、いかに「圧倒的な当事者意識」を持った社員を増やして、ホンダ魂に火をつけることができるかが、大きな経営課題であるはずだ。

パーパスという北極星

パーパス経営が、時代のキーワードとなっている。

先の2社を例にとると、リクルートはミッションという言葉を使っているが、「まだ、ここにない、出会い」こそ、同社のパーパスである。ホンダも三部氏が社長となってから、「意志を持って動き出そうとしている人を支えるパワーとなる」をパーパスとして掲げている。

世界中で多くの企業が、パーパスづくりに余念がない。『パーパス経営』（東洋経済新報社、2021年）を上梓した私としても、うれしい限りである。

しかし、パーパスはあくまで企業側の志を掲げたものである。実践しなければ、単なる「額縁パーパス」で終わってしまう。そして実践するためには、社員の一人ひとりが、パーパスを自分ごと化していく必要がある。本当の勝負は、ここにある。

本気でパーパス経営に取り組んでいる企業は、この自分ごと化のプロセスに、多大なエネルギーを注いでいる。私も、国内外で数十社の企業のパーパスづくりを支援しているが、この自分ごと化がしっかりできている企業は、まだ数えるほどしかない。

その一例として、SOMPOホールディングスの取り組みを紹介しよう。

同社は2021年から、「〝安心・安全・健康のテーマパーク〟により、あらゆる人が自分らしい人生を健康で豊かに楽しむことのできる社会を実現する」をパーパスに掲げている。2020年から同社の社外取締役を務めている私も、櫻田謙悟CEO社長（当時、現CEO会長）から「テーマパーク構想」を聞かされたときは、思わず椅子から滑り落ちそうになった。

そもそも損害保険や生命保険を売ってきた会社である。最近は介護事業でも日本でトップとなっているが、テーマパークと言われても、被災者ランドや病人タウン、老人カントリーなど、なんとも冴えないラインアップになりそうに思えた。

しかし、櫻田氏は本気そのもの。「これまではラストリゾートとして、〝残念〟なときにしか活躍できなかったが、これからは安心、安全、健康であればあるほど、顧客と寄り添えるような企業になりたい」と真剣なまなざしで語る。そして、「いずれ、SOMPOは昔、保険会社だったらしい、と言われたい」というセリフを口癖のように繰り返すようになった。当初目を丸くしていた社員も、徐々に櫻田氏の覚悟を信じるようになっていった。

パーパスは、ちょっとやそっとでは手が届かないような未来のありたい姿でなければならない。英語ではMTP（Massive Transformative Purpose：巨大で変革的なパーパス）と説明されるが、私は分かりやすく「北極星」と呼ぶことにしている。

そして、その条件として、「ワクワク」「ならでは」「できる！」の3つを挙げている。

「安心、安全、健康のテーマパーク」は、確かに「ワクワク」するような未来だ。保険や介護の本質を究めれば、SOMPO「ならでは」の価値が提供できるかもしれない。先述したSOMPOグループの「ひまわり生命」が編み出した「Insurahealth」などは、その好例だ。

しかし、保険会社の社員の一人ひとりが、果たして本当に「できる！」を実感できるだろうか。

会社を使い倒せ！

このパーパスの「自分ごと化」のために、ＳＯＭＰＯでは、いくつもの打ち手を繰り出していった。

１つ目は、Ｍｙパーパスワークショップ。少人数のグループで、参加者一人ひとりが、自分自身の志（パーパス）を語り合う場である。コロナ禍では、オンラインで実施。さまざまなグループで行われたが、人気はやはり櫻田氏が参加するワークショップだ。

櫻田氏自身も、若い頃の実話を披露。いかにＳＯＭＰＯという舞台で、自分のやりたいことを次々に演じてきたかを、冒険譚のように語る。そして、社員には「会社に使われてはだめだ。会社を使い倒さなくちゃ！」とけしかける。

トップの言葉としては、実に秀逸である。ＳＯＭＰＯの新聞一面広告にも、「会社を使い倒せ！」が見出しに躍った。

２つ目は、ＭｙパーパスOne-on-One。これは上司が社員一人ひとりから、自分のパーパスを引き出す対話である。

そのときに使うのが、Want-Can-Mustフレームワーク（**図44**）だ。Wantでは本人の志（ワクワク）、Canでは本人の得意分野（ならでは）、そしてMustでは本人がやるべきこと（できる！）を引き出す。リクルートが長らく使っているWill-Can-Mustシートが有名だが、それをＳＯＭＰＯ流にアレンジしたものである。

図44

『Want-Can-Must』@SOMPO

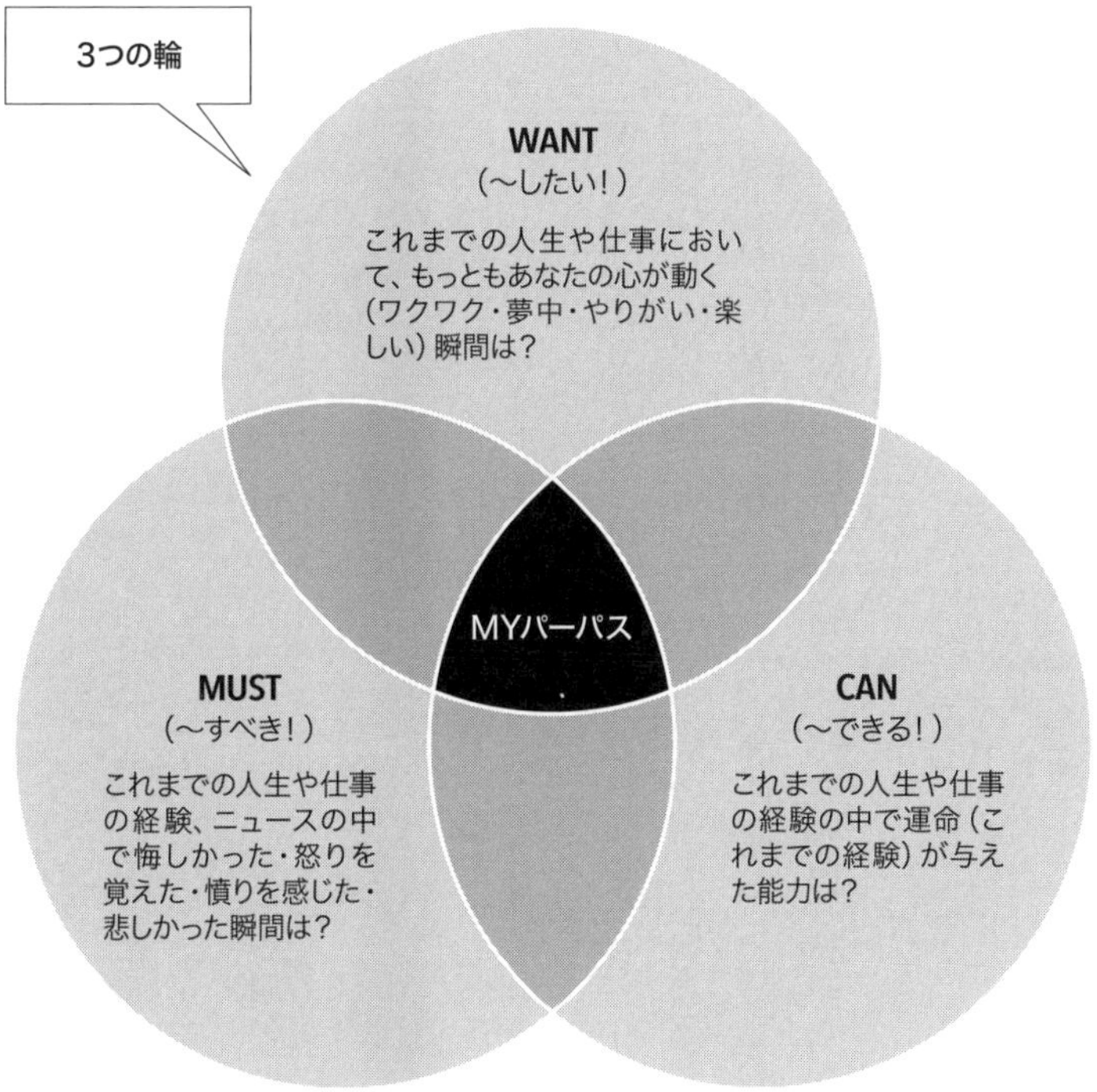

出典：Think and Dialogue Inc

上司は、決して会社や自分の思いを押しつけてはならない。かといって、ただ聞き役にまわっていても能がない。社員の思いを大切にしながら、それがＳＯＭＰＯのパーパスにつながるように納得してもらえるかが腕の見せどころとなる。そのためには、上司はコーチングスキルを磨く必要がある。そこで、ＳＯＭＰＯではOne-on-Oneに先駆けて、上司向けのトレーニングを実施している。

そして３つ目が、「ＳＯＭＰＯ伝」シリーズだ。社員一人ひとりがＳＯＭＰＯという舞台で自分の志を実現していく物語を、「未来伝記」として書き記したものである。

最初に登場するのは、若き日の櫻田謙悟青年である。それに、グループ各社の若手社員が、実名入りで続いていく。すぐ身近にいる彼女・彼らが、熱い思いで仕事をしている姿が、まさに等身大で伝わってくる。

新聞では最初の５つのエピソードを誌面一面で連載。ホームページには、１００人のエピソードが並んでいる。この一連の広告は、２０２２年度の日経広告賞の金融部門最優秀賞に輝いた。

社内からも、当初の想像をはるかに超える反響があった。隣の同僚の内に秘めたパーパスの炎が、社員の間に燎原の火のように広がっていったのだ。かつて江戸の火消し集団だったさすがのＳＯＭＰＯも、この心の火が燃え盛る様に驚きを隠せなかった。

自分探しの旅

インナーコーリング

企業は自社のパーパスを、社員に「自分ごと化」してもらうことに躍起になる。一方で、自律した社員の立場に立てば、そのような企業都合ではなく、あくまで自分自身の「マイ・パーパス」を起点に考える必要がある。

自分のありたい姿は？
自分の存在価値は？
そもそも、自分は何のために生まれてきたのか？

いずれも、深淵な問いかけである。哲学的な思索の旅の果てに、ようやく答えらしきものにたどり着けるかもしれない。

普通の人間は、そこまで突き詰めて考える時間も素養もない。今の日本人の多くは、宗教や道徳教育に洗脳される機会もないので、なおさらである。

キリスト教には「コーリング」という言葉がある。「神の呼びかけ」や「神の啓示」を指す。転じて「神から与えられた使命」を意味する。

同様に「vocation」という言葉もある。こちらも語源は「voice」などと同じ「呼ぶこと」である。転じて「神から授けられた使命」としての「天職」を指す。

このように、宗教的な世界観の中では、職業は神聖な神から与えられた使命として受け入れやすい。では、外部の力としての神が存在しない世界では、どのように自らの「天職」を見つければいいのか。

外部に自分を導く崇高な力が存在しないとすれば、残された選択肢は2つだ。

1つ目は、すべてが偶然の所産だとする考え方だ。これにもプラス思考とマイナス思考がある。

プラス思考は、「なるようになる」という成り行き任せの楽観的な人生観である。私が生まれた頃の世界的な流行歌、「ケ・セラ・セラ」的な生き方だ。日本でいえば「フーテンの寅さん」、今風にいえば「フリーター」的人生である。

マイナス思考になると、2021年の流行語大賞にもなった「ガチャ」的な諦観に行きつく。親ガチャに始まり、人生そのものがガチャで決まり、と考えてしまうと、あらゆる努力が空しく感じられる。

もう一つの選択肢は、自分で自分の使命を見つけようという努力を重ねることだ。そのためには、「自分軸」を見つけなければならない。Web3時代を自律的に生きるためには、まさにそのような自分軸を起点とする人生観が求められる。

神などの外部の声ではなく、自分の内なる声に耳を傾けること。この「インナーコール」こそが、DAO的空間の中で、自らを「天職」へと導いてくれるはずだ。いや、神不在の世界にあっては、「真職」とでも呼ぶべきか。

モラトリアム人間

もっとも、「インナーコール」がはっきり聞こえてくることも、「真職」を探し当てることも容易なことではない。したがって、答えを性急に出そうとせず、まずは自分をカッコにくくってみる。自分をあえて「宙ぶらりん」、あるいは「未」の状態に置いておく。

そのような状態を「モラトリアム（猶予期間）」と呼んだのは、アメリカの精神分析家エリク・エリクソンだ。アイデンティティ（自我同一性）の確立を先送りにすることを指す。いわば、「心理的執行猶予期間」である。エリクソンによれば、若者は通常、自分自身を見つけるためにこのような猶予期間を過ごすという。

私が大学生時代（といっても今から半世紀近く前になるが）、精神分析家の小此木啓吾が書いた『モラトリアム人間の時代』（中央公論新社、1978年）がベストセラーとなった。若者特有の現象だったはずのモラトリアムが、日本人全体の気質となっていると指摘したのだ。日本人はみな、「アイデンティティ・クライシス」に陥っているというのである。

もっとも、それは日本に限った話ではない。その後、世界的には「ピーター・パン症候群（シンドローム）」という言葉が一世を風靡した。こちらは、アメリカの実存心理学者ダン・カイリーの同名の著書（1983年、邦訳：祥伝社、1984年）がきっかけとなった。

ディズニーの映画でおなじみのピーター・パンの物語は、イギリス人作家ジェームズ・バリーの戯曲『ピーター・パン：大人にならない少年』（1907年、邦訳：赤い鳥社、1921年）がオリジナルだ。そこから転じて、ピーター・パン症候群は、大人として自分を規定してしまうことを拒む性向を指す。

モラトリアム人間もピーター・パン症候群も、アイデンティティからの逃避といったネガティブな側面がイメージされがちだ。しかし、モラトリアム人間は、アイデンティティを性急に固めることなく、自分探しを続けようとする。ピーター・パンは、妖精ティンカー・ベルといっしょに「ネバーランド」での冒険を楽しみたいと願う。自由を大切にして、未来の可能性を拓き続けたいと願うポジティブな探求心の持ち主たちともいえるのである。

それは、大人になって仕事に就く際も同じだ。先述した『ワーク・シフト』の中で、グラットン教授は「いきなり就職するな」と提言する。まずはバックパッカーになれと言っている。そして、30代までにさまざまなことを経験せよ、とアドバイスしている。

実際に、バックパッカー生活のあと、起業家として活躍した人物は少なくない。ヒッピーとなってインドを放浪していたスティーブ・ジョブズの話は、今や伝説である。日本人としては、ドイツ留学と世界放浪の末にHISを創業した澤田秀雄・現会長が代表例だろう。ファーストリテイリングを創業した柳井正CEOも、バックパッカーでこそないものの、学生時代の1年間、世界一周の旅を経験している。

そこまでの立身出世ストーリーでなくとも、海外留学などで自分を見つめ直す経験があると、その後の成長ポテンシャルが高いことは、マッキンゼーの採用の事例として前述した通りである。

そもそも、マッキンゼーなどのコンサルという仕事そのものが、一種の「モラトリアム」と言えよう。優秀な人材ほど、2〜3年で転職する。先述したように、オイシックスを創業した高島宏平氏などはその典型だ。コンサルでの経験を活かして、自分ならではの価値ある仕事に旅立っていく。

ほとんどの若者は、自分が生涯を通じて何を成し遂げたいのか、自分の「真職」が何なのかなど、分かっていない。だとすると、バックパッカーにならないまでも、当面選んだ就職先で、仕事を通じて、自分探しを続けることが望ましい。

先述した「キャリア・セレクタビリティ」は、まさにそのような若い世代が、その企業の中で自分のキャリア探しを促す仕組みである。もちろん、自分が次にチャレンジしたいものがその企業の中にない場合には、社員は躊躇なく新しい機会を求めて、外に飛び出すだろう。

アイデンティティという呪縛

エリク・エリクソンは、「モラトリアム」に先立って、「アイデンティティ」という概念を生み出したことでも知られている。著書『自我同一性――アイデンティティとライフ・サイクル』（１９５９年、邦訳：誠信書房、１９７３年）の中で、ティーンエイジャーは、通常、職業、性的役割、政治、文化、宗教によってアイデンティティを獲得するという。そして、そのような自我同一性の確立に失敗することを、「アイデンティティ・クライシス」と呼ぶ。

しかし、そもそもアイデンティティとは何か。言葉の生みの親であるエリクソン自身、定義の難しさを自白している。自分とは何かを固定的に定義することはできず、空間軸（関係性）や時間軸（時代性）の中で多義的、動的に変容するからである。

この同一性という概念そのものに異議を唱えたのが、前にも触れたフランスの哲学者ジル・ドゥルーズである。ドゥルーズは精神科医フェリックス・ガタリとの共著『アンチ・オイディプス――資本主義と分裂症』（１９７２年、河出書房新社、邦訳：１９８６年）の中で、自我を破壊せよ！と提唱する。

欲望は本来どのようなかたちも取りうる流動的なものであり、家族や国家、社会といった枠を超えて常に広がっていくものである。資本主義はそのような欲望をうまく手なづけて、経済活動の導線にしようとたくらむが、それに反抗して自由になろうとする人間本来の姿を、ドゥルーズらは「欲望の諸器官」と呼ぶ。しかし現代社会はそれを「分裂症」（今でいうところの「統合失調症」）と病気扱いし、社会の秩序から隔離しようとする。

この書の中には、「ｎ個の性」という概念も登場する。男女という性別は、生殖や家族といった伝統的な価値観に導かれた分類にすぎず、本来、一人の人間は男性、女性、中性など、多様な性を持っていると説く。出版された当時は大いに物議を醸したが、半世紀たった今、ＬＧＢＴＱと呼ばれる価値観に継承されている。

分人主義

ドゥルーズは、「分人（dividual）」という極めて今日的な概念も生み出した。１９９０年に出版された『記号と事件 １９７２-１９９０年の対話』（邦訳：川出書房新社、１９９２年）の中で、「個人」という考え方そのものを、人間を管理するためのマインドコントロールだと攻撃したのである。個人（individual）は、〈dividual＝分けられる〉の否定、すなわち、「これ以上分割できない」ということを指す。一方、分人（dividual）は、個人はｎ個の自我から構成されているという考え方だ。本来、多方向に向かう欲望を解放することで、一人の人間が多様な個性を持つことができる。それを「スキゾ（分裂症）」的と呼び、より現代的な生き方として奨励している。

このドゥルーズ流の分人論を敷衍して数々の小説を創作しているのが、芥川賞作家の平野啓一郎である。平野は、『私とは何か――「個人」から「分人」へ』（講談社現代新書、２０１２年）の中で、分人主義がいかに人間本来の生き方であるかを、分かりやすく語っている。

ドゥルーズは１９９５年に投身自殺してしまうが、この年は奇しくもWndows95が登場し、ネット時代が幕を開けた年でもあった。そして21世紀に入り、Ｗｅｂ２・０の世界になると、ＳＮＳ

やゲームなどを通じて、いくつもの「アバター（分身）」を持つことが現実となった。さらにWeb3の時代になると、多様な関係性の中での複数の自分を、自律的に生き抜かなければならなくなるはずだ。パラレル・ワールドにおいては、分人は必須の要件ですらある。

この分人主義に立つと、「個人」を特定することはできない。「アイデンティティ」も1つに固定することはできず、より多様で動的なものに変質する。それは、開放系かつ非線形型の時代にふさわしい生き方でもある。

解剖学者の養老孟司氏は、最新の著書『ものがわかるということ』（祥伝社、2023年）で、次のように語っている。

「日本語では『人＝人間』です。人間は「人と人の間」ということです。（中略）人と人の間にあるのが『世間』です」

「個人」が確立していないと揶揄される日本人のほうが、「分人」という形で多層的な人生を楽しめるのではないだろうか。このように考えると、キャリア形成の在り方が、多様で動的なものに変質することも、時代の要請として前向きにチャレンジできるはずだ。1つのキャリア、1つの職業、1つの仕事に縛られる必要はない。パラレル・キャリア、すなわち、副業・兼業や転職は、当たり前の時代なのである。

逆にいえば、変化を楽しむという楽観性、自らの意思で新たな選択をし続けるという主体性が問われる時代だともいえよう。

ノマドという生き方

ドゥルーズはそのようなスキゾ（分裂症）型・分人型の多様性を追求するために、新しい生き方を提唱している。それが「ノマド」だ。

ノマドとは、遊牧民のことである。ある場所に一時的に住むものの、ある期間が過ぎると、別の場所へと移住する。定住を良しとせず、常に流動的な生活を送る。自己を固定することを嫌うという意味では、典型的な「分人」型生活である。

このドゥルーズのノマド論を逃走論として敷衍したのが、私と同世代の思想家、浅田彰氏である。浅田氏は、ベストセラーとなった『構造と力』（勁草書房、1983年）で、ドゥルーズの思想を紹介したうえで、次作の『逃走論――スキゾキッズの冒険』（筑摩書房、1986年）の中で、「ノマド対パラノ」という図式を提示して見せた。

パラノは「パラノイア〈偏執狂〉」のことで、1つのことに徹底してこだわる人間を指す。ノマドが移住型であるのに対して、パラノは定住型である。自らのアイデンティティを確固として堅持しているが、逆に変化に対応できない。先が見えない時代、変化が常態化した時代には、ノマド的に生きることが大切だと語る。

自分を何かに固定せず、変わる可能性を常に意識しながら今を過ごすこと。自分を常に「未」完の状態に保っていること。「既」知に浸ることでも、「非」知にあこがれるだけでもなく、「未」知に向けて常に自らの可能性を拓き続けること。これは実存哲学者マルティン・ハイデガーが提唱した「投企」という創造的な人間の生き方にも通底する。

ただし、それは単なる「待ち」の姿勢であってはならない。外部環境の変化をあてにしているだけでは、無為に過ごすか、運命に翻弄されるだけに終わってしまう。

『ゴドーを待ちながら』という演劇を見たことはあるだろうか。アイルランド生まれの劇作家で、ノーベル賞も受賞したサミュエル・ベケットが1952年に発表した戯曲だ。二人のホームレスがひたすら無為に「ゴドー」を待ち続けるだけという、不条理劇の代表作である。「ゴドー」は「ゴッド（神）」の隠喩で、神なきあとも共産主義など、理想社会を待ち続ける現代人を痛烈に風刺した作品とも解釈されている。

当然、ゴドーは現れない。明日をあてにしても、明日は来ない。今日を真剣に生き抜くことによって、新しい可能性が拓けてくる。同じ不条理をテーマとしながら、私が敬愛するフランスのノーベル賞作家アルベール・カミュは、それを「反抗（révolté）」と呼ぶ、そのような生きざまには、不屈の覚悟が求められる。ご興味のある方は、ぜひカミュの『シーシュポスの神話』（1942年、邦訳）新潮社、1969年）をご一読いただきたい。

今日の可能性に、精一杯賭ける。そして、明日の可能性を拓いていく。それが、ノマド的人生の本質である。

脱コミュニティ

いずれも20世紀ヨーロッパに蔓延した賞味期限切れの思想にすぎない、と思われるだろうか。では、今日のわれわれを取り巻く文脈に照らし合わせて見てみよう。

日本では、共産主義が「脱成長のコミュニズム」という装いで、復権を狙っている。経済思想家の斎藤幸平氏の『人新世の「資本論」』(集英社新書、2020年)が若い世代に支持され、空前のベストセラーとなっている事実が、そのような世相の一断面を象徴している。

公共政策学者の広井良典・京都大学教授も、『定常型社会——新しい「豊かさ」の構想』(岩波新書、2001年)や『ポスト資本主義 科学・人間・社会の未来』岩波新書、2015年)などの著作を通じて、脱成長主義を唱えている。こちらは、世界的なベストセラーとなったフランスの経済学者トマ・ピケティの『21世紀の資本』(2013年、邦訳:みすず書房、2014年)と通底する思想である。

そこまで脱資本主義の立場を鮮明にしないまでも、実は同じ思想の流れを汲むものに「幸福主義」がある。世界的にも、ハピネス、ウェルネス、ウェルビーイング、ソーシャル・グッドという価値観が、蔓延している。物質的な豊かさではなく、心や体、そして社会や環境の健全さを求める風潮である。

「明日の成長を目指すより、今日をハッピーに生きよう」という思想は、20世紀後半のヒッピー文化や反体制運動、抒情詩的コミュニズムを彷彿とさせる。源流を辿れば、19世紀のシャルル・フーリエやサン＝シモンらの空想的社会主義、16世紀のトマス・モアのユートピア思想、さらには紀元前4世紀の老子の無為自然にまで遡る。

これらの思想に通底する世界観は、「コミュニティ」であり、さらには、「コモン」や「コミューン」である。「共同体」のことであり、コミュニズム（共産主義）の語源でもある。そしていずれ、人類が1つのコモンの住人となることを夢想する。日本では「人類みな兄弟」というと、戦前の大物右翼や最近の統一教会のイメージがつきまとうが、そもそもは聖書にも論語にも出てくる普遍的な思想である。

しかし、これらは実態とは、大きく乖離している。世界も社会も分断され、価値観も時代や場所とともに多様性に満ち満ちている。そのような現実から逃避したいという人々が、このような夢想や宗教に走る気持ちも理解できる。しかし、現実から逃避しているだけでは、明日を切り拓くことはできない。

現代の「イケてる」若者は、現実のコミュニティに安住することはない。移住型のノマド的人生を自ら選択していく。その典型的な人種が「アドレスホッパー」たちだ。バックパック1つで世界中のシェアハウスを渡り歩き、現地で仕事をして少し滞在した後、また放浪の旅に出る。「住所不定、無定職」とでもいったところか。まさに空間的なフリーランサーたちである。

カギを握る編集力

前述した浅田彰氏より20歳以上若いもう一人の「アサダ」ことアサダワタル氏は、「コミュニティ難民のススメ」を提唱する。同名の自著（木楽舎、２０１４年）の中で、１つのコミュニティに所属するという自己規定にあえて背を向けて、多様な可能性を拓き続ける生き方を提唱しているのだ。アイデンティティに揺らぎをもたらし、マルチプルな自己を探求し続ける。まさに、アサダ・シニアが提唱した「スキゾキッズの冒険」の現代版である。

アサダ・ジュニアは「文化活動家」や「アートディレクター」など、多彩な顔（「分人」）を持つ。中でも「日常編集家」という顔がお気に入りのようだ。「事編kotoami」という名の個人オフィスも立ち上げている。

この「事編kotoami」力、広くは「編集」力は、多様な生き方を編み出していくうえで、もっとも重要なスキルである。特に、Ｗｅｂ３時代においては、企業や地域コミュニティなどといったこれまで帰属してきた組織体は散逸し、自律分散型のＤＡＯの世界に突入する。そこからＤＡＣＯという意味のある場を再構築するためには、自ら多様な関係性を再編集しなければならない。しかもそれらは限定的・固定的なモノ（アサダの言う「島」）ではなく、開放系（アサダの言う「住み開き」）、かつ非線形な散逸構造（アサダの言う「海」）であり続ける。

開放系・非線形系の世界で、自己組織化運動を始動し、拡大し、変容させていく能力が、コミュニティ難民という次世代のノマドに求められる。そのカギを握る「編集力」については、最終章で再度検討することとしたい。

海洋国家から海洋民族へ

Ｗｅｂ3というビッグバンのあとは、既存のコミュニティという島に安住することはできなくなる。日本人もこれまでの「島国根性」を捨て、海に漕ぎ出していかなければならない。

そもそも日本人は海洋民族だったと言われている。縄文時代には、南太平洋の島々や南米エクアドルまで縄文式の土器が見つかっており、太平洋を自在に横断する大海洋民族だった可能性が高い。その後、弥生時代に稲作が始まり、大和時代以降は国家権力が台頭する中で、農耕民族と化し、島国としてのアイデンティティが確立されていった。

しかし、16世紀以降は、南蛮貿易などで日本人の海外進出が本格化、東南アジアの港町に日本人が集まって住むようになった。最大級の日本人町はタイのアユタヤにあり、最盛期には１０００～１５００人の日本人人口を数えたという。江戸時代に鎖国が始まるまで、われわれの先祖は海洋民族として活躍していたのである。元祖「和僑」である。

現在も、アジアを中心に世界で活躍する起業家や駐在員が、現地で和僑会を組織している。強靭な華僑ネットワークとは比べ物にならないものの、日本人も島国民族としてのみならず、海洋民族としてのＤＮＡを先祖から受け継いでいるのである。

かつて、国際政治学者の高坂正尭は、『海洋国家日本の構想』（中央公論新社、２００８年）の中で、日本は島国としての地政学を活かして、イギリス並みの海洋国家を目指すべきだと唱えた。島から海への発想の転換である。しかし、それは一歩間違えば、日本を盟主とする「大東亜共栄圏」構想の再来となってしまう。そのような覇権主義に堕してはならない。

日本という国を起点にするのではなく、日本人が海外で奔放に活躍していくことこそ、和僑を元祖とする海洋民族のあるべき姿である。Web3の世界では、国家という枠組みそのものが解体していく。日本人という1つのアイデンティティに固執せず、いくつもの「分人」が世界中で同時多発的に活躍することを目指さなければならない。

Web3の時代を迎えて、複数のパスポートを持つトランス・ナショナル和僑の登場が期待される。

軸探しの旅

プラトン以来、西欧哲学では「真善美」という価値観が尊ばれてきた。しかし、美はもとより、真や善すら、絶対的なものなど、存在しえない。

「真実」と考えられてきたことは、歴史上、何度も塗り替えられてきた。アメリカの科学哲学者トーマス・クーンは、主著『科学革命の構造』(1962年、邦訳：みすず書房、1971年)の中で、それを「パラダイム・シフト」と名づけた。古典的には、地動説から天動説へのシフト。進化論もダーウィンの仮説以来、何度も塗り替えられている。

クーンはこの本の中で、パラダイム・シフトを起こせるのは、若手か異分野の専門家だと指摘する。常識や定説を疑う「よそ者、若者、ばか者」が、イノベーションの最初のゆらぎを起こすのである。

何を「善」とするかは、さらに難しい。「共通善（Common Good）」を唱えたのは、プラトンの弟子であるアリストテレスだ。最近では、「白熱教室」でおなじみのアメリカの政治哲学者マイケル・サンデル教授も、共通善を唱える。いずれもポリス（都市国家）やコミュニティ（共同体）の共通の利益や価値観を指す。

しかし、国やコミュニティに共通する価値というものが、そもそも存在するかどうかが極めて怪しい。宗教ですらいろいろな宗派や教義があり、さらに多神教者（宗教的「分人」）や無宗教者も少なくない。多様性（ダイバーシティ）が当たり前となる中で、包摂性（インクルージョン）はより重要なテーマとなることは前述した通りだが、それを「共通善」という言葉でアプリオリ（先験的）にくくるのは、きわめて危険ですらある。

そもそも、プラトンが「イデア」と呼ぶ真の実在があるという発想そのものが、現実から目を背ける理想論であり、いわば一神教という宗教の一派にすぎない。仏教との対比は、第4部で論じるが、ここでは「真善美」という価値観は、極めて相対的、かつ主観的なものであることを押さえておきたい。

Ｗｅｂ３の世界では、国やコミュニティそのものが散逸していく。すると、価値観という人間本来の拠り所そのものが、ますます流動的で脆弱なものになっていくはずだ。

国もコミュニティも拠り所を与えてくれないのであれば、自分自身で思考や判断の軸を探し求めていかなければならない。この「軸探し」こそ、現代を主体的に生きるうえで、もっとも大切なテーマである。

こうして、軸探しの旅が始まる。しかも、軸を見つけたと思っても、それが永遠に正しいものであることなどありえない。また次の軸を探す旅に出なければならない。これが前述したノマド的な生き方である。

モンゴルの大雪原、タンザニアの夜空

「軸探しの旅」を勧めるのが、私が畏敬する八木洋介氏だ。日本鋼管（現・ＪＦＥ）を振り出しに、ＧＥ、リクシルの経営幹部を経て、現在は日本を代表する人事コンサルタントとして活躍されている。

その八木氏は、モンゴルで３泊４日の研修を主催している。真冬のモンゴル、マイナス30℃の凍てつく寒さの中、ひたすら続く雪原を前にすると、人生観が変わるという。

私もタンザニアの大草原で、同じような体験をしたことがある。プラネタリウムのような星空が雄大に広がる場所に行くと、今まで見えなかったこと、宇宙と自分の関わりなど、それまで考えたこともなかったものが頭に浮かぶようになる。

その結果、自分が今までとらわれていた世界がいかに小さかったかということに気づかされる。マインドフルネスに近い体験が、精神的ではなく物理的にできる。こういうことが、スイッチを入れるきっかけになる。

欧米では、職員や社員にサバティカル休暇を取り入れている大学や企業も少なくない。一定の長期勤続者に対して与えられる長期休暇制度だ。その間、それこそバックパッカーとなって放浪したり、ソーシャルビジネスにどっぷりと浸るなど、自分探しの時間を楽しむことができる。

とはいえ、誰もがモンゴルやアフリカに行けるわけではない。サバティカルを制度化している日本企業もまだごくわずかだ。そこまでの体験はできなくても、軸を探すためにはこれまでの行動パターンとは異なる場所に自分を置いてみることが有効だ。

特にコロナ禍は、リモートワークを身近なものにした。先述したユニリーバのWAA（Work from Anywhere Anytime）は、今や多くの企業で現実のものとなっている。日本の中でも、ワーケーションは手頃な非日常を味わう機会になるだろう。海や山などの自然に囲まれた風光明媚なところだけでなく、陸の孤島や本当の離島に行ってみるのも素晴らしい経験になるに違いない。

セルフ島流し

たとえば、最近注目されているのが島根県の隠岐だ。鎌倉時代に後鳥羽上皇や後醍醐天皇が島流しの刑に処せられた離島である。

そこに海士《あま》町という小さな町がある。多くの離島の町と同様、過疎化の一途をたどっていた。ピーク時に7000人近かった人口は減少し続け、2010年には2000人台にまで落ち込んだ。しかしその後、移住者が増加し、人口減はストップ。今は、人口の約20%がIターン者だという。しかも20代から40代の若い世代が中心だ。

海士町は「ないものはない」町としても知られている。コンビニもなければショッピングモールもない。映画館もお洒落なバーや喫茶店もない。なぜそんな辺鄙《へんぴ》な町が、若い世代に人気なのか。

そこには都会にはないものがあるからだ。自然との交感、地元の人や移住者同士の触れ合い、DIY生活、などなど。それを自分のブログの中で「たのくるしい生活」と表現するのは、小坂まりえさんだ。東京の新聞記者生活を辞め、海士町に移住して10年以上。「よそ者」でありながら島の住人としても生き生きと暮らしている。

小坂さんは、そのようなIターン人生を「セルフ島流し」と呼ぶ。当たり前の日常に飽き足りない現代人は、「たのくるしい生活」を求めて、進んで自ら島流しの旅に出る。

「セルフ島流し」を研修プログラムに仕立てたのが、「株式会社風と土と」の阿部裕志代表だ。トヨタのエンジニアだった阿部さんは、2009年から海士町に移住し、同社を創業。島のビジョンや地域づくりを手掛ける中で、島外の企業や自治体、大学の研修を島で行う人材育成事業も展開している。トヨタ・日立・リコーといった大手企業の中堅社員が、この離島でひと時を過ごすだけでも、新しい気づきを体感するという。

阿部さんには、私が10年近く主幹しているCSVフォーラムにも登壇いただいた。「自分の志(パーパス)を見つめ直す場として、ぜひ海士町に来てみてほしい」という阿部さんの熱い言葉に、参加者はみな身を乗り出していた。

古来、「島流し」生活は、思索と創造の孵化装置でもあった。たとえば、聖書の福音書と黙示録は、ヨハネが島流しにあったエーゲ海のパトモス島で執筆されたものである。日本でも佐渡は、日蓮や世阿弥が流刑され、そこで法華経、そして能楽というそれぞれの教えを集大成したことで知られている。

バーチャルとリアルの共振

ただし、100歳人生の時代に、「島流し」の結果、世捨て人になってしまうのは、あまりにも先を急ぎすぎる。島の生活が心地よくなって移住が定住になってしまっては、ノマド人生を封印することになる。

自分探しの旅には、終着点はない。常に新しい出会いや気づきを求めて、さまよい続ける。その際には、定住生活(ホーム)と移住生活(アウェイ)の間を行き来し続けるのも1つの手だ、いってみれば「フーテンの寅さん」的人生だ。柴又(ホーム)に久しぶりに戻ったかと思うと、また旅(アウェイ)に出る。そうした多彩で起伏のあるジャーニーを続ける中で、自分の軸が見えてくるかもしれない。

ただし、それは「オンとオフ」と呼ばれるデジタルな生き方ではない点に、留意する必要がある。デジタルに切り分けてしまうと、前述したワーク・ライフ・バランスという最近の風潮同様、表面的な人生に終わってしまうからだ。

先日亡くなった出井伸之・元ソニーCEOは、『ONとOFF』（新潮社、2002年）というエッセイを残している。一読すると、仕事（ON）ができる人ほど、遊び（OFF）の世界を大切にしているという、チャラい生き方を提唱しているように見える。しかし本人はあとがきで、次のように語っている。

「『裏番組』や趣味を持つ人は、ビジネス以外の話も面白く、幅広い視点をもっていますから、会社でも人が寄ってきますし発想力も豊かです。『OFF』での蓄積が、いつの間にか会社の仕事（『ON』の世界）にも環流して、『よい循環』が生み出されてゆく」

まさに、この「よい循環を生み出す」というシステム・シンキングこそが、カギを握るのだ。

今後、メタバースが身近になれば、バーチャルな世界で自分探しの旅を味わうことができるようになるだろう。ただし、バーチャルの世界にはまり込むあまり、現実から逃避するということにもなりかねない。

その一例が、2010年に社会現象となった「アバター鬱」だ。映画「アバター」の世界のすばらしさに感動した後、現実に幻滅して、鬱病や自殺願望に陥るという現象である。最近の「アバター2」ではそのような報告はまだないが、今後メタバースに浸る時間が多くなれば、バーチャルへの逃避行がより深刻になるだろう。

バーチャルな体験が豊かであればあるほど、リアルの世界も充実していくという創発思考が、これからますます求められるようになる。この点も、第4部で改めて論じることとしたい。

3つのP：パーパス、ピボット、パッション

現在価値から将来価値へ

通常、事業や資産の価値は、「ネット・プレゼント・バリュー（NPV：正味現在価値）」として計測される。将来期待できるキャッシュフローに、金利などの割引率をかけて現在価値を割り出す、というものだ。

これに対して、「リアル・オプション・バリュー（ROV）という概念がある。将来の選択肢（オプション）が多く、柔軟性の高い事業や資産を、そうでないものと比べて高く評価する考え方だ。先を見通しにくい場合、将来に意思決定の余地を残したい場合などに、極めて有効である。

将来どのようなオプションが選択できるようになるかは、現時点では判断できない。当然、そのような不確実な価値をNPVとして算出しようもない。しかし、「筋のいい」事業や資産は、現状の延長線上の価値を超えて、新しい可能性につながり、結果的に増価していく性格を持つ。したがって、意思決定の際には、そのような不確実性をディスカウントの対象として割り引くのではなく、プレミアムとして割り増さなければならない。

たとえば、事業AのNPVが、事業BのNPVより低く評価されたとしよう。しかし、事業Bは他の事業への展開の可能性が低いのに対して、事業Aを手掛けることによって将来、さらに価値の高い事業Cや事業Dへとつながるオプションを得ることができるのであれば、事業AのROVは事業Bより高いと判断される。

人生においても、リアル・オプション・バリューが高い生き方が望ましい。1回の選択で一生の価値が決まるわけではない。将来、さらに多様な選択の余地につながるような意思決定にこそ価値がある。つまり、自分を常に「未」の状態に置くことで、新しい可能性を拓き続けるような生き方である。

それが、これまで論じてきたモラトリアム人間や、ノマド的人生のポジティブな側面である。未来の姿をカッコにくくり、とりあえず、今を生き抜く。そうすることで、次の可能性が開けてくる。

会社や職業も、いわば通過点でしかない。次の展開に向けた準備期間であり、一種の通過儀礼として捉える。だとすれば、取りあえずの選択は、できるだけ先にオプションが広がる選択が望ましい。

たとえば自由業。当面の仕事を、自分の意思でプロジェクトを請け負うフリーランサーこそ、その典型である。

経営コンサルタントも、「通貨儀礼」として位置づけるとROVが高い。私のように30年以上続けているケースは例外中の例外。多くの場合、3年程度過ごす「腰掛け」稼業にすぎない。しかし、その期間に次のキャリアに向けてスキルを磨き、新しい可能性の扉を開くことができる。

もちろん、ほかの専門職や総合職に就いても、それだけに自分を閉じ込める必要はまったくない。副業・兼業は今や日常、転職も当たり前の時代になりつつある。自分さえその気になれば、いくらでも人生のROVを高め続けることができるはずだ。

北極星はどこに？

ただし、ずっと「待ち」の姿勢のままでは、未来の可能性は開けてこない。戯曲『ゴドーを待ちながら』が暗喩しているように、待っていてもゴドー（神）は現れないのだ。

だとすると、こちらから未来を拓く行動を、積極的に仕掛け続けなければならない。そのためには必要条件が3つある。パーパス（志）、ピボット（転）、そしてパッション（熱）の3つのPである。

まず、パーパス。「目的」や「存在意義」などと訳されることが多いが、語源を紐解くと〈Pur

＝前に〉＋〈pose＝置く〉、つまり前に高く掲げることを意味する。

日本語にはもっと魂のこもった言葉がある。「志」だ。「士」すなわち道を究める人の「心」である。私は最近はやりのパーパスという外来語ではなく、「志」という大和言葉を大切にしている。詳しくは拙著『パーパス経営』をご覧いただきたい。

「志」とは自分のありたい姿である。より具体的なイメージでいえば、「北極星」だ。天頂に輝くぶれない目的地であり、道しるべである。

とはいえ、そう簡単に北極星は見つからない。北極星だと信じていたものが、幻であったり、偽りであったり、単なる通過点にすぎないことに気づく。だからこそ、先述した自分の軸探しの旅を続ける必要がある。

それはあてのない放浪の旅ではなく、究極のゴールを探し求める旅である。しかし一方で、究極のゴール、つまり終着点など実は存在しない。したがって、自分探しの旅は永遠に続くのである。

そしてその旅路は、単調なものではない。迷路に入り込み、抜け出せなくなることもあれば、行き止まりに遭遇することもある。そのたびに、進路を大きく転換しなければならない。それが2つ目のP、すなわちピボットである。

ピボットとは、ある軸を中心に方向を変えることである。バスケットボールのピボットのように、軸足は動かさず、もう一方の足を自由に動かすイメージだ。

その場合の軸足がパーパスである。これはぶれない軸でなければならない。しかし同時に、そこに立ちすくんでいても、未来は拓けない。そこで、一方の足で、新しい可能性に向かって大きく踏み出していく。そのような方向転換こそ、ピボットの本質である。

日本語で言えば、「ずらし」である。飛び地に飛びつくのではなく、自分の軸をぶらさずに方向転換すること。それによって、見果てぬ夢である北極星に向けて、自分の将来価値（ROV）を高め続けることができるのである。

DNAの創発

ただし、それは決して容易ではない。運動の第一法則である「慣性の法則」が、人間の体や心の動きにも当てはまるからだ。「クルマは急に止まれない」という。人間も急には止まれない。それだけでなく、クルマ同様、急に曲がったり、急加速することもできないのだ。

ヒトは他の生物同様、それぞれ、独自のDNAによって設計されている。それは二重構造をしており、それを静的DNAと動的DNAと言い表せることは、前述した通りだ。

静的DNAは、強い自己再現性を持っている。外部侵入者から自らを防衛するために強い免疫性も持っている。ぶれない軸が、これにあたると言えよう。

しかし、静的DNAが強いと、いつまでも直線的な進化を続けてしまう。非連続にピボットするためには、動的DNAを活性化させなければならない。自己否定も辞さずに、自分自身を変質させる動きである。他の生物同様、ヒトは、この動的DNAと静的DNAの創発作用をテコに、軸をブラさずに新しい未来へと自己組織化していくことができるのである。

自分自身の強みを発見するために、「ストレングス・ファインダー」が使われることがある。アメリカのギャロップ社が開発した自己分析手法である。しかし、そこであぶり出されてくるのは、実は初めから分かりきった自分の静的DNAだけでしかない。一橋ビジネス・スクールで同僚の楠木建教授は、『絶対悲観主義』（講談社、2022年）の中で、単に「ストレングス・リコンファーマー（強みの再確認ツール）」にすぎないと揶揄している。

強み伝いに進むだけでは、非連続な進化は実現しない。大きく方向転換し、進化を加速するためには、動的DNAを始動させる必要がある。そのためには静的DNAが持つ自己再現の本能をいったんカッコにくくって、新しい自分探しの旅に出なければならない。今の強みだけで勝負し続けるのではなく、自らの弱さを自覚し、自己改造に向けて新陳代謝を続ける努力が必要となる。

ヒトのDNAは、まだ2%ほどしか解明されていない。残りの98%は未知の世界に潜んでいる。まだいくらでも自己発見の余地があるのだ。自分の未知の可能性を信じ、それに向けて自分を変えていくことが重要なのである。

学習と脱学習のメビウス運動

そのための方法論として、学習と脱学習のメビウス運動がカギを握る。前章では、企業の持続的な進化のための運動として紹介したが、個人の非連続な進化にも極めて有効である。

そのプロセスを簡単に復習してみよう。

ヒトは学習する動物である。中でも日本人は、古来、学習能力の高さを誇ってきた。しかし、同じところで学習し続けると、学習効率が徐々に頭打ちになる。イノベーションのSカーブとして知られている現象である。

そこで、学習の場をずらして、もう一度そこから学習をスタートさせる。これを脱学習（アンラーニング）と呼ぶ。そうすることで新たな人生のSカーブを始動させることができる。この学習と脱学習の良循環をメビウス運動として繰り返すことこそが、自分自身の持続的進化のカギを握る。

本書の主題である思考法に当てはめて考えてみよう。問題解決のために使っていた頭を、価値創造に切り替えてみる。垂直思考から水平思考へと切り替え、さらにはこれらを組み合わせ続けることで、システム思考へと進化させることができる。

未知のものを既知にすることを学習優位という。学ぶことによって、自分が他者はもちろん、過去の自分より見える位置に立つことができるようになる。情報がない状況で判断しても意味がないので、情報が見えるところまで行ってみようということである。

そのときに力を発揮するのが、「学習のアルゴリズム」である。平たく言えば「学習能力」だ。未知の知識を取り込み、既知の知識と結合させていく力を指す。

それは、前にも紹介したイノベーションの基本動作そのものである。企業としてのみならず、個人としてのイノベーションも、このような既知と未知の異結合によって生み出し続けることができるのである。

既存の知識はすぐに陳腐化する。そして情報化時代には、新しい知識が幾何級数的に生み出されていく。重要なのは、知識そのものではなく、知識を異結合させ、再編集するアルゴリズムなのである。

この学習のアルゴリズムを身につけておけば、脱学習によって学習の場をずらして、新たな学習をスタートさせることができる。それが「人生のリノベーション（Renovation of Life）」の基本技となるはずだ。

イノベーションの達人

人生100年時代になると、いくつになっても学習と脱学習を繰り返し続けなければならない。何かにとらわれて立ち止まっていると、あっという間に時代に取り残されてしまう。

「赤の女王仮説」をご存じだろうか。進化遺伝学の専門用語だ。ルイス・キャロルの『鏡の国のアリス』に登場する赤の女王が、「その場にとどまるためには、全力で走り続けなければならない」と語ったことにちなんでいる。生き残るためには、進化し続けなければならない。そのためには、全速力で学習と脱学習の新陳代謝を続ける必要がある。

ただし、学習の努力を怠って、脱学習ばかりしていても、イノベーションを起こすことはできない。学習を通じて既知を深めることによって初めて、脱学習による未知との異結合を生み出すことができるからだ。

私がかつて所属していた商社やコンサル会社には、狩猟民族が多い。常に新しい獲物（＝機会）を求めてさまよい続ける。同じところにとどまることに飽き足らない。典型的な探索型人間である。

一方、メーカーやインフラ会社には、農耕民族が多い。決まった土地を耕し、そこでしぶとく豊饒な実りを産み続ける。あっさりと見切りをつけることをよしとしない。典型的な深化型人間である。

さて、イノベーションの達人はどちらだろうか。前者は、一見派手に見えるが、底が浅い。より的確には「薄っぺら」であることが多い。一方、後者は深く熟考する力がある反面、結合の幅が狭い。どちらもそのままでは、イノベーションを起こすことは難しい。

イノベーションは、その2つの行動パターンを融合させる必要がある。狩猟民族でも農耕民族でもなく、遊牧民族、すなわちノマドこそが、イノベーションの達人なのである。

ただし、これは「両利きの経営」を模したような「両利きの人生」であってはならない。深化と探索を器用に使い分けるだけでは、決してイノベーションを生み出すことはできないからである。異結合を作動させるには、深化、すなわち学習と、探索、すなわち脱学習を、1つの個体の中で融合していく知恵が求められるのである。

Sカーブ上の波乗り

難しいのは、脱学習（＝ピボット）のタイミングをどう読むかだ。そこでは、これまでの学習のSカーブから、次のSカーブへ乗り移る曲芸的なセンスが求められる。

Sカーブが大きく立ち上がる前では早すぎるし、逆に頭打ちになってしまっては遅すぎる。ベストのタイミングは、Sカーブが巡航状態に入ったとき、より正確にはSカーブの変化量（デルタ）がプラスからマイナスに転じたときである。

転職サイトを運営するエン・ジャパンは、「転職は慎重に」というユニークなメッセージを発信している。今の仕事が面白くないからといって、安易に転職しようとするな、という警告である。1つの仕事を究める学習能力がない限り、次の職場でも、学習のSカーブが容易に立ち上がらないからだ。

転職のタイミングを見極めるのは難しい。しかも、前述したROVが高い機会は、そう簡単には見つからない。逆にどんな仕事でも、深く学習する機会はいくらでも見つかるはずだ。常に自分のキャリアを未来に開きつつ、当面は現在の仕事で真剣勝負していくという姿勢が求められる。

これは兼業や副業の場合も同じだ。むしろ、同時に複数のSカーブの波乗りをこなすには、バランス感覚の高い学習能力が欠かせない。Web3時代には、パラレル・ワールドで複数のアバターを演じる「分人スキル」が必須となる。

ピボットはタイミングを読む力に加えて、方向感覚も重要だ。多くの場合、現在の延長線上か、あるいはまったく違う人生や仕事を選ぶ。現状維持バイアスが働いたり、逆に現実逃避に走ってしまうからだ。

しかし前者では学習の幅は小さくなり、後者では脱学習した後にまたゼロベースで学習を始めなければならなくなる。

ここでも深化と探索をデジタルに分けるのではなく、それらの新結合を目指さなければならない。パーパスを軸に、今までの自分の強みを、新たな場にずらしていく。

たとえば、私の若い知人には、普通の企業でIT部門を担当しながら業務コンサルタントを兼務し、なおかつ社会活動家としても活躍する、といったパラレル・ワールドの住人が少なくない。それぞれの学習経験が相乗効果を生み、自らを進化させ続けることができるのである。まさに、人生のイノベーションの達人たちといえよう。

志(パーパス)を軸に、未知の可能性に向けてピボットしていく。その際には、絶妙なタイミングとバランス、そして方向感覚が求められる。

しかも、小さくピボットするのではイノベーションは起こらない。大きく踏み出す勇気が不可欠だ。

不屈の精神

そのために必要な3つ目のPが、パッションである。心のエネルギーのことである。日本語では情熱、または熱意と訳されることが多い。

ただし、通り一遍のものではだめだ。もっと強烈な言葉を想起したほうがいいだろう。たとえば、前述した「反抗」。アルベール・カミュの実存主義のキーワードだ。あらゆる不条理に対して毅然と「Non」を突きつけ続ける姿勢を指す。

あるいは「不屈の精神」。志（パーパス）実現のために、どんな苦悩や困難にも屈せずに行動し続ける強い意志のことだ。英語で言えば「Never give up」である。

さらには「覚悟」。そもそもは仏教用語で、「悟りを開く」ことを意味する。

ファーストリテイリングの柳井正CEOは、それを「Bet your life」（命を賭ける）という英語で表現する。最近の対談で、「柳井さんは何を大切にしてきたのですか？」という私の問いに、次のように答えている。

「人生を賭けることですね。私は日頃から『人生を賭けて仕事をしてくれ』、Bet Your Lifeと言っています。米国のシリコンバレーや中国の深圳では、人生を賭けて仕事をしている人が数多くいます。彼らがいるから、イノベーションが起きるのではないでしょうか」（ダイヤモンド・ハーバード・ビジネスレビュー、2023年3月号）

同様に、日本電産の永守重信会長は、「情熱、熱意、執念」の経営を標榜している。次の強烈なモットーは、永守流仕事の流儀を端的に体現している。

「すぐやる、かならずやる、できるまでやる」

永守会長は、「私、失敗しないので」というTVドラマの有名な決め台詞を、好んで使う。なぜなら、成功するまであきらめないからだという。

成功の方程式

昭和から平成を通じて、日本を代表する経営者は誰か、と問えば、故・稲盛和夫の名前が真っ先に挙がってくるだろう。京セラとKDDIをゼロから創業し、JALの奇跡的な復活劇を指導した経営者である。

その稲盛翁は、成功は3つの要素の掛け算で決まるという名言を残している。

「考え方×熱意×未来進行形の能力」

永守会長も、異口同音にこれら3要素の大切さを説く。詳しくは、拙著『稲盛と永守』をご覧いただきたい。

ここで論じている3つのPは、実はこれら3要素を言い換えたものである。「考え方」はパーパス、「熱意」はパッション、そして「未来進行形の能力」は「ピボット」と同じだ。そしてこれら3つを掛け合わせることで、人生の成功を手に入れることができるのである。

「能力」に「未来進行形」がついているところに注目してほしい。能力は、「熱意」さえあればいくらでも伸ばすことができる。永守氏によれば、ヒトの能力は、その気にさえなれば、5倍、10倍は確実に伸ばせるという。SkillはWillの従属関数なのである。だから「ピボット」していくことができるはずだ。

ただし、その大前提として「考え方」が正しくなければならない。稲盛氏は、「考え方」はプラス100からマイナス100までの幅があるという。考え方の筋が悪い（マイナス）と、いくら熱意があっても、間違った方向に突き進んでしまう。

稲盛氏は、正しい考え方のことを大義と呼ぶ。ただ、それでは外発的すぎて、義務感が先行してしまう。そこで私は、「志（パーパス）」という言葉に置き換えている。

私が「3つのP」として英語で表現するのは、この成功方程式が日本固有のものではなく、世界に共通のものとなりうると確信しているからである。常に前向きに自分を未来に投げかけ続ける姿勢は、前述したハイデガーの「自己投企」そのものでもある。

ハイデガーは、20世紀後半を風靡した実存主義の先駆的思想家である。21世紀になると、実存主義を超える「新・実存主義」が台頭してきている。

第4部では、これらの思考のフロンティアを紹介するとともに、明日を拓くための思考法について展望することとしたい。

第4部

異次元思考への道

第4部の紹介

ここではまず、10X思考の最前線を概観しよう。中でも、認知思考、哲学思考、未来思考、進化思考という4つのメタ思考を探索してみたい。

これらの多様な思考法は、これからも10Xの進化を遂げていくはずだ。次世代の10X思考の冒険を楽しむためには、学習と脱学習のプロセスを習得する必要がある。いわば「メタメタ」思考の実践である。

その有力な手掛かりとして、3つの方法論を紹介したい。脱構築（デコンストラクション）、知識創造、そして編集工学である。中でも編集工学は、あらゆる思考法を異結合（Remix）させていくうえでパワーを発揮する。

そして最後に、10X人生を目指すうえでの要件を提示したい。キーワードは志（パーパス）と仕組み（アルゴリズム）化である。それらの実践を通じて、知の冒険を10倍実りあるものにしていただきたい。

第8章

思考の新しい地平

思考の異結合

人間の思考はとどまるところを知らない。常に拡散し、収束していく。常に逸脱し、回帰していく。常に未知を彷徨し、既知に変えていく。思考の探索は、終わりのない旅である。

思考の方法論は、これからも進化し続けるだろう。何かの思考法にとらわれた時点で、思考の進化も止まってしまう。ただ、現時点での最前線を理解しておくことは、非連続にピボットしていくための重要な準備運動となるはずだ。

本章では、現時点での思考法のフロンティアに立ってみたい。具体的には、次の4つの地平を取り上げる。

・認知思考
・哲学思考
・未来思考
・進化思考

もちろん、これら以外にも、思考法のフロンティアは尽きない。歴史思考、美学思考、宗教思考、行動思考、公共思考、宇宙思考などなど。しかもどれ一つとっても、それだけで何冊も本が書けてしまう。

そこで本書では、これら4つの思考法のエッセンスだけを、かいつまんでご紹介することにしたい。そして最後に、それらを統合・編集する「メタメタ思考」について、論じることとしよう。

知の地平1：認知思考

脳内ネットワーク

最初に、認知科学（Cognitive Science）の世界に足を踏み入れてみよう。

認知科学は、情報処理の観点から、知能を解明しようとする学問である。20世紀後半に始まり、今日の人工知能（ＡＩ）の研究などに受け継がれている。心理学、言語学、人類学、脳科学、哲学など、幅広い領域と関係の深い学際的な科学である。それだけ、「流派」も多岐にわたり、とてもこの小論に収まりきれるものではない。

思考法という切り口から見ても、さまざまな気づきがある。たとえば、雑誌『ＷＩＲＥＤ』（２０１８年3月31日号）は、脳と創造性の関係について、興味深い論文を紹介している。ハーバード大学の脳科学者ロジャー・ビーティ博士らの研究成果だ。

彼らによると、脳には３つの重要なサブネットワークがあるという。

図45

脳内のネットワークofネットワークス

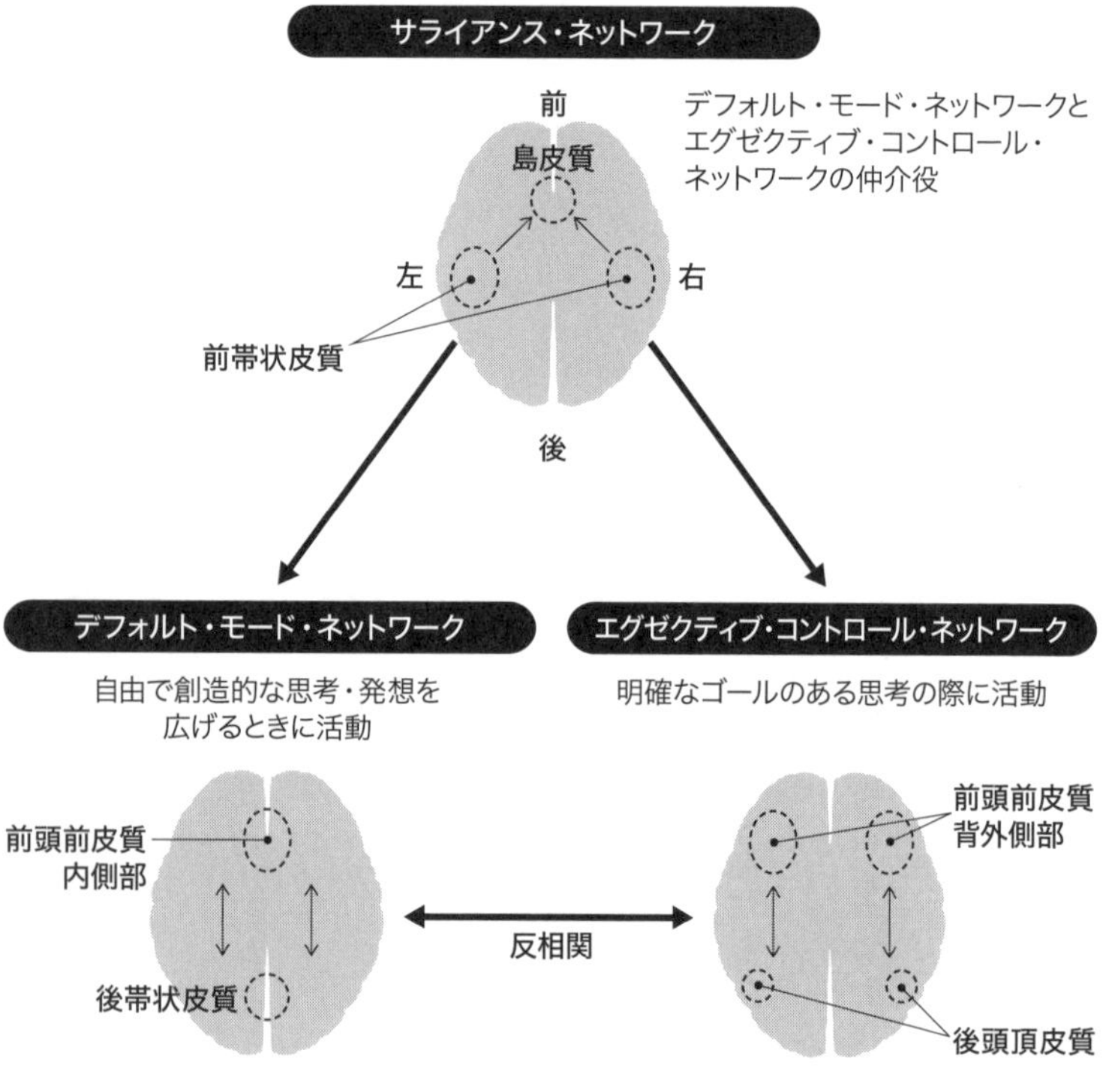

出典：ADECCO GROUPオンライン 2021.11.05

①「デフォルト・モード・ネットワーク（Default mode network：DMN」。空想やブレイン・ストーミングなどを通じて独創的なアイディアを生み出す際に、重要な役割を果たす。
②「実行機能ネットワーク（Executive control network：ECN)」。独創的なアイディアが実際に機能するかどうかを評価し、修正、取捨選択を行う役割を果たす。
③「顕著性ネットワーク（Salience Network：SN)」。①のDMNと②のECNをつないで、統合的な意味合いを抽出する役割を果たす。

この3つの脳内ネットワークは、通常は同時には活性化しない。しかし、より創造的な知を生み出す人間は、これらをうまく連携させることに長けているという。
第1部で論じた思考法の文脈でいえば、①は拡散（水平）思考、②は論理（垂直）思考、③はシステム（統合）思考に呼応する。それぞれが重要な役割を果たしており、特に③のシステム思考がカギとなることが、脳科学的にも確認されたことになる。

「考え続ける力」の限界

予防医学者の石川善樹氏は、『考え続ける力』（ちくま新書、2020年）の中で、この3つの脳内ネットワークを活性化させる環境と行動を、2つの軸で示している。ひとりとみんな、そしてBeing（目的なし）とDoing（目的あり）の2軸である。

①DMNを石川氏は「直観」と表現する。これが活性化するのは、「ひとり×Being」の時間だという。ぼーっとしている時間である。散歩など最適だ。トイレや温泉の中で、ふとひらめくことも少なくない。

②ECNを石川氏は「論理」と表現する。これが活性化するのは「みんな×Doing」の時間だという。衆知を集めて問題解決に集中することになるからだ。会議も、本来はそのような場であるべきだろう(もっとも、そうでない場合も少なくないが)。

③SNを石川氏は「大局観」と表現する。そしてこれが活性化するのは、残りの2つの場合だという。1つは「みんな×Being」、すなわち仲間と大きな夢を語り合うとき、そしてもう1つは「ひとり×Doing」、すなわちひとりで事業企画を練るときなどだ。いずれの場合にもビッグピクチャーを思い描くモードに入りやすい。

大変分かりやすい分類法である。ただ③は、それだけでは生み出しえない。みんなで馬鹿話に興じたり、ひとりで思考の袋小路に入ってしまうことが少なくないからだ。

逆に、「ひとり×Being」のモードで考え続けることをやめると、ふと大局観が広がってくることがある。直観を通じて、大局観に達するというパスである。アルキメデスは入浴中に、ニュートンは散策中に、それぞれ大法則を発想したことは、あまりにも有名なエピソードだ。

一方「みんな×Doing」においても、袋小路の先に大局観が開けることがある。私は、マッキンゼー時代、それを「暁のソリューション」と呼んでいた。夜明けまでブレイン・ストーミングを続け、いよいよ「ストーム（嵐）」が「なぎ（凪）」に移る瞬間に、突然、別次元の解がそれこそ夜明けの太陽のように降臨してくるのだ。これは論理を突き詰めることによって、論理の壁を破って大局観に達するというパスである。

そもそも、③のSNは、①と②を統合するという脳の働きである。だとすれば、デジタルに場合分けするだけでは、大局観には到達しない。Doingの先にあるBeingの地平、Beingの先に広がるDoingの躍動にたどり着くことが求められる。同様に、「みんな」の中の「ひとり」、「ひとり」の中の「みんな」に気づくことこそがカギを握るのである。

ではどうすればSNを活性化させることができるか。そもそも、脳の働きを「考える」という次元だけで論じること自体に、限界がありそうだ。

脳の三層構造

脳は知を司るだけではない。たとえば、アメリカの神経科学者マックリーン博士は、脳は3層で構成されているという「三位一体説」を唱えている。

ここまで論じてきた「考える」働きをしているのは大脳皮質である。その下部構造として、大脳辺縁系と脳幹の2つがある。前者は「感じる」を司る、後者が「生きる」を司る部分である。

同教授は、これらの三層構造を、時間軸の中での進化現象として捉えている(『三つの脳の進化』1990年：邦訳、1994年、工作舎)。爬虫類は脳幹だけを持ち、哺乳類はその上に大脳辺縁系を発達させ、人間を含む霊長類はさらにその上の大脳皮質を発達させてきたというのである。

この「進化説」は脳科学的には、大いに疑問視されているようだ。しかし、爬虫類からの進化話はともかく、人間の脳が三層構造を持つこと、そして大脳新皮質が異常に発達してきていることは確からしい。

イギリスの思想家アーサー・ケストラーは、名著『ホロン革命』(1978年、邦訳：工作舎、1983年)の中で、次のように述べている。

「急速に発達していく思考の帽子は人間に論理的な力を与えはしたが、情動専門の古い脳構造と適切に統合、調整されることなく、先例のないスピードで古い脳の上に覆いかぶさっていった。古い構造の中脳と新皮質をつなぐ神経径路は、どうみても不十分だ。

かくして脳の爆発的成長は、古い脳と新しい脳、情動と知性、信念と理性とが相剋する精神的にアンバランスな種を誕生させた。一方で青白き合理的、論理的思考がいまにも切れそうな細糸にぶらさがり、一方で感情に縛られた不合理な信念が、過去と今日の大虐殺の歴史の中に狂気となってくっきりと姿を映している」

ケストラーが指摘している中脳（辺縁系）と新皮質をつなぐ神経経路こそが、知性や理性だけが肥大化した現代人の脳の、最大のミッシングリンクである。そのためには「考える」だけでなく「感じる」ことへと思考領域を広げていくことが、カギを握ることになる。

感じる脳

脳科学の世界でも、知性を超えた脳の働きに着目する流れは脈々と受け継がれている。たとえば、ポルトガル系アメリカ人の認知神経科学者アントニオ・ダマシオは、「ソマティック・マーカー（身体信号）仮説」を提唱している（『生存する脳』、1994年。邦訳：講談社、2000年）。

簡単に言うと「身体情報が、意思決定に影響を及ぼす」という理論である。脳は、五感や内臓知覚など、身体からの情報をそれによってもたらされる情動を1つの複合体（ソマティック・マーカー）として記憶する。したがって、身体情報は感情と結びついて、好き嫌いや方向性の判断を左右するというのである。

本書の原題は『デカルトの誤り』である。フランスの哲学者ルネ・デカルトは、17世紀に二元論を唱えて、近代自然科学思想の基礎をつくったとされてきた。しかし、モノとココロをデジタルに分離し、事象をモノ＝機械論的に分析しようとする近代科学は、理性万能主義に陥っていった。

ダマシオは身体と心、理性と情動が不可分であることを、脳科学の立場から実証的に示している。それはデカルト的な要素還元主義に、正面からＮｏを突きつける試みでもあった。

続編の『感じる脳』（２００３年、邦訳：ダイヤモンド社、２００５年）でも、心身一元論を貫く。原題は『スピノザを探して』である。理性を切り出して科学的なアプローチを確立しようとしたデカルトに対して、一世代若いオランダの哲学者スピノザは、「神即自然」論を主張。人間は、神、すなわち自然の摂理に従属することを説いた。

没後に出版された『エチカ』（１６６７年）では、理性と感情を不可分なものとしたうえで、自由意志の力を説いたデカルトに対して、自然と一体となった倫理の実践を説いている。「心身一如」という仏教の教えにも通底する思想である。

スピノザは、最近、世界的に再評価されている。日本でも、知識人の間で、スピノザブームが盛り上がっている。20世紀的な利己的な欲望の追求ではなく、社会（他者）や環境（自然）に配慮した倫理の在り方が、21世紀的な価値観として、改めて模索され始めているからだろう。

ダマシオは、科学の立場から出発して、宗教や哲学の世界への「越境」を試みている。同時に、ホメオスタシス（恒常性）理論の立場から、自律神経を持った生物的ＡＩのプログラミングに尽力している。

認知科学は、このように、狭義の科学の立ち位置を超えて、第2、第3の知の地平へと急接近している。これを科学的探究心の退化だと嘆く声も少なくない。しかし、認知科学はその出自から、学際的な領域を対象とする学問である。偏狭に自己規定せず、開放系かつ非線形であり続けることこそ、正しい進化の姿だろう。

これからも認知科学の変貌から、目が離せない。

知の地平2：哲学思考

迷走する哲学

では哲学の世界に目を転じてみよう。

20世紀後半の哲学は、主にフランスを震源地として、大きく開花していった。実存主義、構造主義、ポスト構造主義といった思想の系譜である。

現代哲学の旗手の一人が、ジル・ドゥルーズであったことは、衆目の一致するところだろう。ドゥルーズの思想は、脱構築、差異、ノマド、リゾームなどというキーワードとともに、本書でも折に触れて紹介してきた。

ドゥルーズは、前章で触れたスピノザの現代的な価値を、実践の哲学として再評価したことでも知られている。ドゥルーズに代表されるポスト構造主義は、現代哲学の全盛を極めたといってよいだろう。

しかし、21世紀に入って、哲学は迷走を始めたかに見える。新進気鋭の哲学者兼小説家の千葉雅也氏の『現代思想入門』（講談社現代新書、2022年）は、10万部を超えるベストセラーとなった。同書でもポスト構造主義が、フランス現代思想の黄金期だったとして紹介されている。そして「ポスト・ポスト構造主義」についての動向に触れてはいるものの、大きなうねりにはなりきれていないことを指摘している。

ただ、世界の哲学の最前線を眺めてみると、いくつかの潮流が見えてくる。たとえば西洋現代思想を領域横断的に研究している岡本裕一朗氏は、『いま世界の哲学者が考えていること』（ダイヤモンド社、2016年）の中で、3つの潮流として紹介している。

① 認知科学的
② 技術論的
③ 実在論的

このうちの①は、知の地平1の認知思想そのものである。また②は知の地平3として紹介する未来志向の潮流に流れ込んでいくものといえよう。そこで、哲学を基軸とした新地平としては、③の実在論を取り上げることにしたい。

この思想は、千葉雅也氏が前掲書の中で、「思弁的実在論」と呼び、21世紀の潮流として唯一紹介しているものでもある。フランス哲学を専門としている千葉氏は、パリ大学のカァンタン・メイヤスー准教授の名を挙げている。

メイヤスーは、現在、50歳代後半、現代フランスを代表する哲学者である。千葉氏自身が翻訳に携わった代表作『有限性の後で』（2006年、邦訳：人文書院、2016年）は、客観性は偶然性の上に成り立っており、いつでも変わりうる」と主張する。英語版もベストセラーとなり、世界で注目された。

しかし、今や思想の震源地は、フランスの国境を越えて広がっている。

世界は存在しない

ドイツに「哲学界のロックスター」と呼ばれる哲学者がいる。マルクス・ガブリエル、1980年生まれの新進気鋭のボン大学教授である。古来、哲学の対立軸だった「存在論」と「認識論」を超える「新しい実在論」を提唱している。

ごく簡単にいうと、存在論は、ものごとは認識とは関係なく存在すると捉える。それに対して、存在すると思っているだけで、実在しないかもしれないと考えるのが認識論である。前者は見る人のいない世界を、後者は見る人の世界だけを現実とみなしている点が、基本的な違いである。

それに対して、ガブリエルの新しい実在論は、ものごとはあると同時に認識されると両方を認めた。しかも、百人百様で見えているものもすべて正しいと考えたのである。

ガブリエルによると、古い実在論（存在論）は「観察者のいない世界」だけを、他方の構築主義

（認識論）は「観察者の世界」だけを、それぞれ現実と見なしている。それに対して、ガブリエルは、世界的ベストセラーとなった『なぜ世界は存在しないのか』（2013年、邦訳：講談社、2018年）の中で、次のように語っている。

「この世界は、観察者のいない世界でしかありえないわけではないし、観察者にとってだけの世界でしかありえないわけでもない。これが新しい実在論です」

唯一の世界、すなわち〝The World〟などというものは存在しない。世界は観察者の数だけあり、さらにその先の超思考（観察を超えた領域）にも存在する。それが「世界は存在しない」という言葉で、ガブリエルが主張していることの本質である。

私は、これを分かりやすく「Globals」と表現している。グローバルは実はボーダーレスではなく、有形・無形のボーダーによって分断されているからだ。同時に宇宙から見ると、1つの実体を持っているかのようにも見える。これが世界の多義性である。

同様に、宇宙は「Universe」ではないことが、宇宙物理学においても論じられている。「Multiverse」、すなわち多元宇宙論である。MITの宇宙学者マックス・テグマークは、それを「パラレル・ワールド」と呼んでいる。

そして、今や「メタバース」（超宇宙）が存在感を増している。ネット上に存在する仮想空間だ。

ガブリエルは、一角獣のような空想すら、実在すると主張している。村上春樹の最新作『街とその不確かな壁』（新潮社、2023年）に登場する一角獣が住む街は、まさに「パラレル・ワールド」なのである。これは次の知の地平3の未来思考のところで、詳しく論じることにしよう。

私は脳ではない

ガブリエルは次作『「私」は脳ではない』（2017年、邦訳：講談社、2019年）の中で、脳科学の限界に正面から切り込んでいる。その批判の矛先は、知の地平1で論じたような脳万能型認知思想、さらには自然主義全般にまで向かう。

たとえば、進化生物学者リチャード・ドーキンスや科学哲学者ダニエル・デネットらの自然科学主義は、世界を科学という物差しでしか見ていないと批判する。ガブリエルが主張する多元的世界観からすると、極めて偏った捉え方でしかない。

ガブリエルは「ガイスト」の重要性を説く。精神と訳されることが多いが、魂、霊魂、心霊という意味を含んだドイツ語である。精神は脳の物理的な部位や関係性、信号のやり取りなどをどれだけ科学的に分析したところで、到底、心の本質にたどり着くことはできない。

ガブリエルの精神哲学は、日本の伝統的価値観にも通じる。インタビュー集『世界史の針が巻き戻る時』（PHP研究所、2020年）の中で、ガブリエルは「（無我の境地を目指す）禅の教えこそ、新実在論そのものだ」と述べている。

また、解剖学者として脳について多くの著作がある養老孟司氏は、『「私」は脳ではない』の書評で、次のように語っている。

「自然科学が置かれている場が意識なのである。精神が世界は物質でできていると主張するのは、まことに奇妙な状況である。その意味では精神哲学という著者の言い分は、わかり過ぎるほどよくわかる」

先述したダマシオもそうであるように、科学を究めた人ほど、科学の限界とその周りに広がる精神世界の豊かさに気づくのだろう。ガブリエルは科学的なアプローチの有効性は認めつつも、科学が唯一絶対的に正しいという価値観に縛られた科学至上主義が、現代の全体主義につながる危険性に警鐘を鳴らしている。

そしてその矛先は、資本主義にも向かう。

倫理資本主義の時代

昨今の環境問題、コロナ禍、そしてウクライナ侵攻は、資本主義の限界を改めて浮き彫りにした。

とはいえ、脱成長のコミュニズムも、現実に背を向けるだけで、未来を切り拓くパワーはない。

価値観が多様化した今こそ、「倫理」の復権が求められている。ガブリエルは、それを「倫理資本主義」（Ethical Capitalism）と呼ぶ。資本主義に精神性や倫理性をビルトインすべき、という主張である。

これはＥＳＧ、ＳＤＧｓ、ＣＳＶ、そしてパーパス経営という資本主義の最先端の動きと、見事に同期する考え方である。なかんずく、「倫理」に焦点を当てるガブリエルの主張は、前述したスピノザの再評価という潮流とも呼応して、哲学思想の特徴を際立たせている。

ガブリエルは、政府には倫理省を、そして企業には倫理委員会の設立を提唱している。そしてそこには倫理の専門家を参加させるべきだと説く。

もちろん、倫理は教条主義的な正義を振りかざすものであってはならない。それこそ、ガブリエルがもっとも懸念する全体主義に堕してしまう。世界が1つでないのと同様、倫理も多様な価値観を包摂する懐の深いものでなければならない。

しかし、一方で倫理相対主義に走りすぎると、あらゆる価値観を受け入れることになる。環境破壊、人権侵害、戦争や殺人などを悪とする倫理観を、意思決定の基軸に置かなければならない。そのうえで、個々のケースごとに、何が正しい意思決定かを真摯に問い続ける必要がある。

日本には古来、「三方よし」（近江商人）や「自利利他公私一如」（住友グループ）などといった商業倫理が大切にされてきた。渋沢栄一の「論語とそろばん」は、まさに「倫理資本主義」そのものである。しかし、「失われた30年間」は、このような日本的倫理観に背を向け、アメリカ型欲望資本主義を後追いするという失態を演じてしまったことが悔やまれる。

世界の哲学思想は、倫理資本主義に向けて大きく舵を切りつつある。そのような潮流の先端に立つガブリエルは、NHKの番組やインタビューなどを通じて、日本が世界を正しい方向にリードしてほしい、と熱いエールを送っている。

知の地平3：未来思考

未来を考える動物

認知思考と哲学思考では、グッと思考の深淵をのぞいてみた。今度は想像力の翼を大きく広げて、未来に思考を巡らせてみたい。

未来思考（Futurism）という思考領域があるのを、ご存じだろうか。学問としては、まだ生まれて半世紀程度のものだ。確率論やシミュレーション、シナリオプランニングなど、さまざまな手法が編み出されてきたが、どれも気休め程度のものでしかない。未来など、そう簡単に当たるわけがないからだ。

そもそも、未来思考の源流は、実はあらゆる学問よりはるかに古い。人類の誕生にまで遡るといっても過言ではない。その典型がシャーマニズムだ。神がかりの能力を持つシャーマン（呪術者）

が未来を予言するという原始宗教である。

現存する人類最古の書とされる『ギルガメシュ叙事詩』(紀元前2000年紀初頭)には、メソポタミアの伝説の王ギルガメシュが、森の番人フンババを倒す物語が語られている。今の環境問題を暗示する一場面である。

時代が下って、古代ギリシアでは、アポロンの神殿で、巫女たちが未来を「神託」として告げていた。キリスト教におけるイエスも、イスラム教におけるモハメッドも、神の使いという意味では、その後の歴史を作ったシャーマンたちだった。

日本においても、シャーマンの歴史は古い。『魏志倭人伝』(三世紀末)には、邪馬台国の卑弥呼が鬼道によって人心を掴んでいたと伝えている。聖徳太子以降、古代日本が律令国として統制されていく中で、未来を占う陰陽師が果たした役割は大きかった。

予言者はその後も、出没し続けた。ルネサンス期の医者で占星術師のノストラダムスの大予言は、400年後、日本でも世紀末ブームを巻き起こした。クリスタルボールやタロットカード、星座や手相を読み解く占い師は、洋の東西を問わず、今なお日常風景となっている。

未来思考は、何もこれら「専門家」の特権ではない。そもそも人間は、未来を考える唯一の動物だといわれている。ただし、未来を「運命」として受動的に捉えるか、自ら切り拓く「可能性」として捉えるかは、大きな分かれ道だ。

パーソナル・コンピューターの父として知られるアラン・ケイの次の名言は、シリコンバレーの人々の信念でもある。
「未来を予測する最善の方法は、それを発明することだ」

波頭に立つ

ただし、闇雲に未来を妄想するだけでは、実現は困難だ。大きな潮流を理解したうえで、その波頭に立つことができれば、無理なく未来を拓くことができる。

そのためには、何が次の潮流かを知ることから始めなければならない。未来学者の言葉には、それなりに耳を傾ける価値はありそうだ。

『フィナンシャル・タイムズ』誌はかつて、アルビン・トフラーを「世界でもっとも有名な未来学者」と呼んだ。トフラーは2016年に亡くなったが、『未来の衝撃』(邦訳：実業之日本社、1970年)をはじめ、半世紀以上前からデジタル社会を予言していたことで知られている。

中でも、『第三の波』(邦訳：日本放送出版協会、1980年)は空前のベストセラーとなった。トフラーは、人類が経験してきた大変革を、3つの波と呼ぶ。

第一の波は農業革命だ。約15000年前、人類は農耕を始めたことで、狩猟採取社会から農耕社会へと大きくシフトした。

第二の波は、18世紀末から始まった産業革命だ。その結果、農耕社会から産業社会へと変貌を遂げてきた。

そして第三の波が、今も進行中の情報革命だ。その結果、産業社会から情報社会へと大きくシフトしつつある。

私自身、本書には衝撃を受けた。三菱商事に入社したての頃だったが、邦訳が出る前から、有志と一緒に「サード・ウェーブ研究会」を開いて、情報社会の在り方を熱く議論したことが、懐かしく思い出される。

トフラーは、本書の中で「プロシューマー」の出現を予言している。「プロデューサー（生産者）」と「コンシューマー（消費者）」を組み合わせた造語である。消費者と生産者が一体となる社会は、その後、DIY（Do It Yourself）といったライフスタイル、さらには家庭の３Dプリンターで自作する「メーカームーブメント」という形に結実していった。

この潮流は、今なおやむことを知らない。私が座長をしている消費者庁主催の「消費者志向経営」という活動では、「消費者と事業者の共創・協働」を目指している。両者が一体となっていかに社会価値を創造していくかが、時代の大きな流れとなっているのである。

未来を、正確に予測することはできない。しかし、正しい方向に未来を切り拓いていくことは可能である。

プレ・シンギュラリティという舞台装置

現代の未来学者としては、レイ・カーツワイルの名前が真っ先に挙がるだろう。カーツワイルが提唱した「シンギュラリティ」は、20年近くたった今なお、盛んに論議されている。シンギュラリティとは、AIが人間の知能を超える特異点である。カーツワイルは、2005年の著書『The Singularity Is Near』(邦訳:『ポスト・ヒューマン誕生』、NHK出版、2007年)の中で、シンギュラリティが2045年にやってくると予言した。

今日までのところ、カーツワイルの予言は、ほとんど的中している。たとえば、2010年代には、次のようなことが、予言通り実現した。

- コンピューターが小型になり日常生活に統合される(スマホなど)
- VR(バーチャル・リアリティ)メガネやVA(バーチャル・アシスタント)が登場する
- 家庭用ロボットが家の中を掃除する

あまり知られていないが、同書では、2029年にはAIが人間並みの知能を持つとも予言している。そうなると、あと5~6年先でしかない。

もっとも、カーツアイルはかねてより、「テクノロジー楽観主義者」と呼ばれてきた。シンギュラリティについても、「もっと早く来る」という超楽観論から「絶対に来ない」という不信論まで、さまざまな神学論が存在する。

ちなみに、先述したガブリエルは「シンギュラリティなどナンセンス」と切り捨てる。『私』は、脳ではない」と主張するガブリエルらしいスタンスである。

しかし重要なのは、ＡＩは人間の知能を超える以前に、相当な水準まで進化することは間違いないということである。いわゆる「プレ・シンギュラリティ」の時代の到来である。

そうなったときに、ＡＩと競争または共生する中で、人間の思考は、どう進化していくのかが、より本質的な問いかけとなるはずだ。

ディストピアとしての未来

ＡＩが進化した世界は、ユートピア（理想郷）か、それともディストピア（暗黒郷）か。これも大きな神学論争のネタである。

２０１８年に亡くなったスティーブン・ホーキング博士は、２０１４年にイギリスの新聞「インディペンデント」に掲載された論説で、次のように述べている。


「人工知能の発明は人類史上最大の出来事だった。だが同時に、『最後』の出来事になってしまう可能性もある」

世界的大ベストセラー『サピエンス全史』の作者ユヴァル・ノア・ハラリは、『ホモ・デウス』（２０１６年、邦訳：川出書房新社、２０１８年）の中で、慄然とする未来を描き出した。ＡＩを使いこなせる人が神になり、その下にＡＩがあり、さらにその下の家畜と同列に人間がいるという未来である。

イーロン・マスクは、「神のようなＡＩの誕生は、人類を破滅させる」と警告する。ＡＩを熟知している人たちほど、ＡＩがひとり歩きすることを恐れている。

ＡＩが支配する世界を、ディストピアとして描くＳＦ(Science Fiction)は数多い。スタンリー・キューブリック監督の「２００１年宇宙の旅」（１９６８年）は、その古典的名作である。私の世代の多くは、息を飲むような映像美の中で、人工知能ＨＡＬが人間に敵対的な異常行動をとるというストーリー展開に衝撃を受けた。

現代の若者にとっては、ジェームズ・キャメロン監督の『アバター』シリーズなどが、より身近なものだろう。最新作の『アバター２』（２０２２年）では、アバターたちが住む森や海の楽園が、人類によって脅威にさらされるという物語が、メタバース空間のように展開される。

スティーブン・スピルバーグ監督の『レディ・プレーヤー１』（２０１８年）も、ディストピアの未来をたくましく生きる若者を描いている。スピルバーグといえば、１９８０年代には『E.T.』や『バック・トゥ・ザ・フューチャー』など、夢のある未来を描いてきただけに、タッチの違いが気になるところだ。

スピルバーグは、インタビューの中で、次のように語っている（エンタメＯＶＯ、２０１８年）。

「この映画はあくまでフィクションです。（未来が）ディストピアに向かっているとは思いません。ただ、今はとても好奇心が強く、シニシズム（冷笑的）な時代だと思います。80年代と比べると、人が人を信用しなくなっています。そして今のアメリカは思想的にも半分に分かれ、信頼や信用がなくなってきています。この映画を作りたかった大きな理由の一つは、そうしたシニシズムから逃げたかったから。皆さんを、空想と希望のある世界にいざないたかったのです」

未来思考も、時代の空気が色濃く影を落とすことがよく分かるコメントである。

日本人が描くユートピア

一方で、人工知能が人間の弱さを補完する道具だと思えば、AIやロボットと人間との共存はあり得るだろう。Augumented Intelligence（拡張知能）やAugumented Reality（拡張現実）と呼ばれてきた世界である。

日本のアニメは、そのような世界を長らく描き続けてきた。手塚治虫の「鉄腕アトム」も、宮崎駿の「未来少年コナン」も、人間がロボットと共生する世界が生き生きと描き出されている。

お茶の間の人気者「ドラえもん」もそうだ。ドラえもんは22世紀からやってきた猫型ロボットである。すべてAIで司られたドラえもんのミッションは、のび太くんを救うことである。

もちろん日本のアニメも、ほのぼのとした作品ばかりでなく、宇宙戦争ものも数多い。しかし「宇宙戦艦ヤマト」や「機動戦士ガンダム」などでも、ロボットたちは地球を守るために人間と一緒になって戦う姿が描かれている。

前出のマルクス・ガブリエルによれば、ドイツではロボットへの不信感が根強いという。AI覇権主義も、かつての独裁者の亡霊が彷彿として浮かんでしまうのだろう。

ドイツも日本も、ロボット先進国である。しかし日本には、鉄腕アトムやドラえもんなどを通じて、ロボットと人間が共生する世界を、抵抗なく受け入れる素地がありそうだ。

そして日本は今後とも、アニメを通じて、そのような明るい未来の姿を、世界に発信し続ける役割が期待される。

SFが問う「倫理」

映画やテレビ番組よりはるかに昔から、多様な世界観を繰り広げてくれるのがSF小説だ。

ここでもディストピアの系譜をたどることができる。

代表作といえば、まず、イギリス人ジョージ・オーウェル著の『1984年』（1949年、邦訳：文藝春秋新社、1950年）が思い浮かぶだろう。独裁者ビッグ・ブラザーによって支配されている全体主義国家のオセアニアが舞台だ。そこに描かれた不気味な未来は、ハーバード・ビジネス・スクールのショシャナ・ズボフ教授の近著『監視資本主義』（2019年、邦訳：東洋経済新報社、

2021年）が描くネット社会のディストピアとして、現実になりつつある。

また、同じくイギリス人であるオルダス・ハクスレーの『すばらしい新世界』（1932年、邦訳：改造社、1930年）は、さらに風刺が効いている。胎児は工場で生産され、大人たちはフリーセックスを享受する。多幸感が得られる快楽薬が支給され、誰も人生に不満を持たない世界が到来する。しかし、それが本当にユートピアなのかと、問いかけてくる作品である。

一世紀近くたった今日、Well-Beingや幸福主義を唱える主張が横行している。「すばらしい新世界」を盲目的にあこがれることへの警告として、いま一度耳を傾けたほうがよさそうだ。

もっとも、ディストピアの縁で踏みとどまろうとする物語も少なくない。私が好きなのは、アメリカ人のアイザック・アシモフの一連の著作だ。未来の宇宙での銀河帝国の攻防を描いた「ファウンデーション」シリーズや、人類とロボットとの共生を描いた「ロボットシリーズ」は、SF史上の金字塔である。

科学者でもあるアシモフは、その後、映画にもなった『われはロボット I, Robot』（1950年、邦訳：早川書房、1963年）で、ロボットの倫理規則を提唱している。「ロボット工学3原則」と呼ばれるものだ。

①第一条：ロボットは人間に危害を加えてはならない。また、その危険を看過することによって、人間に危害を及ぼしてはならない。

②第二条・ロボットは人間にあたえられた命令に服従しなければならない。ただし、あたえられた命令が、第一条に反する場合は、この限りでない。

③第三条：ロボットは、前掲第一条および第二条に反するおそれのないかぎり、自己をまもらなければならない。

これらの規定は、今なお、ロボット工学に影響を及ぼしているという。

SF映画に戻ると、『2001年宇宙の旅』のHALは、原則①②から逸脱してしまう。一方、ジェームズ・キャメロン監督の『ターミネーター2』（1991年）では、アーノルド・シュワルツェネッガー演じる未来のロボットは、原則③の真意までを理解して、自己より人間を守ることを優先する。そのラストシーンは感動的だが、一方で、ロボットに守られた人間のほうは、何を守るべきかという問いに向き合わなければならない。

SFは未来を描く科学小説とはいえ、そこで本質的に問われるのは、科学ではなく倫理のあり方である。

キャシーとクララ

映画やテレビ同様、小説の世界でも、日本人の描くSFは、人間の本質を問いかけるものが多い。古典的には星新一の「ショートショート」、筒井康隆の「ナンセンスSF」と呼ばれる作品群は、いずれも硬質なタッチではあるものの、人間の倫理を問いかけている。安部公房や村上春樹など、純文学に位置づけられる作家の主な作品も、仮想現実と現実が融合し合う良質なＳＦ小説として読むことができるだろう。

たとえば、２０１７年にノーベル文学賞を受賞したカズオ・イシグロ。イシグロは６歳でイギリスに渡り、英国国籍をとっている。日本語は話せないが、「想像上の日本」を深層心理の中に持ち続けているという。

イシグロの代表作の１つに『わたしを離さないで』（２００５年、邦訳：早川書房、２００６年）がある。アメリカで映画化された他、日本でも舞台化やテレビドラマ化されて話題となった。主人公は、大人になって介護人となるキャシー。臓器提供のためだけに生かされるクローン人間という衝撃的な未来を描きながら、人間の深淵を問いかける作品である。

イシグロは、この作品がこれまでの中で、「もっとも日本的」であると語っている。テレビドラマ化されたときのインタビューで、イシグロは次のようにコメントしている。

「中心人物たちの願望や葛藤、悲しい運命に対する彼らの態度や人間のありように対する全体的なビジョンは、私がイギリスで育ったときに吸収した日本の映画や書籍の影響を多く受けていると思います」（https://www.tbs.co.jp/never-let-me-go/original/、2015）

そのイシグロの最新作『クララとお日さま』（２０２1年、邦訳：早川書房）もベストセラーとなっている。ＡＦ（Artificial Friend）のクララを巡る物語は、環境破壊などといった社会課題の中で、ロボットの献身的な姿を通して、人間性の本質を問いかけてくる。

イシグロはインタビューで次のように答えている。

「小説に登場する科学者がこんなことを言います。『人間の肉体のどこを探っても（魂なんてものは）何も見つからなかった。だから、愛する人の脳からすべてのデータを発掘して機械に移したら、それが愛する人の替わりになるよ』と。古風な私は納得できません。『君は間違った場所を探しているんじゃないか』と言い返したくなる。魂といわれるものはおそらく、その人を大切に思う周りの人々の感情の中にこそ宿っているのではないでしょうか。これは科学者からしてみれば、あまり優れた思いつきではないかもしれない。でも、私は（小説家として）そのように答えたい」（日経新聞、２０２1年3月）

その思いは、「私は脳ではない」と主張するマルクス・ガブリエルの新実存主義に通底するものである。違いがあるとすれば、ガブリエルがあくまで人間の側にとどまろうとするのに対して、イシグロはＡＩやロボットのほうが人間以上に心を持ち、倫理感を兼ね備えうると信じている点である。ここでも、日本人独特の人間とロボットとの共生の思想が感じられる。

分人による分断超え

さらに若い世代に目を転じてみよう。未来思考を駆使した純文学者といえば、平野啓一郎の名が真っ先に挙がるだろう。

前述した通り、平野は「分人主義（dividualism）」を思考のバックボーンとしている。一人の人間が多様な人間関係の中で、異なる人格を有するという思想である。その結果、複数の対人関係やコミュニティの中で、異なる人生を同時に送ることが可能になる。まさにマルチバース時代にふさわしいパラレル・ワールド的思考である。

平野は、そのような思考実験をいくつかの未来小説に結実させている。

その最初の試みが『ドーン』（講談社、2009年）。2036年のアメリカを舞台に、人類初の有人火星探査に成功した英雄的クルーたちが、アメリカ大統領選に巻き込まれていくという設定だ。そこには、顔認証技術と組み合わされた防犯カメラのネットワーク「散影」をはじめ、数々の未来風景が登場する。分人主義を正面から捉え、暴力と知略が蔓延する未来にも、個人主義を超えた絆が希望をつなぎうることを暗示した野心作である。

より最近の作品として注目されるのが『本心』（文藝春秋、2021年）である。2040年代に生きる青年が、亡くなった母をVF（バーチャル・フィギュア）で再現するという物語だ。気候変動、人口減少、貧富の差などの社会課題を抱えながら、AIやロボットが普及していくと、人々のワークやライフはどうなるかを問いかける作品である。

平野は自らのブログで、本書を次のように紹介している。

「(中略)最も重要なことは、その時代の人間の「心」です。私たちは一体、何を感じ、考えながら生きてゆくのか? そして、「本心」について考えることは、社会全体について考えることに直結します。なぜなら、私たちがある社会システムを「是」とするのは、究極的には、それを「本心」から受け容れ、肯定している場合だからです。ところで、「本心」とは何なのでしょうか?

(本書の)テーマは、「最愛の人の他者性」です。『マチネの終わりに』、『ある男』に引き続き、愛と分人主義の物語であり、その最先端です」

分人主義は、一見、多重人格のようにも受け止められかねない。しかし、西欧的な個人主義に比べて、より共生の思想に近づくことができると平野は主張する。『私とは何か――「個人」から「分人」へ』(講談社現代新書、2012年)の中で、次のように語っている。

「個人は、人間を個々に分断する単位であり、個人主義はその思想である。分人は、人間を個々に分断させない単位であり、分人主義はその思想である。それは、個人を人種や国籍といった、より大きな単位によって粗雑に統合するのとは逆に、単位を小さくすることによって、きめ細やかな繋がりを発見させる思想である」

デジタルの時代は、「パーソナライゼーション」が主流になると信じられてきた。「個人化」の加速である。それは個人が他者と分断される社会でもある。

しかし平野は個人が分人となり、逆に、それぞれの分人が思い思いのコミュニティと共生する時代が訪れるという。平野はそれを「複数のコミュニティへの多重参加」と呼ぶ。

日本人は「個」が確立していないと、言われ続けてきた。また日本人は、誰にでもいい顔を見せる「八方美人」とも揶揄されてきた。

しかし、そのような気質こそ、デジタルを超えて分断を再統合していくための基軸となりうるのではないだろうか。平野の分人主義は、そのような未来思考の可能性を、われわれに提示してくれる。

それは、前述した組織論とも符合する。Ｗｅｂ3がもたらすＤＡＯ（自律分散型）は、分断された世界でしかない。それを多様なＤＡＣＯ（創発型）の世界へと再統合するためには、個人がさらに分人化されていく必要がある。

ＳＦ思考というフィクション（虚構）

巷間では、「ＳＦ思考」なるアプローチがもてはやされている。ＳＦ小説のように未来を自由に夢想して、そこから新規事業のヒントを導き出そうというものである。

たとえば、三菱総合研究所が筑波大学と共同開発した『ＳＦ思考』(ダイヤモンド社、２０２1年)。ワークショップで未来の妄想を描き、それに肉づけしていくことで、非連続な発想を生み出す。特にＳＦ作家と組んで物語風に仕立てるのが効果的だという触れ込みだ。

あるいは、Konel社というベンチャーが提案する「Dual-Cast」。ForecastとBackcastを組み合わせることで、妄想を現実に実装していくという手法だ。『妄想と具現』(日経ＢＰ、２０２３年)には、妄想ワークショップに始まり、プロトタイピングを通じて検証していくというアプローチが、示されている。通常の仮説検証プロセスに比べて、ＳＦ的な妄想を巡らせるところを新機軸として打ち出している。

大手企業でも、ＳＦ思考を研究開発の起爆剤としようとしているところは少なくない。たとえばシーメンスの「ＰｏＦ」(Picuture of the Future)は、よく知られている。他の試み同様、未来を予想し、そこからバックキャストするというアプローチだ。もっとも、そこから大きくスケールする未来は出現していない。ＰｏＦも今では、「Point of Failure(失敗の原点)」と揶揄されている。

この手の軽いノリのアプローチは、いい気晴らしにはなるかもしれない。しかし、そこから本物の未来が生まれることはまずない。シリコンバレーでも、10年前に「リーン・スタートアップ」が一世を風靡したものの、本格的なイノベーションが生まれることはなく、今ではまったくすたれてしまっていることは前述した通りだ。

SF思考には、3つの本質的な落とし穴が内在している。

1つ目は、誰もが簡単に想像できるような未来が描かれやすいこと。「スマートXXX」（XXXにはライフ、ワーク、シティなど、何でも入る）はその典型である。サステナビリティが注目されると、「サーキュラーXXX」のオンパレードが繰り広げられる。まさに未来のコモディティ化現象である。実現したとしても、そこは思いきりレッドオーシャンとなるはずだ。

2つ目の落とし穴は、「S」、すなわちサイエンスのトレンドに引きずられてしまいがちな点である。今流行りの先端デジタル技術にしても、先端バイオ技術にしても、あっという間に陳腐化する。今の「先端」は、未来の「日常」になる。もっともそれは成功した場合で、ほとんどは瞬く間に淘汰されてしまう。

3つ目の落とし穴は、「F」、すなわち「非」現実性だ。非現実的な妄想であればあるほど、実現は困難である。これは「妄想」という言葉の定義上、当然である。新規事業は「千三つ」といわれる。それほど成功確率は低い。ちなみに、世の中で「千三つ」という言葉は、「嘘つき」や「(信用できない）不動産屋」を揶揄するときに使うので要注意だ。

そこで妄想を何とか形にしようと、プロトタイプと検証に明け暮れる。その結果、POC(Proof of Concept）の山ができる。せっせと仕事をしている気になるので、余計に始末が悪い。これを私は、POC（ポック）病と呼んでいる。

未来を拓く思考

このような妄想思考の落とし穴を回避するためには、どのような思考が求められるだろうか？

第一に、当たり前の発想から「ずらす」ことである。未来を「逆読み」「斜め読み」あるいは「別次元読み」することで、「ずらし」ていかなければならない。

「逆読み」とは、今想定されているトレンドが必ず反転するという発想法である。「山高ければ谷深し」とは、株式相場師の格言である。これを逆読みすれば、「谷深ければ山高し」。循環性を深く理解し、反転のタイミングをいかに先読みできるかがカギとなる。

「斜め読み」とは、潮流を利用して、ベクトルの座標変換を試みることである。一方向に向かう運動の方向を変えることで、新しい地平に向かう。「ピボット」と呼ばれる発想法である。

「別次元読み」とは、座標軸そのものをずらすことである。たとえば、量だけでなく、質も変えてしまうこと。たとえば、産業革命は、熱エネルギーを運動エネルギーに変換することによってもたらされた。明治時代にイノベーションを「新機軸」と訳すようになったが、まさにこの軸そのものを新しくする、もしくは、新しい軸を加えることを指す。

サイエンスを「差異延す」る

第二に、「S」すなわち「サイエンス」を脱構築（ずらす）することである。ジャック・デリダによれば、脱構築とは「差異」を「差延」することである。いわばサイエンスをいかに「差異延す」

するかが問われているのだ。

「ずらし」のテクニックは、第一部で示したように3つある。たとえば、「デジタル」技術を対象としてみよう。

「逆読み」すれば、デジタルはコモディティ化し、アナログこそが希少価値を生むという発想である。「五感」のような感性や美意識、心の動きや倫理感などが、ずっと希少資源となる。前述したカズオ・イシグロの未来思考はこれに近い。

たとえば、デジタル技術の進捗によって、思考パターンや行動パターンが先読みできるようになればなるほど、セレンディピティ（偶然の出会い）の希少価値が高まる。そこからＡＩやビッグデータが導きえない新しい可能性が広がっていくからだ。

「斜め読み」すれば、デジタル技術を利用して、あらゆるものを融合させていくことができるようになる。「ＸＸテック」、たとえば「アグリ（農）テック」や「フード（食）テック」、「ヘルス（健康）テック」や「フィン（金融）テック」などは、単にデジタル化するだけにすぎない。

しかし、いったんデジタルデータに置き換えられると、これらは簡単に融合させることが可能になる。シュンペーターがイノベーションを原動力とした「新結合」、私が「異結合」とあえて呼ぶ化学反応を量産することができるようになる。

「別次元読み」すれば、デジタルとアナログを融合させることで、時空間の制約を克服できるようになる。たとえば今は、現実世界を仮想世界に再現する「バーチャルツイン」が盛んに実装され始めている。

しかし、仮想世界の自由度が増すにつれて、その世界を現実世界に再現することが、逆に目指されるようになるはずだ。たとえば、先述したように「アバター」の世界に脱出しようとするのではなく、逆にアバターを現実世界に再現すること。そのためには「リアルツイン」こそが、異次元の未来の実現のカギを握るはずだ。先述した平野啓一郎の『本心』では、主人公が「リアルアバター」を演じている。

第三に、そのような異次元の未来を妄想するだけでなく、その可能性を確信し、実現のクリティカルパス（隘路）を見極め、それを突破する知恵と覚悟を総動員させなければならない。

その真剣度が周りに伝播し、共感の輪を広げることができれば、ＤＡＯ（自律分散型）からＤＡＣＯ（創発型）の世界へと踏み出していくことができる。その結果、ゼロから1のＰＯＣ（妄想）にすぎなかったものが、1から10へとマネタイズ（事業化）され、10から１００へと大きくスケール（社会実装）していくことになる。

この３つの条件をクリアすることができれば、開放型の世界に向けて、非線形型の未来を拓き続けることができるようになるはずだ。これこそが、本書で論じている10Ｘ思考の実践そのものでもある。

知の地平4：進化思考

進化論の進化

進化という言葉は、われわれをワクワクさせる魔力を持っている。同じところに立ち尽くす（「停滞」）のでもなく、ましてや衰退する（「退化」）のでもなく、大きく前に踏み出していくという意味合いがこもっているからだろう。

英語のevolutionの語源を紐解くと、内側に巻き込んでいたものを外側に展開することを意味している。外発ではなく、内発であるところがポイントだ。内に秘めた未実現の可能性を引き出し、異次元の未来を拓いていくことを示唆しているのである。

進化論の父は、ダーウィンだと言われている。有名な『種の起源』（1859年）は、進化論そのものの起源でもあった。

しかし、実はダーウィンは進化、すなわちevolutionという言葉を避け、「変更を伴う由来」(Descent with modification) という言葉を使っていた。変更であって、必ずしも進歩や前進を意味するものではない。自然淘汰、適者生存などという法則が示すように、外部環境に適応した種だけが生き残るという自然選択説を唱えた。それは進歩とは異なり、特定の方向性がない偶然の変異による機械論的なものだと論じた。

進化論は、その後、メンデルの法則で知られる遺伝子仮説、そしてそれに対抗するように突然変異説などが登場し、それこそ百花繚乱の進化を遂げていった。

20世紀半ばには分子生物学が台頭、DNAの配列とそれらが持つ遺伝的暗号の関連が解明されていった。その中で、DNAに刻まれた遺伝子情報に着目した研究が進む。イギリスの行動生物学者リチャード・ドーキンスは、『利己的な遺伝子』（1976年、邦訳：紀伊國屋書店、1980年）の中で、遺伝子が個体を犠牲にしてでも自己の子孫を残そうとすると論じて、注目を集めた。

散逸構造がもたらす進化

1980年代に入ると、複雑系理論が台頭する。中心となったのは、アメリカのサンタフェ研究所だ。その代表的な論客の一人であるスチュアート・カウフマンは、自著『自己組織化と進化の論理』（1993年、邦訳：日本経済新聞社、1999年）の中で、「自己組織化」という運動が進化の原動力になると論じた。

「自己組織化」とは、個々の自律的な振る舞いの結果として、秩序を持つ大きな構造を作り出す現象のことである。1977年にノーベル化学賞を受賞したイリヤ・プリゴジンは、動的な秩序化が起こる非平衡開放系を「散逸系」と呼び、散逸系での秩序形成を「自己組織化」と名づけた。この散逸理論も踏まえつつ、カウフマンは、生命は散逸系の中で、秩序を自己組織化していくと論じたのである。

それをさらに宇宙にまで広げたのが、アメリカの未来学者エーリッヒ・ヤンツだ。主著『自己組織化する宇宙』（1980年、邦訳：工作舎、1986年）の中で、宇宙全体が「共進化」を遂げていると論じた。

21世紀に入っても、社会性や多様性といった切り口から、進化論は新展開を見せている。たとえば、社会生物学の大家であるエドワード・ウィルソン・ハーバード大学名誉教授は、『ヒトの社会の起源は動物たちが知っている』（2019年、邦訳：NHK出版、2020年）の中で、「利他心の進化論」を説いている。また、2001年にノーベル賞を受賞した細胞生物学者のポール・ナースは、『生命とは何か』（2020年、邦訳：ダイヤモンド社、2021年）の中で、多様性、複雑性、接続性が生物進化のカギを握ることを、平易に語っている。

進化論は、まさに進化し続けているのである。

ガラパゴス日本の進化思考

翻って日本を見ると、進化論は独自の進化を遂げてきた。ここでは3人の生物学者に注目したい。

1人目は、新・京都学派と呼ばれる京都大学名誉教授の故・今西錦司である。今西は、最初の理論書『生物の世界』（弘文堂書房、1941年）で、哲学的な視座から生物を論じた。同書の冒頭で、「分析ではなく類推こそが発見をもたらす」と語る。

今西は、当時は主流とされたダーウィンの生存競争や適者生存、そして漸進的進化を真っ向から否定した。今西理論によれば、よく似た個体同士が競争と協調の中で複数の動的平衡状態、すなわち「種社会」を形成する。種社会はお互いが「棲み分け」ることで競争を避けつつ、生物個体（部分）と種社会（全体）はそれぞれ自己完結的で自律的に動く。そして生物は適切な環境に移動したり、環境変化を事前に察知することで、主体的に進化していく（『主体性の進化論』中央公論新社、1980年）と論じた。

当時は異端扱いされ続けたが、今日、進化生態学として世界的に注目を集めている分野である。ガラパゴスと揶揄されても、独自の進化を遂げた結果、「異端」が「最先端」になっていたという好例である。

2人目は、東京大学名誉教授の清水博である。ハンガリー出身の哲学者アーサー・ケストラーが唱えた「ホロン理論」（部分と全体が入れ子構造になっているという理論）を生命論に応用して、「バイオホロニクス（生命関係子）理論」を唱えた。

清水は「ゆらぎ」に着目する。個が情報を自由に選択し、それをもとに全体が自主的に形成されていく。逆に全体が、個に影響を与える。このフィードフォワードとフィードバックのループ（情報の循環）が生命、そして組織に進化をもたらす。

名著『生命をとらえ直す』（中公新書、1978年）の中で、清水は生命を「動的秩序を自己形成する能力」だと定義する。前述した創発型組織「ＤＡＣＯ（Decentralized, Autonomous,

Connected Organization)」に通底するモデルである。

動的平衡論

そして3人目が福岡伸一・青山学院大学教授だ。『生物と無生物のあいだ』（講談社現代新書、2007年）の中で、「動的平衡論」を唱える。常にエントロピー（無秩序性）が増大する世界において、生命は自ら秩序を崩し、新しい平衡を作り続けなければならない、という考え方である。また、『世界は分けてもわからない』（講談社現代新書、2009年）では、近代科学の分析的なアプローチに異議を唱える。

「動き続けている現象を見極めること。それは私たちが最も苦手とするものである。だから人間はいつも時間を止めようとする。止めてから世界を腑分けしようとする。（中略）そこに見えるのは、本来、動的であったものが、あたかも静的なものであるかのようにフリーズされた、無残な姿である。これはある種の幻でもある。（中略）本来、危ういバランスを保ちながら、一時もとどまることのないふるまい、つまり、かつて動的な平衡にあったものの影である」

部分ではなく全体、空間ではなく時間にこそ真相が隠れている。このような包摂性と動的視点は、世界の最先端の進化思考と見事に同期している。

NHKスペシャルでは、2022年11月から2023年1月の間に4回に分けて、「超・進化論」を放映した。その概要を、次のように語っている。

「私たちは、地球の生物多様性の本当の姿をまだ知らない。生き物たちは弱肉強食の厳しい生存競争を繰り広げる一方で、種を超えて複雑につながり合い、助け合って生きている。最先端の科学が明らかにする〝新しい進化の物語〟。ミクロの世界に迷い込んだような不思議なドラマとドキュメンタリーが交錯しながら、いのちの多様性の本当の姿を描き出す」

突然変異のパターン認識

さて、ここまで「進化論の進化」を超スピードで概観してきた。このような進化論から進化思考のヒントを導き出すことができる。

本節の最後に、進化思考を生物学ではなく、デザイナーの視点で体系化した良書を取り上げたい。進化思考家を自称する太刀川英輔氏の『進化思考』(海士の風、2021年)だ。

生物の進化と同様、「変異」(エラー)と適応(選択)を繰り返すことで、イノベーションを生み出す思考法である。

1つ目の変異思考は、偶発的なアイディアを大量に生み出す発想手法である。そこでは、いかに変異させることができるか（Ｈｏｗ）が問われる。

自らデザイナーでもある太刀川氏は、その際の「ずらし」のパターンを、次の9つに分類している。

欠失、交換、融合、擬態、転移、逆転、変量、増殖、分離

いずれも生物が突然変異する際の様式を、トポロジー（位相幾何学）的にパターン分けしたものである。

太刀川氏自身が認めている通り、この9つは網羅的ではない。たとえば、複雑系として発想するためには、フラクタル構造化する視点が必要になるだろう。その際には、ここで展開されている2次元的な視点に加えて、3次元の立体空間や、時間軸を入れた4次元の時空間を視点として持たなければならない。

そういう制約はあるものの、この9つのパターンは、発想の枠を広げるうえで、大変役に立つ。ぜひ、具体的なケースを取り上げて、思考実験をしてみることをお勧めしたい。

さらに、個々のパターンをダブルクリックして、多様なサブパターンに展開することも有意義だ。

たとえば、シュンペーターが「新結合」と呼び、私が「異結合」と呼ぶイノベーションの本質は、

このうちの「融合」に相当する。そしてそこにはまた、多様なパターンが想定される。ここはイノベーションを生み出す際に、もっとも豊饒な領域になるはずだ。

進化の時空間

現実の進化の構造と力学は、これらの変異の可能性を、いかに環境に適応させていくかによって決定づけられる。太刀川氏はこれを適応思考と呼ぶ。そこでは、なぜ、進化はそのような意匠を選ぶのか（ＷＨＹ）が問われる。

ここでは、空間と時間の２軸から構成される４つの切り口が設定される（**図46**）。空間軸としての内部と外部、時間軸としての過去と未来である。

それぞれは、次のように説明される。

① **解剖**
内部の構造を観るための観点。形態学・解剖生理学・発生学的な観点で、内部に秘められた機能や作られ方を理解することで、モノがすでに備えている可能性を発見する。

② **系統**
過去からの影響や文脈を観るための観点。そのものがどんな経緯をたどって、どう進化を遂げてきたか。その進化図を描き、過去から私たちがどう影響を受けたかを探る。

図46

進化思想の4つの時空間

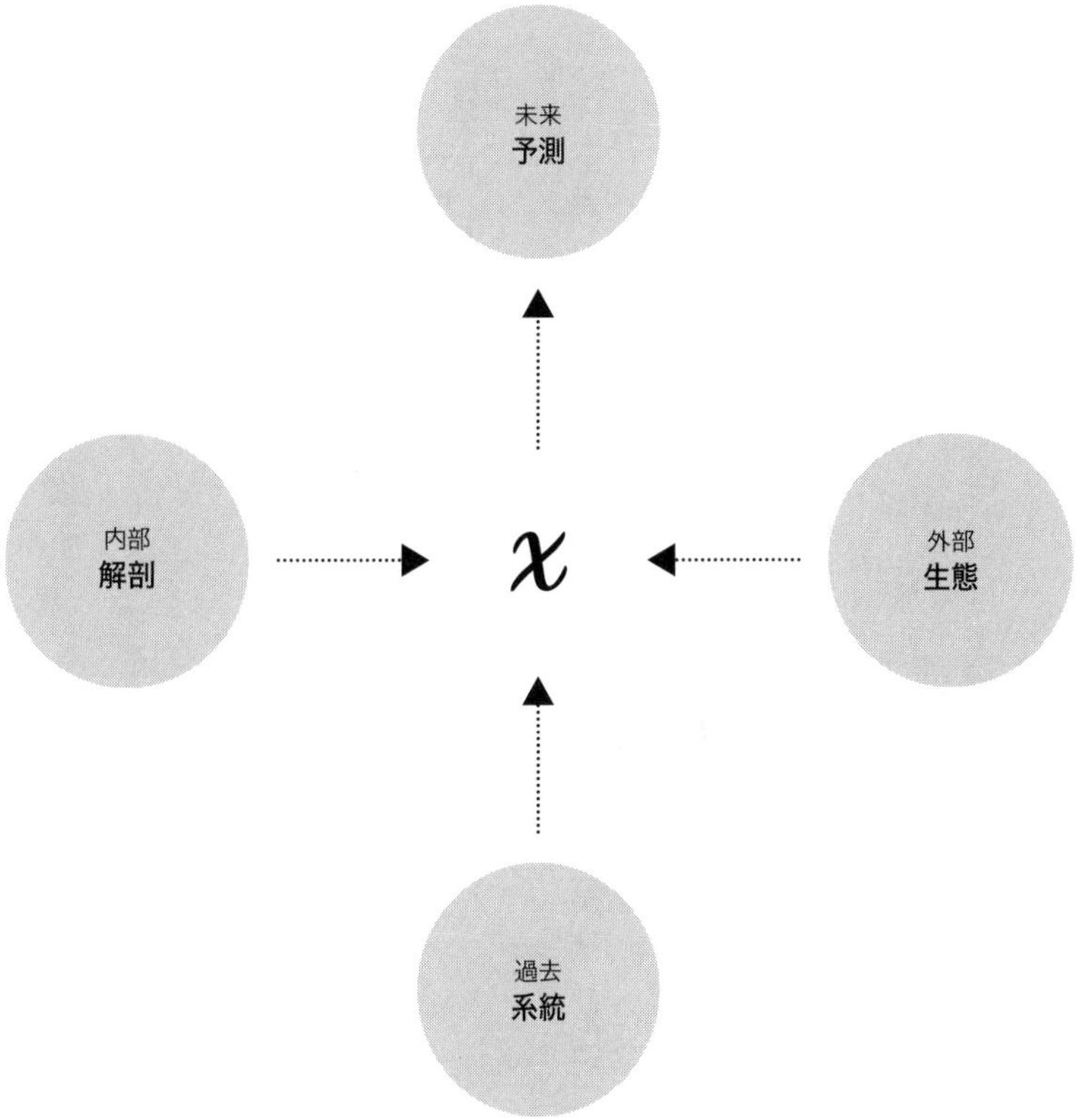

出典：太刀川英輔著『進化思考』

③　**生態**

外部との関係を想像する観点。動物行動学で生態系を俯瞰する方法によって、周囲の人やモノの関係性を探り、マクロなシステムとしての構造を発見する。

④　**予測**

未来を明確かつ希望のあるものとして想像するための観点。データから導き出すフォアキャストと、未来にゴールを設定するバックキャストによって、未来を現実に近づける。

この中で、①と②は比較的、馴染みやすい観点である。対象が明確で、かつ分析的な手法が有効だからだ。

それに対して、③と④は思考の跳躍が要求される。③では空間が広がり（未知）、④では時間を先回りしなければならない（未来）からだ。そして、このような大局観（perspective）と先見力（foresight）こそ、ＡＩがなかなか追いつけない人間固有の洞察力が要求されるのである。

進化思考から創発思考へ

太刀川氏は、進化思考の２つのアプローチを実践するうえで、「正しい質問」を提案している。

１つ目の「変異」については、「明確で非常識な挑戦を繰り返したか」と問い続ける必要がある。

２つ目の「適応」については、４つの切り口ごとに、次のような問いに答えなければならない。

①解剖：シンプルで無駄がなく揺るぎないか
②系統：過去からの願いを引き受けているか
③生態：人や自然の間に美しい関係を築けるか
④予測：現在を触発し未来に希望を与えるか

それぞれの問いが、「真善美」の「真」だけではないことに、改めて留意しておきたい。「美」（①と③）と「善（②と④）」に関する本質的な問いかけに答えなければならないのである。

第1部の思考法の分類に当てはめれば、「変異」は「水平思考」、「解剖」と「系統」は「垂直思考」、「生態」と「予測」は「システム思考」を応用したものである。太刀川流の進化思考は、異種の思考法を「異結合」させたイノベーティブなアプローチだといえよう。

ただし、前述の福岡伸一教授から、「世界は分けてもわからない」という反論が聞こえてきそうだ。いったん、進化を変異と適応に二分し、さらに適応を4つの切り口に分解したうえで、それらを再統合する視座こそが必要となる。それは福岡が提唱する「動的平衡」を目指すことでもある。

太刀川氏は、それを「変異」と「適応」を何回転も往復することにより、らせん状に価値を高めていくことの必要性を説く。そして魂をゆさぶるような行動を、次のように提言している。

まずは狂おう。常識を疑って、現実を塗り替える変異の可能性を考えよう。
そして愛情をもって、期間と空間に宿る適応のなかの願いを引き受けよう。
それを繰り返し、創造の螺旋を上り、生き残るコンセプトに磨き上げよう。
コンセプトに宿る祈りを共有する仲間を見つけて、領域を超えて繋がろう。
その先に希望ある物語を描き、未来を具象化させ、世界に衝撃を与えよう。

それは、個の進化と、系全体の共進化が同期していく世界である。そしてそれは、私が提唱するDACO（Decentralized Autonomous Connected Organization）が目指す創発思考そのものと言えよう。

知の地平5：メタメタ思考

メタ「メタ思考」

「メタ」が流行語となっている。バーチャル空間に広がるメタバースが、にわかに現実味を帯びてきたからだ。

2021年10月に、フェースブックが「メタ」に社名を変更したことが、世界を揺るがす号砲となった。2022年は「メタバース」元年とも呼ばれた。

そもそも「メタ」とは、「超」という意味のギリシア語が語源だ。アリストテレスは「メタフィジカ（形而上学）」を第一哲学と位置づけた。ちなみに第二哲学は「自然学（フィジカ）」である。

思考方法においても、「メタ思考」が注目されている。物事を一つ上の視点から眺め、より本質的に考えることを指す。「メタ認知」とも呼ばれている。

これまで論じてきた知の地平、すなわち、認知思考、哲学思考、未来思考、進化思考は、いずれもメタ思考をそれぞれの切り口から構築しようとする試みである。他にも、歴史思考、美学思考、宗教思考、行動思考、公共思考、宇宙思考など、誌面の制約で論じられなかった思考法は、いずれもメタ思考の流派である。

ここで列挙しただけで、思考法の切り口は10通りとなる。まさに本書のタイトルである「10X思考」の構成要素でもある。

もちろん、思考法はこれだけに限られるわけではない。さらにこれら10の思考法の派生形まで含めると、建築思考、生態思考、瞑想思考など、枚挙に暇がない。

これらの多様なメタ思考は、それぞれ迷路のように奥が深い。どれ一つをたどっても、知の冒険は果てしなく続くはずだ。

そうすると、さらにこれらの「メタ思考」全体を統合するような視座を目指したくなる。言ってみれば「メタメタ思考」である。それは、いわば知そのものの本質的な創造と統合のプロセスである。ここでは、脱構築、知識創造、編集工学という3つのアプローチを概観してみることにしたい。

「脱構築」による持続的イノベーション

哲学思考のところでも少し触れたが、20世紀後半、構造主義とポスト構造主義という2つの大きな潮流が哲学界を席巻した。それらの思考の本質は、構築と脱構築である。

その時代を代表する哲学者として、フランスのミシェル・フーコーを例にとろう。フーコーは、ギリシア語で「知」を意味する「エピステーメー」という言葉を好んで使った。簡単に言えば、「知の枠組み」のことだ。

『言葉と物』(1966年、邦訳:新潮社、1974年)の中で、思考は、ある時代の社会を支配するメタ知識構造に従うと論じた。さらに『知の考古学』(1969年、邦訳:河出書房新社、1970年)の中で、思想の枠組みは、時代や社会の変遷とともに、さまざまに変化するとも語った。

まず、知のメタ構造を静態的に理解する。そのうえで、知の構造を、動態的に捉えることによって、新しい知の枠組みを生み出すことができる。前者が構造主義的なアプローチであり、後者はポスト構造主義的なアプローチである。

このポスト構造主義的なアプローチをさらに展開したのが、同じくフランスのジャック・デリダである。主著『エクリチュールと差異』(1967年、邦訳：法政大学出版局、1977年)の中で、「脱構築」(デコンストラクシオン)という思考方法を提唱した。古い知の枠組みを破壊し、新たな構造を作ることを意味する。

脱構築という言葉は、「破壊」のニュアンスが強い。しかし、デリダは破壊の後の再構築も視野に入れている。

この運動論は、ドイツの哲学者ヘーゲルが唱えた弁証法に近い。デリダの脱構築は、テーゼ(正)に対するアンチテーゼ(反)ではなく、それらの二律背反を超えた「ジンテーゼ」(合)に向かう思考方法である。ただし、ヘーゲル的弁証法は常に「合」の構造を目指そうとするのに対して、デリダの脱構築は、それを常に破壊する「反(デリダの言う差異)」の力を重視する。

前述したように、思想家の浅田彰は、それを「構造と力」と表現する。「構築と脱構築」と言い換えてもいいだろう。「構築」も「脱構築」も、メタ思考としての知の枠組みである。ではそのそれらを超える「メタメタ思考」とは何か。

キーワードは「と」だ。そう、「構造と力」「構築と脱構築」の「と」である。二律背反を統合していく思考法である。2つの対立概念X(例：コスト)とY(例：価値)を想起した場合、そのいずれか(例：低コストか高価値か)を選ぶのではなく、いかに両立するか(例・低コストで高価値)を考える。XとYを2軸にとってマトリクスを描くと、右上に向かうイメージだ。

もう1つのキーワードは「ずらし」だ。1つの位置に安住せず、常に脱構築し続けることである。

図47

脱構築による持続的イノベーション

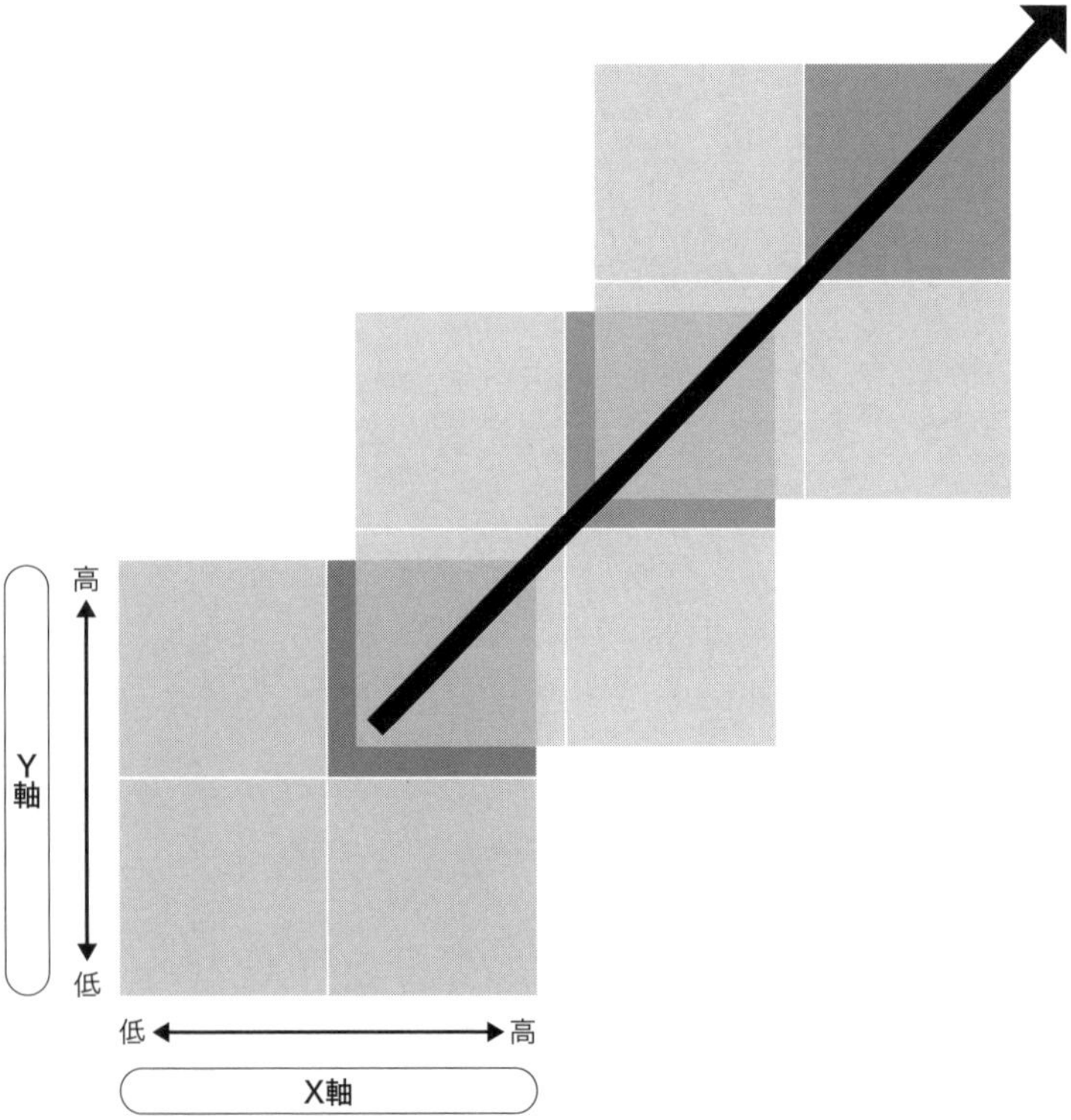

マトリクスそのものの軸をずらし続け、常に右上(北東方向)に向かうイメージである(**図47**)。

100年前に、シュンペーターはイノベーションを「創造的破壊」と定義した。ここでの文脈で言えば、「破壊」は「脱構築」であり、「創造」は「再構築」と同義である。

脱構築によって「ずらし」続けることによって、常に二項動態を目指す。それが持続的なイノベーションの駆動力となるのである。

知の錬金術

イノベーションを持続的に生み出すためには、知を創造し、実践する仕組みを構築しなければならない。経営の分野では、ナレッジ・マネジメントと呼ばれる領域である。

この分野の世界的権威は、一橋大学の野中郁次郎名誉教授だ。同教授とハーバード・ビジネス・スクールの竹内弘高教授との共著『知識創造企業』(東洋経済新報社、1990年)は、今や古典的名著である。前にもご紹介した「SECIモデル」(**図8**)は本書の中で提唱され、知識創造の仕組みの定番となった。

多くの日本の先進企業が、競うようにSECIモデルを経営に実装していった。その代表格であるエーザイの内藤晴夫CEOは、1997年に社長直轄組織である「知創部」を創設した。そこでSECIモデルを実践するうえで、もっとも大事にしたのが、暗黙知を生み出す「共同化」のプロセスだったという。

野中教授は、エーザイのSECIモデルについて、次のようにコメントしている（日経ビジネスオンライン、2021年2月21日）

「言語も知性も発達した成人が、もう一度母子関係のような一心同体になって共感し、『われわれの主観』をつくりあげることは大変難しいが、エーザイには、患者との深い共感の場だけでなく、その共感を媒介にして徹底的に社内で知的コンバットを繰り広げる場がある。アリセプト開発を担った筑波研究所は、内藤氏の所長時代には不夜城と呼ばれた。そこでは昼夜問わず、チーム内、チーム間での全身全霊の知的コンバットが繰り広げられ、本気の対話のなかから、新たな意味や価値をともに発見し、画期的な新薬開発につなげたのだ」

アリセプトは、同社が世界に先駆けて開発したアルツハイマー型認知症用の治療薬である。1997年にアメリカで発売を開始、ピーク時には世界全体で年間約3200億円を売り上げるまでに成長した。その後も4半世紀かけて認知症の新薬開発に取り組み、2023年には最新薬レカネマブが日本でも海外でも認証されるという大快挙を達成した。

研究開発型の製薬会社にとっては、千三つと言われる新薬の開発の確度とスピードをいかに上げるかが、成功のカギを握る。そのためには、特に0→1の共同化のプロセスが勝負どころとなるのは分かりやすい。

知のアルゴリズム化

一方で、日本企業の多くは、0→1にこだわるものの、1→10→100へとスケールする仕組みがうまく構築できていない。SECIモデルで言えば、「連結化」のところだ。しかも、自社の中で連結するだけでなく、いかに外部と連結して、自社の資産を桁違い（10X）に増幅させるかが課題となる。

そのためには、いかにデジタルパワーを駆使するかが成功のカギを握る。ファーストリテイリングの柳井正CEOは、著者との最近の対談の中で、次のように語っている（ダイヤモンド・ハーバードビジネスレビュー、2023年3月号）

「まずは、毎日の仕事をアルゴリズムとして考えたらどうなるかを見直して、業務システムをつくってみることです。アルゴリズムで考えられるということは、日々の仕事がモデル化され、情報処理できるということです。さらに、情報処理できれば情報化できます。そして、いまではそのすべてをクラウドに上げることができるため、その膨大なデータを機械学習したり、深層学習することができます。そうすることで新たな発見が得られ、産業の枠を超えたイノベーションが生まれ、新しい産業が生まれるわけです。

ただし、こうした仕組みをつくろうという発想は、人間でなければできません。ですから、まずは『自分の仕事とは何か』という本質を考え抜くことが大切だと思います」

前述した「〝たくみ〟の〝しくみ〟化」がカギを握るのである。デジタルパワーを活用すれば、仕組化によって非連続な成長が可能になる。

それは企業だけでなく、個人の思考法としても有益だ。自らの暗黙知（たくみ）を形式知（しくみ）に落とし込むことによって、常に新しい知を取り込んでいく。いわば知の新陳代謝である。

この「知（たくみ）のアルゴリズム（しくみ）化」こそ、先の読めない時代に求められる動的能力となる。学習と脱学習を繰り返し続けること。それは、私がこの20年間、主張し続けてきた「学習優位」という思考法にほかならない。

そしてこの思考法を体得できれば、いかなる新しい知の地平も取り込み続けることができるはずだ。まさに「メタメタ思考」の奥義である。

シリコンバレー流編集思考

最後にもう1つ、究極のメタメタ思考を取り上げよう。「編集思考」である。あらゆる知を縦横無尽に組み合わせてしまう思考法だ。

まず、シリコンバレーにおける思考法の最先端をご紹介しよう。

シリコンバレーを代表する編集者といえば、ケビン・ケリーの名が真っ先に挙がるだろう。デジタル革命に焦点を当てた雑誌『Wired』の創刊編集長を務め、インターネット時代の幕開けを広く喧伝した人物だ。

そのケリーの著書に『The Inevitable』（2016年、邦訳『インターネットの次に来るもの』NHK出版、2016年）がある。少し時間が経っているが、そこに描かれた12のキーワードは、デジタル時代の思考法の本質を言い当てている。

たとえば、最初の「Becoming」と最後の「Beginning」は示唆に富んでいる。われわれはまだデジタルの世界に入り込んだばかりだ。そこでは変化が常態化する。

「その場にとどまるためには、全力で走り続けなければならない」

ルイス・キャロルの『鏡の国のアリス』の中で、赤の女王が語る有名なセリフだ。進化論には「赤の女王仮説」というものがある。生き残るためには、進化し続けなければならないというものだ。デジタルの世界では、そのような鏡の国の法則を体得しなければならない。

世の中では、デジタルの先はユートピアかディストピアかという論争が喧しい。GAFAに代表されるデジタル・ネイティブは、デジタルユートピア論を語りたがる。一方で、『ホモ・デウス』の著者ユヴァル・ノア・ハラリをはじめとする知識人の中には、デジタルディストピアへの警鐘を鳴らす人も少なくない。

しかしケリーによれば、そのような到達点を議論すること自体、意味がない。あるとすれば、ユートピアでもディストピアでもなく、「プレトピア」（前哨地）とでも呼ぶべきものであろう。デジタルの世界は常に進化し続けるからである。

これら12の思考法の中でも、私がもっとも注目するのが「Remix」である。ゼロから1を生み出すのは、「インベンション」（発明）でしかない。10Xのイノベーションを生み出すためには、既存の知の組み合わせがカギとなる。シュンペーターが「新結合」と呼び、私が「異結合」と読み替えている運動論である。

「異」、すなわちダイバーシティは、イノベーションの大前提となる。しかしダイバーシティを自律分散させていても、それぞれが拡大再生産を繰り返すだけだ。イノベーションを生み出すには、これらの知を「結合」させせなければならない。組織のトポロジーでいえば、図40の「創発型(DACO)」へと進化する必要がある。

それがこれからの組織に求められる「ダイバーシティ&インクルージョン」の本質といえよう。ただし、自社の中に閉じたものではなく、エコシステム全体に開かれたものでなければならない。もっともエコシステムそのものは、あくまで「場」でしかない。その中でイノベーションを生み出すためには「Remixing」力、すなわち「編集力」がカギを握るのである。

編集工学が編み出す新日本流

日本に目を転じてみよう。

希代の思想家・松岡正剛は、「編集工学」という独自の手法を編み出した。セイゴウさん（とあえて畏敬を込めて呼ばせていただく）によれば、編集とは「対象の情報の構造を読み解き、それを新たな意匠で再生するもの」（『知の編集工学』（朝日新聞出版、1996年））だという。そして、さまざまな情報の異質性と関係性を読み解く仕組みをつくることを「編集工学」と呼ぶ。

編集工学研究所のホームページで、セイゴウさんは次のように語っている。

編集工学は「情報社会を面白くさせる方法」です。ちょっとした変化をつくろうというのではなく、痛快に、また愉快に、情報社会を思いきって面白くさせる方法です。そのため、あらかじめ「編集する」と「工学する」とが掛け算してあります。

情報社会は、ごくごく分かりやすく言えば、人間に属する知覚や認識や身体の働きと、技術を伴うネットワーク、デバイス、インターフェースなどの仕組みとで、できています。そこに自然、都市、産業、組織、家族、商品、娯楽がかぶさり、さらにそこを知識と心理と病理が出入りして、さまざまな仕事を発生させているわけです。

ここにはたくさんの組み合わせがあります。編集工学はこれらの複合的な組み合わせに生じるできるだけ多くの対応関係に関わって、情報編集力を発揮するのです。その基本は「人間」と「技術」の対応に基づきます。

編集工学研究所が「研究所」になっているのは、編集にも工学にも起源や変遷があるので、それらの成果を研究し、異分野をまたぐレガシーを伝承したいと思ったからです。

特に（1）生命がどのように情報を編集してきたのか、（2）歴史はどんなふうに事態を展開してきたのか、（3）文化は趣味や遊びを通して何を表象してきたのか、という3つを大事にしています。編集工学研究所のモットーは「生命に学ぶ」「歴史を展く」「文化と遊ぶ」なのです。


セイゴウさんは、「オリジナリティ（独創性）」はゼロからではなく、「リミックス」、すなわち異質なものの再編集から生まれるという。シュンペーター流の「異結合」と同義である。しかも編集は、時間や環境や意識とともに同時進行する動的技法であるともいう。先に紹介した福岡伸一氏の動的平衡とも同義だ。

先日（2023年3月4日）、セイゴウさんが塾長をされている「Hyper Editing Platform『AIDA』」に、顔を出してみた。日本を代表する知の巨人たちと20人を超える塾生が、白熱した議論を交わしていた。そこでもセイゴウさんは、イノベーションに関して次のように語っていた。

「創造の『創』という字は「倉＝アーカイブ」に「刂＝刀」と書きますね。知のアーカイブに刀で傷をいれること、すなわち編集技法を駆使することによって、新しいものが生まれるのです」

人間はみな、本来「編集子」（エディトン）を持っているとセイゴウさんは言う。脳の中のエディターマシンである。とりわけ、異質なものの間の関係性を見出し、それらを柔軟に結合させてきた日本人は、編集に長けていた。セイゴウさんはそれを「ジャパンフィルター」と呼ぶ。まさに、日本古来の「歴史」と「文化」の中から紡ぎ出した思考法（モード）である。詳細は、拙著『パーパス経営』を参照いただきたい。

先日お会いしたときも、デジタルによる「非局所化」現象によって世界の均一化が進む中で、「カオスの縁」（秩序とカオスの境界）がますます面白くなってくる、とうれしそうに語っていた。このような「差異」（ゆらぎ）に着目して「脱構築」（デコンストラクシオン）するだけでなく、それを多様な知と結合させ（つなぎ）、新たな知の地平を再構築する（ずらす）ことこそ、「編集工学」の極意であることを再確認させられた。それは、前述した「ゆらぎ、つなぎ、ずらし」という生命の進化のリズムを、知の進化に取り入れた思考法であることに、改めて気づかされた。

編集思考の真髄

編集工学研究所では、セイゴウ所長のもとで、安藤昭子さんが社長を務めている。編集工学をアルゴリズムに落とし込み、企業や地域コミュニティの次世代人財開発に取り組んでいる。前にご紹介した「ほんのれん」活動は、自律分散（ＤＡＯ）型社会において、本を結節点としたネットワーク型社会（ＤＡＣＯ）を創発させていこうとする最新の試みである。

安藤さんは、自著『才能をひらく編集工学』（ディスカヴァー・トゥエンティワン、2020年）の中で、「編集は、経営に限らず、生活、人生、趣味など、あらゆる局面で、立ち止まって考えるヒントを与えてくれる」と語っている。彼女特有の柔らかい語り口で、編集工学の本質に迫っている。

同書では、編集思考の方法論が、「10のアプローチ」として紹介されている。

①わけるとわかる、わかるとかわる（分節化）
②くらべる、あわせる、ずらす（関係発見力）
③乗り換え、持ち替え、着替え（脱固定観念）
④似たもの探し（アナロジー：見立て）
⑤あてずっぽうのすすめ（アブダクション）
⑥文脈に導かれる（アフォーダンス）
⑦「らしさ」に着目する（無形価値）
⑧原型をたどる（アーキタイプ）
⑨伏せて、開ける（余白のマネジメント）
⑩物語を与える（ナラティブ）

いずれも、とてもワクワクする提言だ。さらに、後半ではこれらを実践するための10のメソッドも演習つきで紹介されている。ぜひご一読をお勧めしたい。

これらの手法の中でも、編集力のコアエンジンとなるのが、④のアナロジー、⑤のアブダクション、⑥のアフォーダンスの3つだ。同書では、次のように説明されている。

「関係発見の原動力となる「アナロジー」、思い切った仮説にジャンプする「アブダクション」、世界と自分の関係を柔らかく捉えなおす「アフォーダンス」。これらを編集工学では「3A」と呼んで非常に重視しています。この3つの「A」が連鎖し触発しあうことで、編集力はどんどん動いていきます」

「ルーツ・エディティング」（原型編集）

さらにより本質に迫るもう1つのAがある。⑧の「アーキタイプ」（原型）である。安藤さんは「そもそも思考」と呼んでいる。

人間は、「ステレオタイプ（典型）」や「プロトタイプ（類型）」にとらわれやすい。しかし、本質を把握するためには、文化や文脈の奥に潜む「アーキタイプ」（原型）を探り当てなければならない。

そのために重要な準備運動がある。それが「アンラーニング」だ。われわれがとらわれがちな「ステレオタイプ」や「プロトタイプ」を取り払うこと。安藤さんは、哲学者の鶴見俊輔さんの言葉を引用して「まなびほぐし」と訳している。

私がいつも唱えている「脱学習」より、ずっと心にしみる言葉だ。ここでも、安藤さんのしなやかな言葉づかいに、深く感銘を受けずにはいられない。

編集工学では、アーキタイプに向かう活動を、「ルーツ・エディティング」と名づけて、非常に大切にしている。安藤さんは、「歴史を訪ね、現在をアンラーンし、未来を拓いていくための編集方法」だと説明する。

そして、ポール・ゴーギャンの有名な絵のコピーを掲げ、そのタイトルをキークエスチョンとして投げかける。

「われわれはどこから来たのか　われわれは何者か　われわれはどこへ行くのか」

私は最近、「パーパス経営」の実践のお手伝いをすることが多い。その際に、まさにこの問いかけが出発点になる。言い換えれば、パーパス経営には、ルーツ・エディティングの手法が不可欠なのである。

想像力の翼を広げる

同書の序文には、セイゴウさんが「編集的自由の会得のために」という短文を寄せている。それは、次のすばらしい言葉で結ばれている。

「編集力とは、変化を待つのではなく、変化をおこしていく才能のことをいう」

そして同書の「あとがき」では、安藤さんが「想像力」が編集思考を駆動するという彼女ならではの確信を語っている。そこでは想像力にまつわる3つの思いが、言霊のような力で未知の世界の扉を開いていく。

「想像力は解放されたがっている」
「想像力は枯渇しない」
「想像力は希望をつなぐ」

一つ一つに、説明は不要だろう。そして、その想像力が持つ魔法の力を信じて「足元を掘り下げる」ことで「らしさ」を深掘りするとともに、「目線を上げて」未来の可能性を拓いていかなければならない。

同書のタイトル「才能をひらく編集工学」に込めた思いも、語っている。

「その人だけに宿る「才」とは、個人の静止した特性のことではなく、いつでも動き出しうる「想像力」そのものなのです。それを引き出す「能」が自分の内側と外側を自在につなげる編集力です」

この一文は、私が私淑する故・稲盛和夫翁の成功方程式を彷彿とさせる。詳細は拙著『稲盛と永守』を参照されたい。簡単にいうと、それは次の3つの要素の積として示される。

〈成功=思い(志:パーパス)×熱意(パッション)×未来進行形の能力(ピボット)〉

ここでも、私が提唱する志本(パーパス)経営と共鳴する思いが読み取れるのではないだろうか。ルーツ・エディティングによって、志(パーパス)を未来に向けて高らかに掲げる。そして、編集力を駆使することで、それを実践していくための未来の能力を、自らに実装していく(ピボット)。そして想像力が、熱意(パッション)に火をつけるのだ。安藤さんは、自分にとってのパッションの根源は、「遊星的郷愁」がもたらす胸騒ぎと「宇宙的礼節」がもたらす憧れだという。このあたりは、セイゴウワールドならではの言い回しなので、分かりづらいかもしれない。

しかし、宇宙的な空間と何億光年もの時間の中にいる自分に気づけば、想像力の翼を大きく広げることができるはずだ。

そしてその気づきが、10Xの未来に向けて、われわれの中に眠る編集力という究極の「メタメタ思考」を呼び覚ましてくれるはずだ。

第9章

目指せ、10X人財

志という星座群

あなたの志は?

本書では、10倍のインパクトを目指す「10X思考」を論じてきた。最後に、一人ひとりが「10X人財」を目指すための処方箋を示したい。

説明の都合上、大きく5つの要件に分節して、論じていくことにする。ただし、これらは独立した要件ではなく、お互いが複雑に関係し合っていることに留意する必要がある。この点は、ひと通り順番に説明したうえで、改めて振り返ることにしたい。

さて、その5つの要件とは、次のようなものである。

①志を掲げる
②ライフパスを描く
③無形資産を増殖させる
④思考のアルゴリズムを磨き続ける
⑤旅を楽しむ

まず最初に、自分自身の志を高く掲げること。これがなければ、非連続な人生のスタートすら切ることができない。

そもそも何のために生まれたのか、人生をかけて何を達成したいのか、誰にとってどのような未来を実現したいのか、それはなぜか、などの「そもそも論」(Why)に、本気で向き合ってほしい。

多くの人にとって、初めから不動の志を見据えることは、困難だ。とはいえ、志がなければ、ただ行き当たりばったりの無為な一生を送ることになる。仮でもいいので、その時点で自分が信じられる志を持っておくことが望ましい。

江戸時代の末期、吉田松陰は、松下村塾に通ってくる塾生たちに問いかけ続けたという。

「あなたの志は何ですか」

松陰自身は、自分は次世代の種もみを育てるという志を掲げて、自らは30歳で朽ちた。しかし、彼の遺志を受け継いだ高杉晋作や伊藤博文をはじめとする多くの塾生たちが、この問いかけを胸しっかり胸に刻んで、明治維新の志士として羽ばたいていった。まさに「10X」思考の実践者である。

数年前、萩にある松下村塾跡を訪れたとき、その8畳一間の小さなたたずまいが印象的だった。私が生まれるちょうど100年前に、ここに50人を超える若い志士たちが高い志を掲げて集っていたことに思いを馳せ、背筋がすっと伸びる思いがした。

ちょうどそのとき、春のそよ風が、塾の跡地を吹き抜けていった。志のパワーは、時代を超えて人々に強い共感を与え続けることを、実感したひとときだった。

Self-as-We

志を見つめ直す際には、先述したゴーギャンの名画を思い出そう。そして「われわれはどこから来たのか　われわれは何者か　われわれはどこへ行くのか」と問いかけてみよう。

主語が「私」ではなく「われわれ」であることに、気がつかれただろうか。私たちは関係性の中で生きており、生かされているからだ。

前に紹介した平野啓一郎の「分人主義」も思い出そう。「本当の自分」は幻想でしかない、と平野は言う。相手次第で、さまざまな自分になれるからだ。逆にいえば、分人主義に立てば、さまざまな関係性を大切にしなければならない。

平野は次のように語っている。

「個人は、人間を個々に分断する単位であり、個人主義はその思想である。分人は、人間を個々に分断させない単位であり、分人主義はその思想である」

ただし、生を共にするものは、家族や友達、知人だけではないことに気づく必要がある。空間軸でいえば、人間関係だけでなく、生きとし生けるものたち、さらには無生物や宇宙空間にまで、思いを馳せなければならない。時間軸でいえば、「今」だけでなく、過去とつながり、未来の可能性を開いていかなければならない。

京都大学の出口康夫教授は「Self-as-We」という捉え方を提唱する。日本語に直すと、「われわれとしての自己観」だ。同じ京都大学哲学科の泰斗である西田幾多郎の思想、さらには東アジアの全体論的自己の思想の流れを汲む考え方である。

出口教授とのコラボを通じて、「Self-as-We」をサステナビリティ思想として位置づけたのがNTTだ（**図48**）。同社の澤田純会長は、その思いを次のように語っている。

「西田哲学に『絶対矛盾的自己同一』という有名な言葉があります。これは世の中のあらゆるものの違いを認めたうえで包摂する、という意味につながると私は考えています。矛盾を認識するのは簡単です。自己同一、つまり包摂が難しい。われわれは企業の成長と社会課題の解決を包摂して考え、同時に実現することを目指したい」（リクルートワークスインスティテュート・オンライン、2022年6月10日）。

メタバースの世界が現実と融合してくると、自分のアバターを通じて、多様な関係性の中に分人化していく。「Self-as-We」は、われわれの日常そのものになるだろう。そしてこれも、自分の10

図48

Self-as-We

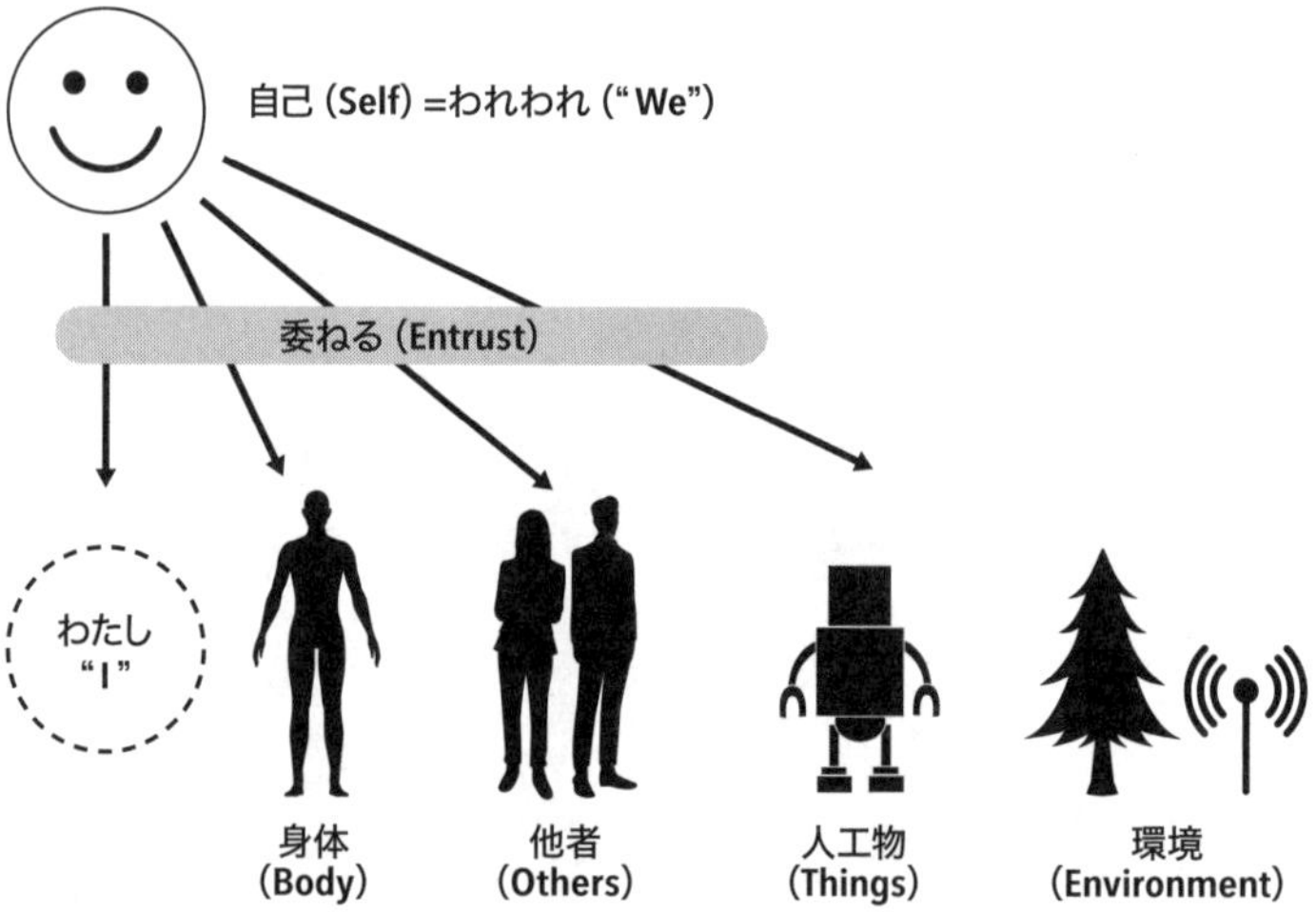

出典：NTTホームページ

倍化という意味で、「10X思考」の実践そのものである。

「Self-as-We」の観点に立つと、志は必ずしも唯一無二のものである必要はない。誰のため、何のために自分はどうありたいのか、自分として何ができるのかを真摯に考える。なぜならば、それぞれの関係性において、異なった志があるはずだからだ。

そのように考えると、自分だけがよければいいという「利己主義」に陥ることはなくなる。

スピノザは、『エチカ』の中で、人間は喜びと悲しみという2種類の欲望に左右されると唱えた。たとえ今の自分にとって「喜び」であったとしても、それが周りの関係者に「悲しみ」をもたらすのであれば、持続的な価値創造にはつながらない。また「未来の自分」にとっての「喜び」を望むのであれば、他者の喜びも目指す必要がある。

人間は他の動物と違って、想像力を大きく羽ばたかせることができる。自分が置かれた場所を開かれた関係性の中で捉え、非連続な未来を自由に創造することができれば、志という星座群が見えてくるはずだ。

わくわく、ならでは、できる

私が企業のパーパス経営を支援する際には、まず「パーパス・ワークショップ」を行う。自分たちの30年先の「ありたい姿」を、あらゆる制約をとって夢想してもらうのだ。「ドリームセッション」「白昼夢セッション」とも呼ぶ。

企業全体のパーパスを設定するときも、さらに企業のパーパスを、それぞれの組織に落とし込むときにも有効だ。大きく3つのサークルを描き、自分たちにとって、顧客にとって、社会や環境にとってというタイトルをつけて、それぞれの思いを自由にふせんに書いて貼りつけてもらう。そうすると、その企業や組織にとってのパーパスの原型が見えてくる。

まさに、それぞれの夢が星座のように散りばめられる。ただし、その際に3つの「共感条件」に当てはまるかどうかを確認してもらう。「わくわく」「ならでは」「できる」の3つだ。

「わくわく」：心躍るような未来のありたい姿が描けているか。
「ならでは」：自分たちらしさがしっかりと織り込まれているか。
「できる」：それを聞いて、自分も周囲も「やりたい、やれそうだ」と感じるか。

この企業向けのアプローチは、そのまま自分たち自身のパーパス設定にも有効だ。自分の分人、そしてその分人の関係者を想定して、3つのサークルを描く。「顧客」が分かりづらいかもしれないが、自分たちが価値を提供したい相手をイメージすればよい。

そして、それぞれのサークルの中に、「ありたい姿」を描いてみる。その際には、「わくわく、ならでは、できる」の3つの共感条件をしっかり織り込まなければならない。

中でも、「ならでは」が最大の掘り下げどころとなる。そのためには、立ち位置を大きな関係性の中で捉え直し、過去から未来へと時間軸をずらしていかなければならない。前章でご紹介した「ルーツ・エディティング」という編集思考である。

それは自分の原型（アーキタイプ）を探り出す作業でもある。そのためには、あらゆるステレオタイプやプロトタイプなどの固定概念をはぎ取って、本質に迫る覚悟が求められる。ただし、それは「唯一無二の本当の自分」である必要はない。複雑な関係性の中で、多様に振る舞える分人を発掘する作業だといえよう。

同時にそれは、未来の可能性を紡ぎ出す作業でもある。そこではあらゆる制約を拭い去って、想像力の翼を大きく広げていく必要がある。それは未来のリアル・アバター群を解放していく作業だといえよう。

それができれば、自分自身の10Xの分人のそれぞれが、10Xの関係者に共感の輪を広げていくことができる。10X思考どころか、100X思考の実践である。

ライフパスを描く

ライフ・ダイナミクス

第1章でご紹介したシステム・ダイナミクスを思い出していただきたい。複雑系の関係性を読み解く思考法である。基本は因果関係のループを描くことだ。1972年にローマクラブが提言した「成長の限界」が、システム・ダイナミクスによって導き出されたことは、先述した通りだ。このように生態系全体の動きをモデル化するだけでなく、都市開発や地域創生のパスを構想するうえでも役立つ。

図49は島根県の海士町が構想したループ図である。

前にも述べたように、海士町は「ないものはない」とまでいわれた隠岐諸島の小さな町だった。しかし、「挑戦する人→海士の課題解決→海士の魅力→意欲あるUIターン→挑戦する人」というダイナミック・ループを構想、実践することで、見事に人口減少問題を食い止めた。

システム・ダイナミクスの生みの親ジェイ・フォスター教授は、晩年、システム思考を、大学だけでなく、幼稚園から高校までの教育プログラムに導入することに注力した。なぜなら、人間の成長のパスを描くうえでも、有効だからである。

図49

理想の海士町のループ図

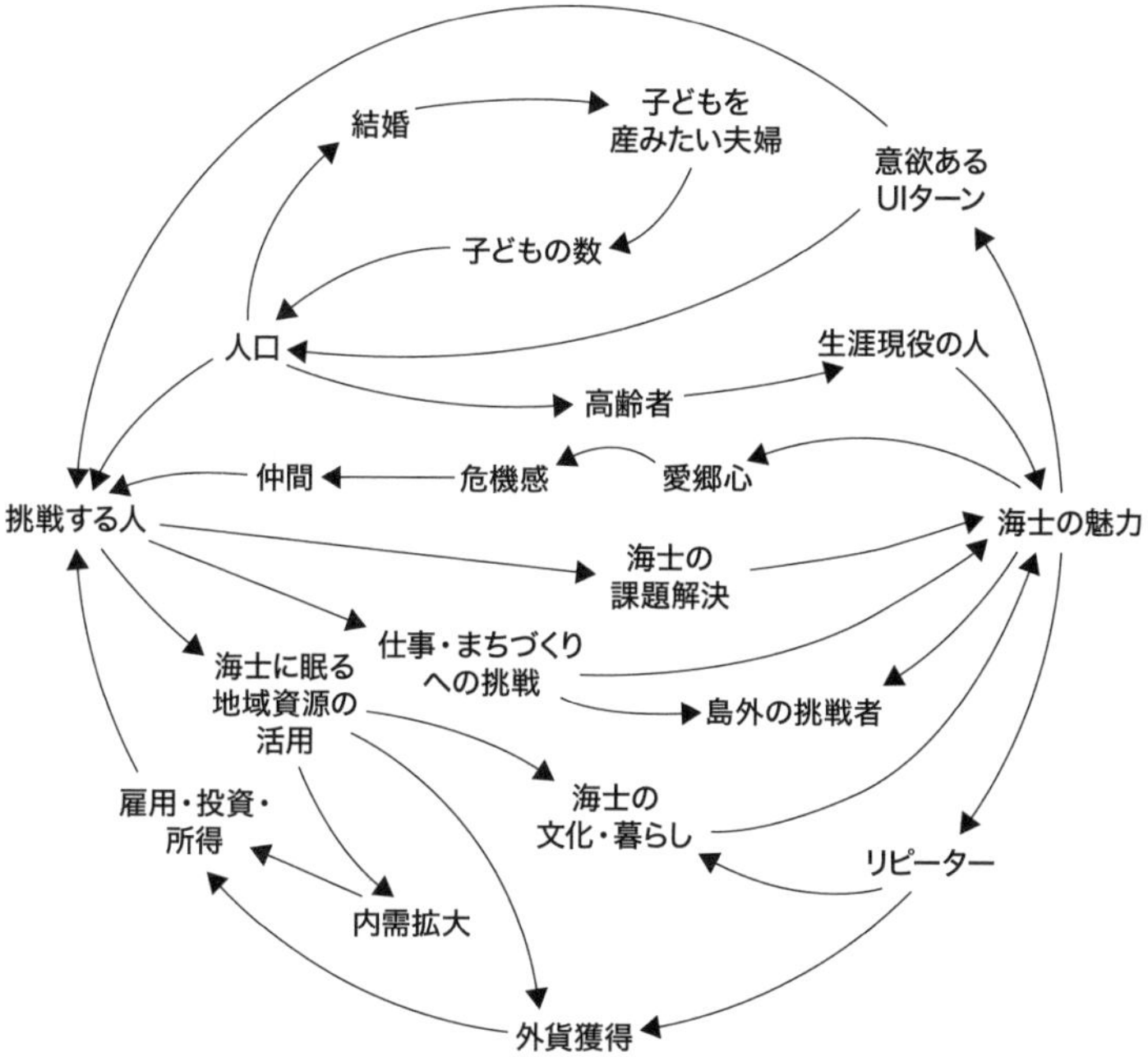

出典：海士町創生総合戦略人口ビジョン（2015年10月30日）

「パーソナル・ダイナミクス」と称されることもあるが、私は「ライフ・ダイナミクス」と呼んでいる。なぜなら「パーソナル」だと「個人」を想起してしまいがちで、「ライフ」すなわち人生は、関係性の中で創発されるものだと信じるからだ。

自分の中に閉じこもらず、世の中に善の輪が広がっていくイメージを想起する。それが時間の経過とともに、複雑に分岐と結節を繰り返しながら、何倍にもなって自分に戻ってくる。それをインプットとしてさらにループを回し続けることで、10X思考をライフに応用することが可能になる。

自分はひとつのループでしかないが、自分の関わりそうなところにどのような波紋を引き起こすと、誰にどのように広がり、全体の総和となってどのような力になるか。そのイメージを持てるような、動的視野を広げるトレーニングをしなければならない。

軸を置く、軸を広げる

ライフ・ダイナミクスを描くときには、5つの押さえどころがある。

第1に、原点をどこに置くかだ。他律的、あるいは受動的なものではなく、自律的、能動的なものでなければならない。

海士町のケースでいえば、「挑戦する人」づくりである。挑戦とは、未来の可能性に向けて、大きく踏み出すこと。実存哲学の言葉を使えば、「自己投企」である。そのような行動が、因果関係の連鎖を始動させるスイッチとなる。

第2に、空間軸と時間軸を広げることだ。原点での動きが因果関係の連鎖を次々に生み出し、小さな波紋が、大きなうねりを起こしていくようなループを描かなければならない。

海士町のケースでいえば、都会からのUターンだけでなくIターンを喚起し、さらにリピーターを呼び込むことである。そのためには空間軸も時間軸も大きくとる必要がある。経済学的にいえば、いかに外部経済を取り込むかが決め手となる。

第3に、その大きな時空間の座標軸で、大胆な仮説を描くことである。編集工学的にいえば、アブダクション（仮説）思考の実践である。

海士町のケースでいえば、この絵に描かれていないが、たとえば因果ループが他の過疎地や海外にまで広がっていくことが望ましい。そのような大胆な仮説を置いたうえで、それを実現するための因果ループを演繹的に描き、さらに帰納的に実証していく必要がある。

第4に、ありたい姿からバックキャストしていくこと。因果関係は単純なものはなく、単に一列につながったものでもない。お互いが影響し合い、時にはマイナスのループも出てくる。それが悪循環を生まないような配慮が必要だ。

海士町の人づくり特命担当課の濱中香理課長は、次のように語る。

「即効性を重視しすぎると、やり方によっては将来的に海士町の文化や暮らしを壊すことになります。結果田舎としての魅力を失い、逆に観光客や移住者が減ってしまう可能性も

あります」（しま、2016年1月）

第5に、周りを巻き込んでいくための共感ストーリーを描き、発信していかなければならない。行動の連鎖を生む文脈づくりだ。編集工学でいうところのアフォーダンスである。

海士町のケースでいえば、住民同士の交流の場を設けて、挑戦する人たちの輪を広げたこと、同時に島外から来るノマド人たちとの共創の機会を広げていったことで、共感ストーリーが良循環を生み出していったのである。

乗り換える勇気

われわれの動きが波紋を呼び、それが当初想定していなかった因果関係を生じさせることも少なくない。というよりむしろ、現実にはそのような意外な展開のほうが頻繁に起こる。そしてその意外性にこそ、注目したい。

先に説明したオプションバリューを、思い出してほしい。新たな可能性のオプションが開けたときに、われわれは意思決定の結節点に立つ。当初想定したパスを進み続けるか、それとも新たに開けてきた未来に賭けるか。ここで問われるのが、編集工学でいうところの「乗り換える勇気」だ。

海士町のケースでいえば、そこでたまたま知り合った訪問者から、自分たちのところに来て町おこしを手伝ってほしいと言われるかもしれない。あるいは、挑戦心を買われて、新規事業にスカウトされることがあるかもしれない。

実際のケースを紹介しよう。2人の女性のライフパスの話である。篠田真貴子さんと御手洗瑞子さん。2人とも、私がマッキンゼーで採用に関わった逸材である。篠田さんは中途入社、御手洗さんは新卒という違いはあったが。

篠田さんは、マッキンゼーを卒業すると、外資系企業を経て、「ほぼ日」の取締役CFOに就任。現在は組織・人財コンサルティングを手掛けるスタートアップ企業のエールの取締役を務めている。

一方の御手洗さんは、マッキンゼーを経て、ブータンで首相の特別研究員を1年間務めたのち、帰国。今は気仙沼ニッティングのCEOを務めている。

マッキンゼー卒業後、二人のライフパスが、再び交錯する機会があった。2011年3月の東日本大震災だ。「ほぼ日」の糸井重里社長が、復興プロジェクトへの支援を決意。実際に現地で活躍したのが同社CFOだった篠田さんと、ブータンから戻ってきたばかりの御手洗さんだった。

復興活動の中から生まれたのが、「気仙沼ニッティング」だ。篠田さんは、私が主催するCSVフォーラムで、次のように話してくれた。

「被災地だから協力しよう」という思いは、いずれ下火になってしまいます。でも復興に要する年数はそれよりはるかに長い。そこで私たちにできることは、地元が儲かる仕組みをつくることだと考えました。そこで生まれたのが手編みのニットの製造販売です。1着

15万円ほどで、その半額が編み手の方に渡る仕組みができました。「被災地だから」ということでなく、15万円でも買いたいと思ってもらえる商品性にこだわりぬいてこの企画が生まれたのです」

その後、二人のライフパスは、また分岐していく。10年以上過ぎた今、御手洗さんは気仙沼にとどまり続け、篠田さんは東京で次世代人財の育成に力を注いでいる。

誰も、未来を正確に予測することなどできない。でも、まずは未来のライフパスを描き、アクションを取る。するとその先に、想定外の可能性が拓けてくる。そこで、新しいライフパスに乗り換えることによって、また新しい未来が展開していく。

これが、オプションバリューの醍醐味である。そしてそれを手にするためには、常に当事者として行動を起こし、その先に広がる新しい可能性に賭け続けていくことが求められる。

無形資産を増殖させる

資産の3枚おろし

企業が10X成長を実践するためには、資産の3枚おろしが必要だということを、いま一度思い出していただきたい（**図26**）。これは人間自身にとっても当てはまる。

「規模の経済」を、単独で追求する時代は終わった。同質の資産を必要以上にため込んでも、宝の持ち腐れとなるだけでなく、メタボ化してしまう。特に、モノやカネなどの有形資産は、とっくにコモディティ化しており、自前化する必要がない。

シェアード・エコノミーの世界では、モノ、すなわち動産はもちろん、不動産ですら、自分で所有しなくてもよくなる。むしろ他人と共有化したほうが、モノそのものの価値も10X化する。

カネ余りの中で、コモディティとしてのカネは、10X化を実現してくれる投資先や貸付先を探し求めている。カネやモノをいくら持っていても、等価（1X）の価値しかないので、カネには相手にされない。投融資するうえでは、いかにレバレッジが効くか、すなわち10X化できるかが勝負となるからだ。

このような時代にカギを握るのは、ヒトの価値である。そしてヒトの本質的な価値とは、その人

「ならでは」のスキルだ。どこにでもある代替可能なスキルは、ヒトの流動化が当たり前の時代には、コモディティでしかない。しかもデジタル化によって、あっという間にAIやロボットに取り込まれてしまうだろう。

自分「ならでは」の資産をいかに蓄え、磨き続けるかが、10X思考のカギを握る。それは、本書で何度も強調してきた「学習優位」を実践することに他ならない。それによって、「スキルの経済」を追求することが可能になる。

もっとも、これも自前化しただけでは、1Xで終わる。10X化するためには、他者の「ならでは」資産と「異結合」させる必要がある。シュンペーターが定義するイノベーションのエンジンである。これによって、「範囲の経済」を獲得することが可能になる。

ただし、「範囲の経済」を追求するためには、まず「スキルの経済」を研ぎすませることが求められる。企業におけるオープン・イノベーションの多くの失敗と同様、二流×二流では四流の結果しか生まれないからである。

その場合、どのようにして周りの人をその気（エンゲージ）にさせ、その人たちが次のループをつくれるようにエンパワーできるか。それを企業という組織の力を借りるのではなく、その人自身の力でやり続けることが、その人の系の大きさとインパクトの大きさを決める。

純粋に自分の志を持ち、それを相手に真剣に伝え、相手の背中を押してあげる連鎖こそが、その人のインパクトの総和になっていく。

そのためには、その人「ならでは」の資産がなければならない。他の人も持っているものはほとんど意味がない。人と同じことはやらなくていい。自分らしさだけを求め、平均点はいらない。何かに秀でたもの、こだわっているものこそが必要になる。

このように、自らの資産を3枚におろす。そのうえで、自前化する必要のない「共有資産」は外に出し、「ならでは資産」を磨き続け、それを他者と異結合することによって「共創」資産を生み出す。これが10Xのインパクトを生み出すための10X思考の基本動作である。

4つの無形資産

企業と同様、ヒトが10Xを実践するうえで、カギを握るのが、無形資産である。前述した資産の3枚おろしでいえば、スキルの経済とスコープの経済を生み出す源泉となるからである。

企業における無形資産は、ブランド、ネットワーク（関係性）、知恵、そして人財などを指す。時間とともに増価するという性質を持った資産である。これらは、企業と同様、ヒトにもそのまま当てはまる。

まず第一に、ブランド価値。その人の志（パーパス）が持つ共感共創力と呼んでもよいだろう。前述した「わくわく、ならでは、できる」という3つの共感条件がそろった志（パーパス）は、自律分散社会の中で、共感のマグネット（磁石）となって絆の輪を広げていく力の源泉となる。

第二に、ネットワーク価値。これは、自分や他者の志（パーパス）の共感が生み出す関係性の輪だ。家族や友人、会社の同僚やコミュニティの仲間などはもちろん関係性の結節点となるが、そのような心地よい関係性の中に安住しても、「異結合」は起こりにくい。あえて異質な人たちとの出会いを求めて、時折り、ノマド的な生き方にも身を任せてみることが重要だ。

そして第三に、知的価値。ただしこれは、知識そのものではなく、知を学び、創造する動的能力(ダイナミック・ケイパビリティ)を指す。そのためには、前章でも論じた「メタ思考」や「メタメタ思考」が必要となる。言い換えれば、常に学習と脱学習を繰り返すパワーである。そのためには、自分ならではの学習アルゴリズムを確立しなければならない。これは次項で詳述することとしたい。

最後に、人的価値。無形資産の中でも、もっとも奥の深い領域だ。最近、日本の政府や一部のアカデミアが「人的資本」という言葉で、人を資本(元手)扱いしようとしているが、資本主義を延命させようとする(もっといえば日本企業の株価を底上げしようとする)意図が空回りして、極めて表層的な議論に終始しているのが残念である。

正義とは何か?

ヒトの価値は、3つのQの積で表せる。IQ(Intellectual Quotient)、EQ(Emotional Quotient)、そしてJQ(Judgmental Quotient)だ。カント哲学的にいえば、理性、感性、悟性である。

この中でIQ（理性）とEQ（感性）は分かりやすい。難しいのはJQ（悟性）だ。総合的に判断する力である。より分かりやすく言えば、真善美の「善」を判断する力である。

では何が判断の基準となるのか。それが「倫理（エシックス）」である。しかし、倫理には絶対的な答えはない。時と場所によって、倫理の判断軸は異なりうるからだ。

アリストテレスは「共通善」（コモン・グッド）という考え方を説いた。個人や一部の集団にとっての善ではなく、政治社会全体の共通の善のことである。今でもコミュニタリアン（共同体主義者）がよく使う言葉である。

たとえばハーバード大学のマイケル・サンデル教授。『これからの「正義」の話をしよう』（２００９年、邦訳：早川書房、２０１０年）は、大ベストセラーとなった。また、２０１０年にＮＨＫがサンデル教授の講義スタイルで制作した「ハーバード白熱教室」は、正義とは何かを取り上げて話題を呼んだ。

コミュニタリアンは、共同体の中では共通善が成立すると説く。しかし、これだけ価値観が多様化した時代に、何が共通善かという判断は困難だ。ましてやコミュニティを越境したとたん、判断基準が異なってくる。これは、サンデル自身、近著『実力も運のうち 能力主義は正義か？』（２０２０年、鬼澤忍訳、早川書房、２０２１年）で自問自答し、２０２２年から２０２３年にかけて放映されたＮＨＫの白熱教室続編でも、米中日３ケ国の学生たちが思い思いの正義を語っていた。

倫理と道徳

「共通善」などというものは、幻想にすぎない。一方、「何でもあり」という相対主義に走りすぎると、正しい判断の基準などあってないに等しくなる。いわば「独善」が横行する世界である。JQは企業経営においても、人間としての価値を磨くうえでも、最大の難所となるゆえんである。

JQに関連して、倫理と道徳という2つの似て非なる価値観がある点が、問題をさらに複雑にしている。それぞれの語源を紐解いてみよう。

「倫理」は、英語のエートスの訳語として生み出された言葉である。エートスは、ラテン語のエチカ、さらにはギリシア語のエートスが語源となっている。「集団の中で守るべき規範」を指す。「倫」の語源も、「人の集まり」であり、倫理とは「人の集まりにおける理（ルール）」のことである。

これは、コミュニタリアンが主張する「共通善」に近い。いわば「社会において人が守るべき善悪の判断」である。しかし、前述したように異なるコミュニティや社会においては、通用するとは限らない。

たとえば、民主主権という価値観は、国家主権を前提とする社会には通じない。また民主主義という価値観を共有したとしても「自由」という名の個人主義を重視するのか、「社会」という名の分人主義を前提とするのかで、大きく異なる。前者は、アメリカ流自由民主主義、後者は北欧流社会民主主義の思想である。

そのような限界を前提としつつ、倫理をいかに習得するかは、西洋世界では、大きな課題であり続けた。特に、神という外部規範の絶対性が崩れた近代においては、何を判断の拠り所するかが、問われ続けた。

スピノザ再考

そのような中で、17世紀にオランダの哲学者スピノザが書いた『エチカ』（1677年、邦訳：岩波書店、1918年）が、今なお深く読み継がれている。日本でも、スピノザ全集が出版されるなど、静かなブームを呼んでいる。同書の中で、スピノザはエシックス（倫理）を習得するためのヒントを、次のような言葉で表現している。

「もろもろの物を利用してそれをできる限り楽しむ（中略）ことは賢者にふさわしい」（第4部定理45備考）」

神という外部からの呪縛から解かれた人間は、自分に与えられた自由を重荷と感じてしまいがちだ。そうではなく、その自由を存分に楽しみ、あらゆることに前向きに取り組むことによって初めて、エシックス（倫理）を体得することができるというのである。

一方、日本では前述のように倫理は、西洋から輸入した概念だった。日本古来の価値観は道徳という形で受け継がれてきた。「道（タオ）」は「人が守るべきこと」であり、「徳」は価値のある行いを指す。いずれも、古くは中国から渡来した価値観である。そして道徳は、人として生きるための規範を、日常生活の常識として備えることによって習得される。

道徳を意味する英語は、「モラル」である。語源はラテン語のmosとmoris、いずれも「習慣」を意味する。したがってモラルも、日常習慣として身につけることが目指される。

倫理が「理」を唱えるのに対して、道徳は「徳」、すなわち日々の行いの大切さを説く。倫理は学問の対象となる（「倫理学」）のに対して、道徳は修業によって体得される。理屈に走りがちな西洋、実践を重視する東洋の違いが、ここでも大きく影を落としているといえよう。

倫理は社会の中での人の在り方を問い、道徳は人としてのあるべき道を問うている。個人主義に走りがちな西洋において社会を意識した倫理が、コミュニティを大切にしがちな東洋においてヒトに焦点を当てた道徳が説かれているのは、極めて逆説的に見えて、だからこそ、意義があるのかもしれない。

信念と反省

倫理にせよ、道徳にせよ、正しい答えはない。ではどうすれば習得することができるのか？

JQを意味する「悟性」の「悟」は、「悟り」と同義である。とはいえ、悟りの境地を開く際にも、正しいやり方など存在しない。

仏教は「解脱の道」を目指すが、宗派によってそのアプローチは、まちまちだ。一方、キリスト教は「悟り」の代わりに、神を体験することの必要性を説く。キリスト教の最大命題は、自らが悟りを開くのではなく、神に救われることにあるからだ。ヒンズー教やイスラム教など、私の知らない世界では、さらに多様な教えが唱えられていることだろう。

ただ、私が比較的なじみのあるキリスト教と仏教を比較してみても、いくつかの共通項がある。

第一に、「信念」。聖書は「信じる者は救われる」と教える。禅においても、「大信根」、すなわち各人の心の奥底に、仏性を具えていることを確信して修行することが説かれる。言い換えれば、悲観ではなく楽観、常に前向きに行動する姿勢を指す。

信念とは、信じて念じること。語源を紐解くと、「信」は、「もし嘘があれば、そのときには仕置きを受けることを誓う」こと、「念」は「いつも思う」ことだ。英語のbeliefは、be（強調語）＋lief（愛）、すなわち「強く愛する」ことからきている。

いずれも、揺るぎない思いによって貫かれている。しかも、何のエビデンス（証拠）すら不要である。現代の科学的アプローチを寄せつけない強さがある。

第二に、「反省」。キリスト教は、原罪を懺悔することから始まる。一方、禅においては「日常五心」が説かれる。

一．「はい」という素直な心

一．「すみません」という反省の心

一．「私がします」という奉仕の心
一．「おかげさま」という謙虚な心
一．「ありがとう」という感謝の心

一番目の「素直な心」は、松下幸之助翁の座右の銘である。そして5番目の「感謝の心」は、稲盛和夫翁が常に大切にしていた思いである。

ここで取り上げる「反省」は、2番目の「すみません」の心である。ちなみに、これは大変深い言葉だ。すみません、といっただけでは済まないからだ。常に反省し、行動を改めることが求められるのである。

問われる「覚悟」

第三に、「覚悟」。聖書は「だれでもわたしについてきたいと思うなら、自分を捨て、自分の十字架を負うて、わたしに従ってきなさい」（マルコによる福音書8）と説く。仏教で言う「覚悟」とは、本来、「悟り」を「覚える」こと、すなわち、迷いを去り、道を悟ることを意味する。しかし、そのためには、それこそただならぬ「覚悟」が求められる。

海外の経営者をお連れして、比叡山延暦寺で「大阿闍梨」から講話を聴いた話は前にも触れたが、もう一度ご紹介しよう。

延暦寺では「千日回峰行」という修行がある。その中でも最も過酷とされるのが「堂入り」だ。入堂前に「生き葬式」を行った後、足かけ9日間にわたる断食・断水・断眠・断臥の4無行に入る。堂入りを満了（堂さがり）すると、行者は生身の不動明王ともいわれる阿闍梨となる。

この修行を途中で放棄する際には、自決しなければならないという決まりになっている。大阿闍梨は、そのためにいつも切腹用の刀を手元に置いていたという。

大阿闍梨に経営者に対するメッセージを尋ねたところ、「覚悟」という2文字が返ってきた。講話を聴いていた外国人経営者はみな、「腹切り」を覚悟した日本人の迫力に圧倒され、言葉を失っていた。

「信念」と「反省」と「覚悟」。この3つは、実は私が説く「パーパス実践」のアプローチそのものでもある。

まず、志を高く掲げ、その実現に「信念」を持つ。「ワクワク、ならでは、できる」の「できる！」である。

そして、これまでそれがなぜできていなかったのかを、深く「反省」する。そこで重要なことは、他責にしてしまわないことだ。自分でなぜ実践しようとしなかったのか。壁があるとすれば、それは自分自身である。

最後にパーパス実践に向けて、大きくピボットしていく。そこで必要になるのは「覚悟」だ。

先述した通り、最近、ファーストリテイリングの柳井正社長と対談した際、「次世代成長にとって、もっとも必要なものは何でしょうか？」と尋ねたところ、変革しようとする「覚悟」だ、という答えが返ってきた。自分自身の成長にとっても、大変重みのある言葉だ。

思考のアルゴリズム

再現性のある仕組み

マーク・アンドリーセンをご存じだろうか。インターネット黎明期に名をとどろかせた天才だ。だが、彼が立ち上げたＷｅｂブラウザー企業ネットスケープは、マイクロソフトに踏みつぶされた。その後彼は、デジタル投資家になり、ウォール・ストリート・ジャーナルのコラムに次の名言を残している（２０１１年8月20日）。

「Software is eating the World」（ソフトウェアが世界を食い尽くす）

最近流行している「サービス化される」という言葉がある。たとえば、「Mobility-as-a-Service」「Product-as-a-Service」「Infrastructure-as-a-Service」など、すべてサービスという言葉に化ける。

しかし、サービスはソフトウェアに落とし込まれていないと、再現性がない。毎回その場で手づくりしなければならなくなり、途方もなく労働集約的になってしまう。つまり、アンドリーセンは「サービスの本質はソフトウェアである」と言いたかったのである。

では、ソフトウェアの本質とは何だろうか。

それはアルゴリズムである。そしてアルゴリズムとは、情報処理のプロセスを形式知化したものだ。言い換えれば、アルゴリズム化とは仕組み化のことである。

「たくみ」の技をアルゴリズムに落とし込むことによって、再現可能な「しくみ」に落とすことができる。前述したように、組織において「たくみ」を「しくみ」に変換することによって、10X化が実現できる。同様に、ヒトも10X思考を実現するためには、「たくみ」の「しくみ」化が必須となる。

私が本を書いたり、講演をしたりするのが好きなのは、自分が思いつめてもやもやしていることが、それによって見える化し、言葉になるからだ。言葉にすることによって、他者と共有可能になる。そして、異質な知と融合することによって、共創がスタートしていく。

自分の中でしかプロセスできないものを、相手に伝えるために言語化する。最初は言葉でもいいが、それを法則化すればもっと分かりやすい。その人なりの法則を出せることがその人の価値になる。それがアルゴリズムであり、再現性につながる。

先に引用した対談の中で、柳井さんは「覚悟」の前に、非連続な成長に必要なものとして「アルゴリズム化」を挙げていた。10X思考の本質を言い当てたコメントである。

守破離による仕組みの進化

では、仕組み化には何が必要だろうか。さらに言えば、無数の知をアルゴリズムに落とし、それらを有機的に使いこなすためには、どのような思考が必要なのか。

第3部でご紹介したように、思考にはさまざまなパターンがあり、これからも次々に生み出され、進化していく。これらのパターンを片っ端から習得するだけでは、いつまでたっても埒があかない。組織学習で必要な仕組みは、「たくみをしくみに落とすしくみ」だということを、思い出していただきたい。そう、「クリエイティブ・ルーティン」だ。野中郁次郎教授はそれを「メタ・ルーティン」とも呼ぶ。

その運動論は、ヒトの思考の進化そのものにも当てはまる。同じ思考パターンを再現するだけでなく、新しい思考パターンを生み出し続けること。「クリエイティブ」（たくみ）の部分である。

マイケル・ポーター教授や大前研一さんなど、知のイノベーターたちは、新しい知をモデル化することが、極めて巧みである。しかも、近くで見ていると、それぞれの技に特徴がある。ポーター教授の場合は、デジタルに分解する力であり、大前さんの場合は、異質なものを連結させる力である。大前流のほうがはるかにクリエイティブであることは、いうまでもない。

私は大前さんに憧れてマッキンゼーに入り、早く大前さんのような仕事をしたいと思っていた。しかし、大前さんからこう叱られた。

「何を言っているんだ。2年間はとにかく型を学べ。基本ができていないヤツは自由演技などできない」

なぜなら、型がなければ、型を破れないからだという。そういえば、スティーブ・ジョブズも、「Out of Box（箱から出る）」ためには、まず「箱（これまでの制約）」のありかを知ることから始めなければならないと説いていた。

型を破ることによって生まれた「クリエイティブ」な思考パターンを、10X化するためには、それをこれまで蓄積してきたメタ思考の型（ルーティン）に素早く埋め込んでいかなければならない。その結果、思考の仕組みそのものが進化していく。

その際に力を発揮するのが、「メタメタ思考」である。前章でご紹介した脱構築、知識創造、編集思考などといった技である。このうち、ヒトの思考法としては、編集思考がもっともパワフルだ。先述した編集思考の「10のアプローチ」は、そのままヒトの思考法として活用することができる。

私はそのようなメタメタ思考を、「アルゴリズムをつくるアルゴリズム」と呼んでいる。ちょっとバタ臭く聞こえるかもしれない。しかし日本でも古くから、「守破離」という学習と脱学習の作法が尊ばれてきた。「守」で型を学んだうえで、それを「破」り、高次元の高みへと「離」れていくことができるのである。日本古来の編集思考は、他の伝統芸や武道と同様、訓練することによって、やがて身につくのである。

プロジェクト・アリストテレス

もちろん、日本だけに通用するアプローチではない。今度は、グーグルが2012年に実施した「効果的なチームワークの条件」を見てみよう。「プロジェクト・アリストテレス」と名づけられた研究だ。

それによると、イノベーティブな組織には、5つの共通条件があるという。

1つ目が、サイコロジカル・セーフティ（心理的安全性）。チャレンジする風土を生み出す大前提だ。最近、日本でも盛んに論じられているので、ご存じの通りである。

2つ目が「ディペンダビリティ（お互いに信じ合う、頼り合う）」である。これは、かなり奇妙だ。責任逃れのように聞こえる。ところが、これがないと小さな仕事しかできないと、グーグルの幹部は語る。

この裏側にあるのは信頼だ。信頼がないと、チームでの仕事は遂行できない。周りがちゃんとやってくれるという前提に、自分も頑張る。それがない限り、大きなイノベーション、つまりグーグルのいうムーン・ショットはできない。

3つ目は「ストラクチャー（構造）＆クラリティ（透明性）」だ。ちょっと意外に聞こえるかもしれない。グーグルの組織には構造がないからだ。しかし、グーグルの幹部によれば、ストラクチャーとは、自分のやっていることが何にどう結びつくかという道筋のことだという。無手勝流や単なるカオスでは、何も生まれようがないからだ。

そして、クラリティのほうがより重要だともいう。顧客情報などセンシティブな情報を扱うだけに、自分たちでやっていることが見える化され、世の中に対して隠しごとがないことがとても大切だというのである。

4つ目が「ミーニング（意味）」で、5つ目が「インパクト」である。ただひたすら努力するだけでは、徒労感にさいなまれる。意味のある志が必要であり、社会に対するインパクトも実感したい。

この5つのイノベーションの要件は、個人にも通じる。

命を賭け、失敗すれば一巻の終わりという仕事に取り組むのは躊躇する。最後はどうにかなるというある種の楽観主義者でいることによって、むしろ思い切り大きな挑戦ができる（サイコロジカル・セーフティ）。

自己完結する仕事は、しょせんインパクトも限られる。スケール感のあるイノベーションを生み出すためには、信頼できる人たちと共創していかなければならない。その際には、自分も責任を持ち、仲間一人ひとりもそれぞれに責任を持つことが、創発プロセスの大前提となる（ディペンダビリティ）。

共創する際には、それぞれがどのような役割を果たし、やっていることがどのようなパスを描き、どのような成果につながるかがみんなに見えていないと、一体感は生まれない（ストラクチャー＆クラリティ）。

イノベーションのプロセスに没頭するだけでなく、そもそも何のためにやっているか（ミーニング）を折に触れて確認する必要がある。長いプロセスを通してエネルギーレベルを維持するためには、スモールウィンでもいいから結果（インパクト）を確認し合うことが大切だ。

POC病の克服

グーグルといえば、そもそも80：20ルールが有名である。

ただし、それは両利きの経営が論じるように、80％は既存事業の深化、20％は新規事業の探索に充てることではないことは、前述した通りだ。20％で生み出した「たくみ」を、80％の「しくみ」に結合させていく。そうしない限り、ムーン・ショットのようなスケール感のあるイノベーションを生み出すことはできない。

これは、個人の仕事にもそのまま当てはまる。80％はルーティンをこなしながら、20％は将来の夢を仕掛けていく。しかし、その際にも、「両利き」の罠にはまらないように、３つのことに留意する必要がある。

第一に、ルーティン作業を徹底的に断捨離する必要がある。90%は役に立たない仕事（Bullshit Job）であることを、思い出してほしい。これがうまくいけば、クリエイティブな仕事に費やせる時間は、20%どころか、少なくとも50%以上になるはずだ。

よく「選択と集中」というフレーズが使われるが、これは愚策である。断捨離の対象を選択しようにも、よほど無駄なことをしていない限り、なかなか踏みきれないからだ。

かつて東芝が輝いていたころ、半導体のトップだった故・江川英晴副社長（当時）から、東芝は「集中と選択」を実践しているという話を聞いた。

無駄なことを探すのではなく、もっとも重要なものを先に見つけ、そこに資源を集中する。そうすると、おのずと、選択に迷いがなくなるというのである。これは個人の時間の断捨離にとっても、極めて有効なアプローチだ。

第二に、クリエイティブな仕事は、単に面白おかしいことであってはならない。グーグル流に言えばムーン・ショットであり、パーパス経営流に言えば「北極星」や「星座群」のネタになるものだけに厳選する必要がある。

始めからそのような仮説を描けないものは、しょせんゴミの山に終わる。まさに「ガベージ・イン、ガベージ・アウト」である。ＡＩの機械学習でよく使われるフレーズだ。しかしＡＩが賢くなると、そもそも最初にそのようなガベージは外にはじき出すようになるだろう。

第三に、このクリエイティブの産物を、ルーティンに落とし込む必要がある。そうでなければ、スケールできない。社会実装しない限り、社会実験に終わる。これを私はＰＯＣ（Proof of Concept）病と呼んでいる。日本では企業も行政も、イノベーションという名のもとのガラクタ市の山に埋もれてしまっている。

企業や行政はともかく、自分の一生をかける際には、この手の「なんちゃって」イノベーションにかまけるわけにはいかない。「たくみ」によって生み出したイノベーションの芽は、しっかり「しくみ」に落とし込む。そうすることで、「たくみ」が大きくスケールするだけでなく、「しくみ」そのものが非連続な進化を始める。これこそが、「たくみのしくみ化」の最大の果実なのだということを、忘れてはならない。

たとえば、ルーティンワークではなく、新しい仕事に取り組むとしよう。最初は当然、試行錯誤を繰り返す。その過程で、自分らしいやり方を見つける。ここまでが「たくみ」、それを自分流の方法論（アルゴリズム）にまで落とし込むことで、「しくみ」化する。そうすれば、他の仕事への横展開や他者との共有化が可能になり、大きくスケールしていく。

商社という方法

私の実体験を語ろう。40年以上前、私は三菱商事に新卒で入社し、プラント部門に配属された。商社マン1年生にとって、何もかも新しいことだらけ。先輩たちの背中を見ながら、少しでも早く「技」を盗もうと張り切っていた。

最初は無手勝流だったが、半年もたつと、大きく3つの方法論に編集できることが分かってきた。商品知識、プロジェクトマネジメント、そして商社としての価値創造プロセスの3つである。

先輩社員たちが、それぞれの実体験を通じて商社マンの知恵として体得してきたものだ。私は、新人だからこそ、先輩たちの「たくみ」を「しくみ」へと編集すれば、学習のスピードとスケールが10X化するはずだと確信した。

そこで、3つのプロジェクトを立ち上げることを提案。といっても、若手有志が中心となって、アフターファイブやウィークエンドに活動するスカンクワークだ。この活動に賛同してくれた中堅社員がコーチ役になってくれて、大いに助けられた。

まず、商品知識。商社は商品を持っていない。そこで、三菱重工や日立製作所、三菱電機や横河電機など、プラント機器メーカーから教えを受けながら、用途ごとに商品をリスト化するという地道な作業を、手分けしながら行っていった。メーカーはそれぞれ、素晴らしいカタログを持っている。しかし、個別メーカーを超えて、用途別に知識ベース化するという作業は、商社というよりエンジニアリング会社に近いものだった。

次に、プロジェクトマネジメント。先輩たちが手掛けていた、いくつもの大型プラントプロジェクトを、プロセスごとに方法論に落としていった。これは商社の提供価値そのものだ。なかんずく、大きな役割を担っていたのが、プロジェクトファイナンス機能である。ここでは、オフバランス化やセキュリタイゼーションなど、最先端のファイナンスノウハウが勝負となった。過去事例だけでなく、海外他社事例などを収集し、ナレッジベース化していった。

3つ目が、商社としての価値創造プロセスの見える化だ。商品知識やプロジェクトマネジメント手法は、まだ基本要件でしかない。それらを誰に対して、どのようなタイミングで、どのような形で提案し、どのように商談をリードし、実践し、収益化し、次につないでいくか。まさに「メタ思考」が問われるところである。

これら3つの活動では、いずれも「編集思考」が勝負となった。商社、特にプラントビジネスは、オーガナイズ機能が本質である。オーガナイズとは、部分を組み合わせることで、全体としての有機体を創発していく作業である。だとすれば、「編集力」こそ、商社の本質的な機能でもあるのだ。

私たちの活動が一巡するのに、2~3年かかった。その間、本業は忙しさを増す一方。私自身、プロジェクトの海外パートナー群との難しい交渉などのため、1年間、ヨーロッパに張りつくなど、修羅場体験も味わった。

1980年代前半の話である。出入力はまだPCではなくワープロ、通信はインターネットではなく、固定電話とテレックスとファックスの時代である。アナログ中心の活動は大変骨が折れるものだったが、それだけに、なんとか最初のバージョンができたときは、感無量だった。

これは三菱商事にとってのみならず、私自身にとっての大きな成功体験となった。その後、26歳で米国三菱商事、33歳でマッキンゼーに転身してからも、この編集思考を世界規模で高速に回し続けることが、私の「アルゴリズムをつくるアルゴリズム」となっていったのである。

図50

IoA（Internet of Ability）

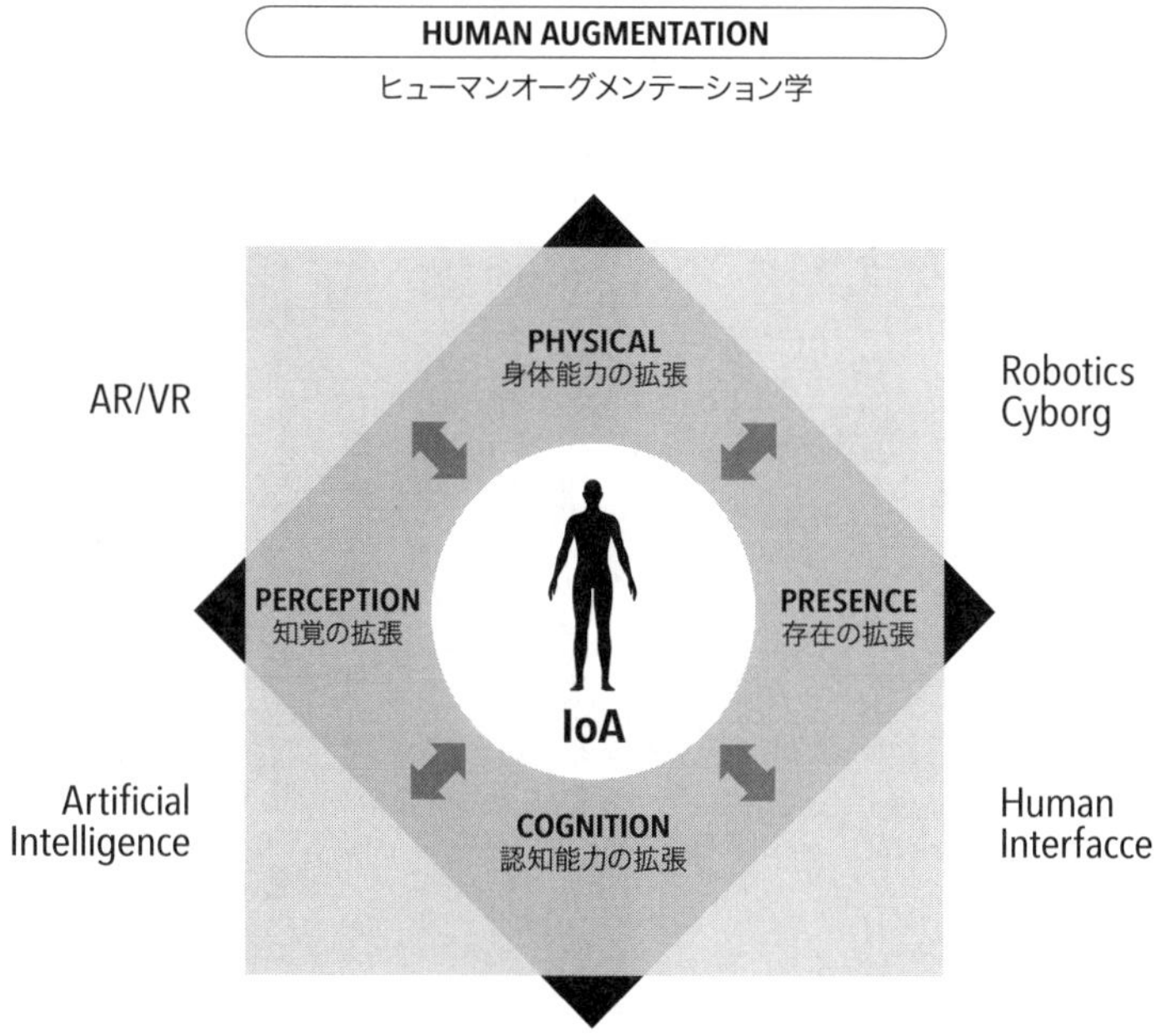

出典：暦本研ウェブサイト

ＩｏＡによる能力の10Ｘ化

東京大学の暦本純一教授は、ＩｏＴ（Internet of Things）ならぬＩｏＡ（Internet of Ability）を提唱している（**図50**）。モノがインターネットにつながる段階から、人間の能力がインターネットによって増強される段階に移ったという。

これは、本書の命題「10Ｘ思考」を実践するうえで、大きな追い風だ。

自分自身にＡＩやロボットなどさまざまな要素を実装し、自分自身の肉体や頭脳が10倍化されるのがＩｏＡで、人とＡＩやロボットが一体となる。

これまでは、ＡＩやロボットは「向こう側」に置いて理解していた。だから人間との対峙で考える必要があり、それがシンギュラリティという発想につながった。

しかし、シンギュラリティなどない。人間がそれらを使っているので、人間の能力が上がっていると考えるのが暦本教授の説である。自分を増強するために使うのだから、ＡＩやロボットは積極的に受け入れればいい。

想像し創造できる人間と、正しくプロセシングできるロボットがいれば、そのコンビネーションで何でもできる。それがＩｏＡのコンセプトである。

チャットボットとの共創

大学入試に辞書は持ち込んでもいいが、インターネットにアクセスしてはいけないという発想は、時代錯誤も甚だしい。個人としての記憶力や思考力だけで勝負する人間の実力など、今やまったく意味がないからだ。大学側は、インターネットにつなげてもストレートに答えが出せないような、深みのある問題を出題することにこそ、もっとまじめに取り組むべきだろう。

最近ではＡＩチャットボットが、再び話題を呼んでいる。たとえば、マイクロソフトが検索エンジンＢＩＮＧに実装したチャットＧＰＴ（Generative Pre-Trained Transformer）を使ってみると、実に絶妙な答えが返ってくるので、自然言語処理がここまで進んだのかと改めて驚かされる。一方で、ＡＩチャットボットの利用を禁止している大学が増えている。不正行為や盗作を防ぎたいという思惑らしい。

そのような大学は、実践教育の場としては失格である。ＡＩが優れた答えを出せるのであれば、大いに使いこなせなければならない。そのうえで、それをベースにさらにそれをずらし（脱構築）たり、組み合わせる（編集）力こそが、その人ならではの付加価値となるはずである。

個人のピュアで切り離された力だけで切り抜けていくというのは、一見ＤＡＯ的な世界観のようにも見える。しかし、ＤＡＯではスケールするイノベーションは生まれようがない。前述したように、ＤＡＯからＤＡＣＯへと異結合していく知恵こそが、これからのカギを握るのである。組織同様、個人こそ、そのようなアルゴリズムを身につける必要がある。

しかもその際には、デジタルの力を最大限活用する必要がある。ＡＩと協働するためには、「アルゴリズムを生むアルゴリズム」を人間側が生み出さなければならない。そこで活躍するのが「メタメタ思考」だ。このAIと人間の力が「異結合」すれば、10X思考が現実のものになっていくはずだ。

旅を楽しむ

人・本・旅

現代日本の知の巨人といえば、誰を思い浮かべるだろうか。

松岡正剛さん、野中郁次郎さん、大前研一さん、寺島実郎さん、田坂広志さん。いずれも私が畏敬する大先達だ。

出口治明さんの名前を思い浮かべる人も、多いのではないだろうか。還暦(60歳)でライフネット生命保険を創業し、古稀(70歳)で立命館アジア太平洋大学(APU)の学長に就任。2021年に脳卒中で倒れたものの、リハビリ生活を経て、1年半後に学長に復帰。人生100歳時代を地で行く驚異的な再生力の持ち主だ。私もお話をしたことがあるが、その温和なお人柄からにじみ出る知性の深さには圧倒された。

世界1200都市を訪れ、1万冊超を読破したというのだから半端ではない。その集大成ともいうべき『哲学と宗教全史』（ダイヤモンド社、2019年）は大ベストセラーとなった。

出口さんは、物事を正しく見るためには、各人が持つ固有の価値観や人生観という「色眼鏡」を外し、「タテ（歴史）・ヨコ（世界）・算数（データ）」の視点で捉えることが大切だと話す（『自分の頭で考える日本の論点』幻冬舎、2020年）。では、そのためには、どのような行動が必要か。

出口さんは、病に倒れる前に、ご自身の知の遍歴を振り返りながら、次のように語っていた。

「いろいろな人に会い、たくさん本を読み、面白いところへ行き、そこから学びを得る「人・本・旅」の生活に切り替えることが大切」（朝日新聞デジタル、2020年9月18日）

この「人・本・旅」という教えは、とても含蓄のある言葉である。しかもその3つは創発し合う関係だ。新しいことに興味を持ち、そこで新しい出会いを体験する。その根っこにあるのは、好奇心であり、想像力だ。同じ談話で、次のようにも語っている、

「好きなことをもう一度勉強し直してもいい。自分にとって面白い人生にチャレンジする。これこそが人生100年時代の醍醐味《だいごみ》です」

「学びなおし」のススメである。編集工学的にいえば「学びほぐし」だ。

「人、本、旅」を大切にしている限り、若さを保ち続けることができるはずだ。ただし、同じ人、同系統の本、おなじみの場所（ルーティン）だけにこだわり続けていても、若さ特有の進化は期待できない。まして、本書の主題である10X思考を習得するためには、常に新しいもの（ゆらぎ）を取り込み、それを、「ずらし（脱構築）」と「つなぎ（編集）」の技で既存の知恵と異結合することが求められる。

タグ（結節点）を張る

ルーティンばかりでは、エントロピー（混沌）がなくなる。だから、アテンション（関心、注意）のスコープを常に広げて、カオスの縁に立ち続けなければならない。認知科学的にいえば、このアテンション、すなわち心的エネルギーのベクトルの向きと強さこそ、認知機能の基盤である。

ヒトは、日常、大量の情報に接する。リアルに加えてバーチャルな世界が日常化すると、情報量はまさに10X化していく。それらが五感を通じて入力され、注意喚起のフィルターにかけられたうえで、意味のある情報だけが処理されていく。情報洪水時代になると、この注意喚起フィルターの役割がますます重要になる。

インターネット上では、「フィルターバブル」が問題となっている。ネット上のアルゴリズムは利用者個人の検索履歴やクリック履歴を分析し学習することで、個々の利用者が関心を持っている情報が優先的に表示する。その結果、利用者は自身の考え方や価値観の「バブル（泡）」の中にどんどんと孤立してしまう。

ではどうすればいいのか。

まずは、ネット上のリコメンドを受け身でフォローし続けることをやめることだ。そのうえで、意外性があるちょっと気になる言葉に「#」タグを張ってみる。検索をかけてみてもよい。そこから、次々と新しい発見につながっていく可能性がある。

たとえば、前節でＩｏＡという言葉に遭遇し、タグを張っておく。あとで検索してみると、あれよあれよとＩｏＡの世界が開けてくる。たとえば、トッパンのＩｏＡ仮想テレポーテーションというページに飛んでみると、それこそ暦本先生も登場して、数々の遠隔体験を紹介してくれる。

あるいは、本書の中の海士町のくだりを読み、気になるので、#タグで検索してみる。すると海士町の奥行きのある世界の中に彷徨い込むことができるはずだ。

まずはＩｏＡと異結合させて、ドローンをジャックインして空からのバーチャルツアーを楽しんでみよう。さらに地上に降りて町の生活を疑似体験していくうちに、はまり込んでいくと、いつの間にか仮想Ｉターンを体験している自分に気づくはずだ。

このように、ちょっと気になったものにタグを張っておく。できれば、今まで慣れ親しんできた世界からすると、違和感を覚えるようなキーワードがよい。そこが思いがけない結節点（ノード）となって、新しい世界にワープできる。そう、ちょうどウサギを追いかけているうちに、ワンダーランドに迷い込んでいったアリスのように。

ワンダーランドといえば、メタバースの時代には、複数のアバターを通して、多様な世界を疑似体験できるようになる。まさに、パラレル・ワールドならぬマルチ・ワールド体験である。時間軸をワープすることによって、タイムトラベルすら可能だ。

2018年に出版した前著『コンサルを超える問題解決と価値創造の全技法』では、「ペッパー君がコンサルになる日」を予言した。世界に分散したAIロボットのペッパー君たちは、お互いの体験を結合させ、それを集合知とすることで、たやすく一人の人間知を超えるようになるからだ。

しかし、われわれはIoAを駆使すれば、そのようなペッパー君たちの知の集積の肩に乗って、その先を切り拓けるようになるはずだ。そう、ちょうど合体したガンダムのコクピットにジャックインしているように。

ノマドとしての生き方

もちろん、リアルの世界でも、異次元の体験を切り拓いていく探求心が不可欠だ。人生にイノベーションを起こすためには、できるだけ異質な人との出会いがカギとなる。

そのためには、同じコミュニティの中に、安住していてはならない。前に紹介したアサダワタル氏の言葉を借りれば、「コミュニティ難民」となることだ。

アサダ氏は、まず「住み開き」から始めることを提唱する。住居や個人事務所などのプライベートな空間の一部を外部に開放することによって、セミパブリック化させるのである。その結果、多様な人たちの交流の場が開けてくるようになる。リーマンショック後に広がった運動だが、コロナ禍でさらに盛り上がりを見せている。

たとえば、町田市にあるM's Social Kitchen。コロナ禍の中で、飲食店がゴーストキッチン化していく中で、住宅街にある店を改装し、シェアキッチンとして利用できるようにした。そして、空いている飲食スペースを多目的用に、貸し出している。いろいろな企画やイベントに使われているようだ。新たなコミュニティハブとして機能することが、期待されている。

さらに、自分のコミュニティを外部に開くだけではなく、自ら複数のコミュニティに参加することが必要だ。アサダ氏は、「コミュニティ難民」を次のように定義する。

「個人の生産活動において、特定の分野のコミュニティに重点的に属さず、同時に表現手段も拡散させることで、新たな社会との実践的な関わりを生み出す人々」(アサダワタル著『コミュニティ難民のススメ』、木楽舎、2014年)。

前に紹介したもう一人の浅田(浅田彰)風にいえば、「ノマド(遊牧民)のススメ」である。世の中では、狩猟民族(ハンター)か農耕民族(ファーマー)かという対比がよく使われる。そして欧米人は前者、日本人は後者と分類されがちだ。

しかし、実は日本人は縄文時代までは遊牧民族(ノマド)であったことが分かってきている。狩猟もしながら、農耕もする。そして船を漕ぎ出して、海外にも移住していった。そのような「ノマド」型の生活様式こそが、ローカルとグローバルを結びつける21世紀型モデルのヒントになるのではないだろうか。

しかも、メタバースの時代が来ると、ノマドの行動範囲は一挙に10X化するはずだ。自分のアバターが同時多発的に、3次元空間と4次元時間を自由に飛び越えて活動し始めるからである。

分人主義再考

最近メディアで何かと話題を振りまいているエール大学の成田悠輔助教授は、次のように語っている。

「空間や身体のような3次元的広がりを持つ情報がネットにのるようになって、1人の人間にひもづく体・アバターは1万になりうる。1万の違う職場に通うことも、1万人と同時に付き合うことも、視野に入ってくる」（朝日新聞デジタル、2022年5月4日）

ペッパー君にジャックインしなくても、自分のアバターが、世界中で10X体験を繰り広げてくれるのである。一方で実世界は、「ホッと懐かしさも感じる、良くも悪くも私たちの起源にふれるような『実家的な空間』になっていくのかもしれません」と言う。

同じインタビューの中で、さらにこうも語っている。

「仮想空間というのは、独自のアイデンティティを消し去る方向に動くと思うのです。私たちは1万の異なる外見を持ちうるし、1万の異なる職業を持ちうるし、1万の異なる人格が並行して働き、遊ぶ世界が実現していく」

唯一のアイデンティティという概念が消滅する世界――どこかで聞いたことがあると、思われるだろうか。そう、前にご紹介した「分人主義」である。平野啓一郎氏が10年以上前から提唱していた世界観だ。

平野の近未来小説では、アバターとしての分身が多層な世界を行き来する。最新著『本心』では、自分が他人のリアル・アバターとして振る舞うといったリアルとバーチャルが転倒する世界まで描き出している。

平野は、『私とは何か――「個人」から「分人」へ』（講談社現代新書、2012年）の中で、次のように語っている。

「全く矛盾するコミュニティに参加することこそが、今日では重要なのだ」
「私たちの内部の分人には、融合の可能性がある」

「対立する、あるいは無関係な二つのコミュニティを、より大きな一なる価値観で統合しようとするのではなく、双方に同時参加する複数の人々の小さな結びつきによって融合を図る」

分人化によって、世界は共生に向かうことができる。西洋的な個人主義を超えたパラダイムだ。そしてそれは、東洋的、そして日本的なマインドフルネスの世界観にも近づいていく。まず、西洋的な個人主義を概観したうえで、東洋的、日本的な世界観に踏み込んでみよう。

セルフ・エフィカシーを磨く

かつて、マッキンゼーで、ロジカル・シンキングの権化のような上司（大前さんではない）から言われたことがある。

「自分が強いところは大丈夫だから、弱いところを鍛えよ」

いかにもマッキンゼー流のロボトミー（脳外科手術）的なアプローチである。しかし、所詮、弱いところは強みにならない。弱いことを自覚し、それを補う人と協働すればよい。

弱みではなく、自分の強みを自覚する。そしてそれをテコに、良い循環を高速に回していく。それが「セルフ・エフィカシー」（自己効力感）を軸とした10Xアプローチである。

セルフ・エフィカシーを唱えたのは、認知心理学界の大御所だった故アルバート・バンデューラだ。同教授は、セルフ・エフィカシーを磨くためには、４つの体験が重要だと説く（『激動社会の中の自己効力』金子書房、１９９７年）。

直接体験（自分で試行錯誤してみること）
間接体験（人の体験を聞き、メンタリングを受けて納得すること）
言語的説得（自分らしさを周囲に言語化してもらい、改めて自分に気づくこと）
情緒的覚醒（何かに取りつかれるように本気になれる状況をつくること）

別の心理学者グループが、五つ目として「想像的体験（イマジナリー・エクスペリエンス）」を加えた。これは「自分が成功しているストーリーを描くこと」である。セルフ・エフィカシーを最高のレベルにまで高めるためには、四番目の「情緒的覚醒」に加えて、「想像的体験」が必要だ。

先日、引退を宣言した車椅子テニスの世界チャンピオンの国枝慎吾選手から、試合の前日には、過去の最高の瞬間の写真をホテルの部屋の壁中に貼っているという話を聞いたことがある。完璧なウィニングショット、優勝してトロフィーを手にしているシーンなど、自分が勝つイメージに囲まれることがカギだという。

これは、誰にでも経験のあることだろう。失敗を思い浮かべてしまうと、それに引きずられてしまう。自分が勝つ、成功するという楽観的な自己暗示は大切である。それで自信がつくと、自分の良いところがどんどん磨かれ、それが「ならでは」の力になる。

すべてにおいて、オールマイティになる必要はない。その代わり、1つでもいいから成功体験を突き詰めることのほうが、人は伸びる。そのうえ、その人なりの自己実現ができる。これが、世界レベルの競争を勝ち抜くための超ポジティブな個人主義思考である。

身体禅の実践

一方、世界では、マインドフルネス活動が静かなブームを呼んでいる。

スティーブ・ジョブズが禅に傾倒していたという逸話が、ことの発端だ。やがてシリコンバレーで火がつき、世界中に広がっていった。呼吸法による瞑想からヨガまで、幅広い活動が展開されている。

ただ、西洋のマインドフル活動は、ストレスからの解放を目指していることがほとんどだ。シリコンバレーのベンチャー企業で働く人たちが、ストレスフルな仕事から人間性を回復しようとする姿が見えてくる。言い換えれば、日常からの逃避である。

マインドフルネスという言葉は、日本では、最近ようやく知られるようになった。しかし禅の本質に迫ろうとする世界の知性の間では、日本こそが「聖地」だと目されている。禅はインドから中国、そして日本へと伝えられ、日本で深化・進化してきたからだ。世界に禅を広めたのが、哲学者・西田幾太郎の刎頸の友・鈴木大拙禅師であったことも、よく知られている通りだ。

海外の経営者が来日すると、私はよく、京都や鎌倉の禅寺にお連れする。京都では妙心寺の松山大耕禅師にお世話になることが多い。時間があれば、比叡山・延暦寺で坐禅体験をさせていただくこともある。

鎌倉では、もっぱら藤田一照禅師にお世話になっている。一照禅師は「ソマティック・スピリテュアリティ」（身体禅）を提唱する。

仏教の中で伝承されてきたさまざまな瞑想行においては、身体の果たす役割が極めて重要視されているという。たとえば、道元は「仏道は身をもって得るなり」と語っている。しかもそこでは、二元論的に身体を意思によってコントロールするのではなく、「からだにおいてからだの声を聴く」ことが目指される。一照禅師は、「身体化された気づき（embodied awareness）」という言葉で、そのような心身一如な体験の重要性を説く。

たとえば、坐禅。姿勢を正そうとせずに、自然と背筋が伸びる「自律」の姿勢を取る。最初は、これが意外に難しい。そして、下半身は床にどっしりと接し、大地が自分を支えてくれることを体感する。

「力を抜いてくださいね」と、一照さん。「はい、それでいいのです。自律とは固く閉じている状態ではなく、心も体もオープンな状態になることです」

坐禅が終わると、一照さんは、こんなことも教えてくれる。

「坐禅の〝坐〟という字を見てください。土の上に人が座っているでしょう。土、すなわち大地、そして自然に支えられているのです。しかも一人ではなくて二人。坐禅をしていると、自分が一人でないことに気づくのです」

ハートフルという選択肢

ここにきて、なんだかスピリチュアル（霊的）な世界に迷い込んでしまったような気分がしてきただろうか。このようなマインドコントロールには騙されない、と身を固くするリアリストたちも少なくないだろう。東洋は、このような精神世界に逃げ込む結果、現実世界で西洋に支配されてしまうのだと、冷ややかに見る人もいるかもしれない。

しかし、西洋自身がすでに、デカルト以来の理性一辺倒の狭い世界の限界に目覚め始めている。戦後、フランスの現象学哲学者モーリス・メルロー＝ポンティが「知覚する心は身体化された心である」であると唱えた。また、20世紀の終わりには、アメリカの認知神経学者アントニオ・デマシオが「ソマティック・マーカー（身体信号）」仮説を提唱した。身体からの情動的な信号が、意思決定を左右するというのである。

欧米もここにきてようやく、2500年以上前の釈迦や、1250年前の空海の思考に、ようやくキャッチアップしてきたともいえるだろう。われわれも、西洋流の理性万能主義をグローバルスタンダードだと卑屈にあがめることから、そろそろ卒業したほうがよさそうだ。

ここにきて、アメリカでは、マインドフルネスの限界を突破しようという動きも活発だ。その一人、心理学者スティーヴン・マーフィ重松氏は、ベストセラー『From Mindfulness to Heartfulness』(2018年、邦訳『スタンフォードの心理学授業 ハートフルネス』、大和書房、2020年)の中で、「ハートフルネス」の大切さを説く。

何が違うのか。「心」を意味する英語を紐解いてみよう。マインドは、理知的な心のことである。「理性」と呼ばれる領域の心の動きといっていいだろう。それに対して、ハートは感情的な心を指す。「感性」の世界における心の動きのことである。

マーフィ重松教授は、ハートフルになるために大切なことは、2つあるという。1つは、自らの「ヴァルネラビリティ(開かれた弱さ、傷つきやすさ)」と向き合うこと。そしてもう1つは、「コンパッション」(思いやる心、共感)である。そして、この2つの特性を持った知性を、同教授は「EI(Emotional Intelligence感情的知性)」と呼ぶ。

そこには、日本のサムライの末裔である母、アイルランド系肉体労働者である父を持った同教授ならではの精神の発露が感じられる。

ソウルフルな体験

しかし、志（パーパス）の大切さを唱える私は、さらにその先があると考えている。英語でいうなら「ソウルフルネス」である。

ソウル（soul）は魂が宿る心のことをいう。理性と感性を包摂した「悟性」に近い。禅の世界ではこれを「ごしょう」と呼ぶ。人間に本来備わっている悟りを得る素質のことを指す。

マインドが頭、ハートが文字通り心臓であるとすれば、ソウル（魂）は、より身体につながった部分である。西洋哲学風にいえば、形而上（上部構造）と形而下（下部構造）の結節点ともいえる。ソウルフードやソウルミュージックと呼ばれるように、そこでカギを握るのが泥臭さであり現場感覚である。

ソウルフルになるためには、どうすればいいか。

まさに読んで字のごとく、魂を揺さぶるような体験が必要だ。人や本を通じた深い疑似体験でも良い。しかし、できれば自分自身の原体験があれば、もっと強烈にソウルフルになれるはずだ。

魂を動かされるようなことを経験しない限り、自分を変えようとは思わない。本気で関わらない限り、ソウルフルにはなり得ない。マインドフルやハートフルといったお上品なたしなみだけに満足せず、ソウルフルで型破りな体験を求めてほしい。

ボン・ボヤージュ！

ここまで、理性（マインド）、感性（ハート）、悟性（ソウル）と読み解いてきた。しかしソウルフルネスを体験するためには、もう一つ重要な要素が欠けている。

それが「野性」である。本能、あるいは直観と言い換えてもいい。自然で奔放な魂の動きである。人工的な世界に閉じ込められつつある今、魂（ソウル）の拠り所も見つかりづらい。「そういう時代だからこそ、野性のエネルギーを解放し、根源的な生命力を取り戻さなければならない」と唱えるのは、天台宗の僧侶で宗教学者でもある町田宗鳳禅師だ。

同禅師は『野性の哲学』（ちくま新書、2001年）の中で、宮沢賢治の想像力や松下幸之助の直観力などを例にとりながら、「野性」の回復を訴える。そして、そのような野性こそが、ソウルフルな生き方へと、われわれを突き動かすはずである。

経営学の立場から直観や野性のパワーを説いているのが、野中郁次郎教授だ。同教授は、現象学の専門家・山口一郎氏との共著『直観の経営』（2019年）に続き、実践知の伝道師である川田英樹・弓子夫妻との共著『野性の経営』（いずれもKADOKAWA、2022年）を上梓。持論である「知的バーバリアン（野蛮人）」となることの大切さを、タイでのフィールドワークを手掛かりに論じている。

ビジネスの現場でも、「野性」の大切さを説く経営者がいる。ユニ・チャームの高原豪久社長だ。高原社長は、「現代のリーダーに必要な素養は？」という質問に、次のように答えている。

「僕は『理性・感性・野性』だと思っています。こう言うとおこがましいですが、日本の経営者にいま一番足りないのは、野性でしょう。野性はワイルドという意味もありますが、私が社内で使っているのは『異様なまでのこだわり』という意味です。アジアには、お金であろうと地位であろうと、そうしたこだわりを持ち、それをモチベーションとしている経営者がゴロゴロしています。彼らと戦っていくには、やはり日本の経営者も、何かひとつのことに対して異様なほどのこだわりが必要です」(NIKKEI STYLE、2018年5月10日)

「メタメタ思考」を身につけた後は、直観、そして野性がカギになる。それを身に着け、磨きをかけていくためには、本や人を通じた疑似体験だけでなく、原体験の旅に出なければならない。

私が10代のとき(といっても半世紀近く前だが)、劇作家の故・寺山修司は、『書を捨てよ、町に出よう』(志賀書店、1967年)と若者たちに語りかけた。同名の映画では、主人公が「映画館の暗闇の中でそうやって腰掛けて待ってたって何も始まらないよ…」と観客をなじる。みなさんもそろそろ、本書を閉じ、リアルの世界、さらにはめくるめくマルチバースの世界に飛び出していっていただきたい。

そのためには、まず、ありたい姿を志(パーパス)として、北極星のように高く掲げていただきたい。分人化の技を身につけることで、それが1つの天頂ではなく、星座群のように広がっていくだろう。そうなれば、目的地の高さだけでなく、体験そのものの豊かさも10Xジャーニーとなるはずだ。

本書が、みなさんの旅路のささやかな海図の役割を果たしてくれることを祈りつつ。

「ボン・ボヤージュ！」

おわりに

この本は、どのカテゴリーに並べてもらえるのだろうか。

ようやく初稿を書き終えると、こんどはそんな不安が頭をもたげてきた。経営学？　社会思想？　一般教養？　自己啓発？　どれも、うまく収まる気がしない。

するとたまたま、朝日新聞デジタル（2023年2月14日）で、こんなコメントを見つけた。

「本当に面白い本は、どのコーナーに置いてよいかわからない本です」

コメントの主は、ジュンク堂書店難波店の名物書店員の福嶋 聡《あきら》さん。そうだとすれば、この本も、せめて書店員を悩ませるくらいになりますようにと、思わず祈るような気持ちになった。

思えば長い道のりだった。企画がスタートしたのは2019年の春。ディスカヴァー・トゥエンティワンの干場弓子社長（当時、現在はBOW&PARTNERS代表）からお声がけいただいたのがきっかけだった。

前著（『コンサルを超える問題解決と価値創造の全技法』）を上梓して半年、「結構売れてきているので、ここらで続編を書いてみない？」という、軽いお誘いだった。望むところとお引き受けして、干場さんや編集担当の渡辺基志さん（当時）と半年間、本書の中味を練り上げていった。

しかし2020年に入って、本書の企画はいったんストップ。コロナ禍で自宅に籠る日々が続く中、『パーパス経営』という大著に傾注することにしたからだった。翌2021年に同書を出版、その勢いで、2冊（『稲盛と永守』『シュンペーター』）を次々に書き下ろし、ひと息ついたところで、2022年の秋口から、本書に再度取り組むことにした。

しかし、2年半という空白時間は想像以上に大きかった。今では、火星まで往復できてしまう時間である。その間、コロナやウクライナなど、大きな環境変化があった。私自身も、京都先端科学大学の教授となって、週末は京都で過ごす日々が始まり、朝日新聞社の社外監査役となって、メディアの未来にも思いを巡らすようになった。

その間、私の中での「思考の冒険」は、火星どころか、太陽系すら飛び出してしまったようだ。まるで、宇宙時代のノマド（遊牧民）といったところか。そう、宇宙戦艦ヤマトの艦長・沖田十三気取りである。

そういうと格好良いが、哲学や歴史学、脳科学や進化生物学など、さまざまな知の星座群を彷徨する「迷える子羊（ストレイ・シープ）」といったほうが、実態に近いだろう。実は、100年以上前、朝日新聞社の専属作家となった夏目漱石が描いた『三四郎』から、あまり進化していないのかもしれない。

とはいえ、2年半にわたる知の彷徨は、私をそれ以前とはまったく違う地平に連れ出してしまった。ドロップボックスにしまい込んだ書きかけの原稿を取り出してみると、なんだか文明開化以前の骨とう品にすら見えてしまう。そこで、初めから再度書き下ろし、しかも、大幅に書き加えていった。その結果、当初の想定よりも大部なものになってしまった。

出版社のほうでは、干場さんも渡辺さんも退社され、前著でもお世話になった牧野類さんと新しくチームに加わった舘瑞恵さんに、最後までご支援いただくこととなった。この紙面を借りて、お礼を申し上げたい。

改めて執筆を進めたこの半年間を振り返ると、なんだか大きな力に突き動かされてきたような気がする。どこかで、気まぐれな知の女神ソフィアの誘惑に、取りつかれていたのかもしれない。それとも、知の「利己的なDNA」が私に乗り移って、私を媒体として自己主張していたのかもしれない。

いずれにせよ、このまま書き続けると、本書はいよいよ「シン・ゴジラ」状態になりかねない。このあたりで私はいったん、知の冒険の中継地にとどまってみることとしたい。

＊＊＊

読者のみなさんには、ここまでおつき合いいただき、感謝の念に堪えません。知の女神か知のDNAが、みなさんにも乗り移ることを、ひそかに期待しています。

そして、私たちの知の旅路が再び交錯する日を、今から楽しみにしています。

名和高司

桁違いの成長と深化をもたらす 10X 思考

発行日　2023年6月23日　第1刷
2023年8月7日　第2刷

Author　名和高司

Book Designer　遠藤陽一（デザインワークショップ ジン）（カバー・本文デザイン＋図表作成）

Publication　株式会社ディスカヴァー・トゥエンティワン
〒102-0093　東京都千代田区平河町2-16-1 平河町森タワー11F
TEL　03-3237-8321（代表）03-3237-8345（営業）／FAX　03-3237-8323
https://d21.co.jp/

Publisher　谷口奈緒美
Editor　千葉正幸　牧野類　舘瑞恵　（編集協力　新田匡央）

Marketing Solution Company
小田孝文　蛯原昇　飯田智樹　早水真吾　古矢薫　山中麻吏　佐藤昌幸　青木翔平　磯部隆
井筒浩　小田木もも　工藤奈津子　佐藤淳基　庄司知世　鈴木雄大　副島杏南　津野主揮
野村美空　野村美紀　廣内悠理　松ノ下直輝　八木眸　山田諭志　高原未来子　藤井かおり
藤井多穂子　井澤徳子　伊藤香　伊藤由美　小山怜那　葛目美枝子　鈴木洋子　畑野衣見
町田加奈子　宮崎陽子　青木聡子　新井英里　岩田絵美　大原花桜里　末永敦大　時田明子
時任炎　中谷夕香　長谷川かの子　服部剛

Digital Publishing Company
大山聡子　川島理　藤田浩芳　大竹朝子　中島俊平　小関勝則　千葉正幸　原典宏　青木涼馬
伊東佑真　榎本明日香　王廳　大﨑双葉　大田原恵美　坂田哲彦　佐藤サラ圭　志摩麻衣
杉田彰子　滝口景太郎　舘瑞恵　田山礼真　中西花　西川なつか　野﨑竜海　野中保奈美
橋本莉奈　林秀樹　星野悠果　牧野類　三谷祐一　宮田有利子　三輪真也　村尾純司
元木優子　安永姫菜　足立由実　小石亜季　中澤泰宏　浅野目七重　石橋佐知子　蛯原華恵
千葉潤子

TECH Company
大星多聞　森谷真一　馮東平　宇賀神実　小野航平　斎藤悠人　林秀規　福田章平

Headquarters
塩川和真　井上竜之介　奥田千晶　久保裕子　田中亜紀　福永友紀　阿知波淳平　近江花渚
仙田彩歌　池田望　齋藤朋子　俵敬子　宮下祥子　丸山香織

Proofreader　文字工房燦光
DTP　株式会社 RUHIA
Printing　日経印刷株式会社

ISBN978-4-7993-2903-0　KETACHIGAI NO SEICHO TO SHINKA WO MOTARASU 10XSIKOU　by Takashi Nawa